Francisco José da Costa

MENSURAÇÃO E DESENVOLVIMENTO DE ESCALAS: APLICAÇÕES EM ADMINISTRAÇÃO

Mensuração e Desenvolvimento de Escalas: Aplicações em Administração

Copyright© Editora Ciência Moderna Ltda., 2011.
Todos os direitos para a língua portuguesa reservados pela EDITORA CIÊNCIA MODERNA LTDA.
De acordo com a Lei 9.610, de 19/2/1998, nenhuma parte deste livro poderá ser reproduzida, transmitida e gravada, por qualquer meio eletrônico, mecânico, por fotocópia e outros, sem a prévia autorização, por escrito, da Editora.

Editor: Paulo André P. Marques
Supervisão Editorial: Aline Vieira Marques
Copidesque: Luciana Nogueira
Capa: Paulo Vermelho
Diagramação: Daniel Jara
Assistente Editorial: Vanessa Motta

Várias **Marcas Registradas** aparecem no decorrer deste livro. Mais do que simplesmente listar esses nomes e informar quem possui seus direitos de exploração, ou ainda imprimir os logotipos das mesmas, o editor declara estar utilizando tais nomes apenas para fins editoriais, em benefício exclusivo do dono da Marca Registrada, sem intenção de infringir as regras de sua utilização. Qualquer semelhança em nomes próprios e acontecimentos será mera coincidência.

FICHA CATALOGRÁFICA

COSTA, Francisco José da.
Mensuração e Desenvolvimento de Escalas: Aplicações em Administração
Rio de Janeiro: Editora Ciência Moderna Ltda., 2011

1. Administração.
I — Título

ISBN: 978-85-399-0144-9   CDD 658

Editora Ciência Moderna Ltda.
R. Alice Figueiredo, 46 – Riachuelo
Rio de Janeiro, RJ – Brasil   CEP: 20.950-150
Tel: (21) 2201-6662 / Fax: (21) 2201-6896
LCM@LCM.COM.BR
WWW.LCM.COM.BR

Apresentação

Um livro esperado! Este foi o primeiro pensamento que me veio à mente quando tomei conhecimento que o livro do Franzé (Francisco José da Costa) ia ser editado. Recuei, então, no tempo, há cerca de dois anos. Naquela ocasião, minhas inquietações tinham raízes fincadas em um problema de abordagem metodológica de mensuração de variáveis que vinha enfrentando em um dos meus projetos acadêmicos. Elas foram prontamente dissipadas quando o "acaso" me colocou diante de um livro que, para meu espanto, foi chamado modestamente de texto. Não tinha ainda o verniz que os nossos olhos estão acostumados a ver. Mas, a essência já estava lá: inteira, exaustiva e acolhedora.

As inquietações tinham ainda outra razão de ser: a recorrente busca de textos alienígenas ao nosso idioma. Já que a literatura portuguesa e, mais especificamente a brasileira, ainda carece de abordagens mais amplas e aprofundadas sobre a teoria da mensuração. Uma teoria que se expressa na máxima de Galileu Galilei: "Mede o que é mensurável e torna mensurável o que não o é".

A abordagem da teoria da mensuração na obra tem, como um todo, um direcionamento voltado para as ciências sociais e comportamentais. Mas é na administração que o foco é centrado, como também o é na abordagem desta teoria: escalas de mensuração. Ainda que o texto seja direcionado para a administração abrindo espaços para áreas como o comportamento do consumidor e marketing, ele atinge um público-alvo mais amplo que passa pelas disciplinas da estatística, psicologia, educação, sociologia, antropologia, entre outros.

O autor alerta e conclama o pesquisador e estudioso a superar a visão dicotomista que separa a pesquisa qualitativa da quantitativa e se alia à corrente unicista que advoga que a questão da mensuração não é monopólio de nenhuma corrente, mas que a transcende e redireciona o farol da atenção que é sustentada no argumento: "a questão não é medir ou não medir; trata-se de buscar minimizar erros". A estatística, então, exerce aqui o seu pleno papel.

A obra busca o equilíbrio entre rigor e aplicabilidade e está estruturada em três partes: teoria da mensuração, desenvolvimento de escalas e tópicos complementares. Estas partes se decompõem em capítulos. Neles são abordadas várias frentes de estudos: temas que lidam com a produção de instrumentos de pesquisa para a coleta de dados; contemplam um importante ramo da estatística, a analise multivariada, a saber, análise de confiabilidade e validade de escalas, análise de correlação, análise fatorial exploratória, analise fatorial confirmatória e sistemas de equações estruturais; e estabelece procedimentos de amostragem. Brinda ainda o leitor com tópicos especiais como a Teoria de resposta ao item. Para os leitores que se interessam pelas formalidades e teorizações estatísticas, para vários tópicos tratados no texto, eles vão encontrar nos apêndices definições e fundamentos estatísticos detalhados.

Nota-se um enorme esforço intelectual e didático do autor para expor com clareza conceitos, classificações, modelos, teorias e ferramentas sobre as escalas de mensuração e não demonstra nenhuma pressa em suas exposições, descendo a níveis explicativos quase exasperantes de paciência na base do "será que desse jeito dá para entender melhor?". É intimista e se aproxima do leitor em um permanente diálogo.

Competência e dedicação são as marcas que permeiam o trabalho do Franzé. Ele percorre e discorre sobre a mensuração de escalas com uma lucidez e desenvoltura que alcança a compreensão do leitor mais leigo. Aplica rigorosamente as técnicas a problemas concretos sem que a formulação e derivação matemática das técnicas sejam um obstáculo. Abre mão de exercícios, recorrente em muitos livros didáticos, mas não se descuida ao municiar o leitor com uma profusão de exemplos, casos, vinhetas e situações. Para lograr este objetivo, o presente livro utiliza "casos" práticos e documenta com questionários ilustrativos.

Assim, muito tem a ganhar a bibliografia de língua portuguesa com esta obra. Abre-se uma porta inaugural para outras contribuições e publicações afins, reservando-se a esta, porém, a primazia de seu pioneirismo. Um livro esperado.

João Pessoa, Paraíba, julho de 2011

Neir Antunes Paes, PhD.
Professor Associado do Departamento de Estatística da Universidade Federal da Paraíba

INTRODUÇÃO

Mensurar, ou medir, é um procedimento usual, realizado por todas as pessoas nas mais diversas situações da vida. Por exemplo, rotineiramente medimos nosso peso para conferir a necessidade de emagrecer ou de engordar, medimos mentalmente distâncias para onde temos que nos mover, medimos gotas de um remédio para nossos problemas de saúde etc.

A regularidade com que praticamos estes atos não evidencia a complexidade que existe no processo de fixação de padrões e instrumentos de medidas. Por exemplo, nunca paramos para pensar no tamanho das gotas do remédio quando decidimos dissolver 20 delas em meio copo d'água. Acreditamos que alguém já fez isto antes por nós, e podemos supor que o fez corretamente, afinal, a depender dos motivos, quase sempre as dores de cabeça passam alguns minutos depois de ingerido o remédio.

Também nunca nos perguntamos sobre a adequação da medida da balança para termos certeza de que estamos ou não acima do peso, pois temos por referência nosso próprio senso de bem-estar, assim como a indicação de especialistas em Medicina, Educação Física ou Nutrição. Podemos aceitar algo mais complexo (neste caso do peso), que é o reconhecido índice de massa corporal (IMC)[1], que, segundo médicos, educadores físicos e nutricionistas, indica adequação de peso quando apresenta valores entre 20 e 30.

Novamente aqui reconhecemos que os valores do IMC medem melhor o quanto estamos gordos ou magros, quando comparamos sua medida somente com a medida de nosso peso total. Bem poderíamos argumentar: é claro, afinal temos variações de altura, e parece-nos lógico que uma pessoa pesando 80 quilos e com dois metros de altura é magra, mas uma pessoa com este mesmo peso, e com um metro e meio de altura já seria gorda. Mas por que o IMC se baseia na altura e não em qualquer outra medida? Por que não seria, por exemplo, na idade? Por que não pelo tempo diário dedicado à atividade física?

Para estas perguntas, prefiro acreditar que a melhor resposta existe, e é aquela dada pelos especialistas, e creio que todos pensam igualmente. Acreditamos mais, e mesmo não sabendo ao certo dos procedimentos específicos, temos segurança de que esta medida foi recomendada depois de ter sido desenvolvida em um estudo científico rigoroso, e depois de um longo período

---

[1] *O índice de massa corporal (IMC) é simplesmente a padronização do peso (p) em quilogramas, pela altura (h) de um sujeito em metros elevada ao quadrado. Em termos simbólicos, temos* $IMC = p/h^2$.

de aperfeiçoamento. Ou seja, temos um padrão que podemos entender como válido para mensuração de nossa adequação de peso.

Posso dizer que, de fato, a fixação de uma referência de mensuração, como esta anteriormente citada, é proveniente de um longo esforço de desenvolvimento, contestações, aprimoramentos, e de testagens e mais testagens. Isto permite compreender por que o ato de medir, embora seja tão trivial em diversas de suas manifestações cotidianas, é na realidade um procedimento especializado, carregado de especificidades, de detalhes técnicos e de instrumentais próprios, e mais que isto, de uma longa história acadêmica e profissional de pesquisa e esforço de aprimoramento.

- A mensuração no contexto da produção do conhecimento

Com efeito, medimos para conhecer algo, seja este nosso objetivo mais direto ou menos direto. A mensuração é uma atividade própria do processo de geração de informação e conhecimento, que serve ora para propósitos profissionais (como aperfeiçoar um processo de trabalho depois de uma pesquisa que mede a satisfação de colaboradores), ora para propósitos acadêmicos (na geração de dados para a finalidade de teste de relações entre diferentes conceitos teóricos).

A partir da reflexão do professor Basílio de Bragança Pereira, reconhecido estatístico brasileiro, em que ele desenvolveu o entendimento da disciplina da estatística como a 'tecnologia da ciência', é possível ter uma visualização do contexto geral da produção de conhecimento e do lugar da mensuração neste contexto[2]. Reproduzo rapidamente aqui a reflexão deste pensador, que está ilustrada na figura 1.

A ilustração indica que, em uma dada área do conhecimento, são observados os fenômenos (a), que, em conjunto com informações a priori e teorias (1), geram hipóteses Hi (b). Os fenômenos, em conjunto com modelos matemático-teóricos (2 – probabilísticos e estocásticos), gerarão modelos simplificados, e potencialmente explicativos, da realidade (c). As hipóteses geradas na área disciplinar, em conjunto com os modelos teóricos gerados, demandarão

---

2 PEREIRA, B. B. *Estatística: a tecnologia da ciência*. Boletim da Associação Brasileira de Estatística, ano XIII, n. 37, 2º quadrimestre, p. 27-35, 1997. *Observe que a proposta do autor parece ser direcionada a uma perspectiva mais acadêmica da produção de conhecimento, porém é fácil verificar todos estes procedimentos em uma análise mais detalhadas dos processos na esfera profissional (ver, por exemplo, os modelos de trabalhos das empresas de consultoria).*

então a coleta de dados (d), que ocorrerá por meio de experimentação ou por procedimentos de amostragem (3).

Figura 1 - Contexto geral da produção de conhecimento

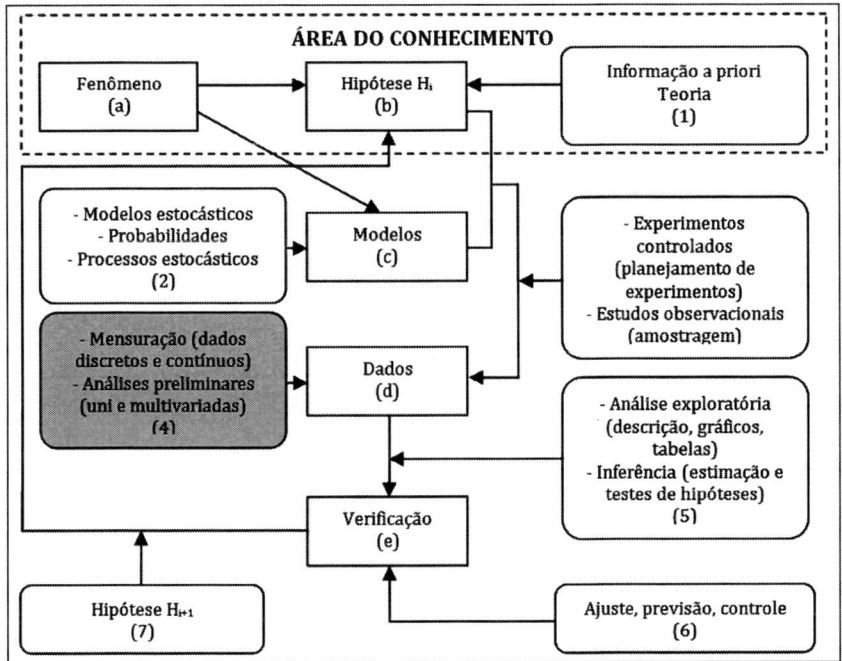

É justamente na esfera da apropriação dos dados que são procedidas as atividades de mensuração, além das avaliações preliminares dos dados (4). Os procedimentos de análise exploratória e descritiva, em conjunto com os procedimentos de natureza inferencial e de estimação (5), viabilizarão a verificação do modelo (e). Nas experimentações deste tipo, é esperado que haja discrepâncias entre os modelos proposto (no passo c) e o verificado (no passo e), de modo que são necessários procedimentos de ajustes, previsões e controles diversos (6). O resultado final de todos estes procedimentos desencadeia a construção de novas hipóteses Hi+1, que retornam então para a base de conhecimentos da área inicial (7), e contribuirão para a construção de novas hipóteses.

Seria fácil apresentar exemplos deste modelo em áreas mais específicas do conhecimento de ciências sociais, como em Administração, Demografia, Sociologia ou Economia, por exemplo. Deixo o exercício de buscar exemplos concretos para os leitores, mas quero realçar o papel da atividade de mensuração neste contexto. Veja bem: a mensuração dos dados é parte indispensável do processo, incidindo sobre os dados como forma de gerar 'medidas' que esclareçam a natureza e as especificidades do fenômeno inicialmente observado.

Uma mensuração mal construída prejudica todo o processo de construção do conhecimento, inviabilizando considerações consistentes sobre o fenômeno e sobre a base de conhecimento disciplinar. Em outras palavras, se precisamos de métodos consistentes de levantamento de dados nos procedimentos experimentais e de amostragem, ou se precisamos de mais e mais sofisticação dos procedimentos de análise (aliás, levantamento e análise de dados têm sido preocupações permanentes no universo da produção do conhecimento em ciências sociais no Brasil desde a década de 1990), é indispensável também que nos concentremos de forma mais consistente sobre os problemas associados à mensuração.

A avaliação da literatura sobre o assunto em língua portuguesa já ilustra bem esta preocupação, de forma mais concentrada na teoria da construção de instrumentos de pesquisa, mas ainda temos, pelos menos nos primeiros anos do século XXI, a necessidade de maior esforço, e este texto pretende contribuir para um avanço neste sentido.

- Uma visualização para Administração

Há diversas formas de visualizar como os estudos de mensuração são realizados, mas podemos destacar, de forma conveniente ao nosso propósito, dois contextos centrais: um contexto de fundamentação, com a teoria de base sobre mensuração; e um contexto procedimental, que se associa aos métodos e técnicas usados no desenvolvimento ou no uso de instrumentos e critérios de mensuração. Seguimos este entendimento na estruturação deste texto.

No primeiro contexto (fundamentação), observamos que as avaliações teóricas sobre mensuração em Administração tiveram o seu desenvolvimento principal a partir da teoria que já foi sendo desenvolvida no âmbito da Psicologia e da Educação desde a primeira metade do século XX. Assim, diversos temas provenientes destas áreas passaram a constituir o interesse dos pesquisadores, principalmente em Marketing, destacando-se os seguintes: fundamentos filosóficos da mensuração, validade, confiabilidade de medidas, processo geral de desenvolvimento, decisões sobre respostas, análise fatorial, natureza dos construtos quanto a sua natureza formativa e refletiva, dentre outros[3].

Cada um destes tópicos vem mantendo seu corpo teórico próprio, gerando pesquisas diversas e produzindo publicações recorrentes em periódicos nacionais e internacionais das áreas de Comportamento do consumidor, Marketing ou Administração de Recursos Humanos. O espaço disponível para o desenvolvimento nesta área constitui assim um forte motivador para um esforço de estudo e pesquisa, justificando a decisão de vários interessados em manter concentração nos temas de análise possíveis.

Assumi o desafio de adentrar nas questões centrais da mensuração na primeira parte deste livro, de modo a fornecer um conjunto teórico e prático que fundamente e gere habilidades para o desenvolvimento e a aplicação de escalas. O esforço segue um propósito bem delimitado para o momento, mas não alcança, de forma alguma, a grandeza do conhecimento que já foi desenvolvido, no que podemos chamar de uma 'teoria da mensuração em Administração'.

Já no segundo contexto (procedimental), temos uma ampla literatura já desenvolvida, que envolve desde estudos mais específicos e técnicos de métodos aplicáveis de construção de instrumentos (estudos de análise fatorial, por exemplo), até os estudos direcionados a desenvolver escalas específicas, para qualquer determinados objetivos práticos ou acadêmicos. Este último aspecto (desenvolvimento de escalas) é o que mais nos interessa, e está associado a esforços de pesquisa que podem resultar em trabalhos de conclusão de curso (inclusive teses de doutorado)[4], em artigos para publicação em periódicos[5], ou em instrumentos úteis à prática gerencial (como os questionários de clima organizacional ou de medidas de satisfação).

O momento atual pode ser considerado oportuno para uma análise mais

---

3 Cf. NETEMEYER, R. G.; BEARDEN, W. O.; SHARMA, S. *Scaling procedures: issues and applications*. Thousand Oaks: Sage, 2003.
4 Ver KIM, A. *Development and validation of instruments for assessing sport spectator involvement and factor affecting sport spectator involvement*. 168 f. Dissertation (Doctor of Philosophy in Health, Physical Education and Recreation). The University of New Mexico, Aug. 2003.
5 E. G. PARASURAMAN, A.; ZEITHAML, V. A.; BERRY, L. L. SERVQUAL: a multiple-item scale for measuring consumer perceptions of quality. *Journal of Retailing*, v. 64, n. 1, p. 12-37, 1988; PETRICK, J. F. Development of a multi-dimensional scale for measuring the perceived value of a service. *Journal of Leisure Research*, v. 34, n. 2, p. 119-134, 2002.

profunda sobre construção de escalas, e basta ver que no Brasil são poucas as escalas já publicadas com desenvolvimento completo (em Administração, muitas das escalas que são testadas são replicações de escalas publicadas no exterior). Em verdade, é possível entender que desenvolver escalas é um desafio da literatura acadêmica e profissional no país, apesar de existirem já esforços sistemáticos com esta finalidade[6].

Nestes termos, tenho como meta na segunda parte deste livro viabilizar condições, na forma de conhecimentos e técnicas, para potencializar os esforços de desenvolvimento de escalas de mensuração sobre tópicos relevantes em Administração, de modo a atender às demandas de pesquisa acadêmica ou de mercado. É necessário ressaltar que este não é um desafio pequeno, principalmente quando observamos que existe um grande volume de técnicas e modelos aplicáveis no desenvolvimento de escala. Por resta razão, as frentes de estudo na dimensão procedimental são múltiplas, e vão desde assuntos associados à produção dos instrumentos de pesquisa para a coleta de dados, passando pela análise estatística das características da escala, chegando aos procedimentos de amostragem e às determinações sobre o uso dos instrumentos gerados[7].

Conforme comentado, uma parte das teorias aplicáveis à mensuração está em desenvolvimento. Assim, optei por apresentar os tópicos mais recentes e que estão ainda em fase de consolidação em capítulos separados, especialmente a teoria dos construtos formativos, a teoria da resposta ao item, as escalas com cenários e os aspectos éticos da mensuração. Este conteúdo constitui a terceira parte deste livro.

Em síntese, a estrutura do livro está delineada da seguinte forma: na primeira parte temos a teoria da mensuração em cinco capítulos, com a discussão

---

6 *Recomendo a verificação dos seguintes estudos: VIEIRA, V. A.; SLONGO, L. A. An inventory of the characteristics of the marketing scales created and tested in Brazil. Revista de Administração Mackenzie – RAM, v. 8, n. 4, p. 11-34, 2007. SIQUEIRA, M. M. M. (Org.). Medidas do comportamento organizacional: ferramentas de diagnóstico e de gestão. Porto Alegre: Bookman, 2008. O primeiro constitui um artigo que faz um levantamento sobre a produção de escalas na área de Marketing no Brasil, e o segundo é um livro com diversas escalas disponíveis para aplicações no universo organizacional, com foco em Comportamento organizacional.*

7 *Ao longo do livro faço uso de alguns conhecimentos associados à teoria estatística. Para facilitar o trabalho, apresentei no texto os conteúdos mais essenciais, e sempre que necessário foram feitas recomendações de referências bibliográficas mais completas; o que foi considerado indispensável, quando sua exposição demandava algum desenvolvimento mais especializado optei por fazê-lo na forma de apêndices.*

dos fundamentos, das visões sobre o processo geral de desenvolvimento de uma escala, das teorias da confiabilidade e da validade, e da teoria sobre as escalas de verificação; na segunda parte apresento uma discussão mais detalhada sobre o passo a passo do desenvolvimento de uma escala, em três capítulos; na terceira parte apresento dois capítulos sobre os tópicos complementares e com desenvolvimento mais recente na teoria.

- Uma informação adicional

Embora o conteúdo desenvolvido neste livro tenha a finalidade de servir aos interessados na área de Administração, cabe informar que a teoria aqui apresentada não está restrita a esta área, até porque a teoria da mensuração que fundamenta os encaminhamentos em Administração é a mesma que fundamenta outras áreas. Em outra palavras, o conteúdo apresentado pode ser útil para qualquer área das ciências sociais e comportamentais, inclusive Sociologia, Ciência Política e Psicologia, que são áreas que recorrentemente demandam conhecimentos especializados sobre mensuração e desenvolvimento de escalas.

Sumário

PARTE 1 - Teoria da Mensuração

Capítulo 1
Mensuração em ciências sociais e comportamentais   3

1.1. Um pouco do debate epistemológico 3
1.2. Algumas definições centrais 9
1.3. Mensuração nas ciências sociais e comportamentais 17
1.4. Os tipos clássicos de escalas 24
    1.4.1. Escala nominal 24
    1.4.2. Escala ordinal 26
    1.4.3. Escala de intervalo 28
    1.4.4. Escala razão 30

Capítulo 2
Modelo geral de mensuração   33

2.1. Construtos latentes 33
2.2. Representação gráfica dos construtos e variáveis 39
2.3. Requisitos de uma escala 43
2.4. Modelo clássico de Gilbert Churchill 46
    2.4.1. O modelo 46
    2.4.2. As críticas ao paradigma de Churchill 49
2.5. Modelo C-OAR-SE, de John Rossiter 56
    2.5.1. O modelo C-OAR-SE 56
    2.5.2. As críticas ao modelo C-OAR-SE 64
2.6. Outras propostas 68
2.7. Nossa proposta 72

Capítulo 3
Confiabilidade de escalas   75

3.1. A questão do erro 75
3.2. O modelo da amostra de domínio 79
3.3. Alternativas de avaliação de confiabilidade 81

3.3.1. Procedimento de teste-reteste 82
3.3.2. Consistência interna 85
3.3.2.1. A confiabilidade *split-half* 86
3.3.2.2. A confiabilidade pelo *alpha* de Cronbach 89
3.3.2.3. Considerações adicionais sobre o *alpha* de Cronbach 98

Capítulo 4
Validade de escalas   103

4.1. Elementos introdutórios 103
4.2. Sobre os tipos de validade 107
4.3. Validade de translação 108
    4.3.1. Validade de conteúdo 108
    4.3.2. Validade de face 111
    4.3.3. Recomendações de procedimentos 113
4.4. Validade de critério 120
4.5. Validade de construto 123
    4.5.1. Validade convergente e discriminante 124
    4.5.2. Validade de grupo conhecido 131
    4.5.3. Validade nomológica 133
4.6. Considerações adicionais sobre validade 134
    4.6.1 Modelos de visualização e organização 134
    4.6.2. O problema da teoria da validade: uma visão histórica 138

Capítulo 5
Escalas de verificação   143

5.1. Formatos convencionais 143
    5.1.1. Escalas de diferencial semântico e de Stapel 145
    5.1.2. Escala de Likert 153
    5.1.3. Escala *phrase completion* 160
5.2. Decisões diversas 162
5.3. Outras escalas 165

PARTE 2 - Desenvolvimento de Escalas

Capítulo 6
Construção de escalas - passos 1 a 4 — 175

6.1. Passo 1 – Especificação do domínio do construto 176
    6.1.1. Definição do construto 177
    6.1.2. Verificação da necessidade da nova escala 178
    6.1.3. Análise da dimensionalidade 180
    6.1.4. Natureza formativa ou refletiva do construto
    e suas dimensões 181
    6.1.5. Exemplificação do passo 1 182
6.2. Passo 2 - Atividades de geração de itens e validação
de face e conteúdo 186
    6.2.1. Análise de condicionantes centrais 187
    6.2.2. Atividade de prospecção de itens 188
    6.2.3. Validação de conteúdo e face 190
    6.2.4. Exemplificação do passo 2 190
6.3. Passo 3 - Decisões sobre as respostas 195
6.4. Passo 4 – Construção do instrumento de pesquisa 197
    6.4.1. Orientações gerais para a construção dos instrumentos 197
    6.4.2. Exemplificação do passo 4 201

Capítulo 7
Construção de escalas – passos 5 e 6 — 203

7.1. Passo 5 – Primeira atividade de amostragem 203
    7.1.1. Planejamento da amostragem 205
    7.1.2. Gestão do trabalho de campo 207
    7.1.3 Exemplificação do passo 5 209
7.2. Passo 6 – Procedimentos de limpeza da escala Primeira rodada 211
    7.2.1. Análise exploratória preliminar 212
    7.2.2. Análise de correlação 215
    7.2.3. Análise fatorial exploratória 216
    7.2.4. Análise de confiabilidade 223
    7.2.5. Exemplificação do passo 6 223

Capítulo 8
Construção de escalas – passos 7 a 10 — 237

8.1. Passo 7 – Trabalhos de campo adicionais 237
    8.1.1. Construção de questionários 238
    8.1.2. Planejamento de amostragens adicionais 239
    8.1.3. Gestão das atividades de campo adicionais 241
    8.1.4. Exemplificação do passo 7 241
8.2. Passo 8 – Procedimentos de limpeza da escala adicionais 245
    8.2.1. Procedimentos exploratórios diversos 245
    8.2.2. Análise fatorial confirmatória 246
    8.2.3. Exemplificação do passo 8 251
8.3. Passo 9 – Análise de validade e de confiabilidade da escala final .. 256
    8.3.1. Análise de validade 257
        8.3.1.1. Validade de translação 257
        8.3.1.2. Validade de construto 258
        8.3.1.3. Validade de critério 261
        8.3.1.4. Outras opções de validade 262
    8.3.2. Análise de confiabilidade 262
    8.3.3. Exemplificação do passo 9 263
8.4. Passo 10 – Desenvolvimento de normas e recomendações 272
    8.4.1 Recomendações 272
    8.4.2. Exemplificação do passo 10 273

PARTE 3 - Tópicos Complementares

Capítulo 9
Construtos formativos — 277

9.1. Uma caracterização mais detalhada 277
9.2. Representação e possibilidades de dimensionalidade 281
9.3. Estimação dos modelos 285
9.4. Desenvolvimento de escalas com construtos formativos 289
9.5. Críticas à proposta de operacionalização 294
9.6. Problemas decorrentes da má especificação 297

Capítulo 10
Tópicos Adicionais 301

10.1. Teoria da resposta ao item.. 301
    10.1.1. Contextualização do uso 302
    10.1.2. Conteúdo estatístico...303
    10.1.3. Considerações sobre a aplicação 306
10.2. Escalas envolvendo cenários 308
    10.2.1. Conceito e exemplificação...309
    10.2.3. Recomendações de uso 313
10.3. Questão ética da mensuração e da construção de escalas............ 316

Apêndices 323

Apêndice A2.1 – Conceituação formal de construto latente.................. 325
Apêndice A2.2 – Fundamento estatístico 329
Apêndice A3.1 – Bibliografia recomendada sobre confiabilidade......... 337
Apêndice A3.2 – Dedução do coeficiente alpha 339
    A3.2.1. Matriz de covariância..339
    A3.2.2. Fórmulas do alpha pela matriz de covariância....................342
    A3.2.3. Fórmulas alternativas...343
- Fórmula de Kunder-Richardson – KR-20, para variáveis binárias 345
- Fórmula para o caso de escalas com dois itens 346
Apêndice A4 – Bibliografia recomendada sobre validade..................... 348
Apêndice A6.1 – Primeiro questionário aplicado na escala de atitudes 350
Apêndice A6.2 – Primeiro questionário aplicado
na escala de serviços 354
Apêndice A7 – Análise fatorial.. 358
    A7.1. Considerações iniciais e pressupostos 358
    A7.2. Consequências e propriedades..360
    A7.3. A estimação dos fatores..364
Apêndice A8.1 – Segundo questionário aplicado na escala de
atitudes 366
Apêndice A8.2 – Segundo questionário aplicado na escala de serviços 369
Apêndice A8.3 – Modelagem de equações estruturais e Análise
fatorial confirmatória 373
    A8.3.1. Procedimentos convencionais da MEE..............................373

A8.3.2. Análise fatorial confirmatória 374
A8.3.3. Demais etapas da MEE 376

Bibliografia..379

PARTE 1

TEORIA DA MENSURAÇÃO

Capítulo 1
Mensuração em ciências sociais e comportamentais

O propósito deste capítulo é mostrar um pouco do debate sobre os fundamentos da mensuração. Introduzo assim o *status* epistemológico do ato de medir; em seguida, trato do debate conceitual, introduzindo a problemática da mensuração nas ciências sociais e comportamentais; ao final, apresento a classificação de Stanley S. Stevens sobre a classificação das escalas.

1.1. Um pouco do debate epistemológico

Parto do pressuposto de que medir, ou mensurar, concerne antes de tudo a um esforço de compreensão sobre um objeto qualquer, desde que este objeto possua condições bem definidas de aplicação do procedimento de medição.

Por este pressuposto teremos sempre uma finalidade básica e elementar de conhecer, que se associará a finalidades mais objetivas e operacionais, e que decorrerão da circunstância específica de aplicação. Por exemplo, temos a necessidade de compreender melhor as medidas dos peixes a serem comercializados, com a finalidade de atender ao requisito mínimo de tamanho exigido por autoridades governamentais, ou para fixação de preços especiais. Para tanto, tomamos instrumentos e medidas de variáveis de referência na área de pesca, tais como o comprimento do peixe ou o seu peso.

- O problema da objetividade do que se mede

Quando se colocam elementos mais objetivos a serem mensurados, como peso, altura e até mesmo o tempo, normalmente não temos grandes problemas em medir; porém, há diversos contextos nos quais o procedimento de verificação de medida é contestado, supondo-se a inadequação do esforço de mensuração. Assim, quando se pensam em variáveis mais abstratas, como prazer, utilidade, satisfação, dentre outras, diversas argumentações podem ser colocadas no sentido de desconfigurar o valor do esforço de medir.

Mas, por que motivos algumas variáveis poderiam ser mensuradas e outras não? Seria o caráter abstrato ou concreto o elemento definidor? Mas mensuramos o elemento concreto ou alguma característica (abstrata) deste? Se não sabemos respostas a estas questões não devemos nos preocupar, pois poucas pessoas dariam respostas não contestáveis a questionamentos deste gênero. Indo um pouco mais para trás no tempo, é possível encontrar questões como estas colocadas já pelos gregos da Idade Antiga, buscando respostas para perguntas que, então, não foram respondidas, e que até hoje temos apenas boas respostas, mas não definitivas.

Em geral, entende-se que, na verdade, medir é avaliar, e avaliar é atribuir valor. Recompondo a discussão em torno do valor, levaremos sempre o debate para um nível abstrato, mesmo que pensemos em variáveis de natureza objetiva como peso, distância, tempo... Podemos entender, a partir do argumento do pensador Luca Mari, que avaliações são 'operações relacionadas à associação de entidades simbólicas, que são os valores, com os objetos sob avaliação'[1]. Assim, qualquer objeto (não necessariamente físico) é passível de avaliação, e, portanto, de mensuração.

Considerando o primeiro argumento de que medimos para conhecer melhor os objetos, não custa compreender por que fazemos medições a todo momento, e assim temos feito desde os primórdios da humanidade. O problema maior estaria não em medir, mas no sistema de atribuição simbólico que adotamos, o que é decorrência do próprio processo de avaliar.

- Interpretações epistemológicas

Mesmo depois de séculos de debates, não se tem segurança em afirmar sobre o que atribuímos valor, se sobre o objeto, se sobre uma característica do objeto, ou se sobre uma convenção que nos interessa, e que, se gera resultados adequados, garantem o benefício da mensuração. Isto é o próprio reflexo do debate sobre o objeto, sobre suas características, e das incursões humanas sobre este para tentar compreendê-lo. Ainda conforme Luca Mari, as peculiaridades da atividade de mensurar perpassaram três interpretações centrais (ver Figura 1.1).

• Razões ontológicas: interpretação da mensuração como uma avaliação que acessa os números referentes às propriedades essenciais de um objeto.

• Razões formais: interpretação da mensuração como uma avaliação que produz símbolos que podem ser adequadamente interpretados e manipulados em operações diversas.

• Razões informacionais: interpretação da mensuração como uma avaliação a partir da qual os resultados são, em termos de informação, adequados a determinados objetivos.

---

[1] MARI, L. *Epistemology of measurement. Measurement*, v. 34, p. 17-30, 2003.

Figura 1.1 – Visões sobre a mensuração

É fácil observar que, se transitamos por estas possibilidades, partimos de uma interpretação que pressupõe inicialmente a existência de números na essência dos objetos e que a mensuração consistiria apenas em identificá-los; consequentemente, o instrumental e os procedimentos permitiram uma verificação mais ou menos adequada nesta identificação, em termos de ajuste e de erros. Passamos em seguida por uma perspectiva mais formal, com foco não na essência do objeto, mas na possibilidade de operacionalização do sistema simbólico usado na avaliação. Ao final, chegamos a um entendimento do ato de medir como uma convenção que se ajusta de maneira melhor ou pior a um dado objetivo de conhecimento. É possível supor que estas visões podem se complementar, a depender do discurso ou das opções epistemológicas do pesquisador.

Para qualquer das opções (que, é bom que se diga, não são apenas referenciais históricos, sendo ainda defendidas e usadas nas argumentações sobre o procedimento de mensuração), temos uma demanda central: antes que cheguemos mais próximos do objeto sob avaliação, devemos inicialmente saber o que estamos tentando mensurar.

- O problema da subjetividade do ato de medir

Se perpassarmos com um pouco de cuidado os textos de natureza mais acadêmica, chegaremos à conclusão de que temos um problema anterior na mensuração, que é a dificuldade conceitual própria das ciências. Podemos dizer isto mesmo da Física, que, apesar de seu *status* destacado no universo científico, ainda mantém debates os mais diversos em torno das definições de seus objetos.

O problema do conceito dificulta um esforço de entendimento tomando por base as razões ontológicas da medida. Com efeito, se não temos consenso sobre o que estamos medindo, não temos como saber o que essencialmente este objeto possui. Seria a convenção de um conceito uma saída, posto que temos um ferramental que permite operacionalizar adequadamente os símbolos? Ou seria isto perverter a essência do objeto em nome de um pragmatismo despropositado? Respostas a estas e outras questões dão o tom de um debate que é muito agradável, e que infelizmente não temos tempo e espaço para explorar mais profundamente.

Outra questão pertinente à mensuração, e diretamente associada ao que temos dito anteriormente, concerne à objetividade do ato de medir. É fácil defender a ideia de que, para sermos efetivamente seguros em nosso esforço de medição, precisamos evitar ao máximo que a avaliação seja algo subjetivo; afinal, espera-se que os resultados sejam universalmente válidos. A despeito da (boa) vontade de alcançarmos esta condição, não precisamos argumentar muito para nos convencermos da impossibilidade de aferições totalmente objetivas (a quem interessar este debate, recomendo a leitura de livros de metodologia científica).

Sendo assim, buscamos ser o mais objetivos possível, e, mesmo que não alcancemos a objetividade perfeita, nos aproximar sempre de forma mais segura da verdade da medida, admitindo sempre alguma subjetividade. O problema que se coloca é então o seguinte: qual a medida de subjetividade aceita? E se fixamos uma medida de aceitação, como a aferiremos? É fácil ver que chegamos a um contrassenso falando de uma medida de subjetividade, que é subjetivamente mensurada. Chegamos, parece-nos, a um 'beco sem saída'.

Uma perspectiva ontológica do ato de medir conduz a problemas que parecem insolúveis. Com efeito, se tomarmos a fatalidade da subjetividade (seja da definição do objeto, do instrumento usado, ou do agente responsável pela mensuração) não teremos como levar adiante qualquer esforço de medição, uma vez que jamais alcançaremos a essência mais verdadeira do objeto. Naturalmente as duas outras opções colocadas facilitam a superação deste problema (razões formais e razões informacionais). Em suma, precisaremos relativizar as posições para construir um referencial mais consistente.

Vale realçar aqui algo de grande importância para a finalidade deste livro, que é o argumento da inacessibilidade da essência real do objeto quando falamos em variáveis abstratas. O argumento dos detratores do esforço de mensuração em ciências sociais e comportamentais é de que não haveria sentido em medir aspectos como, por exemplo, satisfação, lealdade, medo, amor, dentre outros, uma vez que o caráter abstrato destes fatores impediria o acesso a suas medidas. Ora, a inacessibilidade da essência, como comentado antes, é própria dos objetos físicos e abstratos, porém seriam os abstratos justamente aqueles que não podem ser medidos? Veja-se que este pensamento, visando desconfigurar o valor da mensuração em ciências sociais e comportamentais, apela para a razão ontológica da mensuração que na realidade é somente uma das formas de interpretação do processo (veja-se ainda que muitos dos que defendem este argumento são justamente os pensadores de orientação relativista ou que se dispõem, por hipótese, a fazer uso do pensamento dialético).

É possível observar ainda a força do argumento relativista da mensuração quando se analisam os resultados gerados, conforme podem ser observados nos desenvolvimentos científicos que alcançaram as ciências que adotaram esta perspectiva em seu esforço de medir. Quase que imediatamente verificamos a lógica de um argumento de defesa: a mensuração não precisa ser perfeita (o que, aliás, seria um intento inalcançável), mas pode ser adequada para se alcançar resultados consistentes, e dar solução a problemas reais das pessoas.

As ciências sociais e comportamentais se apropriaram deste entendimento, que, diga-se, em boa medida se opõe à acusação de excesso de positivismo que seria próprio dos pensadores aderentes à mensuração. Nestes campos não 'determinamos medidas', e não alcançamos a essência dos objetos. Embora usemos pressupostos de operacionalização que admitem isto, o que fazemos ao final é 'atribuir valores na forma de símbolos', normalmente números, e com isto alcançamos resultados que permitem aprimoramentos dos procedimentos que os demandam, sejam pesquisas científicas em Administração, Marketing, ou Comportamento do consumidor, sejam testagens de psicopatologias no campo da Psicologia, sejam os esforços de avaliação de aprendizagem e de seleção no campo da Educação.

- Mensuração como atribuição de símbolos

Alerto aos leitores para um aspecto que já deve ter chamado a atenção, que é a indicação de atribuição de símbolos como associada ao procedimento de mensuração, mas também a indicação de que estes símbolos não precisam ser numéricos, e que se o forem, não têm como pré-requisito ter de se refir a quantidade (ver detalhes desta discussão no item 1.4). Em outras palavras, estamos deixando já anunciado que mensuração não significa exatamente fixar quantidades de um objeto qualquer, muito embora isto seja a impressão geral do senso comum.

A visão da mensuração como associada à quantificação tem uma razão: são as quantidades que nos geram segurança nos procedimentos comparativos. Mas observe também que, mesmo quando mensuramos por atribuição de símbolos numéricos sem que estes representem quantidade (ou seja, refletem apenas qualidades) esperamos que, no conjunto, alcancemos quantidades[2].

Debaterei isto com maior clareza na discussão conceitual e nos capítulos posteriores, mas antecipo aqui a importância da operacionalização da mensuração a partir de símbolos numéricos. A razão é simples e advém da possibilidade da manipulação matemática dos dados gerados. Como bem sabemos, o grande desafio das ciências desde a revolução newtoniana foi se aproximar da condição operacional da Física, que, em última análise, consiste na matematização de seus resultados, e no alcance de conclusões oriundas dos resultados das operações da Matemática, que, diferente de qualquer outra área de conhecimento, alcançou as condições necessárias para que se desenvolvesse e chegasse a um elevado nível de especialização valendo-se de resultados apenas de si própria.

Quando medimos, e em especial quando expressamos quantidades com nossas medidas, podemos proceder a manipulações matemáticas que nos conduzirão a resultados 'incontestáveis', uma vez que são resultados de uma operacionalização lógica, perfeita e desprovida de maiores erros. Assim se explica o grande esforço de matematização da Economia, por exemplo, especialmente a partir do século XX. A despeito das contestações existentes entre alguns economistas, creio que poucos chegariam ao extremo de negar o valor que o esforço de matematização gerou para a área.

Não seguimos para o extremo de esperar que todas as ciências sociais, e de modo mais específico a Administração, devam fazer tal como a Economia o

---

2 *A questão da atribuição é polêmica quando se confrontam as visões do debate sobre procedimentos qualitativos e quantitativos. Muito embora este autor não veja razões para problemas neste debate, que circula em torno de uma questão já bem resolvida com o entendimento de que não há dicotomia alguma, ainda vemos, por exemplo, na Psicologia, o debate sobre o valor do conhecimento oriundo de pesquisas quantitativas, ou de procedimentos baseados em casos clínicos. É bom que se diga que até na Psicanálise muito do conhecimento produzido somente é consolidado depois de diversas verificações, ou seja, com base em uma quantidade razoável de casos congruentes. O mesmo é possível verificar no debate da pesquisa em Administração.*

fez, o que lhe custou, creio, o afastamento de muitos interessados nos cursos da área no Brasil, e que gerou uma condição de quase impenetrabilidade da literatura especializada.

Por outro lado, em boa 'medida', a mensuração e a matematização parecem ser formas adequadas de avanços nas práticas e nas pesquisas das ciências sociais, e meu esforço com esta obra é contribuir com os avanços que ainda são necessários, de modo especial no Brasil. Falarei mais sobre isto posteriormente, porém é necessário antes construir uma base conceitual, o que faço no próximo item.

1.2. Algumas definições centrais

- Etimologia e mensuração como quantificação

Na análise etimológica da palavra mensuração, encontramos sua origem na palavra latina *'mensura'*, que significa, em seu sentido próprio, medida, quantidade, dimensão, ou mesmo instrumento usado para averiguação destas propriedades; em seu sentido figurado, significa ainda proporção, grandeza, capacidade, alcance. *Mensura* vem de *mensus*, que é a forma de particípio do verbo *metiri*, que significa, em latim, medir, avaliar ou estimar medidas[3].

Mensuração e medição são palavras sinônimas em seus usos cotidianos, embora a primeira palavra (mensuração) remeta eventualmente a um contexto mais técnico. A palavra medição e as palavras associadas medir e medida são mais largamente utilizadas, variando os sentidos e significados anteriormente mostrados. Assim, compreende-se o sentido de expressões como 'passou das medidas' (superou algum limite estabelecido), 'em boa medida' (com moderação), dentre outras. As expressões e seus significados já indicam que a atividade de medir sempre se associou a um procedimento especializado e técnico, mas também manteve um sentido de avaliação subjetiva e de referência mais cotidiana.

No contexto técnico, em que a palavra mensuração é mais usada, os primeiros movimentos consistiam em quantificar características de objetos, obviamente por meio de símbolos numéricos. Encontramos esforços neste sentido, na preocupação dos primeiros geômetras, que precisaram antes acessar as medidas das formas, para então seguir em seu desenvolvimento abstrato. É deste esforço que encontramos a postulação da medição por meio de comparações com uma medida padrão (que Euclides chamava de magnitude padrão em sua obra *Elementos*).

---

3 FARIAS, E. Dicionário escolar latim-português. 6. ed. Rio de Janeiro: FAE, 1985.

Teríamos na medição uma magnitude qualquer, que compararíamos por meio da divisão pela magnitude padrão. Em outras palavras, o procedimento consistia em encontrar a 'razão' (*ratio*) numérica de uma característica qualquer em relação à medida padrão. Vem daí as escalas chamadas razão (que serão analisadas no item 1.4), e também as medidas que não podiam ser comparadas com a magnitude padrão, e que, portanto, não geravam um número racional (*rational*) como medida, mas sim um número não racional, ou irracional (*irrational* – daí vem o nome do conjunto dos números irracionais, ou seja, impossíveis de expressão como uma razão, conforme estudado na Matemática).

No esforço de buscar uma referência numérica para caracterizar as formas (o que deu o sentido de aplicação da Geometria, ainda que esta tenha ido muito mais longe do que suas aplicações) havia a limitação da operacionalização dos irracionais. Mas isto não representou um problema tão grande quanto ter que pensar em uma provável mensuração por outra categoria numérica abstrata, que são os números complexos. Muito embora haja aplicações no campo das engenharias que pressupõem modelos matemáticos usando números complexos, não há sentido em operacionalizar uma medida baseada na unidade imaginária i (a raiz quadrada de -1). Provavelmente, jamais encontraremos um instrumento que gere medida de um objeto nos números complexos, embora nada impeça que isto ocorra em um nível teórico.

Afora estas limitações, que em verdade não representam maiores complicações no grande número de aplicações já desenvolvidas, o fato é que o entendimento da mensuração como a atribuição de números a partir da comparação com uma medida de base mostrou-se altamente proveitoso para o avanço do conhecimento e do bem-estar da humanidade. Não foram raras as exaltações do valor da medição, como podemos encontrar em algumas frases de efeito já clássicas. Vejamos algumas, a título de ilustração:

"O progresso da civilização tem estreita relação com o desenvolvimento de medições "(A. Pérard – engenheiro)[4];

"Uma informação positiva sobre um sistema não pode ser obtida se não for por meio de uma mensuração" (J. L. Destouches – físico)[5];

"Quando você pode mensurar o objeto sobre o qual você está falando, e expressá-los em números, você então sabe alguma coisa sobre este objeto; se não for assim, seu conhecimento é restrito e insatisfatório (atribuída a Lord Kelvin – físico)[6];

---

4 MARI, L. *Epistemology of measurement. Measurement*, v. 34, p. 17-30, 2003, p. 18.
5 *Idem*, p. 18.
6 *Idem*, p. 20.

"Conte o que for contável; meça o que for mensurável, e o que não for mensurável, faça mensurável" (atribuída a Galileu Galilei – físico)[7].

É bem evidente nestes enunciados a valorização da mensuração, que parece ganhar um *status* diferenciado no processo científico. Como informa Luca Mari[8], a mensuração ganhou, nas ciências, um protocolo de verdade, em especial porque viabiliza o desenvolvimento de análises matemáticas. A mensuração tornou-se um meio que viabiliza o desenvolvimento da pesquisa, e o reconhecimento das verdades, a partir de sua mediação com o universo empírico[9].

- Limitações da visão da quantificação e alternativas

Por estes entendimentos fica mais evidente a forte associação da mensuração com a quantificação, e, a contar pelas expressões atribuídas a Galileu e Kelvin, a atividade de mensuração constitui um pré-requisito central para o próprio desenvolvimento científico. Mas, se o que temos até aqui mostrado bastaria para um esforço conceitual preliminar, para uma perspectiva mais genérica, e que vá além das bases operacionais das ciências físicas, esta conceituação falha.

Com efeito, a ciência não se constituiu somente em torno da Física, e ainda que esta seja um bom ponto de referência, temos um problema associado à natureza das variáveis não físicas, especialmente quando verificamos muitas das variáveis usadas nas ditas ciências sociais e comportamentais. O conceito de mensuração a partir da medida padrão encontra dificuldades na proporção em que estes padrões não são tão seguros e bem determinados quanto nas variáveis físicas. Precisamos ampliar nosso conceito de mensuração como forma de abarcar um leque maior de possibilidades.

Neste sentido, é relevante o entendimento do pesquisador D. Hoffman (1983), que sugere dois significados para a mensuração. Segundo este autor, "medir em um sentido restrito (quantificação), é a comparação experimental

---

7 FERRIS, T. L. J. *A new definition of measurement*. Measurement, v. 36, p. 101-109, 2004, p. 101.
8 MARI, L. *Foundations of measurement*. Measurement, v. 38, p. 259-266, 2005.
9 O status da mensuração como tendo um papel de protocolo da verdade ensejou o desenvolvimento de uma teorização própria, e de um esforço sistemático de desenvolvimento teórico e instrumental no que comporia uma 'Ciência de mensuração' (Measurement science). O debate sobre este aspecto é bem desenvolvido no contexto das ciências físicas e tecnológicas, e o alcance para as ciências sociais e comportamentais ainda é algo contestado; ainda assim, muitos dos elementos deste debate são de extremo valor para reflexões sobre mensuração em qualquer área, como é o exemplo desta nossa discussão.

de uma quantidade mensurada com um padrão metrológico definido. Medir em um sentido amplo (classificação) é a comparação experimental do objeto medido com um padrão particular"[10].

O sentido da definição parece dúbio, mas os parênteses indicam como é possível entender a mensuração: podemos quantificar por meio de razões com padrões metrológicos, ou podemos simplesmente fixar um padrão numérico para classificar objetos. Para dar um sentido mais prático a este entendimento, bem podemos definir, como padrão para a classificação de gênero, que os indivíduos do sexo masculino sejam classificados como 0, e os do sexo feminino sejam classificados como 1. A atribuição no ato da aferição do gênero seria, por este conceito, proceder a uma mensuração, mas na forma de classificação. Veja bem, mensuramos o gênero, por este exemplo, segundo o critério de atribuição que convencionamos, e que poderia ter sido qualquer outro, mas não quantificamos os gêneros! Isto não indica superioridade ou inferioridade, mas somente classes distintas de um sistema de mensuração convencionado.

Na verdade, este entendimento fora anteriormente apontado de forma mais genérica por Stanley Smith Stevens[11], que definiu mensuração como "atribuição de numerais a objetos ou eventos de acordo com regras". Por esta definição, o problema da mensuração se deslocaria para a fixação destas regras, que poderão atingir a finalidade de quantificação ou de classificação, conforme comentado antes. Parece que resolvemos o problema da mensuração nas ciências sociais e comportamentais, porém criamos outro problema, que é o da definição da regra de atribuição.

Estas duas últimas definições, que, repito, permitem a superação das dificuldades anteriormente verificadas quanto ao sentido da mensuração das ciências sociais e comportamentais, vêm sendo as mais largamente aceitas nos círculos acadêmicos destas áreas[12]. Aceitaremos este entendimento, a partir do

---

10 HOFFMAN, D. Automatic testing with intelligent sensor system: measuring or classification? In: Technological and Methodological Advances in Measurement Acta – IMEKO, 3, Amsterdam, 1982. Proceedings... Amsterdam: 1983.
11 STEVENS, S. S. On the theory of scales of measurement. Science, v. 103, n. 2684, p. 677–680, jun. 1946. Neste pequeno artigo Stevens desenvolve a proposta de classificação de escalas de verificação em quatro tipos (nominal, ordinal, intervalo e razão) que é a mais utilizada ainda hoje. Falarei sobre estas escalas no item 1.4.
12 Aos interessados, recomendo a verificação das seguintes obras: (1) DEVELLIS, R. F. Scale development: theory and applications. Newbury Park, CA: SAGE Publications, 1991; (2) PEDHAZUR, E.; SCHMELKIN, L. P. Measurement, design and analysis: an integrated approach. Hillsdale: Lawrence Erlbaum Associates Inc. Publishers, 1991; (3) NETEMEYER, R. G.; BEARDEN, W. O.; SHARMA, S. Scaling procedures: issues and applications. Thousand Oaks:

qual já podemos iniciar a prospecção de novos conceitos associados.

Vale antes ressaltar o esforço de definição de Ferris, que, após uma longa revisão conceitual sobre mensuração, propôs a seguinte interpretação: "mensuração é um processo empírico, que se utiliza de instrumentos para efetuar uma verificação rigorosa e objetiva de algo observável dentro de uma categoria de um modelo deste elemento observável, que distingue uma manifestação de significado de outras manifestações de significados possíveis e distinguíveis"[13].

Em todas as definições, é evidente que: (1) não mensuramos o objeto, mas uma característica bem definida deste; (2) a característica deve ser claramente diferençável de outras características do objeto; (3) e deve possuir uma variação que indique o sentido da regra de atribuição definida. Por exemplo, quando o gestor de um restaurante decide medir a qualidade percebida por seus clientes no serviço, temos: (1) o objeto são os clientes, mas mensuramos sua percepção de qualidade; (2) a qualidade é algo bem definido e distinto de outras avaliações dos clientes, como sua disposição de lealdade, sua confiança no restaurante, sua satisfação geral com o serviço... (estes podem ser associados à percepção de qualidade, mas são claramente distintos); (3) obviamente, cada cliente percebe qualidade de maneira distinta, ou seja, a percepção de qualidade possui uma variação. Por este exemplo, fica claro que podemos medir a qualidade percebida no serviço referido.

- Conceitos associados

Aqui fica mais evidente, para efeito de análise, a relevância da definição do objeto a ser medido, e da definição consistente de suas características mensuráveis. Mesmo considerando o que expusemos anteriormente a respeito da dificuldade de conceituação, este é o primeiro grande esforço que devemos fazer para podermos processar o ato de mensuração. Ganha respaldo aqui o discurso da importância e da antecedência de uma forte revisão teórica para uma definição do objeto da mensuração e da característica a ser mensurada.

Usamos a expressão 'construto' para nos referir a uma característica de um dado objeto que pode ser mensurada, ou seja, o construto apresenta características ou conceitos que viabilizam quantificações ou classificações, e é bem delimitado em relação a outras características do objeto. Alguns exemplos

---

Sage, 2003.
13 FERRIS, T. L. J. A new definition of measurement. Measurement, v. 36, p. 101-109, 2004, p. 107.

de construtos são: velocidade, altura, voltagem (na Física), grau de pobreza, inflação, nível de desenvolvimento (na Economia), raiva, nível de estresse, agressividade (na Psicologia), lealdade, intensidade de reclamação, qualidade percebida (Marketing), clima organizacional, intensidade ética, satisfação no trabalho (Recursos humanos), dentre outros.

Deixo aos interessados a verificação da natureza da mensuração aplicável a estes construtos, entre quantificação e classificação, mas adianto que falarei sobre estas questões mais adiante (item 1.4), quando discuto as opções de verificação, ou de aplicação das regras de atribuição da definição de Stanley Stevens.

Algo de especial valor na definição de Ferris (ainda que este seja bem direcionada ao contexto das engenharias) é a necessidade de um instrumento para a mensuração. De fato, e apelando para nossa experiência cotidiana, quando falamos em mensurar logo pensamos no instrumental usado para tanto, seja uma régua para medir distância, um relógio para medir tempo, um termômetro para medir temperatura, dentre outros.

Este instrumental completo, englobando o instrumento juntamente com o conjunto de regras de aplicação, de atribuição, e de análise, constitui o que chamaremos de 'escala de mensuração'. Mas cuidado, a palavra 'escala' também é utilizada aqui com um segundo sentido, que se associa à regra de verificação direta, ou, de outra forma, à maneira como atribuímos os números às variações e quantidades da característica mensurada no objeto. A esta escala chamamos de 'escala de verificação'. Falarei sobre isto mais adiante.

Naturalmente, quando estamos tratando de mensurações na lógica das ciências exatas, e especialmente das tecnológicas, normalmente pensamos em instrumentos materiais e alguns bastante sofisticados (como os instrumentos de verificação de graus de radiação, por exemplo). É, em parte, esta memória do instrumental das ciências físicas e tecnológicas que, eventualmente, nos coloca sob a descrença da possibilidade de mensuração de construtos mais abstratos, como utilidade, raiva ou amor, por exemplo. Com efeito, não temos um utilitômetro, um raivômetro, e muito menos um amorômetro, e mesmo que tivéssemos, provavelmente desconfiaríamos de sua efi-ciência na mensuração de seus objetos.

Esta discussão enseja, por outro lado, uma conceituação adicional sobre os construtos, associada a sua natureza e sua possibilidade de observação. Para construtos como estes, citados antes, entendemos que, se não são observáveis diretamente, podem gerar manifestações observáveis. Por exemplo, posso tomar a expressão facial, ou a força das palavras e dos gestos como manifestações da intensidade de raiva de um sujeito. Creio que todos já fizemos isto em algum momento, e provavelmente encontramos bons resultados em medir a raiva de um sujeito e saber se devíamos ou não reagir ou interagir com pessoas com muita raiva (que medimos somente pelo que pudemos observar).

Sendo assim, que tal se usássemos um instrumento mais consistentemente válido para acessar o nível de raiva (depois de diminuir o efeito da mesma), como por exemplo, perguntar ao sujeito o quanto ele odeia a situação que lhe provocou este sentimento negativo? Fazendo melhor, que tal se colocássemos uma codificação numerada, por exemplo, de 1 a 10, de tal modo que 1 indique muito pouca raiva, e 10 muitíssima raiva? Se fizéssemos melhor ainda e verificássemos 10 facetas mais específicas de cada situação de raiva (vontade de agredir, desejo de revidar...), e então colocássemos um conjunto de 10 perguntas com a mesma escala de 10 pontos, como a anteriormente proposta? Ora, seguramente teríamos uma boa indicação das motivações ou da intensidade da raiva por este meio, usando este 'instrumento' de verificação.

Naturalmente, não acessaríamos completa e perfeitamente o que buscamos, mas já teríamos uma boa referência para análise, muito melhor do que quando não tínhamos nada! Este instrumento constitui efetivamente um meio de verificação, que recebe a denominação especial instrumento do 'tipo lápis-e-papel'.

Instrumentos do tipo lápis-e-papel são os mais adequados para mensuração de construtos que não medimos diretamente, mas acessamos suas manifestações. Estes construtos recebem a denominação especial 'construtos latentes' (em oposição aos construtos observáveis diretamente; no capítulo seguinte, retomo este conceito), pois não estão expressos de maneira evidente, mas geram manifestações diversas, inclusive nas respostas ao instrumento, que podem ser mensuradas.

Observe que desenvolvi até aqui um conjunto relevante de conceitos-chave (mensuração, construto, construto latente, construto observável, escala de mensuração, escala de verificação). Para providenciar uma visão agora do conjunto, todos os conceitos foram resumidos no quadro 1.1.

Quadro 1.1 - Conceitos-chave

Elemento	Definição
Mensuração	Procedimento de verificação empírica, a partir de instrumentos adequados, de uma característica bem definida e diferenciada de um objeto, com a finalidade de atribuição de números, seja para definir quantidades, seja para definir classificações.
Construto	Característica de um dado objeto que apresenta variações que viabilizam quantificações ou classificações, e que são bem delimitadas em relação a outras características do mesmo objeto.
Construto latente	Tipo de construto que não pode ser mensurado diretamente, mas que apresenta manifestações mensuráveis (p. ex.: satisfação).
Construto observável	Tipo de construto que pode ser diretamente mensurado (p. ex.: altura de uma pessoa).
Escala de mensuração	O instrumento de mensuração completo, que reúne o componente físico (ou sua descrição), além do conjunto de regras de aplicação, de atribuição e de análise.
Escala de verificação	Regra de verificação direta da forma como atribuímos os números às variações e quantidades da característica mensurada no objeto.

Figura 1.2 – Relação entre os conceitos

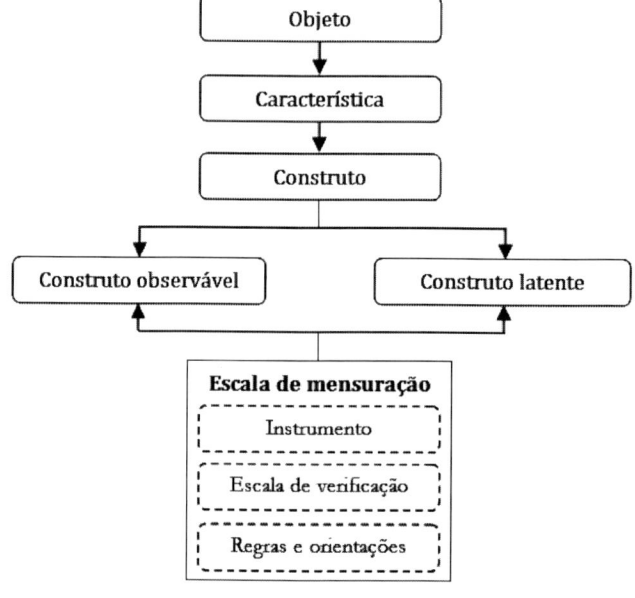

É relevante também visualizar para a forma como este conjunto de conceitos está relacionado, o que fica evidenciado na análise da figura 1.2, na qual fica indicado que partimos de um objeto, que tem uma característica específica que gera um construto, observável ou latente. Procedemos à avaliação por meio de uma escala de mensuração, que é composta por um instrumento, determinado por uma escala de verificação específica e por um conjunto de regras e orientações de aplicação e análise.

Também já deve estar claro que não há dúvidas sobre a possibilidade de mensuração nas ciências sociais e comportamentais. A questão se desloca então para outra direção: como podemos aprimorar a mensuração nas ciências sociais, posto que nas ciências exatas e tecnológicas o problema parece estar bem resolvido? Somente vejo uma resposta a esta questão, que é a seguinte: precisamos avançar nas ferramentas de análise e verificação, e precisamos desenvolver instrumentos de mensuração cada vez mais consistentes.

E foi esta a grande preocupação de uma larga corrente de pesquisadores dos campos com maior demanda de uma estratégia de mensuração consistente, em especial a Psicologia, a Educação e a Administração. Na seção seguinte, detalharei um pouco mais esta discussão.

1.3. Mensuração nas ciências sociais e comportamentais

Pelo que foi discutido anteriormente, podemos compreender que os esforços de pesquisa em mensuração são próprios de toda e qualquer ciência ou área acadêmica, e não apenas das ciências exatas e das engenharias, ainda que sejam estas áreas as que alcançaram um nível de desenvolvimento maior, inclusive com reputados periódicos dedicados exclusivamente a questões de mensuração de seus sistemas e variáveis (por exemplo, os periódicos *Measurement* e *Measurement Science and Technology*).

Especificamente no campo das ciências sociais temos verificado um avanço mais enfático na Economia, em razão do forte desenvolvimento da quantificação na órbita da Econometria, o que desencadeou, em paralelo, uma preocupação maior com a questão da mensuração das variáveis econômicas. Nesta área (Economia), temos variações suficientemente grandes para justificar a preocupação com a mensuração, como, por exemplo, medidas de razão para produção anual de milho, e medidas abstratas acessíveis somente com variáveis intervalares, como utilidade percebida, por exemplo. Naturalmente, quanto mais objetivas e concretas as variáveis, mais fácil se torna a mensuração.

Já para as variáveis mais abstratas os problemas são muito maiores, chegando ao nível de contestação da própria possibilidade de mensuração, conforme comentado. Assim, não é incomum ver economistas da linha da Economia política condenarem os esforços quantitativos da Economia matemática, e os argumentos parecem fortes o bastante para colocar muitos pesquisadores em dúvida sobre o valor de um esforço de quantificação e operacionalização quantitativa de variáveis econômicas.

Independente desta discussão, que parece não ter fim e se alimenta de si própria, a mensuração em ciências sociais e comportamentais tem sido um tema constantemente pesquisado, e pretendemos aqui colocar alguns aspectos mais relevantes deste debate.

Na Psicologia, na Educação e na Administração, o problema da mensuração se evidencia muito fortemente, e vai longe o bastante para se criar uma dicotomia, de certa forma injustificada, entre a pesquisa qualitativa e a pesquisa quantitativa (esta baseada em valores mensurados). Como comentado anteriormente, não seria problema identificar assim as duas correntes, se tal definição não desencadeasse uma espécie de divisão de grupos, com a equipe dos pesquisadores qualitativos, e a dos pesquisadores quantitativos. As histórias e problemas são conhecidos por todos os que militam nas áreas, mas quero reforçar o que disse antes: tal dicotomia não existe, e nem tem como se sustentar quando confrontada a um conjunto de questionamentos bem elaborados (em verdade, a superação da visão de oposição já vem sendo defendida no Brasil, inclusive pelos autores que professam a importância dos métodos qualitativos[14]).

A tese central das propostas de mensuração é de que é perfeitamente possível medir variáveis abstratas; são necessários, naturalmente, modelos apropriados para tentar minimizar os efeitos que geram erros. A questão da mensuração, por este entendimento, encontra sua sustentação em um argumento simples, mas poderoso: a questão não é de medir ou não medir; trata-se de buscar minimizar erros de mensuração. Isto implica, por outro lado, um grande esforço conceitual e metodológico, que orbita em torno de modelos e teorias próprios para estas áreas (ciências sociais e comportamentais), e da apropriação de conceitos, modelos e ferramentas de uso geral nas ciências físicas e tecnológicas.

De um modo geral, o problema da mensuração chegou às ciências sociais

---

14 VIEIRA, M. M. F.; ZOUAIN, D. M. (Org.). Pesquisa qualitativa em Administração: teoria e prática. Rio de Janeiro: Editora FGV, 2005.

e comportamentais de maneira pontual, e nunca foi de uso generalizado. A análise do desenvolvimento teórico e profissional nestas áreas mostra isto claramente: partes ou correntes da Psicologia usam métodos quantitativos muito avançados, porém outras partes ficam distantes destes, optando por análises qualitativas ou estudos de casos; o mesmo ocorre com a área de Educação, que se apropria de ferramentas de mensuração de modo mais enfático na subárea de avaliação educacional, mas inclusive nesta subárea há um amplo desenvolvimento teórico sem suporte de métodos de mensuração ou operacionalizações quantitativas; em Administração, temos variações de intensidade de uso destes métodos e ferramentas, com algumas subáreas mais intensivas no uso, como Finanças e Produção, outras com uso parcial e pontual, como Marketing e Recursos humanos, e outras áreas de uso muito restrito, como a Teoria das organizações. Vejamos mais alguns detalhes sobre estes aspectos, passando ordenadamente, pela Psicologia, pela Educação, e, mais detidamente, pela Administração.

- A mensuração na Psicologia

A mensuração e a operacionalização quantitativa de resultados de pesquisas foram, em um primeiro momento (e ainda na primeira metade do Século XX), mais utilizadas no âmbito da Psicologia, e, de modo mais específico, no desenvolvimento da 'teoria da testagem psicológica', que se trata de uma teoria da mensuração aplicada à avaliação de características e variáveis psicológicas[15].

Foi este primeiro esforço que viabilizou o desenvolvimento do periódico de orientação quantitativa *Psychometrika*, que, ao longo dos anos, vem desenvolvendo conhecimentos relevantes não somente para a Psicologia, mas também para a própria Estatística. Com efeito, algumas das principais ferramentas estatísticas de análise multivariada, como a análise fatorial, a modelagem de equações estruturais e os modelos da teoria em resposta ao item, tiveram parte de seu desenvolvimento nas páginas desse periódico.

Os problemas da Psicologia são bem conhecidos: como diagnosticar patologias psicológicas? Como ter segurança para afirmar que um paciente possui depressão, agressividade, predisposição ao suicídio etc.? Pelo exposto na seção anterior, seria possível compreender que estes construtos não são observáveis diretamente, mas, como apontado no exemplo sobre a averiguação

---

15 Cf. URBINA, S. *Essentials of psychological testing*. New Jersey: John Wiley & Sons, Inc., 2004.

da raiva (seção anterior), há manifestações que indicam, com boa segurança, informações sobre o construto. Os psicólogos que encampam o desafio de desenvolver ferramentas para viabilizar estas verificações desenvolvem o que chamam de 'testes psicológicos'.

Em outras palavras, os testes psicológicos são escalas de mensuração, normalmente de uso exclusivo (legalmente justificado) de profissionais com formação em Psicologia. Como tal, o teste, além de seu conteúdo fundamental de uso, contém um conjunto de informações que norteiam sua aplicação pelo profissional, e dá as indicações de interpretação dos resultados obtidos.

Todo o conjunto de aspectos associados à produção do teste, e seu real valor enquanto ferramenta de mensuração daquilo que se propõe, constitui a preocupação central do esforço de desenvolvimento, que perpassa um conjunto de etapas bem definidas, e que normalmente precisam ser rigorosamente cumpridas pelos desenvolvedores do teste, como forma de assegurar condições adequadas de uso e análise. Esse conjunto de procedimentos está bem desenvolvido nos manuais de testagem psicológica, e são normalmente estudados nos cursos de graduação e pós-graduação em Psicologia[16]. Esses procedimentos foram também uma referência central para os desenvolvimentos da mensuração na área de Administração, especialmente na área de Marketing, como será comentado posteriormente.

- **A mensuração na Educação**

Em paralelo à Psicologia, também a Educação enfrentou o problema da mensuração em uma de suas áreas mais relevantes, que é a avaliação educacional. Os problemas desta área são clássicos e chegam sem maiores tecnicismos a todos os profissionais envolvidos com o processo educacional, quando tratam de aspectos associados à medição do conhecimento adquirido ou avaliação de competências. Para professores em suas disciplinas, a questão que sempre se coloca é: como desenvolver um sistema de avaliação que capte o verdadeiro aprendizado do aluno?

A prova de que o professor utiliza, ou de maneira mais ampla, todos os procedimentos de avaliação que este aplica em conjunto com sua prova constituem, em verdade, um todo orientado a mensurar o conhecimento adquirido, o que envolve instrumentos (prova e questões), trabalhos, roteiros de

---

16 Aos interessados, recomendo especialmente os livros: (1) ANASTASI, A.; URBINA, S. Testagem psicológica. 7. ed. Porto Alegre: Artmed, 2000; (2) URBINA, S. Essentials of psychological testing. New Jersey: John Wiley & Sons, Inc., 2004.

avaliação de trabalhos em grupo, e, naturalmente, um conjunto de regras de computação dos resultados, com definições de prazos, tamanhos, pesos de trabalhos na nota final, dentre outras possibilidades. Pela definição de escala de mensuração que expusemos anteriormente (ver quadro de conceitos no item anterior), observamos facilmente que o professor desenvolve, neste conjunto, uma escala de mensuração aplicada à finalidade educacional de avaliação. Rapidamente observamos como a questão da mensuração alcança o universo da Educação.

Além da avaliação para averiguação de aprendizagem, a mensuração em Educação mostra suas demandas quando pensamos nos concursos e seleções diversos. Nesses casos, não se pretende medir a aprendizagem, mas sim o conhecimento e as habilidades possuídos pelo sujeito, que normalmente são pré-requisitos para ocupação de um cargo em uma organização, ou critério de participação em um grupo ou curso (como nos mestrados e doutorados, por exemplo). Também aqui temos um conjunto de atividades avaliativas, que incluem a prova em si, mais testes adicionais, tais como testes de capacidade física (no caso de concursos para órgãos policiais), entrevistas, avaliação curricular (estes últimos para empregos em organizações privadas, ou ainda em concursos para professores), dentre outras possibilidades.

Ainda que chamemos tudo isto de 'processo de avaliação', em verdade teremos ao final a verificação conjunta, que gerará uma única medida numérica, que, por hipótese, indicará a medida de aprendizagem, de capacidade ou de adequação do sujeito envolvido a um dado propósito, a depender do objetivo da verificação.

Se a prática e a teoria mais conhecidas de avaliação dispensam uma abordagem mais técnica (aquela ensinada nos manuais de avaliação educacional de cursos da área de Educação parecem ser o bastante para atender às necessidades dos professores ou agentes de seleção e recrutamento), em um nível mais avançado, os estudos, os tópicos da teoria da mensuração em Educação são bastante complexos. Basta colocarmos alguns problemas corriqueiros, e entenderemos como algo aparentemente simples pode se tornar bem complicado. Por exemplo, quando avaliamos uma prova de vestibular, sabemos que esta não deve ser muito difícil, a ponto de não preencher as vagas de cursos menos demandados (se for muito difícil sobrarão vagas em diversos cursos, pois os candidatos não alcançarão o mínimo), mas não pode ser muito fácil a ponto de não diferenciar os candidatos dos cursos de maior concorrência (se for muito fácil é possível que um número de alunos maior que o número de vagas complete as provas, o que impediria a seleção por mérito nestes cursos). Naturalmente, a prova deve ser elaborada de modo a mesclar dificuldade e facilidade das questões; mas qual a medida? Seriam 20% de questões fáceis, 60% médias, e 20% difíceis? Ou uma proporção de 50% de fáceis, 40% médias, e 10% difíceis? E quando elaboramos as questões, devemos colocar opções de múltipla escolha, ou bastam duas opções? Se for de múltipla escolha, colocamos 4, 5 ou 6 opções? E como devem ser as opções: algumas obviamente erradas, e algumas duvidosas e uma correta? Ou todas duvidosas e uma correta?

Seria possível colocar várias outras questões que ilustram o problema da mensuração em Educação, mas o espaço e foco deste livro não permitem. O desenvolvimento teórico neste campo já construiu um volume de estudos bem consolidados, e a área possui, inclusive, periódicos reputados para tratar do tema (por exemplo, o *Educational and Psychological Measurement*)[17].

- Mensuração em Administração

Em Administração, a diversidade de abordagens que a área possui implica variações em termos de mensuração. Como já comentado, áreas como Produção e Finanças, por exemplo, possuem variáveis objetivas que são largamente utilizadas em estudos e aplicações práticas (como receita ou lucratividade em Finanças, ou erros de processo, e tempo padrão em Produção).

Já áreas como Recursos humanos e Marketing, por exemplo, têm um conjunto de variáveis relevantes que não se prestam a uma verificação tão objetiva. Motivação de empregados e percepção de clima ético, por exemplo, são variáveis de Recursos humanos que somente são acessadas por escalas de intervalos (ver seção 1.4). Em Marketing, de modo especial em Comportamento do consumidor, a grande maioria das variáveis é mensurável somente por escalas de intervalo (satisfação, identificação, lealdade, confiança, comprometimento, intenções futuras, percepção de valor, percepção de risco, de qualidade, dentre outras). Nosso esforço neste livro é sobre estas últimas demandas de mensuração, das quais falarei mais a adiante.

Assim como em Psicologia e Educação, desenvolver escalas de mensuração para variáveis abstratas é um desafio central para o desenvolvimento

---

17 É interessante recordar que Lee Cronbach, o pesquisador que criou o reconhecido coeficiente alpha de Cronbach, o coeficiente mais amplamente utilizado em pesquisas para mensuração de confiabilidade interna de conjuntos de itens de escalas, era um pesquisador militante na arena de mensuração em Educação.

prático e teórico de Administração. Em um nível prático, tal demanda é evidenciada quando se verificam as práticas de pesquisa realizadas, especialmente por gestores de Marketing que, mesmo tendo passado por algum tipo de educação formal na área, ainda utilizam procedimentos bastante rudimentares de pesquisa sobre tópicos como análise de satisfação, intenções de compra, manifestação de preferências, dentre outros (basta algum destes instrumentos de avaliação de satisfação que são aplicados em restaurantes ou hotéis, e rapidamente percebemos o quanto o procedimento é precário e amador).

Tem-se observado um esforço de superação deste problema a partir do ensino, com uma ênfase dada aos tópicos associados à mensuração nas disciplinas e livros de pesquisa ou metodologia científica ou de pesquisa de marketing. Quero crer que o procedimento seja suficiente para ilustrar para os profissionais de Administração a importância de uma concentração mais consistente nos aspectos de mensuração, o que se dá a partir do entendimento de que a pesquisa e a mensuração não são somente aspectos a serem decididos em uma reunião de meia hora para elaboração de um questionário de pesquisa.

A atividade de mensuração em Administração é fortemente dependente do desenvolvimento de escalas, o que se faz já no nível mais acadêmico. Em razão da preocupação mais enfática dada pela área de Marketing, as questões mais acadêmicas acerca da mensuração acabaram tendo seu principal *lócus* de discussão os periódicos acadêmicos desta área, com as teorizações sendo expandidas para outros contextos da Administração.

Em Marketing, observamos que a preocupação acadêmica com o desenvolvimento de escalas vem ocorrendo desde os esforços de quantificação da pesquisa na área, ainda nos anos de 1960. No entanto, um foco mais concentrado em mensuração foi desencadeado a partir do início dos anos 1980, como consequência da publicação da proposta de Gilbert Churchill Jr., no ano de 1979, que inclusive veio a se constituir em um 'paradigma' de desenvolvimento de escalas em Marketing por mais de duas décadas[18]. Falarei com maiores detalhes destes desenvolvimentos no capítulo 2, mas antes preciso fixar mais alguns tópicos sobre os procedimentos de mensuração.

---

18 Cf. CHURCHILL, JR. G. A paradigm for developing better measures of marketing constructs. Journal of Marketing Research, v. 16, p. 64-73, feb., 1979; ROSSITER, J. R. The C-OAR-SE procedure for scale development in marketing. International Journal of Research in Marketing, v. **19**, *n. 4, p. 305–335, 2002.*

1.4. Os tipos clássicos de escalas

Stanley Smith Stevens desenvolveu, no início dos anos de 1940 uma proposta de classificação das escalas de averiguação que ainda hoje é a mais utilizada na teorização sobre construção de escalas[19]. Seguindo a conceituação de mensuração como a atribuição de números a atributos ou construtos, Stevens visualizou quatro possibilidades de atribuição: escala nominal, ordinal, intervalar e razão. Cada uma destas possibilidades está comentada a seguir.

1.4.1. Escala nominal

Inicialmente, temos a possibilidade de atribuição de números para indicação restrita de tipos de objetos ou de qualidades (categorias) de um dado objeto. Por exemplo, podemos tomar as diversas possibilidades de atribuir números para codificar diferentes produtos de um estoque, e convencionar o sentido de cada número. Também podemos adotar indicações numéricas para representar as possibilidades de estado civil de uma pessoa (entre casado, solteiro, desquitado...), ou seu gênero (masculino ou feminino). Quando adotamos números com este propósito, devemos observar que eles servem fundamentalmente para indicar classificações, mas não quantidades. Em outras palavras, usamos os números para nominar objetos ou categorias destes. Por esta razão, este tipo de atribuição, ou de mensuração, recebe o nome de 'escala nominal'.

São facilmente identificáveis diversas variáveis que podem ser mensuráveis por meio de escalas nominais. Algumas das mais comuns, além das citadas (estado civil e gênero), são: classe econômica, raça, religião, opção sexual, formação, profissão, faixa de renda... Uma forma convencional de levantar informações com escalas deste tipo consiste em indicar a variável sob análise em um questionário, e dar as opções das categorias para serem marcadas (observe que estamos definindo uma referência para comparação do atributo, ou seja, definimos previamente um padrão em seguida comparamos o objeto ou atributo com este padrão). No quadro 1.2 apresento o exemplo para a variável gênero.

---

19 STEVENS, S. S. On the theory of scales of measurement. Science, v. 103, n. 2684, p. 677-680, 1946.

Quadro 1.2 - Exemplo de mensuração com escala nominal

Qual seu GÊNERO?	
1. ( ) Masculino	2. ( ) Feminino

Naturalmente, para que uma variável possa ser mensurada em uma escala nominal é necessário que as categorias do padrão adotado sejam ao mesmo tempo exaustivas (ou seja, contemplem todas as possibilidades de manifestação da variável), e exclusivas (ou seja, que não se sobreponham). É necessário, portanto, que cada categoria possa ser objeto de mensuração (comparação com um padrão), e que uma mesma categoria não possa ser mensurada a partir de mais de uma atribuição numérica (de acordo com a regra de atribuição definida na comparação).

Este tipo de escala de verificação é o mais simples, chegando inclusive a ser contestado como opção de mensuração. Ainda assim, algumas considerações precisam ser realçadas, especialmente em relação à definição das categorias, e ainda sobre as possibilidades de operacionalizações de resultados.

Quanto à definição de categorias, temos em um primeiro nível aqueles casos mais imediatos, como as duas possibilidades de classificação de gênero entre masculino e feminino. Por outro lado, temos algumas dificuldades quando tratamos de variáveis mais complexas, como a classificação de nível econômico, por exemplo, que possui diversos critérios, e que pode determinar uma série de estratos distintos (uma pessoa pode ser classe B em um critério e classe C em outro). Qualquer que seja a alternativa adotada, o mais relevante para efeito de verificação na grande maioria das pesquisas é que as categorizações adotadas remetam ao senso de realidade mais aceito, especialmente por especialistas (o que justifica, inclusive, uma revisão de literatura na definição destes critérios), e que sejam definidas categorias que representem estratos significativos (em número) do universo possível.

Por exemplo, o estado civil, entendido como a situação da pessoa em relação ao matrimônio, pode ser categorizado em cinco possibilidades: casado, união estável, solteiro, divorciado ou viúvo. No entanto, em diversas pesquisas são mais volumosos os casos de casado e solteiro, e as demais possibilidades surgem em número muito reduzido. Assim, tem-se a opção de redimensionar a escala para três categorias de denominação: casado, solteiro, e outros. Naturalmente, o objetivo da pesquisa determinará quais opções seguir.

Outro aspecto relevante concerne às possibilidades de operacionalização dos dados gerados, para efeito de análise. Dado que os números gerados na escala nominal não são representativos de quantidades, algumas das operacionalizações matemáticas convencionais não são aplicáveis (por exemplo, não podemos usar a operação divisão no número que representa gênero). Adicionalmente, o significado do número pode não remeter diretamente a seu sentido (por exemplo, se fixamos o gênero feminino em 1 e o masculino em 2, isto não indica que o gênero masculino é duas vezes o feminino).

Ainda assim, diversos procedimentos de análise são aplicáveis, tanto em técnicas univariadas quanto multivariadas. Por meio de procedimentos univariados é possível, por exemplo, a realização de contagens das manifestações de categorias e a extração de frequências relativas; em uma análise bivariada, é possível o cruzamento de variáveis, inclusive com alguns testes estatísticos associados à hipótese de dependência, além dos procedimentos com variáveis de outros tipos por meio de análise de variância ou mesmo procedimentos de regressão múltipla com variável *dummy* (tipo de variável oriunda da transformação das variáveis nominais para o padrão 0 e 1, com operacionalização como se representasse quantidade).

1.4.2. Escala ordinal

Na escala nominal, usamos números simplesmente para estabelecer uma classificação, na qual este número representa uma determinada categoria de uma variável. Mas podemos também usar números em variáveis que demandem indicação de alguma forma de ordem entre objetos ou categorias de um objeto. Por exemplo, podemos classificar dez marcas de um produto quanto á sua preferência; do primeiro (o melhor) ao décimo (o pior). Ou seja, podemos usar números com o propósito de ordenar objetos ou categorias. Este tipo de utilização dá sentido à chamada 'escala ordinal'.

Por exemplo, para a variável colocação em uma corrida de fórmula 1, adotamos a numeração convencional para listar as posições finais dos pilotos. Também poderíamos distribuir um conjunto de atributos sobre um mesmo produto, promovendo diferentes combinações de modo a gerar três opções para os clientes, e em seguida pedir que os mesmos ordenem cada um dos produtos segundo sua preferência em primeiro, segundo e terceiro lugar. Vemos no quadro 1.3 um exemplo para opções de perfis de escolas de línguas estrangeiras.

Quadro 1.3 - Exemplo de mensuração com escala ordinal

Aponte a ordem de sua preferência nos perfis de escolas				
ESCOLA	DISTANCIA	MARCA	PREÇO	ORDEM
A	Próxima	Conhecida	Alto	
B	Distante	Conhecida	Baixo	
C	Próxima	Desconhecida	Alto	

Observe que a escala ordinal tem mais apelo conceitual enquanto ato de mensuração do que a escala nominal, na medida em que realça ou associa de alguma forma uma quantificação, ainda que a escala seja voltada para a dimensão de classificação. De fato, o ordenamento remete a um critério quantitativo qualquer que o gera (como, por exemplo, o tempo de corrida dos pilotos, que determina suas posições). Por outro lado, neste caso a escala torna discreta uma medida contínua, e pode esconder a realidade do desempenho real de cada piloto[20].

Do ponto de vista de uso, esta escala também é amplamente adotada em Administração, uma vez que atende adequadamente a vários propósitos de pesquisa associados à classificação. Assim como ocorreu na escala nominal, para a escala ordinal são destacados os aspectos associados à atribuição de números e também as operacionalizações possíveis. Analisamos a seguir estes aspectos.

Quanto à associação de números, é relevante que seja assegurada uma lógica bem clara de atribuição, destacando-se o fato de que esta não precisa seguir a lógica convencional do ordenamento numérico. Por exemplo, é possível definir que, em um concurso de beleza com 10 candidatas, a número 1 represente a de pior desempenho, ao passo que a número 10 represente a de melhor desempenho. No entanto, se usarmos o sentido contrário (10 para a pior e 1 para melhor) como regra de atribuição, não teríamos qualquer problema de interpretação do significado da escala. Tradicionalmente, temos uma tendência de inverter a lógica do valor com o ordenamento numérico. Por exemplo, número

---

20 Basta ver que do primeiro para o segundo colocado a diferença pode ser de um segundo, e a diferença do segundo para o terceiro pode ser de 20 segundos, e mesmo assim tal diferença não reflete maiores vantagens para o que alcançou um desempenho comparativo muito melhor (nas regras da fórmula 1 para o ano de 2009, havia uma vantagem de dois pontos do primeiro para o segundo, e do segundo para o terceiro, independente das diferenças de tempos de chegada).

1 representa na maioria das vezes o melhor, e o número 2 é quase sempre tido como pior que o número 1. A ordem segue, portanto, uma regra de atribuição adotada pelo usuário da escala, que normalmente segue uma convenção de uso na tradição da atividade ou profissão.

Com relação às operacionalizações, devemos compreender que os números associados às posições, como comentado anteriormente, são antes de tudo classificações, o que indica que não podemos interpretá-los na mesma lógica dos números reais (por exemplo, o número 1 não é metade do número 2; ver parágrafo anterior). Quanto aos procedimentos, temos aqui todas as possibilidades de análise univariada e multivariada que são aplicáveis na escala nominal, e mais ainda são possíveis outras operacionalizações, como os cálculos de *quantis* diversos (como mediana, *percentis, decis...*) para o caso de operacionalizações univariadas, e também procedimentos bi ou multivariados próprios de escalas ordinais, como a correlação de postos de Spearman, por exemplo.

1.4.3. Escala de intervalo

As duas primeiras escalas (nominal e ordinal) são, como apontado, associadas a procedimentos de classificação de objetos e categorias e não têm propósito de quantificação. Por outro lado, na maioria das vezes queremos atribuir números a variáveis ou atributos dentro de um propósito de quantificação. Uma opção comum é tomar por base intervalos de intensidade entre dois extremos de verificação, com o uso de um tipo especial de escala chamada de 'escala de intervalo'.

Por exemplo, podemos tomar a variável 'intenção de investir' de um aplicador qualquer e fixar o número 0 como representando a 'intenção nula', e o ponto 10 como a 'certeza', e dividir o espaço entre estes extremos em 10 partes, compondo uma escala de 0 a 10 na sequência dos números inteiros. Assim, se um aplicador aponta uma resposta 2, e um segundo me aponta 7 na mesma escala, o primeiro indica baixa intenção de investir, ao passo que o segundo indica uma intenção moderada. Adicionalmente, esta marcação gera um 'indício' de que o segundo respondente tem uma maior disposição a investir do que o primeiro.

Devemos observar aqui que definimos uma escala com a fixação de um ponto de extremo para mínimo e outro para máximo, fixação esta que foi feita por convenção. Isto não impede, portanto, que a mesma variável seja medida em uma escala de 1 a 5 ou um 1 a 100, ou mesmo de -3 a +3, com marcações a cada 0,5 ponto (-3,0; -2,5; -2,0; ...; +2,5; +3,0). O quadro 1.4 apresenta um exemplo para este tipo de escala, usada para medir a percepção de problema ético em uso de informações de clientes.

Quadro 1.4. Exemplo de mensuração com escala de intervalo

Para você, o fato de uma empresa usar informações pessoais sobre clientes para alavancar vendas é um problema ético?				
Seguramente não	É provável que não	Pode ser ou não ser	É provável que sim	Seguramente sim
1	2	3	4	5

A relação entre a escala de intervalo e a escala ordinal é facilmente observável, uma vez que a escala de intervalo em boa medida ordena percepções. No entanto, é também evidente que a escala de intervalo tem o sentido de quantificação. De fato, quando falamos em predisposição, poderíamos remeter imediatamente a um sentido de maior ou menor predisposição, e gerar uma interpretação de ordenamento; no entanto, é perfeitamente cabível imaginar que há intensidades variáveis de predisposição. Assim, mesmo sendo cabível um ordenamento na variável, também é possível aferir a intensidade de manifestação da variável.

O exemplo mais frequente para ilustrar a escala de intervalo são as escalas de medição de temperatura, especialmente a escala Celsius[21]. De fato, nesta escala foi convencionado que a temperatura de fusão da água seria 0°C, e a temperatura de ebulição seria 100°C (tudo isto sob condições padrão de pressão atmosférica), e a divisão do intervalo de 0 a 100 seguiria o padrão dos números reais. No entanto, embora uma temperatura de 50°C seja maior que a temperatura de 25°C, não podemos dizer que a primeira temperatura é o dobro da segunda (embora 50=2x25), uma vez que a escala não partiu seu ponto inicial do que é o zero de temperatura[22]. Basta ver estes valores em outra

---

21 Em física, a temperatura está associada à quantidade de energia cinética que gera o movimento (vibração) aleatório das partículas que compõem um dado sistema físico.
22 Neste caso, seria a quantidade nula de energia cinética no sistema. No entanto, na escala de Celsius o ponto zero não é indicativo de energia cinética zero. Tal ponto ocorre somente na escala de Kelvin, que corresponde ao ponto -273ºC.

escala largamente utilizada, que é a escala de Fahrenheit, em que a razão entre os valores observados é outra (teríamos que: 25°C=77°F, e 50°C=122°F; de fato, 122≠2x77).

A escala de intervalo é a mais amplamente usada em Administração, especialmente nas áreas de Marketing e Recursos humanos. Normalmente usa-se este tipo de escala para medir preferência, gostos, opiniões, atitudes, percepções etc. Construtos envolvendo estes aspectos são os que mais demandam escalas de mensuração, e é justamente neste contexto que a teoria de construção de escalas em ciências sociais e comportamentais tem seu desenvolvimento mais amplo, como poderá ser observado nos capítulos seguintes.

A natureza das escalas de intervalo em relação a suas convenções e possibilidades faz com que haja uma teoria própria sobre as formas possíveis de verificação, como diversas particularidades e propriedades especiais, como descreverei no capítulo 5. Com relação às operacionalizações possíveis, para o caso da escala de intervalo praticamente não há restrição quanto ao uso de ferramentas de análise, sendo possível a aplicação de praticamente todas as técnicas de Matemática e Estatística (univariada e multivariada). As poucas restrições de uso dependem da forma de escala de verificação adotada, e são de técnicas de uso limitado, como é o caso da média harmônica ou do coeficiente de variação (ao longo do texto isto ficará mais claro).

1.4.4. Escala razão

A última opção de escala segundo a tipologia de Stanley Stevens é a chamada escala razão. Este tipo de escala é o clássico, usado em referência a uma unidade de medida padrão, com a qual todas as demais verificações serão comparadas por meio da razão entre a magnitude verificada e a magnitude da unidade padrão. Falei sobre este tipo de escala nas seções anteriores, quando informei que a escala razão, ou seja, a mensuração por meio de uma unidade padrão quantitativa, praticamente representou o próprio conceito de mensuração ao longo da história.

Uma característica central deste tipo de escala é o fato de haver a possibilidade de uma dada magnitude ser nula em relação à unidade padrão, de modo que teremos sempre um zero absoluto nesta escala. Por exemplo, quando definimos uma unidade padrão de peso, como o quilograma, e temos um objeto hipotético sem peso, então a divisão pela unidade padrão será zero. Esta característica é tão relevante para a operacionalização das variáveis que chega-

-se a confundir com o próprio conceito de escala de razão, ou seja, é comum definir a escala razão como aquela escala que possui um zero absoluto como medida possível.

As formas de verificação de variáveis por escalas razão costumam ser diretas, e normalmente são aferidas com instrumentos próprios (balanças, réguas...), ou com perguntas do tipo aberto, principalmente se há um número muito grande de possibilidades de resposta. O quadro 1.5 ilustra dois exemplos, um para levantamento de informações sobre renda, e outro sobre altura.

Quadro 1.5 - Exemplos de mensuração com escalas razão

Aponte os valores associados às questões a seguir	
Sua renda mensal é de	R$_____
Sua altura é de	_____ metros

Uma consequência da existência do zero absoluto (ou seja, da possibilidade de termos na variável uma medida de magnitude nula, na escala definida) é que toda e qualquer relação numérica entre variáveis mensuradas por escalas razão segue sempre a lógica da relação matemática entre os números reais. Por exemplo, se uma pessoa tem peso de 40 kg, e outra tem peso de 80 kg, então a segunda pessoa pesa o dobro da primeira (pois $80=2x40$). Isto não ocorre, conforme comentado anteriormente, nas escalas de intervalo, uma vez que temos como convencionar para aquele tipo de escala (intervalo) padrões e critérios de ponto de partida distintos (como é o caso da escala Celsius de mensuração de temperatura).

Do ponto de vista operacional, na escala do tipo razão não há qualquer limitação de aplicações de técnicas matemáticas ou estatísticas, isto é, as escalas razão estão livres de restrição quanto às técnicas usadas na análise de resultados de verificações diversas (salvo, claramente, os procedimentos que são destinados especificamente para as escalas do tipo nominal ou ordinal).

Já é possível observar, pelo exposto, que escalas razão estão diretamente associadas à natureza da variável, e, sempre que possível, é conveniente definir uma escala razão para um dado construto. Este não é, obviamente, o caso de muitas das variáveis de Administração. De fato, em Administração podemos dizer que são poucas as variáveis que se prestam a uma verificação deste tipo, e estas estão mais concentradas nas áreas de Finanças e de Produção. Em menor escala, também há algumas variáveis de Marketing ou Recursos humanos que podem ser mensuradas por escalas razão, como volume de vendas (em Marketing) ou absenteísmo (em Recurso humanos). O quadro 1.6 sintetiza as informações apresentadas sobre os quatro tipos de escala comentados.

Quadro 1.6 - Quadro síntese dos tipos de escala

Escala	Sentido	Exemplo	Técnicas
Nominal	Uso de números para classificar por meio de denominação	Gênero Estado civil Renda	Algumas técnicas descritivas e multivariadas
Ordinal	Uso de números para classificar por meio de ordenamento	Preferências Opiniões Classes sociais	Algumas técnicas descritivas e multivariadas
Intervalo	Uso de números para quantificar por meio de uma convenção de extremos	Atitudes Preferências Intenções Temperatura	A maioria das técnicas descritivas e multivariadas
Razão	Uso de números para quantificar por meio da razão da magnitude por uma unidade padrão	Idade Renda Preço Tempo padrão	Praticamente todas as técnicas descritivas e multivariadas

Um fato que merece ser ressaltado é a possibilidade de tornarmos variáveis aferíveis com uma escala mais completa para o padrão das escalas anteriores. Assim, podemos tornar uma escala ordinal em nominal, uma escala de intervalo em ordinal e nominal, e uma escala razão em intervalo, ordinal e nominal. Por exemplo, para o caso da variável idade, que é mensurável por uma escala razão, é comum que sejam adotadas faixas de idade em intervalo fixos (que a transforma em uma escala de intervalo), sendo possível ainda definir faixas para efeito de ordenamento de idades (escala ordinal), ou para simples denominação (escala nominal). Esta estratégia, de redefinir a variável idade, é comum por facilitar respostas e reduzir dados perdidos de pesquisados que não gostam de informar sua idade. O mesmo ocorre com a variável salário, por exemplo.

Capítulo 2
Modelo geral de mensuração

Como informado no primeiro capítulo, em Administração as maiores preocupações com a mensuração estiveram associadas a Marketing, de modo mais enfático a partir do texto de Churchill (1979), que propôs um modelo geral de desenvolvimento de escalas. Retomo aqui esta discussão, e apresento inicialmente mais alguns elementos acerca dos construtos latentes, demarcando seus principais tipos, e em seguida apontando as convenções de representação simbólica. Apresento também os três problemas fundamentais da mensuração e da construção de escalas, para em seguida apresentar e debater as propostas mais recentes para o processo de construção de uma escala, até convergir para nossa sugestão de um processo geral. Associado a este capítulo, temos dois apêndices, um com a conceituação formal dos construtos latentes e outro com alguns fundamentos estatísticos que serão usados no restante do livro.

2.1. Construtos latentes

No capítulo anterior apresentei a conceituação de construto como sendo a característica de um objeto de interesse que apresenta variações que viabilizam quantificações ou classificações, e que são bem delimitados em relação a outras características do mesmo objeto. Como tal, o construto pode ter diversas classificações, a começar pela possibilidade de o mesmo ser ou não aferido de maneira direta. Nestes termos, entendemos que aqueles construtos que podem ser mensurados diretamente de 'construtos observáveis', e aqueles que não podem ser observados de forma direta chamamos de 'construtos latentes'.

Esta definição de construto latente se insere no que Kenneth Bollen classificou como definição não formal de construto latente, em contraste com as definições ditas formais, na terminologia do autor[1]. No apêndice A2.1 apresento as definições formais deste autor.

Nas ciências sociais e comportamentais há uma quantidade significativamente grande de construtos de natureza latente. Assim, dado o interesse acadêmico e profissional de pesquisar e compreender melhor estes construtos,

---

[1] BOLLEN, K. A. Latent variables in Psychology and the Social sciences. *Annual Review of Psychology*, v. 53, p. 605-634, 2002.

diversos pesquisadores empenharam-se em desenvolver métodos de mensuração aplicáveis e que gerassem condições adequadas de uso das medidas. Este esforço perpassou todo o século XX, e chega até os dias atuais como um assunto polêmico e contestado, mas já possuindo um elevado grau de aperfeiçoamento.

Quadro 2.1 – Primeira medida do construto 'gosto pelos estudos'

Meu gosto pelos estudos é				
1 – pequeno	2 – reduzido	3 – médio	4 – moderado	5 - grande

Nosso propósito aqui é aprofundar os conhecimentos sobre os construtos do tipo latente. Embora não acessemos diretamente estes construtos, encontramos formas de medição a partir de variáveis ou itens de verificação, que são os meios concretos de aferição. Assim, por exemplo, se queremos medir o construto 'gosto pelos estudos' (aqui definido como a apreciação pessoal pelos estudos), bem podemos fixar uma variável definida como no quadro 2.1.

Veja que nesta situação temos o 'gosto pelos estudos' como construto, que é mensurado por uma única variável, com o mesmo nome. A mensuração é evidenciada na atribuição numérica que fazemos (lembre-se da definição de mensuração) em uma escala de intervalo de cinco pontos. Veja que neste caso os números servem bem a um sentido de classificação (pois se referem a categorias bem definidas), porém é perfeitamente possível interpretar os números como indicativos de uma intensidade de gosto.

Neste primeiro exemplo, utilizamos somente uma variável (ou item), que é uma alternativa dentre outras possíveis. Veja-se que, quando um respondente A qualquer indica a resposta 5, e outro respondente B indica a 3, temos a sinalização de que A gosta de estudar em uma intensidade maior do que B. Naturalmente, temos aqui algumas dificuldades, pois a interpretação de quantidade de gosto é subjetiva, e, portanto, alguém pode achar que tem um gosto grande, e marcar 5, e uma outra pessoa que goste muito de estudar, mas que pense ainda ser pouco, pode marcar somente 4, gerando assim uma informação enviesada.

A variação na resposta é decorrente justamente do grau de abstração do construto ou da dificuldade de fixar uma escala que quantifique e gere comparações mais seguras. No entanto, isto não invalida a aferição: antes, atesta que há a possibilidade de um 'erro de mensuração', que precisa ser minimizado a partir das técnicas bem definidas (debateremos nos capítulos seguintes a problemática do erro de mensuração).

Muitos dos construtos em Administração são de natureza abstrata o bastante para que este problema seja muito recorrente. Assim, algumas estratégias foram definidas com o intuito de minimizar o erro da mensuração de construtos abstratos, sendo a principal delas a avaliação por meio de múltiplas variáveis (ou múltiplos itens), todas remetendo ao mesmo construto. Assim, poderíamos definir mais duas variáveis de verificação do construto 'gosto pelos estudos', conforme ilustrado no quadro 2.2.

Quadro 2.2 – Segunda medida do construto 'gosto pelos estudos'

Meu gosto pelos estudos é				
1 – pequeno	2 – reduzido	3 – médio	4 – moderado	5 - grande
Por decisão própria, meu tempo de estudo é				
1 – pequeno	2 – reduzido	3 – médio	4 – moderado	5 - grande
Minha dedicação pessoal espontaneamente dirigida aos estudos é				
1 – pequena	2 – reduzida	3 – média	4 – moderada	5 - grande

Veja que adicionei duas variáveis: a primeira remete ao tempo de estudos, aí colocada a partir do entendimento de que o tempo espontaneamente dedicado dá uma indicação do gosto pessoal pelos estudos; a segunda remete à intensidade de dedicação pessoal aos estudos que, quando espontânea, também dá uma indicação do nível de gosto pelos estudos.

Analisando mais cuidadosamente os enunciados e o sentido do construto (gosto pelos estudos), é possível acreditar que alcançamos uma segurança maior na aferição do gosto pelos estudos de um respondente qualquer. Assim, se temos o sujeito A que marca 5 na primeira variável, 4 na segunda, e 3 na terceira, e um sujeito que marca 4 na primeira, 3 na segunda, e 5 na terceira, podemos adotar um critério de averiguação conjunta a comparar os dois. Adotemos então como critério a soma dos três escores marcados. No primeiro temos soma 12, e no segundo também 12. Assim, é possível acreditar que os dois sujeitos têm uma intensidade de gosto semelhante, na escala que está sendo usada, mas apresentam variações em aspectos específicos associados ao construto.

A abstração e a insatisfação com a primeira medição nos conduziram a uma aferição com múltiplos itens, mas não havia obrigatoriedade disto. Decidimos considerando que assim medimos melhor, o que poderia reduzir o erro de mensuração. Poderíamos novamente contestar os resultados da aferição com três itens, identificando mais erros potenciais, e alegando que outras melhorias poderiam ser procedidas. Se assim o fizermos, estaremos então buscando aperfeiçoar mais e mais nossas variáveis, de modo a aprimorar o processo de mensuração.

É justamente este o desafio que temos quando pensamos em mensuração de construtos abstratos, e, a despeito das possibilidades de contestação, os resultados gerados pelo uso recorrente de alternativas semelhantes a esta são indicativos do sucesso do esforço empreendido.

Vejamos agora outro exemplo: tomemos por base o ponto de vendas varejista, e definamos por atmosfera o 'conjunto de aspectos que compõe o ambiente geral do local'. Vejamos então uma escala para averiguar a 'avaliação pelo cliente da atmosfera'. Quando analisamos a literatura especializada, encontramos a indicação de que a atmosfera está associada aos seguintes elementos: cores, iluminação, cheiro e temperatura. Podemos então definir como forma de aferição a que está indicada no quadro 2.3.

Quadro 2.3 – Medida da avaliação da atmosfera de loja

Variáveis	Escala de verificação*						
A estrutura de cores da loja é de nível	1	2	3	4	5	6	7
A iluminação da loja é de nível	1	2	3	4	5	6	7
O cheiro da loja é	1	2	3	4	5	6	7
A temperatura da loja é de nível	1	2	3	4	5	6	7

* 1 – péssimo; 2 – muito ruim; 3 – ruim; 4 – regular; 5 – bom; 6 – muito bom; 7 - excelente

Aqui é evidente que estamos procedendo a uma aferição na qual podemos visualizar, em um primeiro nível, a mensuração na forma de classificação em escala ordinal, quando os números referem-se unicamente a seu significado (apontado na nota do quadro), e em um segundo nível podemos interpretar a averiguação de intensidade, com a indicação do nível percebido pelo cliente em cada uma das opções, configurando uma escala de intervalo.

Observe-se que aqui dispensamos a aferição com uma só variável, e utilizamos uma escala de verificação diferente. Assim, ao passo que a primeira escala tinha números que se associavam ao grau de gosto, aqui utilizamos a escala associada a níveis de avaliação. Analisando o sentido dos dois construtos é fácil perceber a motivação de uso da escala, e minha decisão foi no sentido de definir uma escala que captasse melhor o sentido do construto. Também aqui optamos, por conveniência, usar sete pontos, e não cinco, como no primeiro exemplo

As possibilidades de averiguação são as mais diversas e tratarei das principais ao longo do livro, especialmente no capítulo 5. Mais importante agora é ver uma diferença sutil no sentido da relação entre o construto sob análise e a variável. Veja que no primeiro construto, quando utilizamos três variáveis, sabemos que a resposta é dependente de quanto os respondentes gostam dos estudos. Observe bem: quanto mais os respondentes gostam dos estudos, maior tende a ser o escore escolhido nas três variáveis.

No segundo construto temos uma variação: quanto melhor a estrutura de cores, melhor a atmosfera da loja. Logo, quanto mais alto o escore marcado pelos respondentes, indicando uma avaliação positiva da estrutura de cores, melhor sua avaliação do ambiente. Observe cuidadosamente: quanto melhor a avaliação da variável, maior a avaliação do construto.

É evidente aqui que temos uma inversão de relações entre os dois construtos e suas variáveis. Compreendamos tudo isto como uma relação de causalidade, de modo que, no primeiro caso, o construto causa a variável, mas no segundo caso é a variável que causa o construto. No primeiro caso temos um tipo especial de construto, que denotamos por 'construtos refletivos', e no segundo caso temos os chamados 'construtos formativos'.

A depender dos construtos, nós também poderemos ter as seguintes situações: (1) o construto pode ser simples, e sua averiguação nos moldes até aqui verificados pode ser suficiente para gerar uma medida consistente; (2) o construto pode ser multifacetado, de modo que não haja como alcançar uma medida adequada sem que o dividamos em dois ou mais componentes, estes sendo medidos de maneira como nos casos anteriores.

Quando temos a primeira opção, dizemos que o construto é do tipo unidimensional. No segundo caso teremos um construto do tipo multidimensional, com cada uma das dimensões mantendo a característica de unidimensionalidade. Um exemplo do primeiro caso é o construto 'intenções de compra futuras', que normalmente é medida por um conjunto de três ou quatro variáveis. No segundo caso, temo o exemplo do construto 'lealdade', que normalmente

38 • Mensuração e Desenvolvimento de Escalas: Aplicações em Administração

é mensurado em duas dimensões: 'lealdade comportamental', referindo-se à lealdade efetiva, materializada no gosto e na compra repetida; e a 'lealdade atitudinal', que se refere-se à disposição mental à lealdade, como a disposição de fazer compras futuras, dar recomendações etc. O construto lealdade pode ser então compreendido como sendo bidimensional, mas seus componentes são unidimensionais.

Em uma síntese do que apresentamos até aqui, temos o seguinte: os construtos podem ser observáveis diretamente ou não observáveis. Quando não o são, recebem a denominação construtos latentes. Todos os construtos são medidos por variáveis observáveis. No caso dos construtos latentes, quando a variação no construto gera o efeito sobre as variáveis, dizemos que este é do tipo refletivo; já se o construto tem sua variação definida a partir das variáveis, dizemos que este é do tipo formativo. Por fim, quando o construto pode ser mensurado em uma só dimensão, é chamado unidimensional; se tiver mais de uma dimensão, é do tipo multidimensional. A figura 2.1 ilustra esta síntese.

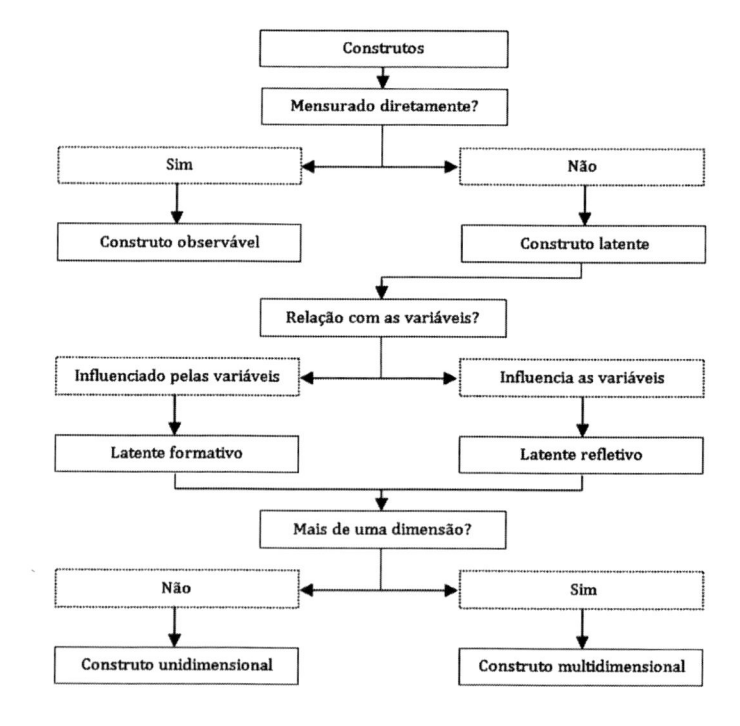

Figura 2.1 – Tipos de construtos

```
                    Construtos
                        ↓
              Mensurado diretamente?
               ↙                ↘
             Sim                 Não
              ↓                    ↓
      Construto observável    Construto latente
                                   ↓
                         Relação com as variáveis?
                          ↙                    ↘
            Influenciado pelas variáveis    Influencia as variáveis
                    ↓                                ↓
            Latente formativo                Latente refletivo
                                                    ↓
                                        Mais de uma dimensão?
                                         ↙              ↘
                                        Não             Sim
                                         ↓               ↓
                            Construto unidimensional   Construto multidimensional
```

2.2. Representação gráfica dos construtos e variáveis

Normalmente representamos os construtos de acordo com convenções simbólicas. Os principais símbolos estão anotados no quadro 2.4. Por esta convenção, representaremos as variáveis por meio de retângulos, e os construtos e os erros por meio de elipses. A relação entre os construtos e as variáveis é indicada por setas de ponta única, e as relações de variáveis entre si, ou de construtos entre si são representadas por setas de duas pontas.

Quadro 2.4 – Convenções de representação simbólica

Símbolo	Significado	Símbolo	Significado
⬭	Medida não observável diretamente	→	Influência ou determinação
▭	Medida observável	↔	Indicação de covariância

Vejamos então alguns exemplos.

- Para o primeiro exemplo ditado anteriormente, tivemos uma variável observável, que representaremos por *g1*, e um construto que entendemos por reflexivo, que chamaremos por 'gosto', juntamente com o erro de mensuração, que chamaremos de θ_1. Logo, teremos (figura 2.2):

Figura 2.2 – Representação de construto de um item

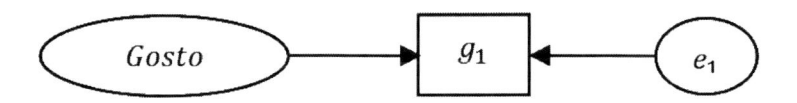

$$\text{Gosto} \longrightarrow g_1 \longleftarrow e_1$$

- Para o segundo exemplo exposto no item anterior, chamaremos as três variáveis por *g1*, *g2* e *g3* o construto reflexivo será novamente chamado 'gosto', e os erros associados a cada variável serão anotados por e_1, e_2 e e_3. Teremos (figura 2.3):

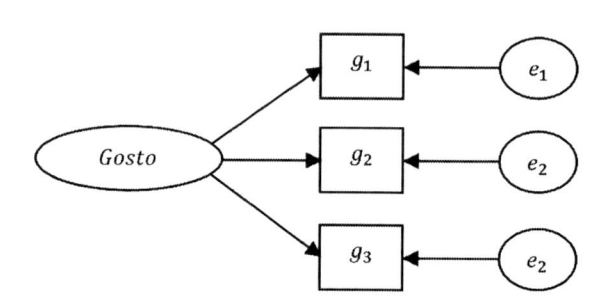

Figura 2.3 – Construto refletivo múltiplo item

- Para o terceiro exemplo, chamaremos as quatro variáveis por a_1, a_2, a_3 e a_4, o construto formativo será chamado 'Atmosfera'. Para construtos formativos, o erro de mensuração, anotado por *erro*, está associado ao construto latente, e não às variáveis. Teremos (figura 2.4):

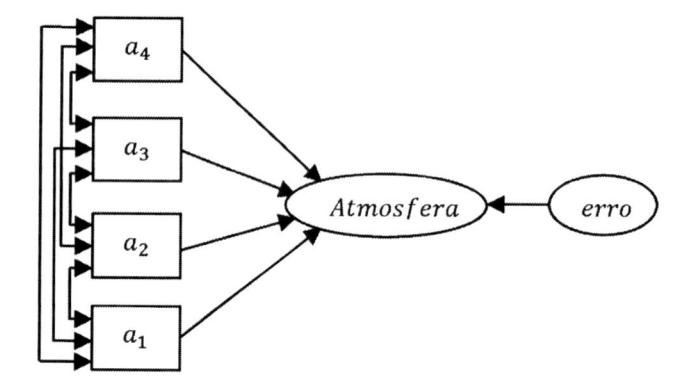

Figura 2.4 – Construto formativo múltiplo item

A associação entre variáveis, e destas com os construtos, é avaliada normalmente por estatísticas associativas bivariadas. De todas as medidas possíveis, a mais amplamente usada na teoria do desenvolvimento de medidas é a correlação de Pearson, ou a medida diretamente associada de covariância. Assim, juntamente com os símbolos definidos, convencionamos que a apresentação dos construtos pode trazer também as medidas de correlações, normalmente representadas por letras do alfabeto grego.

Observe-se que a medida de correlação varia de –1 a +1, e quanto mais

próximo destes extremos maior será a relação entre as variáveis observadas e latentes. Normalmente temos uma expectativa de variação conjunta, e averiguamos isto por meio da medida de correlação. A suposição de relacionamento, e a expressão disto na correlação, advêm do seguinte entendimento[2]:
- Duas variáveis A e B se relacionam e variam conjuntamente
- X é a medida da variável (latente ou observável) A
- Y é a medida da variável (latente ou observável) B
- As variáveis X e Y possuem correlação significativa
- Quanto maior a intensidade de relacionamento entre os construtos, maior será a correlação entre as variáveis

Este pressuposto da relação entre construtos e variáveis é o que faz com que o coeficiente de correlação seja a medida mais fundamental do processo de desenvolvimento de uma escala, conforme veremos nos desenvolvimentos posteriores. Mostramos no Apêndice A2.2 alguns conceitos formais e alguns resultados relevantes envolvendo a correlação, iniciando por uma breve exposição de seus fundamentos estatísticos. Recomendo fortemente esta revisão, que será relevante nos tópicos seguintes.

Um problema que surge é justamente saber o quanto nossa suposição de correlação tem sentido, e o quanto uma medida qualquer de correlação é indicativa de uma relação de mensuração consistente. Quanto a isto, o esforço do pesquisador na formação da escala é que irá excluir possibilidades de erros de interpretação.

Figura 2.5 – Construto com escores fatoriais

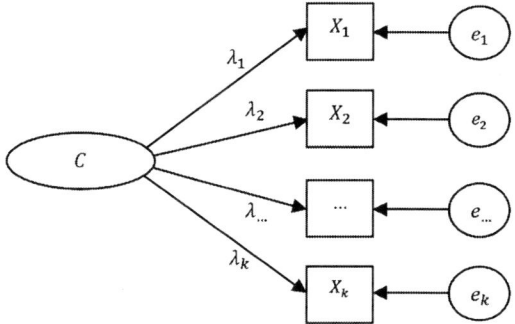

---

2 Cf. NUNNALY, J.; BERNSTEIN, I. Psychometric theory. New York: McGraw-Hill, 1994.

Por convenção para este trabalho, usaremos a representação da associação somente para a relação entre variáveis e construtos, sem indicações especiais para a relação entre erro e variável ou construto. Vejamos então um exemplo de um construto genérico C (figura 2.5). Neste caso, o construto C é do tipo refletivo, possuindo k variáveis observáveis $(X_1, X_2, ..., X_k)$, com seus respectivos erros de mensuração $(e_1, e_2, ..., e_k)$. Os valores, $(\lambda_1, \lambda_2, ..., \lambda_k)$, representam as correlações entre o construto C e as respectivas variáveis em X.

Por um procedimento semelhante, podemos apontar os construtos formativos. Quando temos as ilustrações de relacionamentos de variáveis e construtos e de construtos entre si, temos o que chamamos de 'rede nomológica' ou de 'modelo estrutural'. Vejamos então um exemplo utilizando os diferentes tipos de construtos e relações, considerando agora dois construtos C_1 e C_2 (figura 2.6).

Figura 2.6 – Rede nomológica de dois construtos

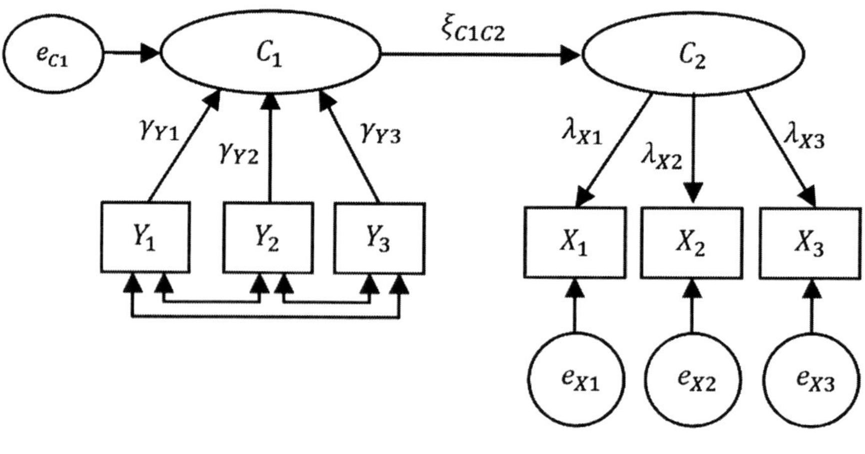

Neste caso, temos o construto formativo C_1, que é formado pelas variações sobre Y_1 a Y_3, e que tem um erro associado e_{C1}. O grau de influência das variáveis sobre o construto está expresso pelas medidas λ_{Y1} a λ_{Y3}, que representa a correlação entre as variáveis observadas Y e o construto latente C_1. Este mesmo construto influencia o construto C_2 com o nível de influência apontado por ξ_{C1C2}. O segundo construto, por sua vez, é do tipo refletivo, e é mensurado pelas variáveis X_1 a X_3, sendo λ_{X3} estas variáveis também compostas pelos respectivos erros e_{X1} a e_{X3}. As medidas λ_{X1} a λ_{X3} representam a correlação entre as variáveis X e o construto.

2.3. Requisitos de uma escala

Mostramos na seção 2.1 alguns exemplos de variáveis que tinham por finalidade mensurar os construtos sob análise. No primeiro caso, tivemos uma alternativa de um só item, e nos demais, alternativas de múltiplos itens. Mesmo havendo algumas proposições de que muitos construtos deveriam ser mensurados com apenas um item, a grande maioria das escalas desenvolvidas em Administração para medir construtos latentes são direcionadas a procedimentos com múltiplos itens, e este será o foco central de nosso trabalho.

Nesta alternativa de mensuração, normalmente estamos preocupados com três questões centrais, quais sejam:

- Quando utilizo um conjunto de k itens, estes estão realmente medindo um só construto, ou medem outro construto além do que estou analisando?
- Considerando os erros potenciais, em que medida o conjunto de itens mensura o construto com um grau de erro tolerável?
- Considerando a possibilidade de haver mais de um construto sendo medido pelos k itens, como posso saber se isto é verdade e quais os construtos estão sendo medidos? Enfim, como posso saber se o que estou medindo é realmente o construto que procuro medir?

Veja que não temos respostas fáceis para qualquer destas questões, que são as norteadoras de todo o esforço de desenvolvimento de uma escala de mensuração. Detalho a seguir mais um pouco cada uma, mas deixo informado que as retomaremos nos capítulos seguintes.

O primeiro questionamento coloca em pauta a questão da dimensionalidade da medida, ou seja, queremos saber se estamos mensurando construtos unidimensionais ou multidimensionais, e se as variáveis que estão envolvidas referem-se de forma consistente a uma ou mais dimensões, em caso de construtos multidimensionais. Naturalmente, esperamos que um conjunto de itens usados em uma escala para medir um construto unidimensional apresente esta característica sem medir também outros construtos fora de nosso interesse. Adicionalmente, quando estamos trabalhando com construtos multidimensionais, é desejável que o conjunto de itens usado para mensurar uma dada dimensão meça 'somente esta dimensão', e não sirva para medir outras dimensões do mesmo construto.

Uma questão que se coloca é justamente como proceder às verificações necessárias, e apontar meios de assegurar adequação dos itens da escala quanto a este critério. Este será um dos tópicos relatados nos capítulos relacionados ao passo a passo para o desenvolvimento de uma escala.

Também nos interessa saber se estamos trabalhando com conjuntos de itens desprovidos de erros, ou com níveis de erros toleráveis. Por exemplo, não faria sentido medir tempo em um relógio que varia sua medição de acordo com as condições atmosféricas, que em um momento adianta e em outro atrasa. Tal medição não se-ria, naturalmente, digna de confiança por parte do avaliador. O mesmo ocorreria se usássemos um conjunto de itens, tais que um deles variasse sensivelmente com as variações do construto, enquanto um segundo item mostrasse variações muito pequenas quando o construto variasse. Neste caso, teríamos também problemas com o uso de uma escala pouco confiável.

Buscamos mensurar construtos com medidas confiáveis, e os meios para isto estão amplamente disponíveis para as escalas de múltiplos itens de construtos refletivos. Mas no caso dos construtos com uma só variável? Não se averigua a confiabilidade? E no caso dos construtos de múltiplos itens formativos? Teríamos como proceder a esta avaliação? São estes problemas que tentamos resolver por meio dos procedimentos da chamada análise de confiabilidade, que serão apresentados no capítulo 3.

A terceira questão é, provavelmente, a mais delicada de todas, pois bem sabemos que não interessa uma escala com dimensionalidade perfeita, e com um elevado nível de confiabilidade para medir, por exemplo, 'valor percebido', se o conjunto de itens que usamos estiver medindo 'grau de satisfação'. Diríamos que tal escala de mensuração não tem validade, pois estaria medindo algo não desejado.

Pelo exposto, fica claro que devemos enunciar um item levando em conta o significado da medida, e provavelmente nós já teríamos boas condições de alcançar escalas válidas mantendo atenção na relação entre o item e o conceito encontrado. Mas seria isto o bastante? Se sabemos, por exemplo, que a satisfação de um funcionário em uma empresa é um fator que comprovadamente influencia o desejo de continuar na empresa, se estamos medindo estes dois fatores ('satisfação com o trabalho' e 'intenções de continuar') provavelmente encontraremos uma boa correlação entre os dois construtos. Se não encontrássemos, mesmo que as variáveis parecessem adequadas para medir os construtos, alguma coisa provavelmente estaria invalidando as medidas, pois estaríamos negando uma relação reconhecidamente existente. Caso contrário, teríamos mais uma evidência de validade se a relação fosse positiva. Mas seria isto suficiente? Haveria outras opções de averiguação de validade de escalas? Estas são algumas das questões que trataremos no capítulo 4.

Em síntese, as três questões remetem aos três problemas clássicos da mensuração, que são a dimensionalidade, a confiabilidade e a validade da escala. A figura 2.7 ilustra estes três desafios. Tão logo compreendemos estes aspectos, novas questões se colocam, a começar pela forma como procedemos a estas verificações. De fato, por onde iniciamos? Procedemos primeiro a verificação da dimensionalidade, depois da confiabilidade e depois da validade da escala? Ou há alternativas outras? Falamos acima que a análise de confiabilidade varia por tipo de construto, de modo que a verificação de confiabilidade de construtos formativos é distinta de sua averiguação em construtos refletivos. Então, como procedemos a cada avaliação?

Figura 2.7 – Problemas clássicos das escalas

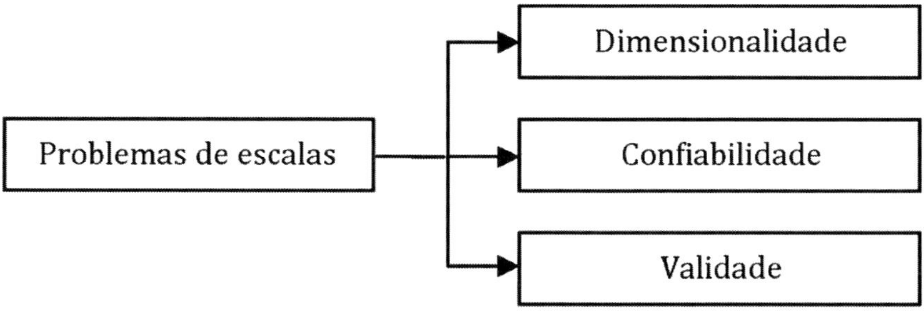

```
                          ┌──▶ Dimensionalidade
Problemas de escalas ─────┼──▶ Confiabilidade
                          └──▶ Validade
```

Estas e outras questões foram colocadas pelos pesquisadores ao longo dos anos, e várias respostas e discussões foram desenvolvidas, até chegarmos ao *status* atual da teoria sobre o desenvolvimento de uma escala. Adianto que temos respostas consistentes a todas estas questões, porém não são respostas definitivas, e muitas ainda estão sendo reformuladas, com novos métodos e propostas em estudo, e com possibilidades de grandes alterações.

No restante do capítulo apresentarei os modelos gerais de desenvolvimento de uma escala, que abordam a seu modo cada uma destas questões, e propõem respostas úteis, a depender do tipo de construto ou da finalidade da mensuração. Ao final, proponho um passo a passo que norteará o restante desta obra.

2.4. Modelo clássico de Gilbert Churchill

A literatura sobre o processo de desenvolvimento de escalas tem alguns trabalhos clássicos, que elucidam passo a passo todos os procedimentos a serem aplicados no desenvolvimento de uma escala[3]. Seguramente, o trabalho mais citado neste contexto é de Gilbert Churchill.

2.4.1. O modelo

O artigo de Churchill foi publicado no *Journal of Marketing Research* em 1979[4], como proposta de contribuição para superação das limitações evidenciadas nas escalas usadas nas pesquisas de marketing até aquele ano. Segundo o autor, na época, até havia uma vontade expressa de se usar boas escalas, mas o *know-how* para desenvolvê-las ainda não estava disponível para marketing. Churchill propôs então um passo a passo que considerou eficiente para geração de escalas, ilustrado na figura 2.8. São oito etapas ao total, descritas a seguir.

A primeira etapa consiste na clara definição do domínio do construto, e envolve uma pesquisa na literatura existente para identificar as diversas definições que são dadas para o construto, e quais as dimensões que este possui, caso existam. Esta é considerada uma das fases mais importantes do desenvolvimento da escala, uma vez que evita problemas de dimensionamento e de validade, e desde o primeiro momento indica a exclusão de itens não compatíveis.

A segunda etapa consiste na identificação de itens (indicadores) relacionados com o construto, e caso existam dimensões, dos itens associados a cada dimensão. Para esta fase são utilizados dois tipos de procedimentos básicos: o primeiro consiste na revisão da literatura, que na maioria das vezes indica itens já utilizados em outros estudos; o segundo consiste na realização de estudos de campo qualitativos, com a utilização de técnicas tais como pesquisa experimental, *insights* estimulados, *focus group*, entrevista em profundidade, dentre outras.

---

3 Cf. NUNNALY, J.; BERNSTEIN, I. *Psychometric theory*. New York: McGraw-Hill, 1994; NETEMEYER, R. G.; BEARDEN, W. O.; SHARMA, S. *Scaling procedures: issues and applications*. Thousand Oaks: Sage, 2003; DEVELLIS, R. F. *Scale development: theory and application*. 2. ed. Thousand Oaks C.A.: Sage, 2003.
4 CHURCHILL, JR. G. A paradigm for developing better measures of marketing constructs. *Journal of Marketing Research*, v. 16, p. 64-73, feb., 1979.

Na fase descrita anteriormente (segunda), o autor recomenda que seja gerado um número grande de itens, que possivelmente terão alta correlação entre si, ou significados idênticos. Deste modo, a terceira etapa da geração de uma escala consiste em submeter o conjunto de itens a uma primeira amostragem, com um número significativo de respondentes, para proceder às primeiras avaliações estatísticas dos itens e á análise de possíveis exclusões.

Figura 2.8 – Passos para o desenvolvimento de escalas de medição

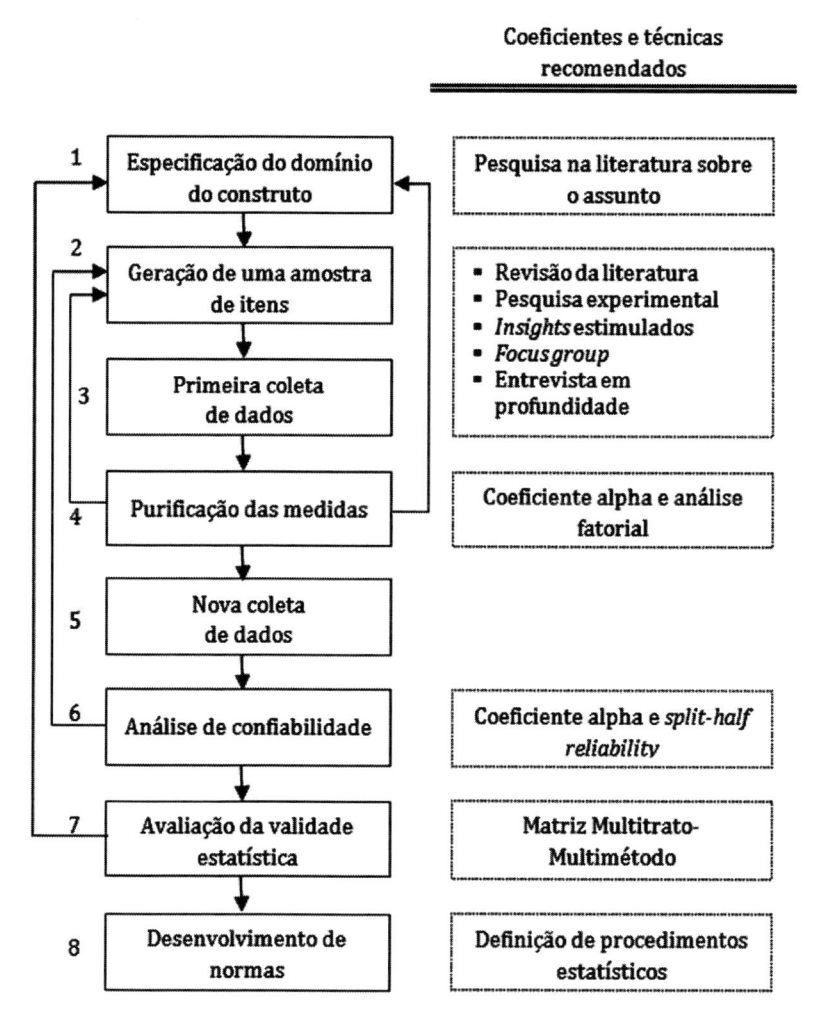

Passo	Etapa	Coeficientes e técnicas recomendados
1	Especificação do domínio do construto	Pesquisa na literatura sobre o assunto
2	Geração de uma amostra de itens	• Revisão da literatura • Pesquisa experimental • *Insights* estimulados • *Focus group* • Entrevista em profundidade
3	Primeira coleta de dados	
4	Purificação das medidas	Coeficiente alpha e análise fatorial
5	Nova coleta de dados	
6	Análise de confiabilidade	Coeficiente alpha e *split-half reliability*
7	Avaliação da validade estatística	Matriz Multitrato-Multimétodo
8	Desenvolvimento de normas	Definição de procedimentos estatísticos

Fonte: Adaptado de Churchill (1979, p. 66).

A quarta etapa consiste justamente em avaliar os dados coletados na etapa anterior, e proceder à purificação dos itens. Nesta fase normalmente são eliminados vários itens, e os primeiros agrupamentos são evidenciados pela técnica estatística chamada 'análise fatorial exploratória' (falaremos sobre esta técnica quando apresentarmos o detalhamento do passo a passo do desenvolvimento, nos capítulos posteriores). Também é avaliada a confiabilidade dos itens na indicação da dimensão a que se refere, normalmente a partir do coeficiente *alpha* de Cronbach (falaremos com maiores detalhes sobre este coeficiente no capítulo 3).

Concluída a quarta etapa, é realizada uma nova amostragem, agora com o conjunto de itens restante. O propósito aqui é gerar dados para uma segunda análise de purificação e confirmação dos itens.

A sexta fase consistirá na análise de confiabilidade dos dados, e em mais uma rodada de depuração. Nesta fase também pode ocorrer a eliminação de itens. Novamente é feita a análise fatorial e uma análise de confiabilidade dos itens nas suas dimensões e no construto em geral, principalmente com o coeficiente *alpha*.

A sétima etapa consiste na análise estatística da validade da escala, e envolve um conjunto de procedimentos para se assegurar de que ela esteja realmente medindo o construto, se não está medindo outro além do inicialmente pensado, se as dimensões e os itens estão realmente associados, dentre outras.

Por fim, após a identificação de que a escala tem confiabilidade e validade estatística, a etapa final envolverá o desenvolvimento de normas. Esta fase consiste em especificar os significados dos escores, as medições a serem aplicadas, como proceder a comparações e julgamentos, e outras informações relevantes.

A partir deste conjunto de observações, é possível analisar o quanto a proposta responde aos três problemas de mensuração comentados na seção 2.3. Temos então o seguinte:

Quanto à dimensionalidade, o primeiro passo contempla a questão, alertando para a necessidade de uma análise conceitual das potenciais dimensões do construto. Também no passo 4 é procedida a análise de dimensionalidade, por meio da técnica análise fatorial exploratória, e o passo 6 revisa os resultados do primeiro momento de purificação da escala;

Sobre a confiabilidade, o quarto passo ilustra os primeiros movimentos de sua avaliação, proposto por meio da análise do coeficiente *alpha* de Cronbach, reconhecido como um dos melhores indicadores de confiabilidade para construtos reflexivos. Já o passo 6 concentra-se especificamente na análise de confiabilidade, sendo sugerido inclusive a aplicação de outros métodos além do *alpha*;

Em relação à validade, o primeiro passo já indica o principal procedimento de análise, que é aquele com base na definição e no domínio do construto. Mas adiante, no passo 7, o autor propõe o desenvolvimento de mais dois procedimentos de validação, que é a utilização da chamada matriz multitraço--multimétodo (MTMM), além do procedimento de validade de critério (estudaremos estes procedimentos no capítulo 4).

Como vemos, com um conjunto de apenas oito passos é possível desenvolver uma escala de mensuração para construtos do tipo latente, e ainda assim cobrir alternativas de abordagem dos três problemas centrais de desenvolvimento de uma escala. A lógica do processo, a fundamentação do autor, e, claro, os resultados que foram gerados a partir do uso deste modelo, foram consistentes o bastante para que a proposta de Churchill se transformasse no esquema central de um vasto esforço de desenvolvimento de escalas que se desencadeou a partir de então.

A proposta completa ficou denominada na literatura especializada 'paradigma Churchill de desenvolvimento de escalas'. Como toda proposta paradigmática, o desenvolvimento posterior do uso ao longo do tempo mostrou as falhas de pressupostos, e as diversas exceções que precisam ser feitas às regras originais.

Desenvolvemos a seguir apresentação e análise dos desdobramentos das críticas ao modelo de Churchill, como forma de indicar, em um primeiro momento, o caminho natural de evolução do processo de desenvolvimento de escalas, assim como para fundamentar mais consistentemente nossa proposta.

2.4.2. As críticas ao paradigma de Churchill

O paradigma de Churchill baseou-se em um conjunto bem delimitado e fundamentado de pressupostos, mas que foram perdendo sentido ao longo dos anos, gerando contestações diversas. Os mais destacados foram a questão da dimensionalidade, a orientação para construtos reflexivos e a utilização de escalas de múltiplos itens.

- A questão da dimensionalidade

Primeiramente, Churchill partiu do entendimento de que procedimentos de revisão de literatura, juntamente com análise fatorial exploratória e com análise de confiabilidade, seriam o bastante para se avaliar dimensionalidade de construtos.

Segundo o entendimento do modelo, era possível então acessar um construto qualquer a partir de uma medida geral agregada, que seria proveniente de uma combinação dos escores das variáveis, por respondente. O procedimento de agregação poderia ser, por exemplo, pela soma não ponderada dos escores, ou por sua média, a depender da decisão do pesquisador (ver o exemplo do quadro 2.2).

Gerbeing e Anderson, em um artigo publicado já em 1988[5], entenderam que a realização de tal ação demandaria uma consistência maior em termos de unidimensionalidade dos construtos. No entanto, o processo do modelo de Churchill era falho em assegurar esta condição, limitando-se a procedimentos de natureza exploratória, como o são a verificação do valor do *alpha* de Cronbach, e a extração de resultados de análise fatorial exploratória.

De fato, os procedimentos de análise fatorial são apenas indicações de uma estrutura fatorial, mas não asseguram que apenas uma dimensão é subjacente a um conjunto de variáveis. Tal condição somente é assegurada por meios da técnica de 'análise fatorial confirmatória', método que passou a ser mais amplamente usado a partir dos anos de 1980, com o avanço teórico e a disponibilidade de *softwares* para realizarem as complicadas operações associadas à técnica, havendo também a contribuição da popularização da técnica complementar de 'modelagem de equações estruturais'.

Gerging e Anderson criaram o conceito de 'consistência externa de uma escala' para se referir à adesão de uma dada variável a um dado construto ou dimensão de um construto, e não a outro diferente. Assim, somente depois da verificação da consistência externa, em complemento aos procedimentos de consistência interna verificados pelos métodos de análise do paradigma de Churchill, se poderiam então proceder à extração de medidas agregadas, bem como testar relações entre diferentes construtos em modelos estruturais.

Veja-se que Gerging e Anderson se propõem a não mais que atualizar o paradigma, e dizem isto no título de seu trabalho (*an updated paradigm* – um paradigma atualizado), complementando a falha verificada no paradigma inicial. Mas propõem ainda outros aprimoramentos, com uma análise mais detida de aspectos de confiabilidade e validade, que serão apresentados nos capítulos futuros.

---

5 GERBING; D. W.; ANDERSON, J. C. *An updated paradigm for scale development incorporating unidimensionality and its assessment. Journal of Marketing Research*, v. 25, p. 186-192, may, 1988.

- A questão dos construtos refletivos

Embora Churchill não chegue a abordar de forma mais direta a questão, o autor usa o pressuposto de que os construtos de seu modelo de construção de escala devem ser do tipo refletivo. A proposta não contempla métodos e procedimentos específicos que viabilizem o desenvolvimento de escalas baseadas em construtos formativos.

No entanto, os construtos do tipo formativos são amplamente presentes no dia a dia da pesquisa e da prática gerencial, até mais do que se pensou durante mais de 20 anos após a proposta de Churchill. Esta foi, provavelmente, a discussão mais relevante sobre desenvolvimento de escalas nos anos 2000, em especial na dimensão de seleção e análise de itens de mensuração.

Diamantopoulos e Winklhofer, por exemplo, desenvolveram uma consistente análise da situação do desenvolvimento, e propuseram um modelo específico para construtos formativos, como forma de solucionar as falhas do procedimento usual[6]. O estudo destes autores tornou-se um dos mais citados do *Journal of Marketing Research* pela abordagem detalhada que fizeram do assunto. O estudo posterior de Jarvis, MacKenzie e Podsakoff indicou que problemas de mensuração desta natureza são muito recorrentes, inclusive nos principais periódicos internacionais de negócios[7].

Os problemas de uma abordagem de mensuração com itens formativos ou refletivos estão ainda longe de ser superados, e, não sem razão, o reputado *Journal of Business Research* dedicou um número especial ao tema no ano de 2008 (número 4). Um aprofundamento do debate sobre esta relevante questão demanda um espaço maior, e conhecimento de um conjunto de fundamentos ainda não apresentados. Nestes termos, desenvolvemos o conteúdo deste debate em um capítulo mais avançado, na terceira parte do livro.

- A questão das escalas de múltiplos itens

Churchill entendeu que a boa mensuração em Marketing somente se alcançaria por meio de averiguações por múltiplos itens. As razões para tal indicação são esclarecidas pelo autor a partir dos seguintes argumentos:

---

6 Cf. DIAMANTOPOULOS, A.; WINKLHOFER, H. M. Index construction with formative indicators: an alternative to scale development. *Journal of Marketing Research*, v. 38 p. 269–277, may, 2001.
7 JARVIS, C. B.; MACKENZIE, S. B.; PODSAKOFF, P. M. A critical review of construct indicators and measurement model misspecification in marketing and consumer research. *Journal of Consumer Research*, v. 30, p. 199–218, 2003.

- Primeiro, itens isolados possuem característica únicas e específicas, e podem não representar adequadamente toda a dimensão de conteúdo do construto (especialmente naqueles mais abstratos).
- Em segundo lugar, os itens isolados não diferenciam bem os respondentes, especialmente quando se pensa no número reduzido de possibilidades de resposta (de fato, uma escala de 5 pontos diferencia no máximo cinco tipos de pessoas).
- Terceiro, o maior número de itens tem o potencial de reduzir os erros de mensuração (ver nosso exemplo no item 2.1.).

O autor argumenta então que um maior número de itens gera uma maior cobertura das diferentes facetas de um construto, além de viabilizar uma maior diferenciação entre os respondentes e elevar a confiabilidade da escala. Mas veja que o autor supõe aqui que o construto possui facetas diversas, e que há a necessidade de diferenciação entre os respondentes. O risco, por outro lado, é que na agregação de itens apareçam alguns deles redundantes ou meras paráfrases de itens já existentes. Isto não foi discutido em Churchill.

Estes aspectos foram repensados nos estudos posteriores, de modo mais enfático no trabalho de Jonh Rossiter, em sua proposta de um novo modelo de desenvolvimento de escalas[8]. A proposta deste autor foi inclusive além do debate sobre o número de itens, e merece uma explanação mais ampla, como farei na seção 2.5.

- Outras críticas

Vários outros trabalhos publicados a partir da década de 1990 desenvolveram análises acerca das limitações do paradigma de Churchill. Vale a pena destacar aqui alguns, mas quero deixar informado que nos capítulos posteriores outros trabalhos serão também comentados.

Um interessante estudo sobre as limitações do modelo básico foi desenvolvido por Anne Smith, que concentrou-se nas dificuldades de aplicação dos pressupostos do paradigma de Churchill no desenvolvimento de escalas de mensuração da qualidade[9].

Qualidade de serviços foi um dos principais temas na pesquisa de

---

8 Cf. ROSSITER, J. R. *The C-OAR-SE procedure for scale development in marketing. International Journal of Research in Marketing, v. 19, p. 305–335, 2002.* Debaterei estas questões na segunda parte deste livro, mas adianto desde já a recomendação desta interessante referência: KNOW, H.; TRAIL, G. *The feasibility of single-item measures in sport loyalty research. Sport Management Review, v. 8, p. 69-69, 2005.*
9 SMITH, A. M. *Some problems when adopting Churchill's paradigm for the development of service quality measurement scales. Journal of Business Research, v. 46, p. 109-120, 1999.*

marketing nos anos de 1980, e ficou reconhecida a escala desenvolvida por A. Parasuraman, Valary Zeithaml e Leonard Berry[10], denominada SERVQUAL. Esta escala serviu, primeiramente, de norteadora dos procedimentos de mensuração de qualidade em serviços, e também como um exemplo bem-sucedido de aplicação do processo geral de desenvolvimento de uma escala. Na análise de Anne Smith, os procedimentos convencionais mostraram-se inconsistentes nos aprimoramentos posteriores da SERVQUAL, ou seja, usando os princípios do modelo geral de Churchill, o esforço de ajuste da escala dentro das recomendações propostas provocariam riscos de deterioração da escala em si.

Por exemplo, no esforço de purificação da escala, a partir das técnicas de análise fatorial e de análise de confiabilidade, normalmente alguns itens são excluídos ou mantidos, a depender da sua qualidade estatística. Por outro lado, excluir itens pode representar perda de representação de facetas relevantes do construto, e a manutenção de alguns itens pode ser um artifício de elevação do *alpha* de Cronbach ou do escore fatorial por meio de itens redundantes (no capítulo 3 falarei mais detalhadamente sobre as especificidades do coeficiente *alpha*). Anne Smith recomenda que seja analisado o que chamou de 'integridade da escala', um aspecto não bem definido pela autora, mas que parece se referir à relevância do item em cobrir as facetas do construto.

O problema central da proposta de Churchill estaria então na busca de uma adequação estatística da escala, fato bem evidenciado em muitos usos da proposta, em detrimento de uma adequação qualitativa que poderia corrigir os resultados impróprios da averiguação quantitativa. Anne Smith sugere a mescla de uma avaliação de base qualitativa juntamente com os procedimentos convencionais de análise fatorial ou de verificação de confiabilidade.

Um segundo estudo interessante foi publicado por Leisa Flynn e Dawn Pearcy, que indicaram quatro aspectos que entenderam ser os pecados do modelo prevalecente[11]. Os quatro aspectos debatidos geraram, além da análise, quatro recomendações, conforme expomos a seguir:
- Primeiramente, os autores tratam da amostragem. Observam que o modelo convencional propõe que a escala seja analisada com dados empíricos, mas não se esclarecem maiores detalhes acerca desta amostra, especialmente o seu tamanho. Os autores recomendam aqui que a

---

10 PARASURAMAN, A.; ZEITHAML, V. A.; BERRY, L. L. SERVQUAL: a multiple-item scale for measuring consumer perceptions of quality. Journal of Retailing, v. 64, n. 1, p. 12-37, 1988.
11 FLYNN, L. R.; PEARCY, D. Four subtle sin in scale development: some suggestions for strengthening the current paradigm. International Journal of Market Research, v. 43, n. 4, p. 409-423, 2001.

amostra seja tão grande quanto possível, de modo a possuir no mínimo 10 sujeitos para cada item sob análise;
- Em segundo lugar, Flynn e Pearcy tratam da replicação da escala. O modelo convencional propõe duas verificações como sendo suficientes para testar e validar uma escala. No entanto, os autores alegam que dois estudos servem para não mais que iniciar a validação de uma escala, e entendem que se devem desenvolver mais verificações independentes;
- Em terceiro lugar, os autores abordam a questão do coeficiente *alpha* de Cronbach, indicando suas limitações e riscos. A proposta é que os resultados do *alpha* sejam pensados com maior moderação, e que sejam realizados sempre em conjunto com a análise fatorial;
- Por fim, Flynn e Pearcy colocam a questão relativa ao uso da escala em desenvolvimento. Segundo os autores, há dois usos possíveis: um para pesquisas acadêmicas e outro para pesquisas de mercado. O primeiro tem objetivos mais rigorosos do ponto de vista de sua utilização, ao passo que o segundo normalmente tem finalidades mais diagnósticas vinculadas a empresas ou setores específicos. Conforme propõem os autores, o modelo convencional não distinguiu as diferentes demandas em termos de rigor de validação, o que sugere que os mesmos procedimentos seriam aplicáveis aos dois objetivos. A proposta aqui é de que os procedimentos sejam adaptados para cada contexto, com variações de rigor e extensão a depender da finalidade e contexto de uso.

A discussão de Flynn e Pearcy complementa e avança em relação à discussão desencadeada por Anne Smith, adicionando três aspectos essenciais: a questão da amostra, o número de amostragens e a especificidade do uso. A questão abordada por Flynn e Pearcy (no terceiro ponto destacado), também analisada no trabalho de Smith, refere-se aos procedimentos de avaliação psicométrica da escala, com foco nos dois procedimentos normalmente usados, que são a análise fatorial e a avaliação do coeficiente *alpha*. Uma abordagem mais profunda sobre estes dois aspectos foi desenvolvida no artigo de Nick Lee e Graham Hooley, que detalharam as consequências da aplicação destes procedimentos e tomaram por base alguns aspectos técnicos de cada procedimento e as consequências das variações de método no desenvolvimento de uma escala[12]. Comentarei com maiores detalhes a discussão de Lee e Hooley nos capítulos posteriores.

---

12 LEE, N.; HOOLEY, G. The evolution of "classical mythology" within marketing measure development. *European Journal of Marketing*, v. 39, n. 3-4, p. 365-385, 2005.

O exposto até aqui é interessante para indicar a evolução 'natural' dos estudos e desenvolvimentos na arena científica. Como defendeu o conhecido pensador Karl Popper, as verdades científicas são tão consistentes quanto conseguem se manter válidas ao longo do tempo e de repetidas experimentações[13]. O paradigma de Churchill resistiu fortemente a várias experimentações, porém os novos desenvolvimentos não tardariam a gerar necessidades de revisões ou de fixação de exceções.

E foi justamente isto que ocorreu. Ao longo do tempo, com as críticas apresentadas, em alguns momentos o modelo ganhou mais sofisticação, como no caso da incorporação das técnicas de análise fatorial confirmatória a partir da proposta de Gerbing e Anderson, sem necessitar rever os pressupostos do modelo. Já em outros momentos, o modelo foi contestado por não alcançar ou fornecer soluções consistentes para problemas de mensuração relevantes, como no caso dos construtos formativos. Neste caso, o modelo passa à condição de 'adequado a situações particulares', perdendo sua generalidade.

As críticas adicionais apresentadas mostram que mesmo os procedimentos que impunham rigor ao processo de desenvolvimento das escalas, que foram os métodos oriundos da Psicometria (os quais deram mais consistência nas análises de dimensionalidade, confiabilidade e validade) também eram motivos de variações e dificuldades operacionais. Mais uma vez o paradigma de Churchill passa a lidar com exceções e particularidades não previstas.

Na perspectiva da teoria do conhecimento, contestações, exceções e particularizações são elementos naturais da evolução dos paradigmas, e isto não os desvaloriza; antes, os aprimora, ou prepara condições para paradigmas melhores[14]. Assim sendo, a melhor decisão, creio, é se apropriar do que foi desenvolvido e que permaneceu mostrando seu valor, incorporando as melhorias e buscando evitar os problemas potenciais. Fiz isto neste livro, como mostrarei na seção 2.7.

Mas antes quero apresentar ainda outras perspectivas propostas na literatura especializada, com destaque para o modelo proposto por John Rossiter, e para as propostas dos dois principais livros direcionados a guiar o desenvolvimento de escalas[15].

---

13 Cf. POPPER, K. *A lógica da pesquisa científica*. São Paulo: Cultrix, 1974.
14 Cf. KUHN, T. S. *A estrutura das revoluções científicas*. São Paulo: Perspectiva, 1975.
15 NETEMEYER, R. G.; BEARDEN, W. O.; SHARMA, S. *Scaling procedures: issues and applications*. Thousand Oaks C.A: Sage, 2003; DEVELLIS, R. F. *Scale development: theory and application*. 2. ed. Thousand Oaks C.A.: Sage, 2003.

2.5. Modelo C-OAR-SE, de John Rossiter

O modelo C-OAR-SE (a sigla vem das primeiras letras da seguinte expressão: *Construts definition, Object classification, Attribute classification, Rater identification, Scale formation, Enumeration and reporting*[16]) foi proposto em um artigo publicado no *International Journal of Research in Marketing*, de autoria única do pesquisador John Rossiter[17]. O modelo constitui uma proposta alternativa ao modelo de Churchill, mas sem destituí-lo totalmente, e tem o potencial de se tornar uma forte referência no processo geral de construção de escalas. Por este entendimento, optei por detalhar a proposta nesta seção, além de realçar suas avaliações e conclusões nos capítulos posteriores, quando conveniente.

2.5.1. O modelo C-OAR-SE

Em uma visão sintetizada, o modelo C-OAR-SE consta de seis passos fundamentais (com a retomada do primeiro passo após o passo três), e cada passo é constituído de um conjunto de atividades específicas vinculadas. Uma visão geral do modelo está exposta na figura 2.9, e comentamos nesta seção (2.5.1) o modelo, e na próxima (2.5.2) as principais críticas desenvolvidas.

O **primeiro passo** do modelo consiste na definição do construto, que se fundamenta em uma revisão teórica consistente, e que deve ser feita em duas etapas. Na primeira etapa (antes do terceiro passo), deve-se produzir uma definição preliminar, que permita indicar com clareza qual o 'objeto' sob mensuração (em primeiro nível), qual seu 'atributo' (em segundo nível), e qual o 'respondente' (em terceiro nível).

Na dimensão do **objeto**, o autor define uma terminologia própria para um dimensionamento mais detalhado. Assim, é anunciada a possibilidade de existência de dois níveis associados: os constituintes e os componentes (nos passos seguintes estes conceitos são mais detalhados):

Os constituintes referem-se ao que o objeto inclui como parte de si em

---

16 Em português, a expressão pode ser traduzida como: definição do construto, classificação do objeto, classificação do atributo, identificação do respondente, formação da escala, enumeração e apresentação. Dado o efeito da expressão na língua original, e a dificuldade de adaptação da sigla, optei por manter aqui a sigla originalmente proposta.
17 Cf. ROSSITER, J. R. The C-OAR-SE procedure for scale development in marketing. International Journal of Research in Marketing, v. 19, p. 305–335, 2002.

termos de elementos mais concretos. Por exemplo (citado no artigo original), para o objeto 'bebidas não alcoólicas gaseificadas', temos três constituintes: as colas, as não colas e a água mineral com gás;

Os componentes referem-se às dimensões de natureza mais abstrata do objeto. Por exemplo, quando avaliamos o objeto 'valor gerado por uma organização', podemos definir quatro constituintes fundamentais: o valor gerado para clientes, para empreendedores, para colaboradores e para a sociedade em geral.

Com a definição adequada do objeto, ainda no primeiro passo, deve ser definido o atributo a ser mensurado no objeto, ou seja, deve-se apontar com o máximo de rigor possível o elemento que será efetivamente mensurado no objeto. Por exemplo, se tomamos o objeto 'bebidas não alcoólicas gaseificadas', e mais especificamente o constituinte 'colas', podemos analisar os atributos 'sabor', 'densidade' e 'cheiro'. Um aspecto que merece ser ressaltado é que o atributo pode, a depender de seu nível de abstração, possuir também componentes, assim como o possuem os objetos.

O terceiro elemento da definição do construto é, por fim, o respondente, ou seja, os sujeitos específicos que irão atribuir os escores na escala criada. Assim, seguindo o mesmo exemplo do parágrafo anterior, podemos proceder à avaliação da bebida, nos atributos definidos, ora por especialistas em colas, ora por consumidores desta modalidade de bebida. Naturalmente, esta definição é fundamental para a construção da escala, uma vez que as variações de percepção são evidentes quando tomamos referenciais de avaliadores distintos.

Figura 2.9 – Modelo C-OAR-SE de John Rossiter

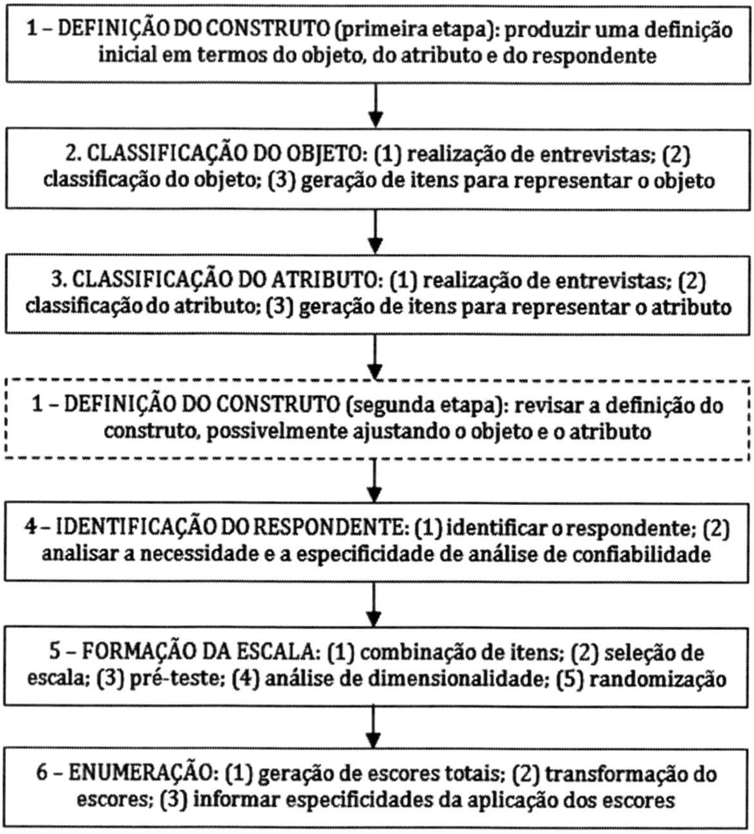

```
┌─────────────────────────────────────────────────────────────────┐
│ 1 – DEFINIÇÃO DO CONSTRUTO (primeira etapa): produzir uma       │
│ definição inicial em termos do objeto, do atributo e do         │
│ respondente                                                     │
└─────────────────────────────────────────────────────────────────┘
                                 ↓
┌─────────────────────────────────────────────────────────────────┐
│ 2. CLASSIFICAÇÃO DO OBJETO: (1) realização de entrevistas; (2)  │
│ classificação do objeto; (3) geração de itens para representar  │
│ o objeto                                                        │
└─────────────────────────────────────────────────────────────────┘
                                 ↓
┌─────────────────────────────────────────────────────────────────┐
│ 3. CLASSIFICAÇÃO DO ATRIBUTO: (1) realização de entrevistas;    │
│ (2) classificação do atributo; (3) geração de itens para        │
│ representar o atributo                                          │
└─────────────────────────────────────────────────────────────────┘
                                 ↓
┌─────────────────────────────────────────────────────────────────┐
│ 1 – DEFINIÇÃO DO CONSTRUTO (segunda etapa): revisar a definição │
│ do construto, possivelmente ajustando o objeto e o atributo     │
└─────────────────────────────────────────────────────────────────┘
                                 ↓
┌─────────────────────────────────────────────────────────────────┐
│ 4 – IDENTIFICAÇÃO DO RESPONDENTE: (1) identificar o             │
│ respondente; (2) analisar a necessidade e a especificidade de   │
│ análise de confiabilidade                                       │
└─────────────────────────────────────────────────────────────────┘
                                 ↓
┌─────────────────────────────────────────────────────────────────┐
│ 5 – FORMAÇÃO DA ESCALA: (1) combinação de itens; (2) seleção de │
│ escala; (3) pré-teste; (4) análise de dimensionalidade; (5)     │
│ randomização                                                    │
└─────────────────────────────────────────────────────────────────┘
                                 ↓
┌─────────────────────────────────────────────────────────────────┐
│ 6 – ENUMERAÇÃO: (1) geração de escores totais; (2) transformação│
│ do escores; (3) informar especificidades da aplicação dos       │
│ escores                                                         │
└─────────────────────────────────────────────────────────────────┘
```

Um exemplo agora mais geral desta primeira etapa seria o seguinte: se pretendemos avaliar o objeto 'faculdade particular', e definimos o atributo 'qualidade', e definimos ainda que tal será avaliado pelos alunos, teremos o seguinte construto: 'Qualidade percebida em faculdades particulares pelos alunos'. Alternativamente, se tomamos os avaliadores dos órgãos de Estado, o construto seria 'Qualidade percebida em faculdades particulares pelos agentes governamentais' (no artigo de base, Rossiter convenciona que o construto deve ser escrito em caixa alta, porém aqui optei por dar somente o destaque por aspas simples).

Nos passos seguintes, outros exemplos surgirão, mas já é possível perceber no atual modelo uma proposta de maior detalhamento, e, portanto, geração de mais segurança quanto à definição dos construtos. Por outro lado, já é possível prever o esforço adicional que isto gera, e o risco de excesso de especificidade.

O **segundo passo** do modelo C-OAR-SE consiste na classificação do objeto. Nesta etapa, é procedido um esforço de detalhamento do primeiro passo, com a realização de procedimentos sistemáticos de entrevistas ou outras atividades exploratórias, como forma de classificar o objeto. No entendimento de Rossiter, temos três tipos fundamentais de objetos, descritos a seguir.

- O primeiro é o dito objeto 'singular concreto', assim entendido como aquele que todos os respondentes têm certeza do que se trata, e não o confundem com qualquer outro objeto. Por exemplo, a 'produtividade do trabalhador industrial' é um objeto que qualquer avaliador tem boa segurança do que se trata. Um segundo exemplo, citado por Rossiter, seria também o objeto 'coca-cola', que é efetivamente singular para qualquer avaliador, ainda que existam variações no padrão de produção e demanda deste produto;
- O segundo tipo de objeto é o chamado 'abstrato coletivo', que é formado a partir de um conjunto de objetos concretos singulares, em um nível mais abstrato de agregação. Por exemplo, todo o conjunto de marcas de cola formam o objeto abstrato coletivo 'colas', que, em uma dada medida, ainda é um objeto também concreto na avaliação de consumidores de bebidas. Assim, é possível definir um nível ainda mais elevado, reunindo em um segundo nível os objetos (tidos por) concretos singulares colas, não colas, e água mineral com gás, para definir o objeto abstrato coletivo 'bebidas não alcoólicas gaseificadas';
- O terceiro tipo proposto é o chamado objeto 'abstrato formado', definido como sendo o tipo de objeto que é formado por um conjunto de partes, que em si *não são* objetos singulares concretos, ou seja, não são igual e objetivamente interpretados por diferentes avaliadores. Por exemplo, o objeto 'valor' é um 'abstrato formado', na medida em que é formado pelas dimensões 'valor para clientes', 'valor para empreendedores', 'valor para colaboradores', e 'valor para a sociedade em geral'.

Veja que os objetos 'singulares concretos' que formam os objetos 'abstratos coletivos' são *seus constituintes*, mas *não seus componentes*. Por outro lado, as partes que formam o objeto 'abstrato formado' são seus componentes, mas não seus constituintes. Segundo Rossiter, uma regra prática para averiguar neste nível a diferença é fazer duas perguntas: para abstratos coletivos, perguntamos 'o que este inclui?'; já para abstratos formados perguntamos 'o que este significa?'.

Depois desta etapa de classificação, ainda no passo dois são realizados os primeiros esforços de geração de itens para averiguação do objeto, sendo convencionado que, para objetos concretos singulares, basta um item, e para objetos abstratos, nas duas possibilidades, são gerados múltiplos itens.

Observe que, diferente de outros modelos, a etapa de geração de itens é realizada somente após um extenso esforço de ajustamento e definição do objeto. A complementação deste subpasso ocorre no **terceiro passo**, que consiste agora na classificação do atributo do objeto.

Assim como procedido para classificação do objeto, a classificação do atributo parte, inicialmente, da realização de entrevistas, como meio de sistematizar mais consistentemente a definição do construto. A classificação do atributo, segundo propõe Rossiter, pode ser também em três tipos, descritos a seguir.

- O primeiro tipo de atributo é o chamado 'concreto', que é similar ao conceito de objeto singular concreto, mas no nível de atributo, ou seja, refere-se a um atributo que é de conhecimento e interpretação conceitual igual para os diferentes respondentes da escala, sem possibilidades de confusão com outros atributos. Por exemplo, se tomamos o objeto singular concreto 'emprego atual', avaliado pelo trabalhador, e tomamos como atributo 'intenção de continuar no emprego', temos neste atributo a clareza que permite classificá-lo como concreto. É possível antecipar que, para medir este tipo de atributo, não é necessário mais de um item, como ocorre nos objetos singulares concretos;
- O segundo tipo possível para atributo é o chamado pelo autor de 'formado', que são atributos de natureza abstrata, que possuem diferentes indicadores, relacionados de tal modo que os indicadores formam o atributo, ou seja, os indicadores refletem-se sobre o atributo, mas não a partir deste. É evidente aqui que este é o conceito de construto formativo, comentado anteriormente; porém aqui a proposta é de que se trata de um atributo de um objeto, e não do construto em si, como foi avaliado anteriormente, e como é comum no vocabulário corrente dos demais modelos de construção de escalas. Ainda assim, para homogeneizar a linguagem e gerar um alinhamento com os demais capítulos, chamei este atributo de 'formativo'. É relevante observar que este segundo tipo de atributo, por ser abstrato, pode possuir distintos níveis

de abstração, até chegar no nível do item de mensuração, no primeiro tipo de atributo (concreto). Temos a correspondência aos construtos de segunda ordem, depois terceira ordem, a assim por diante;
- O terceiro tipo é o que o autor chamou 'gerador de efeito' (*eliciting*), que é um atributo de natureza abstrata, que possui múltiplos indicadores, de tal modo que tais indicadores refletem a variação do atributo. É evidente aqui que este é o conceito de construto refletivo, comentado anteriormente, e, assim como no tipo anterior, a proposta aqui é de que se trata de um atributo de um objeto, e não do construto em si (o atributo tem esta característica, porém o objeto não necessariamente). Pela mesma razão do caso anterior (homogeneizar a linguagem para alinhar com os demais capítulos), chamei este atributo de 'refletivo'. A discussão e o detalhamento deste tipo de atributo seguem, portanto, a discussão já desenvolvida no capítulo, de modo que não discorrerei mais longamente neste item.

Depois da classificação do atributo, o terceiro subpasso consiste em proceder à geração de itens para representar o atributo, seguindo aos procedimentos anteriormente comentados. Detalhes sobre o número de itens, forma de enunciado etc., seguem as recomendações gerais do processo de construção de escalas, a ser detalhado na segunda parte do livro.

É natural, após os esforços desenvolvidos ao longo dos passos 2 e 3 da proposta de Rossiter, que seja retomado o passo um e que sejam reavaliadas todas as conclusões preliminarmente definidas, e tomada uma definição mais consistente a respeito da definição do construto. Depois destes refinamentos, temos o **quarto passo**, que consiste na identificação do respondente

Nesta etapa da pesquisa a meta é definir quem será o respondente da escala construída, de modo a gerar indicações para efeito de adaptação dos indicadores, da forma de enunciado, da extensão de pontos e ainda de elementos como definição de tamanho da amostra, composição das demais perguntas do instrumento etc.

Há, segundo a proposta original, três tipos básicos de respondentes: o respondente individual, que é aquele mais comumente avaliado nas escalas, especialmente de Marketing ou de Recursos humanos; os *experts*, que são especialistas treinados, normalmente usados em fases iniciais de desenvolvimento da escala (como validade de conteúdo, por exemplo); e os grupos, que são os respondentes coletivos tais como empresas, grupos de empresas, departamentos etc., comuns em escalas da área de estratégia empresarial (obviamente, são os respondentes individuais que se posicionam em nome da coletividade, como o empresário, que responde por sua empresa, ou o chefe por seu departamento).

O **quinto passo** é a formação da escala e consiste na composição concreta da escala, realizada depois de definido com o maior rigor possível as deliberações dos passos 1 a 4. Conforme é esperado, esta fase é mais operacional, uma vez que os itens já foram gerados em dois níveis (de objeto e de atributo), e já sabemos como caracterizar aspectos como número de itens, alternativa de construto reflexivo e formativo, e ainda sobre as dimensões e níveis de dimensões da escala.

Os aspectos aqui debatidos são associados ao número de itens, à combinação e à disposição destes itens (sendo proposta a randomização dos itens no instrumento, para evitar algum viés de resposta), à seleção da escala de verificação para os indicadores, e ainda ao pré-teste empírico da escala. Todos estes procedimentos são comuns entre os diferentes modelos de construção de escalas, e serão debatidos em capítulos mais específicos deste livro, especialmente na segunda parte.

O **sexto passo** é a enumeração e consiste em operacionalizar os escores dos itens da escala, incluindo a discussão das especificidades dos itens, das normas de interpretação, e ainda com a definição da adequação de ajustes nos escores, com possíveis padronizações e transformações.

Nesta etapa são debatidas as opções de regras de composição de múltiplos itens (se aditiva ou multiplicativa, e se com ou sem ponderação), ou de análise de itens individuais (se for o caso); esta preocupação não tem sido muito claramente pensada nos demais modelos de construção da escala, a despeito de sua importância na mensuração. Com efeito, o esforço de construção de escalas tem por meta gerar medidas interpretáveis, e um foco na operacionalização destas medidas, a partir dos escores gerados nos levantamentos, é parte central do processo de mensuração; a preocupação com este aspecto é um ponto positivo da proposta de Rossiter.

Reproduzo no quadro 2.5 uma síntese das possibilidades de operacionalização dos itens, proposto no artigo original. O valor desta síntese está na visualização dos cruzamentos de alternativas de tipo de objeto com tipo de atributo. Podemos ver nas linhas as possibilidades de atributos, e nas colunas, as possibilidades de objeto (foram reunidos os dois tipos de objetos abstratos). Para cada possibilidade, temos uma opção de enumeração, desde a simples interpretação de itens individuais (de escalas de um só item para objetos singulares concretos e atributos concretos), passando por procedimentos de média ou de ponderação para formação de um índice, chegando até os procedimentos que mesclam mais de uma ação (como os atributos refletivos de construtos abstratos coletivos).

Observe que o modelo amplia as possibilidades tipos de escalas possíveis, e praticamente restringe a duas células toda a discussão tradicional de mensuração, que se desenvolve em torno dos atributos refletivos, fazendo o mesmo com discussão mais recente sobre os construtos formativos (também restritos a duas células).

Quadro 2.5 – Síntese geral dos modelos de mensuração

Atributo	Objeto*	
	Singular concreto	Abstrato coletivo ou abstrato formado
Concreto	Escore de um só item	Índice sobre Oi
Formativo	Índice sobre Aj	Índice duplo sobre OiAj
Refletivo	Média sobre Aj	Média sobre Aj e índice sobre O

* O – objeto, e os i's subscritos são os itens dos constituintes e componentes; A – atributo, e os j's subscritos são os itens dos componentes

Assim como fizemos na proposta de Churchill, um primeiro aspecto que devemos analisar no modelo C-OAR-SE é como este contempla os três problemas de mensuração (apontados na seção 2.3). Vejamos cada um destes:

Quanto à dimensionalidade, o modelo C-OAR-SE tem uma posição bem definida, remetendo todas as decisões para os passos 2 e 3, que se associam à classificação do objeto e do atributo. Merecem destaque dois aspectos: primeiro, Rossiter evita a palavra 'dimensão', que está implícita nos conceitos de componentes e constituintes; segundo o autor, a delimitação é conceitual e não empírica (como ocorrem nos procedimentos de análise fatorial aplicados nos demais modelos);

Sobre a confiabilidade, primeiramente Rossiter afirma que se avalia a confiabilidade do escore, e não da escala; em segundo lugar, o autor defende a ideia de que a confiabilidade deve ser analisada de acordo com o respondente da escala, ou seja, a confiabilidade deve ser observada não para a escala, mas para cada aplicação da mesma. Neste sentido, é razoável evitar os procedimentos convencionais, tais como a extração do *alpha* de Cronbach (que se aplica somente para o tipo específico de atributo reflexivo, mas não nos demais), e evitar entender a confiabilidade como um indicador de validade;

Em relação à validade, o modelo a contempla nos primeiros cinco passos, mas o autor centra foco na validade gerada nos passos 1 e 2, associados à avaliação dos itens de mensuração de construtos e atributos por especialistas. Nestes termos, o foco é claramente na validade de conteúdo, e Rossiter defende ainda a opinião de que é esta, em definitivo, a forma de validade mais consistente de todas. O autor defende ainda o uso cuidadoso da validade de critério, mas recomenda claramente que se evite a validade de construto, especialmente no modelo convencional de verificação da matriz multitraço--multimétodo.

Nos capítulos seguintes e na segunda parte deste livro esta discussão será reintroduzida e maiores comentários serão procedidos, e nos capítulos 3, 4 e 5 introduzo maiores detalhes da visão do modelo C-OAR-SE sobre cada tema sob análise (confiabilidade, validade e escalas de verificação).

2.5.2. As críticas ao modelo C-OAR-SE

Optei aqui por resumir a proposta de Rossiter tal como ele a propôs, com foco no passo a passo do modelo. Naturalmente, outras avaliações foram procedidas sobre esta proposta, a exemplo do que ocorreu com os demais modelos de construção de escalas. Neste item apresento elementos das críticas realizadas, até o período de produção deste livro. Deve-se ressaltar que, do ponto de vista acadêmico, o modelo de Rossiter ainda era muito recente para efeito de análise, na época de produção deste texto. No entanto, já havia pelo menos duas indicações de revisões sugeridas ao modelo, uma proposta em um artigo de Adam Finn e Ujwal Kayande e em outro de Adamantios Diamantopoulos[18].

Finn e Kayande desenvolveram uma análise do modelo de Rossiter juntamente com a proposta de ampliação do paradigma a partir da incorporação

---

18 Cf. FINN, A.; KAYANDE, U. How fine is C-OAR-SE? A generalizability theory perspective on Rossiter's procedure. International Journal of Research in Marketing, v. 22, n. 1, p. 11-21, 2005; DIAMANTOPOULOS, A. The C-OAR-SE procedure for scale development in marketing: a comment. International Journal of Research in Marketing, v. 22, n. 1, p. 1-9, 2005.

de sua Teoria da generalização multivariada, que é uma extensão da Teoria da generalização convencional. Os autores concentraram seu foco em sua proposta, e nos interessa especialmente sua avaliação comparativa entre o modelo anterior ao paradigma de Churchill, o modelo deste último, e o modelo de Rossiter.

O quadro 2.6 apresenta a análise destes autores, sendo possível observar as modificações de cada proposta em relação às práticas anteriores. Veja-se que o modelo de Rossiter teve a grande vantagem de retomar o valor da conceituação do construto, e, por consequência, realçar a relevância da validade de conteúdo (aquela que é baseada mais enfaticamente nos especialistas). Neste aspecto, o modelo C-OAAR-SE supera a proposta de Churchill, que acabou gerando uma supervalorização nas medidas indicativas das propriedades psicométricas (não no texto de Churchill, mas nos textos de seus seguidores), eventualmente em detrimento da questão conceitual das escalas.

Por outro lado, o modelo de Rossiter é apontado como tendo uma forte limitação, justamente naquilo que o faz melhor: valoriza a validade de conteúdo, mas o faz em excesso, a ponto de promover a possibilidade de uma escala ser formada sem ser validada empiricamente, com a crença de que a análise qualitativa *a priori* já seria suficiente. Isto seria, no entendimento de Finn e Kayande, um retrocesso ao período pré-Churchill, no qual as escalas eram definidas a partir do entendimento dos pesquisadores de sua adequação ao propósito de pesquisa.

Foi justamente este aspecto o ponto falho do modelo C-OAR-SE sobre o qual os autores aproveitaram para desenvolver sua recomendação de incorporação da teoria da generalização.

Quadro 2.6 – Análise comparativa dos modelos

Era	Critério	Situação
Era pré-Churchill: período até 1979	Conceituação do construto	Largamente ignorado
	Validação empírica	Largamente ignorado
	Melhoria dos procedimentos anteriores	-
	Consequências negativas/dificuldades do procedimento	Escalas ad-hoc, de qualidade duvidosa, usadas por pesquisadores individuais para validar teorias

Modelo de Churchill: de 1979 em diante	Conceituação do construto	Um passo de definição do conceito, mas sem considerar os múltiplos objetos presentes na literatura
	Validação empírica	Validação extensiva, usando correlação para amostras de respondentes, como forma de gerar evidencias de confiabilidade e de validade de construto
	Melhoria dos procedimentos anteriores	Aprimoramento significativo na conceituação e na validação, em relação ao período anterior
	Consequências negativas ou dificuldade pelo uso do procedimento	A aplicação do passo a passo enfatiza números de validação, à custa do rigor conceitual. Os números muitas vezes provocam erros devido a problemas de identificação de aspectos relevantes dos objetos sob mensuração
Modelo de Rossiter: de 2002 em diante	Conceituação do construto	Consideração explícita de múltiplos objetos para definir o contexto em termos de uma classificação cruzada de objeto, atributo e respondente
	Validação empírica	Respondentes especialistas avaliam a validade de conteúdo, e geralmente não há necessidade de validação empírica pelos respondentes no universo
	Melhoria dos procedimentos anteriores	Ênfase na conceituação do construto, realçando a falha do modelo anterior
	Consequências negativas ou dificuldade pelo uso do procedimento	As escalas são inteiramente dependentes do contexto, com o risco de um retorno à era pré-Churchill. Não há escopo de generalização na medida em que não há elementos para validação empírica

Em uma crítica mais sistemática, temos o artigo de Diamantopoulos, que desenvolveu uma análise dos aspectos positivos e negativos da proposta de Rossiter ponto a ponto. Destacamos aqui as indicações consideradas mais consistentes e comentamos alguns aspectos.

Primeiramente, Diamantopoulos reconhece a relevância de uma proposta que foge do paradigma convencional, e que sistematiza uma ideia em boa medida livre do paradigma de Churchill, da teoria clássica da medida, e do *alpha* de Cronbach (ver capítulos seguintes). Neste sentido, Rossiter teve o mérito de desenvolver uma crítica assentada em uma proposta alternativa, que o próprio autor submete a averiguações.

Por outro lado, o esforço de Rossiter parece complicar desnecessariamente o processo de mensuração. Por exemplo, Diamantopoulos, quando analisa a proposta de definição dos construtos exageradamente o construto (por exemplo, podemos ter um construto medindo a 'qualidade percebida da fábrica Intel pelos funcionários de nível de diretoria nos países em desenvolvimento no segundo semestre do ano de 2009'); adicionalmente, e por consequência, é possível que se perca a generalidade teórica do construto pela vinculação fechada a um contexto, dificultando assim a possibilidade de comparações teóricas entre diferentes estudos[19].

Um problema adicional no modelo C-OAR-SE, e provavelmente o mais delicado de todos, é a complicação criada pela proposta de classificação. Mesmo compreendendo que se trata de uma tentativa de tornar rígida a fase central de conceituação do construto, a proposta com três tipos de objetos, mais três tipos de atributos, mais três tipos de respondentes, torna possível uma confusão tanto para quem produz quanto para quem usa a escala. Com efeito, a ciência, por mais complicada que seja, tem por meta ajudar na compreensão, e não tornar um processo relativamente simples como é o caso dos demais modelos, em um processo complexo, especialmente com classificações dúbias e pouco intuitivas. Provavelmente este será o grande problema na utilização da proposta de Rossiter, uma vez que desestimula os pesquisadores a usar o modelo de definição proposto. Em outras palavras, um retorno do foco sobre

---

19 Sobre este aspecto, recomendo a leitura da referência: DIAMANTOPOULOS, A.; SIGUAW, J. A.; CADOGANZ, J. W. Measuring abstract constructs in management and organizational research: the case of export coordination. British Journal of Management, v. 19, p. 389–395, 2008. Em complemento, é recomendável também a leitura de: ROSSITER, J. R. Content validity of measures of abstract constructs in management and organizational research. British Journal of Management, v. 19, p. 380–388, 2008.

a definição do construto, que é a principal proposta e a melhor justificativa do novo modelo, corre o risco de ser justamente o fator de desestímulo de seu uso. Caberia a Rossiter e seus seguidores pensarem em uma racionalização ou em um protocolo de simplificação do processo de conceituação para o modelo C-OAR-SE.

Quanto à geração de itens, Diamantopoulos destaca como positiva a proposta, recomendando, em adição, um conjunto de critérios de seleção de itens, especialmente para construtos formativos.

Segundo a crítica desenvolvida, a proposta de um foco maior na validade de conteúdo é bem vinda, e até desejável, mas não exclui a necessidade de uma validação empírica da escala. Este entendimento guiou a proposta de Churchill, que inclusive propôs um teste empírico em duas amostragens, e tem mostrado consistência nos desenvolvimentos tanto em Psicologia, quanto em Educação e em Administração. Nestes termos, o foco do modelo C-OAR-SE é feliz em realçar a importância da validade de conteúdo (que está expressa no cuidado de entrevistas com especialistas tanto na definição do objeto quanto do atributo), porém peca em sobrevalorizar este procedimento em relação a outras possibilidades de validação (no capítulo 4 serão detalhados os procedimentos de validade possíveis).

Como informado, o modelo de Rossiter ainda era recente quando escrevi este texto, mas não restam dúvidas de que seu valor e seu impacto ainda serão mais intensamente analisados, até porque alguns estudos passaram a desenvolver outras considerações sobre o modelo, conforme veremos ao longo dos próximos capítulos.

Conforme sabemos, a evolução paradigmática é lenta, mas é constante, e creio que o modelo C-OAR-SE tem o potencial de servir de atualização e aprimoramento do processo geral de construção de uma escala, sem necessariamente destituir o valor das propostas anteriores. Com este entendimento, nos demais capítulos foram acrescentadas informações adicionais, sempre que possível e conveniente, sobre como alguns aspectos da teoria da mensuração reconfiguram-se depois da incorporação das proposta de Rossiter.

2.6. Outras propostas

Um modelo bastante citado na literatura sobre construção de escalas é proposto no livro de Robert DeVellis. Diferente dos demais trabalhos citados neste capítulo, a obra de DeVellis não parece ter por base o paradigma Churchill, até porque este autor sequer é citado no livro. A obra tem direcionamento genérico para ciências sociais e comportamentais, mas é evidente o foco mais concentrado na Psicologia. Utilizarei, ao longo dos capítulos seguintes, algumas recomendações desta obra, porém agora somente nos interessa a forma como o seu autor pensou ser o caminho mais consistente para construção de escalas de mensuração de construtos latentes.

Na proposta deste autor, uma escala deve ser desenvolvida em oito passos, conforme ilustrado na figura 2.10. A seguir, comentamos rapidamente cada uma destas etapas:

- O primeiro passo segue o padrão convencional, com foco na definição clara e teoricamente consistente do construto a ser mensurado. O autor realça os seguintes aspectos: clareza teórica; especificidade; clareza sobre o que incluir no conteúdo da medida.
- O segundo passo corresponde ao procedimento de geração de um conjunto de itens que servirão de base para as escalas de verificação. DeVeliis realça os seguintes aspectos: aderência dos itens aos objetivos da escala; redundância de itens; número necessário de itens; construção dos enunciados; e características de itens bons e ruins.
- No terceiro passo, DeVellis concentra-se especificamente nas alternativas disponíveis de aferição, destacando ainda aspectos como: ponderação dos itens; número de alternativas de resposta; alternativas dicotômicas e de múltipa escolha.
- O quarto passo associa-se à submissão do conjunto de itens a especialistas, como forma de verificação de sua validade na proposta de mensuração.
- O quinto passo refere-se à inclusão de variáveis adicionais no instrumento de pesquisa, com a finalidade de servir de base comparativa e de validação da escala.
- O sexto passo consiste na administração do procedimento de amostragem a ser desenvolvida para verificação empírica da consistência da escala.
- O sétimo passo refere-se ao processo de avaliação dos itens da escala a partir dos dados da amostragem. O autor realçou os seguintes aspectos: exame da *performance* dos itens; procedimentos de análise fatorial, análise do coeficiente *alpha*.
- O oitavo e último passo consiste na finalização da escala, a partir da análise dos seguintes aspectos: efeito do tamanho sobre a confiabilida-

de; efeitos da exclusão de itens; ajustes no tamanho da escala; testes em partições de amostras.

A verificação do conjunto de passos de DeVellis ilustra uma alternativa ao modelo de Churchill, especialmente no nível de ordenamento dos passos, e na interpretação da amostragem (o primeiro recomenda explicitamente duas amostragens, e DeVellis sugere que uma é o bastante). Quanto aos procedimentos de verificação da consistência psicométrica, praticamente não há maiores variações.

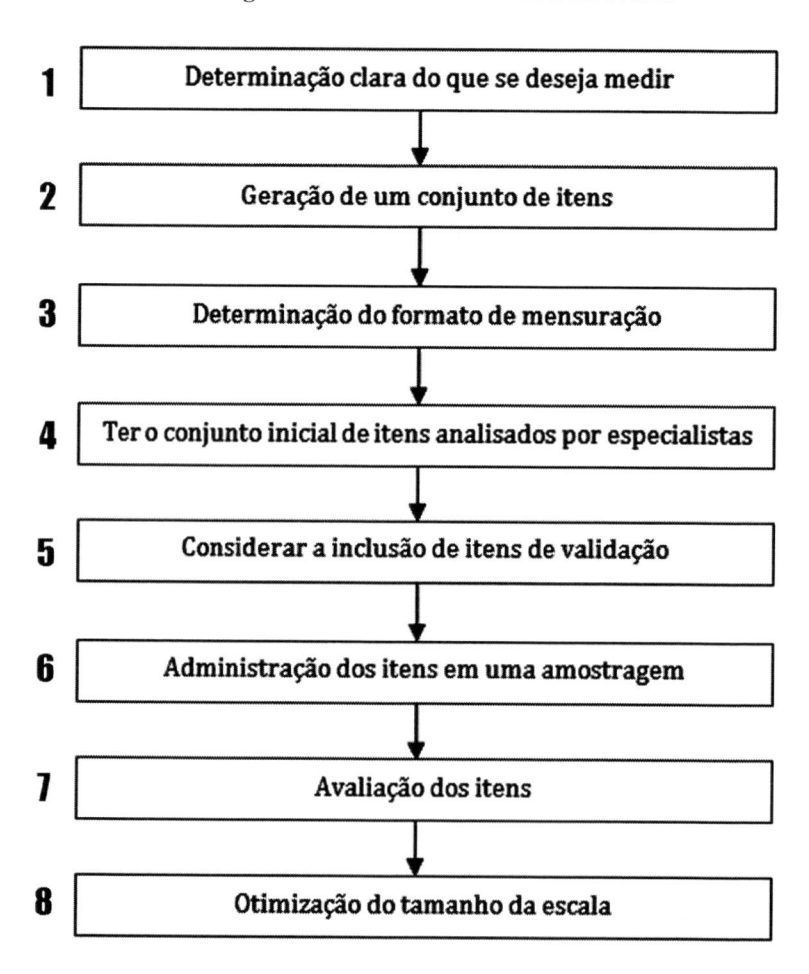

Figura 2.10 – Modelo de Robert DeVellis

1. Determinação clara do que se deseja medir
2. Geração de um conjunto de itens
3. Determinação do formato de mensuração
4. Ter o conjunto inicial de itens analisados por especialistas
5. Considerar a inclusão de itens de validação
6. Administração dos itens em uma amostragem
7. Avaliação dos itens
8. Otimização do tamanho da escala

Uma alternativa que segue bastante próxima do que DeVilles propôs, porém mais atual quanto às ferramentas de avaliação e mais aderente aos procedimentos convencionalmente usados em Administração e Marketing foi proposto por Netemeyer, Bearden e Sharma. Estes autores são pesquisadores do campo de Marketing e Comportamento do consumidor, e, ao contrário de DeVellis, trazem para sua proposta toda a discussão que foi desenvolvida nestas disciplinas, incluindo as principais contribuições e analisando as maiores contestações e avanços no paradigma Churchill, com exceção da proposta do modelo C-OAR-SE (que chega a ser citado). O quadro 2.7 apresenta a estrutura geral da proposta destes autores.

Quadro 2.7. – **Modelo de Netemeyer, Bearden e Sharma**

Passo 1: Definição do construto e domínio do conteúdo
A relevância da definição do construto, domínio de conteúdo e o papel da teoria Foco em itens/indicadores reflexivos versus itens/indicadores formativos Dimensionalidade: unidimensional, multidimensional ou de outras ordens?
Passo 2: Geração e julgamento de itens
Pressupostos teóricos sobre os itens (amostra de domínio) Geração de itens potenciais e definição do formato de resposta Quantos itens são inicialmente necessários? Dicotômicos versus de múltiplas respostas Enunciados dos itens Foco na validade de conteúdo em relação à dimensionalidade teórica Julgamento dos itens (especialistas ou leigos) – foco na validade de conteúdo e de face
Passo 3: Preparação e condução de estudos para refinar a escala
Teste-piloto como um procedimento de ajuste de itens Uso de várias amostragens nas populações relevantes para o desenvolvimento da escala Desenvolvimento de estudos para o teste das propriedades psicométrica Análise inicial dos itens por meio de análise fatorial exploratória Análise inicial dos itens por estimativas de consistência interna Estimativas iniciais de validade Retenção de itens para os próximos estudos

Passo 4: Finalização da escala
A importância de várias amostras nas populações relevantes Desenvolvimento da análise de vários testes de validade Análise de itens por Análise Fatorial Exploratória (EFA) Importância da consistência da EFA em relação ao passo 3 e 4 Derivação da estrutura fatorial inicial – dimensionalidade e teoria Procedimentos de Análise Fatorial Confirmatória (CFA) Teste da estrutura fatorial teórica e da especificação do modelo Avaliação da CFA do modelo de mensuração Análise de (in)variância do modelo fatorial entre os diferentes estudos (e. g. análise multigrupo) Análise adicional dos itens via estimativas de consistência interna Estimativas adicionais de validade Fixação de regras de entre os estudos Aplicação da Teoria da generalização (G-Theory)

Conforme é possível verificar no quadro, são propostos somente quatro passos fundamentais: o primeiro passo consiste na definição do construto e domínio do conteúdo; o segundo, na geração e no julgamento de itens para aferição; o terceiro, na preparação e na condução de estudos para desenvolver e refinar a escala, envolvendo aqui os procedimentos de verificação empírica; e o quarto consiste na finalização da escala, com lapidações, aprimoramentos, e novas verificações empíricas dos resultados.

O detalhamento do quadro 2.7 deixa claro o conjunto de procedimentos associados a cada um dos passos citados, razão pela qual não comentaremos os detalhes. É possível verificar que os autores incorporam muitas das críticas apresentadas ao paradigma de Churchill, tais como: a utilização da análise de dimensionalidade, inclusive por meio da técnicas de análise fatorial confirmatória; e a realização de diversas amostragens, para gerar mais evidências de validade.

2.7. Nossa proposta

Mostrei ao longo dos itens anteriores algumas das muitas propostas que foram desenvolvidas para nortear o processo de desenvolvimento de uma escala. Considerando as contribuições destes vários autores, e considerando ainda as críticas e os melhoramentos apresentados, desenvolvi uma proposta que, em meu entendimento, gera resultados adequados no esforço de produção de uma escala consistente, confiável e válida. Vale ressaltar que esta proposta reúne muito do que foi apresentado anteriormente, e antes de ser aqui mostrado, o conjunto de procedimentos já foi testado em trabalhos meus ou de coautoria com alunos de mestrado ou orientandos. A exposição que segue está limitada a uma rápida descrição do processo, uma vez que o detalhamento e exemplificação de todos os passos estão em capítulos especialmente dedicados a isto (parte 2 do livro).

A proposta está ilustrada na figura 2.11, que permite visualizar um conjunto de 10 passos: 1 – especificação do domínio do construto; 2 – atividades de geração de itens e validação de face e conteúdo; 3 – decisões sobre as respostas; 4 – construção do instrumento de pesquisa; 5 – primeira amostragem; 6 – primeiros procedimentos de limpeza da escala; 7 – atividades de campo adicionais; 8 – procedimentos adicionais de limpeza da escala; 9 – análise de validade e de confiabilidade da escala final; 10 – desenvolvimento de normas e recomendações de uso e interpretação.

Fundamentalmente, foram incorporadas às contribuições citadas, mas foram fixadas divisões de tarefas que variam em relação às demais propostas, em especial no passo 4, que optei por desenvolvê-lo considerando a relevância de não apenas trabalhar as escalas de verificação, mas também de tratar de outros detalhes em relação ao instrumento para pesquisa de campo.

A tarefa de amostragem e purificação foi dividida em quatro momentos, que constituem os passos 5 a 8, que tratam de procedimentos próximos, mas com exigências e detalhes diferenciados. Nos demais passos, praticamente foram seguidos as mesmas recomendações da literatura pesquisada.

De posse destes resultados, estamos em condições de desenvolver as teorizações específicas de cada passo, mas antes precisamos debater mais detidamente as peculiaridades teóricas da análise de confiabilidade, de validade e das alternativas de verificação. Estes são os temas dos capítulos 3, 4 e 5, respectivamente. Recomendo aos interessados na construção de uma base instrumental mais consistente a análise do Apêndice A2.2, mas adianto que não se trata de algo indispensável para compreensão do que segue nos demais capítulos.

Figura 2.11 – Passos do desenvolvimento da escala

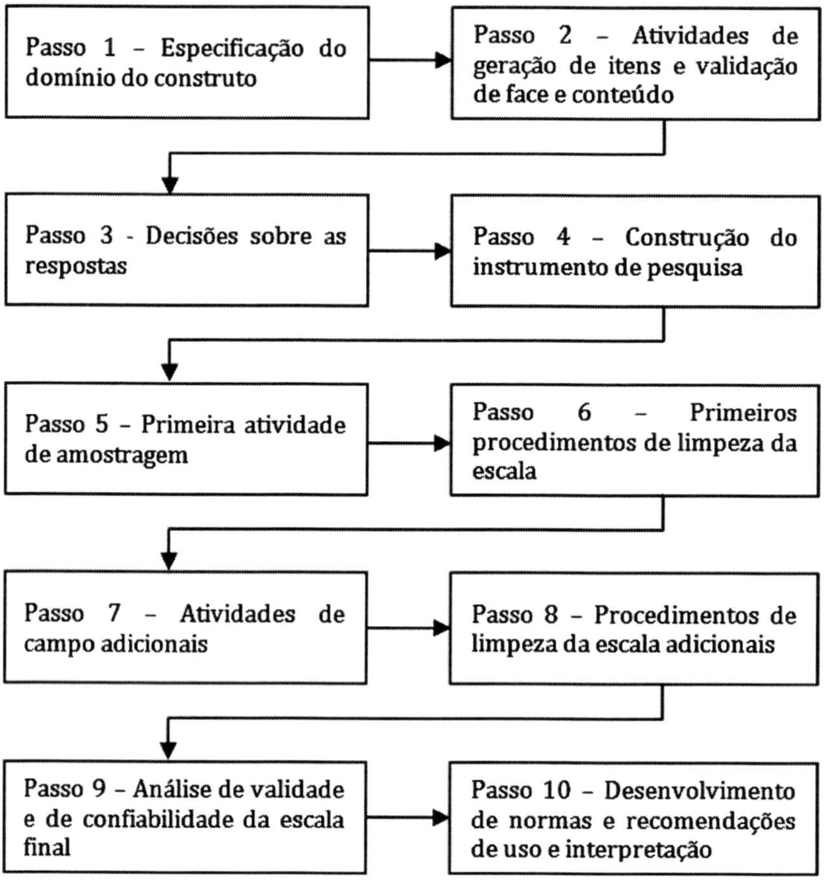

```
┌─────────────────────────────┐     ┌─────────────────────────────┐
│ Passo 1 – Especificação do  │ ──▶ │ Passo 2 – Atividades de     │
│ domínio do construto        │     │ geração de itens e validação│
│                             │     │ de face e conteúdo          │
└─────────────────────────────┘     └─────────────────────────────┘
                                                  │
┌─────────────────────────────┐     ┌─────────────────────────────┐
│ Passo 3 - Decisões sobre as │ ──▶ │ Passo 4 – Construção do     │
│ respostas                   │     │ instrumento de pesquisa     │
└─────────────────────────────┘     └─────────────────────────────┘
                                                  │
┌─────────────────────────────┐     ┌─────────────────────────────┐
│ Passo 5 – Primeira atividade│ ──▶ │ Passo 6 – Primeiros         │
│ de amostragem               │     │ procedimentos de limpeza da │
│                             │     │ escala                      │
└─────────────────────────────┘     └─────────────────────────────┘
                                                  │
┌─────────────────────────────┐     ┌─────────────────────────────┐
│ Passo 7 – Atividades de     │ ──▶ │ Passo 8 – Procedimentos de  │
│ campo adicionais            │     │ limpeza da escala adicionais│
└─────────────────────────────┘     └─────────────────────────────┘
                                                  │
┌─────────────────────────────┐     ┌─────────────────────────────┐
│ Passo 9 – Análise de validade│──▶ │ Passo 10 – Desenvolvimento  │
│ e de confiabilidade da escala│    │ de normas e recomendações   │
│ final                        │    │ de uso e interpretação      │
└─────────────────────────────┘     └─────────────────────────────┘
```

Capítulo 3
Confiabilidade de escalas

Neste capítulo trato do tema confiabilidade de escalas, e o objetivo é ao mesmo tempo desenvolver conhecimentos sobre o assunto, e indicar os procedimentos operacionais de verificação de confiabilidade de uma escala. Inicio falando sobre os erros de pesquisa e de mensuração, para em seguida falar sobre o modelo da amostra de domínio, contexto no qual são inseridos os pressupostos da teoria clássica da medida que dão suporte ao conceito de confiabilidade. Na terceira parte apresento as alternativas de verificação de confiabilidade, e ilustro os procedimentos com diversos exemplos, aproveitando para debater em cada caso as vantagens e desvantagens dos procedimentos apresentados.

3.1. A questão do erro

Em toda e qualquer pesquisa, seja esta orientada para fins acadêmicos, seja para fins de diagnósticos gerenciais, o elemento erro sempre aparecerá, 'potencialmente', como um fator que faz com que o resultado verificado seja distinto do resultado real procurado. Os erros podem ser classificados de várias formas, conforme exposto a seguir.[1]

Temos inicialmente os ditos '**erros de amostragem**'. O primeiro é o erro de amostragem aleatória, que está ancorado no conceito de distribuição amostral de uma estatística sob análise, e decorre do nível de desvio definido ou calculado em relação à esta estatística, juntamente com sua significância na distribuição de probabilidades que rege a distribuição da estatística. Este erro é calculável, e é extensamente discutido nos procedimentos de amostragem, quando se definem um erro (em relação ao resultado da população) e um nível de significância para aplicação em uma pesquisa qualquer. Por exemplo, pesquisas eleitorais podem considerar o número de eleitores infinito, e definir um erro amostral de 2% em relação à intenção de voto verificada, com 95% de significância, e para tanto precisaram de cerca de 2.500 eleitores na amostra.

Outra categoria de erro é o chamado '**não amostral**', que corresponde a

---

[1] Esta disposição foi fortemente baseada na seguinte referência: MCDANIEL, C.; GATES, R. *Pesquisa de marketing*. São Paulo: Pioneira-Thomsom Learning, 2003.

variações no projeto da pesquisa e sua execução. Este tipo de erro tem dois subtipos fundamentais: o primeiro é o '**erro de projeto da amostra**', e envolve normalmente problemas com as amostras; o segundo são os '**erros associados ao processo de mensuração**'. Vejamos mais alguns detalhes.

No caso dos erros de projeto da amostra, temos três possibilidades: primeiramente, temos o '**erro de seleção da amostra**', associado ao uso de procedimentos de amostragem equivocados por decisão intencional ou por incapacidade do pesquisador de proceder à coleta corretamente; temos também o '**erro de estrutura**', associado aos equívocos nas informações disponíveis e acessadas a respeito da amostra, muito comum nas pesquisas que se baseiam em listas desatualizadas ou viciadas; por fim, temos aqui os '**erros de especificação**' da população, que se associa à falta de informações consistentes a respeito da população que gera a amostra da pesquisa.

O segundo tipo de erro não amostral é o **erro de mensuração**, que é mais importante para nossos propósitos. Este tipo de erro corresponde às variações entre a medida que se consegue aferir e a medida real da característica mensurada. Aqui temos cinco subtipos de erros: os '**erros de processamento**', que se associam a problemas de transferência dos dados do instrumento de pesquisa para os equipamentos de consolidação (computadores e planilhas); o segundo associa-se aos '**erros associado ao agente de coleta**' dos dados e de aferição, que pode, de forma intencional ou não, gerar problemas nas medidas ou mesmo influenciar o objeto sob medição; o terceiro corresponde aos '**erros de resposta**', que pode ser por '**não respostas**' (decorrente da decisão do respondente a não dar a resposta, de sua incapacidade de fornecer a informação, ou por equívocos e descuidos diversos), assim como os erros de '**resposta errada**', por deliberação do sujeito de enganar ou por dificuldades de julgamento da escala; o quarto erro associado a mensuração é o '**erro de informação substituta**', que se refere à discrepância entre a informação aferida e a informação realmente buscada e necessária; por fim, temos o '**erros de distorção do instrumento**', que está associado a problemas com o instrumento de pesquisa aplicado, muito comum nos casos de questionários inadequados aos objetivos de informação definidos. A figura 3.1 traz uma ilustração do conjunto de erros comentado.

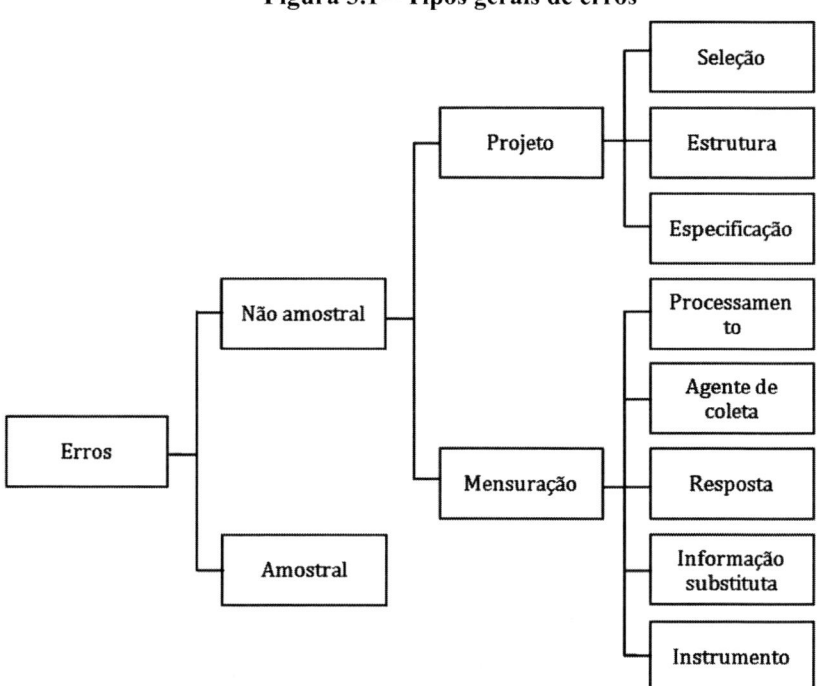

Figura 3.1 – Tipos gerais de erros

```
Erros
├── Não amostral
│   ├── Projeto
│   │   ├── Seleção
│   │   ├── Estrutura
│   │   └── Especificação
│   └── Mensuração
│       ├── Processamento
│       ├── Agente de coleta
│       ├── Resposta
│       ├── Informação substituta
│       └── Instrumento
└── Amostral
```

Gilbert Churchill, no estudo em que propôs seu modelo de desenvolvimento de escala (ver capítulo anterior) apresentou em seu trabalho mais alguns fatores que tem o potencial de provocar erros de mensuração, com destaque para os seguintes: variações do estado momentâneo do sujeito, tais como cansaço, medo, pressa...; fatores ambientais, tais como atmosfera local, temperatura, barulho...; forma de enunciados dos diferentes itens de um mesmo questionário (questões ora perguntam grau de concordância, ora probabilidade, ora nível de avaliação...); variações no próprio estado de espírito do respondente em relação ao objeto sob mensuração em um dado momento (por exemplo, falar sobre ética na política quando estão em evidência na mídia escândalos diversos), dentre outros.

Este conjunto de erros associados à mensuração pode ser pensado em uma tipologia alternativa, baseada na condição aleatória dos erros. Assim, a manifestação dos erros de medida pode ser, em um primeiro nível, 'não aleatória', aparecendo sistematicamente quando do ato de aferição. Por exemplo, se estamos medindo o tempo de descarga de um navio com cronômetro que adianta 2 minutos por hora, independente de quem esteja medindo ou de qualquer outra circunstância específica. Neste caso, para qualquer aferição, o erro de mensuração estará presente, de forma sistemática. O mesmo pode ser dito de um instrumento que usamos para medir o nível de satisfação do funcionário, mas que foi desenvolvido para medir satisfação do cliente. Qualquer que seja a circunstância de aferição, haverá um erro sistematicamente presente na medida.

Por outro lado, podemos ter erros do tipo 'aleatório', ou seja, ocorre em razão de motivações fortuitas, seja por engano do pesquisador, por variações circunstanciais do objeto medido, por equívocos de digitação da medida, ou por qualquer outra razão que não esteja sob o controle do pesquisador, e não apareça sistematicamente no resultado.

Observe que o impacto de cada tipo de erro sobre o valor de uma medida é variado, e implica a realização de procedimentos de análise e aprimoramento distintos. Falarei mais um pouco sobre estes dois tipos de erros adiante. Naturalmente, o objetivo do pesquisador ou do gestor será sempre trabalhar com um nível de erros tolerável, mas sem deixar de buscar minimizá-los. Este objetivo desencadeia duas preocupações centrais: a primeira, de encontrar uma indicação do tamanho deste erro para então julgar se este se encontra ou não em nível estabelecido como tolerável; a segunda, de definir estratégias que o minimizem.

A recomendação central, e de bom-senso, é seguir um processo rigoroso de planejamento e acompanhamento da atividade de pesquisa e do processo de mensuração. Uma segunda recomendação consiste em pesquisar técnicas de averiguação e intervenção para minimização de erros potenciais em pesquisas. Sobre este último aspecto, acreditamos que uma das formas de redução dos erros potenciais de mensuração consiste em utilizar mais de uma verificação para medir um dado construto, na hipótese de que os erros seriam reduzidos em aferições diversas.

No propósito de formalizar uma teorização consistente neste sentido foi desenvolvido o chamado 'modelo da amostra de domínio', que desencadeia a estruturação de toda a teoria da confiabilidade que será exposta neste capítulo. Uma exposição mais ampla deste modelo encontra-se na obra de Nunnaly e Bernstein[2], a partir da qual apresentamos os principais pressupostos, antes de apresentarmos os tipos e formas de verificação de confiabilidade.

---

2 NUNNALY, J.; BERNSTEIN, I. Psychometric theory. New York: McGraw-Hill, 1994. Ver especialmente os capítulos 6 e 7.

3.2. O modelo da amostra de domínio

O modelo da amostra de domínio tem como primeiro pressuposto que podemos ter um número significativamente grande (ou mesmo infinito) de itens que podem ser usados na aferição de uma medida. Como pudemos observar nos dois primeiros exemplos do item 2.1 (ver capítulo anterior), na tentativa de mensuração do 'gosto pelos estudos' utilizamos primeiramente um só item, e em seguida utilizamos três itens. Poderíamos seguir selecionando mais e mais itens, e teríamos por crença de que na medida em que colocássemos mais itens teríamos mais consistência na nossa medida (naquele exemplo argumentamos isto). Naturalmente, nossas escalas não podem comportar um número muito grande de itens, e normalmente usamos uma amostra bastante limitada das possibilidades existentes, de preferência uma amostra aleatória.

Um segundo pressuposto do modelo é de que existe uma medida verdadeira que nos propomos a aferir, mas não a acessamos em razão de todo o conjunto de erros descritos. Por exemplo, quando alguém marcou o escore 4 na aferição de 'gosto pelos estudos', não temos certeza se este era o valor real de gosto do respondente; porém, supondo que exista um escore verdadeiro, podemos entender que este 4 marcado é uma indicação de qual seja tal escore, mas provavelmente está contaminado por erros, sejam aleatórios, sejam sistemáticos.

Pelo modelo, este valor verdadeiro seria acessado se pudéssemos verificar todas as possibilidades de itens existentes para medir o construto. Como não podemos utilizar todos os itens, acreditamos que é possível alcançar um valor bem aproximado se usamos uma amostra adequada de itens. A amostra pode ser de um só item, mas por hipótese, um número maior de itens gera estimativas mais consistentes da medida real.

Vamos agora a uma visualização formal destes pressupostos, no que constitui a visualização da chamada 'Teoria clássica da medida'. Para tanto, consideremos as seguintes convenções: o valor observado de uma variável qualquer será indicado por x_0 ; o suposto escore verdadeiro será indicado por x_T ; os erros sistemático e aleatório serão anotados por e_S e e_a , respectivamente. Pelo exposto, sabemos que o escore observado será igual ao escore verdadeiro mais os dois tipos de erros, ou seja,

$$x_0 = x_T + e_S + e_a \qquad (3.1)$$

Se tivermos uma situação na qual o escore verdadeiro fosse exatamente igual ao escore observado (ou seja, $x_0 = x_T$), teríamos uma medida perfeitamente confiável e válida. Por outro lado, se temos uma aferição em que o escore observado é o verdadeiro mais o erro sistemático (ou seja, $x_0 = x_T + e_S$), dizemos que temos uma medida confiável, mas não válida. Veja que o erro sistemático ainda produz medidas comparáveis se não tivermos erros aleatórios agindo na mensuração (observe também que toda medida válida é confiável, mas nem toda medida confiável é necessariamente válida).

O erro sistemático é o objeto da análise de validade, e é suposto que, em razão de aparecerem recorrentemente, devem ser controlados por meio de análises e procedimentos que tornem a medida válida. A preocupação com uma medida confiável está concentrada no erro aleatório. Por isto, desconsideraremos nas análises seguintes os erros sistemáticos, que serão trabalhados no capítulo 4. Teremos então,

$$x_0 = x_T + e_a \qquad (3.2)$$

Se tivermos um conjunto de observações, estas gerariam as variáveis X, T e E, associadas, respectivamente, aos escores observado, verdadeiro, e ao erro, e dada a aleatoriedade do erro, adotamos a suposição de que sua manifestação é independente da variação do escore verdadeiro. Assim, quando tomamos o conceito de variação conjunta associada às duas variáveis, nossa suposição será de que a covariância é nula (ou seja, *Cov (T;E) = 0*).

Logo, tomando a variância dos dois membros da expressão 3.2, teremos, *Var(X) = Var(T+E) = Var(T) + Var(E) + 2.Cov(T;E)* . Este resultado implica que, *Var(X) = Var(T) + Var(E)* , ou ainda,

$$\sigma_X^2 = \sigma_T^2 + \sigma_E^2 \qquad (3.3)$$

Nosso interesse é de que o erro aleatório seja mínimo, e de que sua variação seja também pequena, de modo a gerar medidas observadas muito próximas das medidas verdadeiras. Logo, é possível definir uma medida de confiabilidade a partir dos resultados anteriores. Decidiu-se então que a confiabilidade de uma escala seria definida como a proporção da variância da escala que pode ser atribuída ao valor verdadeiro do construto latente. Em outras palavras, define-se a confiabilidade de uma medida (ρ_x) como sendo a razão entre a variância do escore verdadeiro e a variância do escore observado. Simbolicamente, teremos então,

$$\rho_x = \frac{Var(T)}{Var(X)} = \frac{\sigma_T^2}{\sigma_X^2} \tag{3.4}$$

Observe que a variância de uma variável é sempre positiva (pois é uma medida quadrática). Portanto, pela expressão 3.3 teremos que $\sigma_E^2 \geq 0$ e, portanto, $\sigma_X^2 \geq \sigma_T^2$. Logo, na expressão 3.4 teremos que $\rho_X \leq 1$ .Pelo exposto, e dado que desejamos que erros e sua variância sejam mínimos para que tenhamos medidas válidas, deveremos procurar medidas de confiabilidade sempre próximas de 1.

Temos como consequência deste desenvolvimento uma indicação prática para aferir a confiabilidade de uma escala, mas temos o problema de não sabermos qual o valor do escore verdadeiro. Aliás, tal escore nunca poderá ser acessado, por hipótese. Assim devemos buscar meios de estimá-lo com mais e mais segurança. A estratégia comentada anteriormente, referente a acrescentar itens na amostra de domínio é uma alternativa que gera resultados quase sempre positivos, tanto do ponto de vista lógico quanto do ponto de vista estatístico, como veremos adiante.

No entanto, o modelo da amostra de domínio é apenas uma das alternativas disponíveis, e, por vezes, tem sua adequação muito limitada nos propósitos de mensuração. O esforço de teóricos e pesquisadores ao longo dos anos foi suficiente para solucionar de maneira consistente os principais problemas de confiabilidade. No item seguinte tratamos das principais alternativas de verificação, e retornaremos a falar sobre avaliações teóricas destes procedimentos adiante.

3.3. Alternativas de avaliação de confiabilidade

Existem diversas estratégias de verificação de confiabilidade, com adequação a diferentes modelos de escalas e diferentes propósitos de mensuração. Os principais são o procedimento de teste-reteste e a verificação de consistência interna. Vejamos cada um destes.

3.3.1. Procedimento de teste-reteste

O procedimento de teste-reteste (do inglês *test-retest*), também chamado de 'confiabilidade de estabilidade temporal', consiste na verificação de um conjunto de variáveis (ou mesmo de uma única) em dois momentos distintos no tempo, com um mesmo conjunto de respondentes. A suposição do procedimento é de que, se uma escala mede adequadamente um construto, esta deve ser consistente em diferentes momentos no tempo.

Do ponto de vista operacional, podemos atestar a estabilidade de uma escala em duas aferições distintas por meio do coeficiente de correlação (ver Apêndice A2.2), que mede o quanto um conjunto de dados varia de forma conjunta. Nestes termos, quando o coeficiente de correlação dos escores de um conjunto de indivíduos entre duas verificações for elevado e próximo de 1, então dizemos que há confiabilidade na escala, pois há estabilidade do tempo na forma como as respostas variam entre os indivíduos.

Veja bem: a rigor, a expectativa é de que a escala mantenha estabilidade de resultado, mas não exatamente o mesmo resultado. Observemos um exemplo, com a proposta de verificação do nível percebido, pelos cidadãos, dos 'riscos de andar nas ruas'. Suponhamos que tenhamos aferido por meio de uma escala de intervalo de cinco pontos, em um item, conforme apresentado no quadro 3.1.

Quadro 3.1 – Risco de andar nas ruas

Para mim, o risco de andar nas ruas da cidade é considerado				
1 – pequeno	2 – reduzido	3 – médio	4 – moderado	5 - grande

Tomemos por hipótese uma verificação junto a 15 moradores de uma rua, a primeira em certa data, conforme exposto na segunda coluna da tabela 3.1. Suponhamos que fizemos outra verificação com os mesmos moradores, três semanas depois, mas que neste período tenha ocorrido na cidade um crime de larga repercussão, que provavelmente teria alterado a percepção risco, conforme indica a terceira coluna da tabela 3.1.

Neste caso, teríamos como uma primeira evidência de adequação da escala a própria captação da variação real esperada no universo, que reflete na variação das médias e desvios (ver as últimas duas linhas da tabela). Na primeira verificação, tivemos uma média de 2,20, indicando um nível de percepção baixo, com desvio padrão de 1,21, indicando que as percepções variam bastante entre os respondentes. Já na segunda verificação, a média foi bem mais elevada, ficando em 3,93, um nível já alto, o que seria decorrência esperada do medo coletivo criado pelo crime de grande impacto. O desvio menor indicaria mais convergência de opiniões. O sentido das variações de média e desvio é fácil de perceber: a escala é sensível a variações reais do objeto pesquisado.

Tabela 3.1 – Exemplo de teste-reteste

Respondente	Verificação 1	Verificação 2
1	1	3
2	1	2
3	1	3
4	2	4
5	5	5
6	1	4
7	1	4
8	3	5
9	2	4
10	2	3
11	3	4
12	3	5
13	2	4
14	4	5
15	2	4
Média	2,20	3,93
Desvio	1,21	0,88

No entanto, a mudança de média é explicada genericamente por um efeito externo, mas é possível que a lógica de variação das respostas entre os indivíduos se mantenha. Assim, precisaríamos garantir um nível de confiança maior nesta escala, conferindo a consistência das variações entre os respondentes, uma vez que estes estão expostos aos mesmos estímulos.

Em nosso exemplo, quando passamos de um respondente a outro, e verificamos que a percepção de risco se altera na primeira verificação, observamos uma alteração na segunda verificação. Por exemplo, quando passamos do respondente 3 para o respondente 4, há uma variação de percepção na primeira verificação, no caso um aumento do escore. Assim, é esperado que na segunda verificação o mesmo ocorra, como de fato se observa. Já se tomarmos os respondentes 14 e 15, vemos que, de um para outro, há uma diminuição no escore de percepção na primeira verificação, o mesmo ocorrendo na segunda verificação.

Em suma, não basta que escala reflita a variação geral de ânimo. É esperado que tal variação seja consistente entre os diversos respondentes. Em outras palavras, esperamos que haja variação conjunta entre as verificações, o que reflete a ausência de erros aleatórios na escala. Para este caso, teríamos uma correlação de 0,75, o que é um valor considerado moderado. Nestes termos, poderíamos entender a correlação como um 'indicador de confiabilidade'. O valor encontrado dá, portanto, evidências de confiabilidade da escala usada.

A expectativa de muitas escalas é a de que apresentem esta característica de estabilidade ao longo do tempo, de modo que o tempo não seja um fator que provoque oscilações desproporcionadas entre os respondentes nas verificações (ainda que provoque variações nos escores observados). Por outro lado, o procedimento de teste-reteste tem alguns aspectos que desaconselham sua utilização. O primeiro consiste na necessidade de verificação dos mesmos respondentes em momentos distintos. Com efeito, há um problema evidente nas tentativas de repetir os respondentes, que é a dificuldade de encontrar as mesmas pessoas em momentos distintos do tempo. Tal situação é possível em muitos contextos, como por exemplo, nas pesquisas com funcionários de empresas, ou para pacientes de clínicas médicas ou psicológicas, porém quando tratamos de verificações com clientes, pessoas nas ruas, ou pesquisas *online,* a repetição é muito mais problemática. Também temos problemas com verificações de múltiplos itens, primeiro porque pode não ser necessário um procedimento de teste-reteste (ver item seguinte), segundo porque problemas de não resposta em cada item tornam-se mais difíceis de serem superados.

Por outro lado, o procedimento teste-reteste assegura estabilidade da escala no tempo, uma característica obviamente desejável para escalas confiáveis. Ademais, este tipo de procedimento é o melhor, se não o único adequado, para verificações de um só item, procedimento defendido para diversos construtos pelo paradigma C-OAR-SE (ver capítulo 2). Veja que, mesmo que John Rossiter, o propositor do modelo C-OAR-SE, defenda a tese de que em escalas de um só item não há problemas de confiabilidade, pois o erro aleatório seria restrito à problemas não acessíveis (como a disposição do respondente de mentir deliberadamente ou problema de marcação), observamos, pelos conceitos até aqui defendidos, que a verificação da confiabilidade pelo procedimento teste-reteste é plenamente aplicável para construtos objetivos e que são mensuráveis por somente um item.

3.3.2. Consistência interna

A análise de consistência interna é aplicável a escalas que utilizam múltiplas variáveis. Neste caso, o que se deseja é verificar a acurácia do conjunto de itens. A consistência interna relaciona-se, portanto, à homogeneidade dos itens dentro de uma dada escala. Assim, a partir de um conjunto de itens dispostos para verificação, nós precisaremos desenvolver um critério lógico de verificação, que assegure condições adequadas de consistência.

Devemos recordar que estamos mais interessados em variáveis abstratas, na forma de construtos latentes. Considerando esta realidade, e lembrando que o construto latente reflexivo, por definição, quando varia provoca alterações concomitantes em seus itens, deveremos ter, portanto, a variação conjunta dos itens em caso de variação no construto. Tomando este entendimento, é fácil acreditar que a correlação entre os itens seja uma boa indicação de consistência interna, na medida em que reflete a variação quantitativa dos itens.

Nestes termos, dado um conjunto de variáveis $(X_1, X_2, ..., X_k)$, entende-se que estas possuem consistência interna se variarem conjuntamente, ou seja, se os conjuntos de pares tiverem elevada correlação entre si. Veja que a razão da elevada correlação $(r_{X_iX_j})$ entre duas variáveis quaisquer pode ser explicada de três maneiras: (1) a correlação é eventual ou espúria, e nada indica sobre a relação entre as variáveis; (2) uma das duas variáveis gera a variação na outra, ou, em outras palavras, uma variável influencia ou prediz a outra; (3) existe uma terceira variável não evidente, mas que provoca a variação nas duas, seja por influencia ou predição. Descartemos para nossa análise a primeira opção. Simbolicamente, podemos ilustrar as duas outras possibilidades assim: $r_{X_iX_j}$ é elevada

$$\rightarrow ou\,(X_i \rightarrow X_j)\,ou\,\exists \mathbb{Z}\,/\,(\mathbb{Z} \rightarrow X_i)\,e\,(\mathbb{Z} \rightarrow X_j) \qquad (3.5)$$

No caso da influência externa da variável Z que aparece, poderemos entender que esta será justamente o que denominamos 'construto latente', e que, mesmo não sendo verificado diretamente nos dados, faz com que as variáveis em conjunto variem conjuntamente (ver definições no item 2.1, no capítulo 2).

Nestes termos, se procedemos à verificação com apenas duas variáveis, é possível indicar a correlação destas duas como uma medida de confiabilidade. Naturalmente, quanto mais elevada a correlação maior a variação conjunta, e, portanto, maior a confiabilidade da escala, pois mais segura seria a influência do construto latente.

Por outro lado, se tomamos um conjunto de três itens para mensurar um construto já encontraremos alguma dificuldade, pois teremos já três pares de correlações. Uma alternativa interessante, *a priori*, seria calcular as correlações dos três pares, e em seguida retirar a média, e estipular uma medida de adequação desta média como indicativa de adequação ou não da confiabilidade da escala. Assim, por exemplo, com cinco itens teríamos 10 pares possíveis, e, portanto, 10 correlações a serem extraídas; com a média destas 10 correlações, teríamos uma indicação do nível de confiabilidade.

Embora esta seja uma alternativa viável, ela pode se tornar trabalhosa quando tivermos muitos itens. Dois procedimentos são possíveis para minimizar estes problemas: primeiro, utiliza-se um critério de verificação simplificado que seja consistente, mas que facilite o processo de cálculos; segundo, usa-se o suporte de alguma ferramenta de facilitação de cálculos. Foram estes os caminhos que os pesquisadores seguiram, com o desenvolvimento dos métodos de *split-half* (que usa primeira opção), e do uso de coeficientes, em especial o *alpha* de Cronbach, procedimento facilitado pelo uso de ferramentas de informática.

Analisaremos a seguir cada uma destas opções, mas antes devemos atentar para a suposição de que a correlação elevada entre variáveis de um construto somente tem sentido se falarmos em termos de *construtos refletivos*, ou seja, de construtos em que as variações das variáveis sejam reflexos da variação do construto latente. Para o caso dos *construtos formativos*, ou seja, naqueles em que a variação nas variáveis é que provoca a variação no construto, não é necessário que tal suposição seja satisfeita, de modo que a discussão seguinte não tenha aplicação.

3.3.2.1. A confiabilidade *split-half*

O procedimento *split-half*, também chamado de método das metades, consiste basicamente em tomar um conjunto de itens e dividi-lo em duas metades, para comparação de correlação das escalas somadas (pela soma dos escores das variáveis, por respondente) de cada metade. Aqui temos diversas possibilidades de divisão de metades:

- Pode-se inicialmente separar as metades na ordem de apresentação das variáveis, para em seguida proceder à extração da correlação (*first-half last-half*). Um problema aqui é quando temos um número ímpar de itens.
- Alternativamente, retiram-se as variáveis pares e em seguida as ímpares (*odd-even*), na ordem em que aparecem, e se extrai a correlação. Aqui, damos uma solução parcial para o problema de termos um número ímpar de itens.
- Podemos ainda gerar uma metade a partir de números selecionados aleatoriamente, e em seguida extrair sua correlação com a outra metade (*randon halves*).

Pelo exposto já é possível observar um problema do procedimento *split--half*, que está associado ao critério de separação de metades. É esperado que as diferentes metades, por diferentes métodos, gerem diferentes medidas de correlação. Assim, é possível que um dado critério de definição de metades gere correlações elevadas, sugerindo uma elevada confiabilidade da escala, e outro critério estabeleça outras metades, do mesmo conjunto de itens, e gere uma correlação menor, e, portanto, sugerindo uma confiabilidade baixa[3]. Vejamos o que ocorre com um exemplo de uma pesquisa real realizada.

Consideremos os dados de respostas de 20 estudantes de cursos de graduação em contabilidade, em pesquisa que avaliava a 'importância percebida das disciplinas de métodos quantitativos' no curso. As variáveis eram as seguintes (a averiguação foi com uma escala de intervalo de concordância de 7 pontos, em que 1 indicava a discordância total por parte do aluno com a afirmação, e 7 indicava sua concordância total):

- Eu considero necessário que todos os alunos do curso façam as disciplinas desta área;
- O conhecimento da área é necessário para as demais disciplinas do curso;
- As empresas necessitam de profissionais com conhecimento nesta área;
- O conhecimento da área é necessário para uma boa formação profissional;
- O que aprendo nas disciplinas desta área é importante para minha formação profissional;

---

[3] Em verdade, para um conjunto de 2n itens, poderemos ter (2n!)/2(n!) possibilidades de pares de itens (!indica fatorial do número associado).Cf.PEDAHAUZER, E. J.;SCHMELKIN, L.P. *Measurement, design, and analysis: an integrated approach.* Hillsdale: Lawrence Erilbaum Associates, 1991.

- O conteúdo aprendido nas disciplinas de Contabilidade será útil no meu dia a dia.

Os dados das 20 observações estão apontados nas colunas I1 a I6 da tabela 3.2. Adotamos dois critérios de reunião de metades. No primeiro momento, tomamos as duas metades da ordem em que os itens aparecem, ou seja, tomamos uma metade com os itens I1 a I3, e somamos os escores, e em seguida fazemos o mesmo com os itens I4 a I6. Neste primeiro caso, a correlação extraída foi de 0,731, o que indica um nível moderado.

Em seguida, selecionamos metades de acordo com os itens pares e ímpares. Assim, tomamos uma primeira metade com os itens I1, I3, e I5, e a segunda metade com os itens I2, I4 e I6. Depois de somados os escores, a correlação extraída foi de 0,809, que é maior que a anterior, e já está em um nível elevado.

Tabela 3.2 – **Exemplo de teste-reteste**

Valores verificados						Por metades		Pares e ímpares	
I1	I2	I3	I4	I5	I6	Metade 1	Metade 2	Ímpares	Pares
4	5	5	5	5	5	14	15	14	15
7	7	7	7	7	7	21	21	21	21
7	7	7	7	7	7	21	21	21	21
6	5	6	5	5	5	17	15	17	15
7	6	7	7	6	6	20	19	20	19
6	7	7	7	7	7	20	21	20	21
6	3	6	7	7	6	15	20	19	16
6	6	6	7	7	7	18	21	19	20
7	4	5	3	5	6	16	14	17	13
4	4	4	4	4	4	12	12	12	12
4	4	3	5	5	2	11	12	12	11
7	7	7	6	6	6	21	18	20	19
6	5	6	6	7	7	17	20	19	18
5	5	5	5	6	5	15	16	16	15
6	6	6	6	6	5	18	17	18	17
6	6	6	6	6	6	18	18	18	18
3	7	5	7	7	7	15	21	15	21
7	7	7	7	7	7	21	21	21	21
4	5	5	5	5	3	14	13	14	13
7	7	6	6	6	6	20	18	19	19

O coeficiente de correlação na verificação da confiabilidade *split-half* costuma ser ajustado, em um esforço de melhoramento de sua capacidade de estimação de consistência interna do conjunto de itens. Usa-se normalmente a fórmula mostrada em 3.5.

$$C = \frac{2.r_{S1S2}}{1+r_{S1S2}} \qquad (3.5)$$

Onde C indica a confiabilidade, e r_{S1S2} indica a correlação extraída entre as metades. Aplicando a fórmula no exemplo anterior, teremos.

- $c = \dfrac{2.0,731}{1+0,731} \Rightarrow c = 0,845$, no primeiro caso; e,

- $c = \dfrac{2.0,809}{1+0,809} \Rightarrow c = 0,894$, para o segundo caso.

Observe que este procedimento aproxima as duas aferições, de modo a corrigir as distorções oriundas das variações decorrentes das diferentes escolhas de metades. A fórmula 3.5 também é útil para o cálculo da confiabilidade de escalas com somente dois itens, considerando que a correlação entre as metades será a correlação entre os dois itens (no apêndice A3.2 apresento informações adicionais sobre esta afirmação).

A verificação da confiabilidade *split-half* está disponível no software SPSS, mas somente pelas metades na ordem em que aparecem. O caminho é: *Analyze → Scale → Reliability analysis → Split-half*.

Ainda assim o procedimento *split-half* é muito pouco usado nas pesquisas em Administração, especialmente em decorrência de procedimentos mais consistentes de análise, como é o caso do coeficiente *alpha*, apresentado logo a seguir.

3.3.2.2. A confiabilidade pelo *alpha* de Cronbach

Como informado, as medidas de consistência interna são várias, porém a mais utilizada é o chamado coeficiente *alpha* de Cronbach, que foi proposto em um artigo clássico de autoria de Lee Cronbach, publicado na revista *Psychometrika* no ano de 1951[4]. Rapidamente o *alpha* ganhou adesão de

---

4 Cf. CRONBACH, L. J. Coefficient alpha and the internal structure of tests. Psychometrika, v.

pesquisadores, dada sua consistência e sua elegância operacional na aferição da confiabilidade. Desde já cabe informar: este coeficiente é, seguramente, o mais apropriado para escalas de múltiplos itens do tipo refletivas, mas tem pouca utilizada para escalas formativas.

Desde a proposta do *alpha*, diversos foram os pesquisadores que buscaram aprimorar a medida, ou gerar evidência de suas vantagens e desvantagens, e há uma literatura substancial já publicada acerca deste coeficiente. Considerando a vastidão de estudos desenvolvidos, e considerando que, para os padrões atuais de discussão e produção escrita, o artigo de Cronbach não é de leitura fácil ou interessante, elenquei no apêndice A3.1 um conjunto de referências que considero relevantes para interessados em se aprofundar no tema.

Diferente do procedimento *split-half*, que separa o conjunto de itens em metades, no caso do *alpha* todos os itens são envolvidos por um mesmo critério de verificação, e não é possível haver mais de um valor de *alpha* em um mesmo conjunto de itens. Isto o faz superior ao procedimento *split-half*, e ajuda a explicar por que este procedimento tem uso tão limitado nas pesquisas em Administração.

O coeficiente *alpha* é oriundo da suposição de que o conjunto de variáveis somadas, ou seja, a escala completa (por dimensão), tem sua variação explicada pela variação de cada variável individualmente (variância), e em especial pela variação conjunta dos pares (covariância).

O *alpha* mede então o percentual da variação (total) da escala (somada) que é explicada pela variação do conjunto de pares de covariâncias entre as variáveis (excluída a variação de cada item individualmente). Em outras palavras, o **alpha é a proporção da variação total de uma escala que é atribuível a uma fonte comum, presumidamente o escore verdadeiro da variável latente subjacente ao conjunto de itens**.[5]

O coeficiente *alpha* baseia-se especialmente na matriz de covariâncias e na matriz de correlação, e seu cálculo é facilitado pelas várias fórmulas que possui e pela disponibilidade de cálculo em softwares estatísticos. Temos no quadro 3.2 as quatro fórmulas fundamentais de aferição do coeficiente, e no apêndice A3.2 apresento o desenvolvimento de cada uma, em uma linguagem mais formal.

16, n. 3, p. 197-334, Sep.1951.
5 DEVELLIS, R. F. *Scale development: theory and application*. 2. ed. Thousand Oaks C.A.: Sage, 2003.

Quadro 3.2 - Resumo das fórmulas de cálculo do *alpha*

Fórmula com base na matriz de co-variância*	Fórmula reduzida
$\alpha = \dfrac{k}{k-1}\left[1 - \left(\dfrac{\sum_{i=1}^{k}\sigma_i^2}{\sum_{i=1}^{k}\sigma_i^2 + 2.\sum_{\substack{i,j=1 \\ i<j}}^{k}\sigma_{ij}}\right)\right]$	$\alpha = \dfrac{k}{k-1}\left(1 - \dfrac{\sum_{i=1}^{k}\sigma_i^2}{\sigma_y^2}\right)$
Fórmula Spearman-Brown	**Fórmula Kunder-Richardson 20**
$\alpha = \dfrac{k\overline{r}}{1+(k-1).\overline{r}}$	$\alpha = \dfrac{k}{(k-1)}\left(1 - \dfrac{\sum_{i=1}^{k}pq}{\sigma_y^2}\right)$

* k – número de itens; σ_i^2 - variância do item *i*; σ_{ij} - covariância entre os itens *i* e *j*; σ_y^2 variância da escala total (somada); $\overline{r}$ média da correlação entre todos os pares de itens; *p* e *q* - frequências complementares de itens binários.

As fórmulas com base na matriz de covariância e a reduzida são em verdade equivalentes, e se aplicam a procedimentos de cálculos baseados na matriz e covariância do conjunto de itens da escala de um dado construto. Já a fórmula de Spearman-Brown está direcionada para procedimentos de cálculo baseados na matriz de correlação ou para variáveis padronizadas em Z, e a fórmula de Kunder-Richardson (KR-20) aplica-se no cálculo de confiabilidade de itens baseados em escalas binárias.

Os valores de alpha variam de 0 a 1, e quanto mais próximo de 1, maior a evidência de consistência interna, e maior a indicação de confiabilidade do conjunto de itens da escala. Apesar de não haver um critério oriundo do próprio número gerado a partir das fórmulas de cálculo (há estudos sobre intervalo de confiança para o alpha, mas não são elucidativos), os valores de referência mais comuns podem ser observados no quadro 3.3:

A título de ilustração do que foi debatido em torno do coeficiente *alpha*, apresentamos três exemplos de aplicação, com cálculos procedidos a partir da aplicação das diferentes fórmulas do quadro 3.2.

Quadro 3.3 – Valores de referência do alpha

Valor	Interpretação
Até 0,599	Confiabilidade não aceitável
Entre 0,600 e 0,699	Confiabilidade regular
Entre 0,700 e 0,799	Confiabilidade boa
Entre 0,800 e 0,899	Confiabilidade ótima
Acima de 0,900	Confiabilidade excelente

Exemplo 1: sejam as variáveis X_1, X_2, X_3, e X_4, tais que $X_2=X_1+1$, $X_3=2·X_1-3$, e $X_4=X_1+2$. Tomemos um conjunto de 20 entradas de dados, geradas aleatoriamente, em uma escala de 1 a 11. Obviamente, as correlações entre os pares serão todas iguais a 1. Seja então a escala $Y=X_1+X_2+X_3+X_4$.

Tabela 3.3 – Primeiro exemplo de cálculo do alpha

Observação	X1	X2	X3	X4	Y
1	2	3	1	4	10
2	3	4	3	5	15
3	4	5	5	6	20
4	3	4	3	5	15
5	4	5	5	6	20
6	5	6	7	7	25
7	6	7	9	8	30
8	4	5	5	6	20
9	5	6	7	7	25
10	3	4	3	5	15
11	7	8	11	9	35
12	2	3	1	4	10
13	3	4	3	5	15
14	5	6	7	7	25
15	2	3	1	4	10
16	4	5	5	6	20
17	6	7	9	8	30
18	4	5	5	6	20
19	2	3	1	4	10
20	4	5	5	6	20
Média	3,90	4,90	4,80	5,90	19,50
Variância	2,09	2,09	8,38	2,09	52,37

Na tabela 3.3, além das 20 observações, temos também com os valores de média e de variância das quatro variáveis individuais e da agregada. Calcularemos o *alpha* com fórmula baseada na matriz de covariância. Neste caso, precisamos inicialmente construir a referida matriz, que está exposta a seguir.

Covariâncias

$Cov(X_1;X_2)$	2,09
$Cov(X_1;X_3)$	4,19
$Cov(X_1;X_4)$	2,09
$Cov(X_2;X_3)$	4,19
$Cov(X_2;X_4)$	2,09
$Cov(X_3;X_4)$	4,19

Matriz de covariâncias

$$\begin{bmatrix} 2,09 & 2,09 & 4,19 & 2,09 \\ 2,09 & 2,09 & 4,19 & 2,09 \\ 4,19 & 4,19 & 8,38 & 4,19 \\ 2,09 & 2,09 & 4,19 & 2,09 \end{bmatrix}$$

A fórmula que usaremos para nossos cálculos será então a seguinte:

$$\alpha = \frac{k}{k-1}\left[1-(\frac{\sum_{i=1}^{k}\sigma_i^2}{\sum_{i=1}^{k}\sigma_i^2 + 2.\sum_{\substack{i,j=1 \\ i<j}}^{k}\sigma_{ij}})\right]$$

Logo
- K=4
- $\sum_{i=1}^{k}\sigma_i^2 = 2,09+2,09+8,38+2,09 = 14,64$
- $\sum_{\substack{i,j=1 \\ i\neq j}}^{k}\sigma_{ij} = 2.09+4,19+4,19+2,09+2,09+4,19 = 18,84$

Teremos então,

$$\alpha = \frac{4}{4-1}[1-(\frac{14,64}{14,64+2x18,84})] = 0,960.$$

Se usássemos a fórmula simplificada chegaríamos ao mesmo resultado, com a única alteração associada à soma dos valores de covariância da matriz, ou ao cálculo da variância da variável somada. Mas observe que a variância da variável somada é igual à soma dos valores observados na matriz de covariância ($\sigma_Y^2 = \sum\sigma_i^2 + 2.\sum\sigma_{ij}$). Daí vem a igualdade (ver detalhes no apêndice A3.2). Este procedimento poderia ser realizado por meio do software SPSS. O caminho seria: *Analyze → Scale → Reliability analysis.*

Observe que, mesmo que as variáveis sejam uma combinação uma da outra, e, portanto, tenham correlação igual a 1, o valor do alpha não é exatamente igual a 1. Isto ocorre porque usamos uma combinação que multiplica uma das variáveis, o que gera uma variação no valor de variância (que é uma medida quadrática). Isto não ocorreria se houvéssemos somente somado ou subtraído um valor qualquer da nossa variável de referência. Deixo como exercício a combinação por esta alternativa para conferir que realmente o valor do coeficiente será 1.

Podemos alternativamente usar aqui a fórmula de Spearman-Brown, que se baseia na matriz de correlação. Neste caso, como todas as correlações são unitárias, teremos então $\bar{r} = 1$. Aplicando a fórmula, teremos finalmente o alpha unitário.

$$\alpha = \frac{k\bar{r}}{1+(k-1).\bar{r}} \Rightarrow \alpha \frac{6.1}{1+(6-1).1} = \frac{6}{6} \Rightarrow \alpha = 1$$

Exemplo 2: vejamos agora resultados de uma pesquisa real, desenvolvida para averiguar o 'interesse pessoal de estudantes de Administração de empresas em uma carreira na área de Produção'. Temos na tabela 3.3 os resultados de 20 estudantes pesquisados. As variáveis foram as seguintes (a escala era de 5 pontos, na qual 1 indicava discordância total, e 5 concordância total):

- X_1 - A carreira nesta área é uma boa opção para mim
- X_2 - A carreira na área é, para mim, desejável
- X_3 - Uma carreira nesta área desperta bastante o meu interesse

Tabela 3.3 – Segundo exemplo de cálculo do *alpha*

Observação	X1	X2	X3	Y
1	2	2	2	6
2	2	1	2	5
3	3	3	3	9
4	1	1	1	3
5	1	1	2	4
6	1	1	1	3
7	3	2	2	7
8	2	2	2	6

9	4	4	4	12
10	3	4	4	11
11	3	1	1	5
12	3	3	3	9
13	3	3	3	9
14	5	5	5	15
15	3	3	4	10
16	5	5	5	15
17	3	3	4	10
18	3	3	3	9
19	5	4	4	13
20	4	4	4	12
Média	2,95	2,75	2,95	8,65
Variância	1,52	1,78	1,63	13,71

Aqui usemos a fórmula reduzida para o cálculo do valor do *alpha*, que utiliza somente os valores de variância das variáveis individuas e da variável somada (indiada por Y na tabela). Observando os valores na tabela, o valor de *alpha* será:

$$\alpha = \frac{k}{k-1}(1 - \frac{\sum_{i=1}^{k} \sigma_i^2}{\sigma_y^2}) \Rightarrow \alpha \frac{3}{3-1}(1 - \frac{1,52+1,78+1,63}{13,71}) \Rightarrow \alpha = 0,9601$$

Veja que este procedimento facilita sobremaneira os cálculos, na medida em que dispensa a construção da matriz de covariância completa. Alternativamente, procederemos ao cálculo pela matriz de correlação, mostrada abaixo:

Variável	X1	X2	X3
X1	1	0,888	0,834
X2	0,888	1	0,951
X3	0,834	0,951	1

Calculemos então a média das correlações entre os pares. Teremos:

$$\bar{r} = \frac{2.(0,888+0,834+0,951)}{6} = 0,8909$$

Logo, aplicando a fórmula de Spearman-Brown, teremos,

$$\alpha = \frac{k\overline{r}}{1+(k-1).\overline{r}} \Rightarrow \alpha = \frac{3.0,8909}{1+(3-1).0,8909} = 0,9607$$

A variação de resultados é mínima, e se anularia com arredondamento para duas casas decimais. Pelo software SPSS, estes valores seriam os mesmos, e bastava seguir o mesmo procedimento indicado no exemplo anterior.

É relevante ressaltar que o SPSS também gera resultados adicionais além do valor do alpha, e uma das opções mais interessantes é a tabela que indica o valor que o alpha alcançaria se algum dos itens fosse excluído da escala. O procedimento de definição é o seguinte: Analyze → Scale → Reliability analysis → Statistics → Scale if item deleted. A seguir apresento os resultados para este último exemplo. Observe que a tabela mostra a média e a variância da escala somada se um dado item for excluído, além de apresentar a correlação do item excluído com a escala somada dos demais itens, e finalmente o valor do alpha em caso de exclusão. Pelo resultado deste exemplo, a exclusão do item X1 aumentaria valor do alpha, porém a exclusão de qualquer dos outros dois itens diminuiria o coeficiente.

Variável	Scale mean if item deleted	Scale variance if item deleted	Corrected item-total correlation	Cronbach's alpha if item deleted
X1	5,7000	6,642	0,872	0,975
X2	5,9000	5,779	0,961	0,909
X3	5,7000	6,221	0,921	0,939

Exemplo 3: vejamos, por fim, um exemplo de aplicação da fórmula KR-20. Como vimos, esta fórmula é aplicada para escalas com itens binários, nos quais normalmente usamos 0 para resposta negativa e 1 para resposta positiva. Para facilitar nossos cálculos, optamos por adaptar a escala do exemplo anterior, de modo que valores até 3 foram indicados por 0, e valores acima de 3 foram indicados por 1. A nova escala, com sua equivalente escala somada, está exposta na tabela 3.4 (a sequência de observações não é a mesma). Teremos o seguinte:

Para X_1, teremos *p(proporção de 1's)=0,25, q(proporção de 0's)=0,75*, e *p.q=0,187;*

Para X_2, teremos $p=0,30$, $q=0,70$, e $p.q=0,210$;
Para X_3, teremos $p=0,35$, $q=0,65$, e $p.q=0,227$.

Tabela 3.4 – Terceiro exemplo de cálculo do alpha

Observação	X1	X2	X3	Y
1	0	0	0	0
2	0	0	0	0
3	0	0	0	0
4	0	0	0	0
5	0	0	0	0
6	0	0	0	0
7	0	0	0	0
8	0	0	0	0
9	0	0	0	0
10	0	0	0	0
11	0	0	0	0
12	0	0	0	0
13	0	0	0	0
14	0	0	1	1
15	0	1	1	2
16	1	1	1	3
17	1	1	1	3
18	1	1	1	3
19	1	1	1	3
20	1	1	1	3

A variância da escala somada é 1,779. Assim, aplicando a referida fórmula, teremos então,

$$\alpha = \frac{k}{k-1}(1 - \frac{\sum_{i=1}^{k} pq}{\sigma_y^2}) \Rightarrow \alpha = \frac{3}{3-1}(1 - \frac{0,187+0,210+0,227}{1,779}) \Rightarrow \alpha \cong 0,974$$

Observem que, mesmo utilizando itens adaptados para a escala binária, observamos um elevado valor de *alpha*, e, portanto, uma forte indicação de confiabilidade. Em verdade, os valores observados em escalas dicotômicas tendem a ser menores, porém ainda assim, quando as medidas são consistentemente construídas, o *alpha* tende a seguir a lógica da formação da escala e ser elevado.

3.3.2.3. Considerações adicionais sobre o *alpha* de Cronbach

O coeficiente *alpha*, a despeito de ser a principal medida de verificação da confiabilidade, conforme sugerido por diversos autores que pesquisam sobre escalas e mensuração, vem sendo sistematicamente contestado quanto a seu valor e a sua utilização enquanto indicação de consistência interna, em um primeiro momento, e de confiabilidade, em nível mais abstrato.

Em verdade, há mais de 30 anos são desenvolvidas análises que objetivam compreender melhor não apenas as potencialidades do *alpha*, mas também suas limitações. Analisamos aqui algumas das principais críticas, mas as referências indicadas no apêndice A3.1 apresentam diversos estudos que aprofundam as análises, inclusive com estudos empíricos.

Provavelmente, a crítica mais bem construída refere-se à possibilidade de geração de medidas de *alpha* elevadas somente pela inclusão de variáveis redundantes, que gerem elevada correlação interitem. De fato, quanto mais semelhantes entre si forem os itens, mais elevada tenderá a ser a sua correlação, e, por consequência, maior tenderá a ser o coeficiente *alpha*. Como vimos no item 3.1, os itens selecionados para compor uma escala de múltiplos itens são baseados nos pressupostos do modelo da amostra de domínio, e, por hipótese, os itens devem ser distintos entre si, correspondendo a diferentes facetas do construto sob análise. Por outro lado, nada impede que sejam colocados itens redundantes, eventualmente meras paráfrases de outros itens, e isto tem sido recorrente em várias pesquisas publicadas. Segundo entende Gregory Boyle[6], nos casos em que temos sempre valores de *alpha* elevados, seu valor dará a indicação do nível de redundância entre os itens, e não de sua consistência interna.

Naturalmente, esta crítica deve ser moderada, e espera-se que as pesquisas sejam cuidadosas o suficiente para não incrementar o *alpha* simplesmente parafraseando itens, mas buscando cobrir as facetas que variam junto com as variações do construto, atendendo assim aos requisitos do modelo da amostra de domínio. Em nosso entendimento, a questão aqui está mais fortemente associada ao pesquisador e ao seu entendimento, do que propriamente ao valor do coeficiente.

---

6 BOYLE, G. J. Does item homogeneity indicate internal consistency or item redundancy in psychometric scales? *Personality and Individual Differences*, v. 12, n. 3, p. 291-294, mar., 1991.

Uma segunda crítica recorrente advém da própria estrutura do *alpha* e de sua dedução matemática. Trata-se da verificação de que o valor do coeficiente é influenciado pelo número de itens da escala, de modo que, quanto mais itens a escala tiver, maior tenderá a ser o valor do *alpha*. De fato isto ocorre, e é fácil compreender a razão. Observe que na fórmula geral, o numerador é multiplicado por *k*, ao passo que o denominador é multiplicado por (*k*–*1*), ou seja, elevamos o numerador por um fator maior que o aplicado no denominador. Como consequência, a tendência do *alpha* será sempre a ser maior.

Isto explica a variação provocada quando o número de itens cresce, até um dado limite (pois a razão *k*/(*k*–1) tende a 1 quando *k* cresce indefinidamente). Por outro lado, o crescimento indefinido de *k* dominará o crescimento das demais variáveis, de modo que o *alpha* sempre tenderá a 1, independente de um baixo nível de correlação entre as variáveis (salvo no caso em que todas as variáveis forem independentes, que irá sempre gerar um *alpha* nulo, pois as correlações são nulas). Isto fica mais claro na análise da fórmula de Kunder--Richardson, mostrada a seguir:

$$\alpha = \frac{k\overline{r}}{1+(k-1).\overline{r}}$$

Veja que, na fórmula, se a correlação média se mantiver estável, e o número de itens crescer indefinidamente, tanto o numerador quanto o denominador crescerão, e se aproximarão, tornando *alpha* próximo de 1. Por exemplo, suponhamos que tenhamos 5 itens, tais que a média das correlações seja 0,500. Neste caso, o *alpha* seria:

$$\alpha = \frac{5 x 0,500}{1+(5-1)x0,500} = \frac{2,5}{1+2,0} = 0,800$$

Se simplesmente adicionarmos mais 10 itens na escala, de modo que a média das correlações dos 15 itens seja ainda 0,500, o *alpha* será então,

$$\alpha = \frac{15 x 0,500}{1+(15-1)x0,500} = \frac{7,5}{1+7,0} = 0,930$$

Veja que, agora, temos um *alpha* muito mais elevado, sem termos modificado a estrutura de correlação, alterando somente o número de itens. Naturalmente, os pesquisadores não têm interesse em utilizar um número demasiadamente grande de itens para influenciar o valor do *alpha* artificialmente.

Até pelo contrário, as observações desenvolvidas mostram que, quanto menor a extensão da escala, mais fácil a coleta de dados, na medida em que reduz o tempo de resposta e a resistência dos respondentes. Como consequência, tem-se respostas mais consistentes e melhores resultados na avaliação de confiabilidade.

De fato, este parece ter sido o entendimento dos pesquisadores, conforme mostrou Robert Peterson, em pesquisa que realizou com mais de 4000 valores de *alpha* publicados em dezenas de periódicos[7], a qual indicou que, nos estudos empíricos realizados, a variação no número de itens explica somente 1% da variação do *alpha* (correlação de cerca de 0,10, que é muito baixa). A indicação é bem clara: mesmo que os pesquisadores possam inflacionar o valor do *alpha* pelo aumento do número de itens, normalmente não o fazem, obtendo resultados provenientes da própria adequação dos itens e de sua homogeneidade. Em outras palavras, a possibilidade teórica de elevar o *alpha* não costuma ser usada pelos pesquisadores, o que é um indício do bom uso do coeficiente.

Uma terceira crítica, esta mais recente no debate sobre mensuração, vem dos estudiosos dos construtos formativos. Como veremos na parte três deste livro, nos procedimentos de aferição por meio de construtos formativos não há necessidade alguma de que os itens possuam correlação entre si, sendo inclusive normalmente recomendado que sejam baixas as correlações. Há aqui um problema de verificação, que vem gerando dificuldades nas pesquisas que convencionalmente usam o *alpha* para medir confiabilidade de construtos formativos, esperando que sejam elevados como se estivessem usando construtos reflexivos.

A questão central é de orientação da medida: o *alpha* mede consistência interna, por hipótese algo que tem de ser elevado, mas somente em construtos reflexivos. Não há medida nem teoria que dê suporte a seu uso em outras modalidades de construtos. Daí advêm problemas de interpretação os mais diversos.

---

7 *Cf.* PETERSON, R. A. *A meta-analysis of Cronbach's coefficient alpha. Journal of Consumer Research, v. 21, n. 2, p. 381-391, sep., 1994. Em verdade, Peterson testou a relação do alpha com várias características associadas ao design da pesquisa, tais como tipo de escala, tamanho da amostra, tipo de amostragem, natureza do construto etc., e em todas as verificações observou que o alpha tem suas medidas independentes, sugerindo que não são usadas práticas potenciais para inflacionar seu valor. Resultados semelhantes foram anteriormente observados em: CHURCHILL, JR. G. A.; PETER, J. P. Research design effects on the reliability of rating scales: a meta-analysis. Journal of Marketing Research, v. 21, p. 360-375, nov., 1984.*

Enfim, temos questionamentos e contestações que procedem, mas que, em vez de destituir o *alpha* da condição de uma medida privilegiada para estimação de confiabilidade, dão boas indicações dos cuidados que os pesquisadores devem tomar, inclusive no sentido de não absolutizar o *alpha* como a principal e/ou única indicação de confiabilidade de uma escala qualquer. Falaremos mais sobre isto nos capítulos seguintes.

CAPÍTULO 4
Validade de escalas

Neste capítulo avançamos na teoria sobre mensuração com a exposição da teoria da validade, como forma de fundamentar o processo de desenvolvimento de escalas. Apresento inicialmente algumas considerações preliminares sobre o tema, e nos itens seguintes apresento os três tipos centrais de validade: de translação, de critério, e de conteúdo. Em seguida, apresento alguns tópicos adicionais sobre o assunto, relatando alguns aspectos da discussão mais recente sobre o assunto na literatura especializada. Ao final, apresento na forma de apêndice algumas recomendações de bibliografia para interessados em se aprofundar no tema.

4.1. Elementos introdutórios

Assim como os estudos sobre confiabilidade, as análises publicadas na literatura especializada sobre validade de escalas de mensuração são diversas e controversas. Em verdade, apesar dos esforços dos mais diversos pesquisadores, as conclusões são ainda parciais, o que faz do tema, que já foi extensamente debatido no contexto da Psicologia e da Educação, um dos mais interessantes e ricos em ideias e perspectivas de análise quando se pensa em mensuração em ciências sociais e comportamentais.

Antes de seguirmos para tópicos mais específicos e operacionais, vamos entender a validade da mensuração de um construto como associada ao quanto uma proposta de medida realmente mede o que está se propondo a medir. Nestes termos, quando temos uma escala que ao ser aplicada gera um determinado escore, se a escala for realmente válida, este escore deve representar o mais próximo possível a medida real do construto. Vejamos a figura 4.1, que ilustra este argumento.

Na primeira coluna temos a situação na qual não há qualquer sobreposição entre o escore do construto e o escore da escala; neste caso entendemos que a escala não é válida, pois não gera escores que representem adequadamente o construto. Na segunda coluna, temos uma escala que gera um escore que se sobrepõe parcialmente à medida real do construto; neste caso, dizemos que temos uma medida pouco válida. Finalmente, na terceira coluna temos uma sobreposição total entre os escores gerados pela escala e o escore do construto; neste caso, temos a validade perfeita.

Figura 4.1 – Uma visão da validade

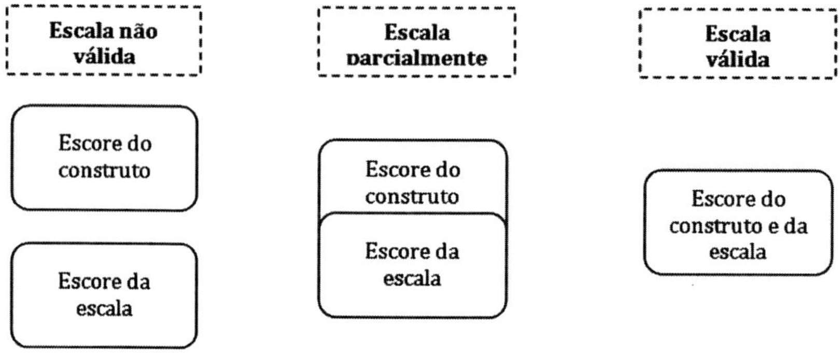

Escala não válida	Escala parcialmente	Escala válida
Escore do construto	Escore do construto	Escore do construto e da escala
Escore da escala	Escore da escala	

Por exemplo, se estamos com uma proposta de escala para medir o nível de estresse de trabalhadores de empresas industriais, a validade desta escala vai existir se a escala realmente estiver direcionada a medir o nível de estresse desta categoria de trabalhadores e se realmente gerar escores que representem adequadamente os escores reais do construto. Se houver uma grande discrepância entre as medidas real e aferida, provavelmente estaremos medindo algum outro aspecto do trabalho industrial, mas não o nível de estresse. Observa-se desde já que a busca pela validade de um instrumento de medida é um pré-requisito indispensável para qualquer aplicação deste, ou seja, não há qualquer sentido em medir o estresse de trabalhadores com um instrumento que é adequado para medir valores no trabalho, por exemplo.

É possível agora compreender a complementaridade que existe entre a análise da validade e a análise de confiabilidade, apresentada no capítulo anterior. Como descrito, a confiabilidade tem um sentido bem claro e gira em torno do controle do erro aleatório, e sua averiguação para construtos refletivos está baseada nas correlações entre os indicadores do construto. No entanto, uma elevada correlação pode ser decorrente de razões espúrias ou ainda de uma variação conjunta provocada por um construto que não seja o que estamos mensurando. Em outras palavras, é possível que um conjunto de variáveis apresente um elevado coeficiente de confiabilidade, porém tal coeficiente pode não apresentar qualquer sentido em termos de validade.

Conclui-se então que o fato de uma medida ser confiável não quer dizer que seja uma medida válida; porém, uma medida válida é necessariamente confiável. Vejamos outro exemplo para fortalecer esta conclusão: suponha o uso de um conjunto de cinco itens para medir a percepção de valor do visitante de um museu, mas com os itens medindo os valores pessoais em relação às artes. É possível encontrarmos uma elevada confiabilidade nos itens, mas o resultado será simplesmente sem validade, pois valor percebido e valores pessoais são construtos definitivamente distintos. Isto ocorre porque temos uma fonte de erro sistemático desviando a medida do objetivo pretendido, dissociando o escore observado e o escore real, mas não em decorrência de uma baixa consistência interna.

Para termos uma referência visual, imaginemos a validade e a confiabilidade como um jogo de tiro ao alvo. Temos o objeto a ser mensurado no alvo, os tiros que são dados são os itens, e os círculos concêntricos indicam a distância em relação ao alvo. Vejamos agora a figura 4.2, que ilustra quatro possibilidades:

- Na primeira figura, temos um conjunto de tiros (itens) bastante disperso em relação ao objetivo de mensuração, e a maioria bem distante do alvo. Neste caso fica evidente que *nem temos confiabilidade nem validade;*
- Já na segunda figura, logo à direita da primeira, temos uma maior aproximação do alvo pelo conjunto de itens. Neste caso, observamos que já temos *alguma confiabilidade e alguma validade*, mas ainda é muito pouco para ambas;
- Na terceira figura, logo abaixo da primeira, observa-se que o conjunto de tiros (itens) está bem concentrado em torno de um ponto, o que indica uma *boa confiabilidade*; porém, este conjunto de itens não atinge o alvo de mensuração, o que indica que, mesmo tendo uma *boa confiabilidade, não temos qualquer validade;*
- Na última figura temos uma ilustração que indica claramente que todos os tiros (itens) estão bem próximos de um ponto, o que indica *boa confiabilidade*, e este ponto é justamente o alvo (construto a ser mensurado), o que indica uma *boa validade*.

Figura 4.2 – Visualização da confiabilidade e da validade

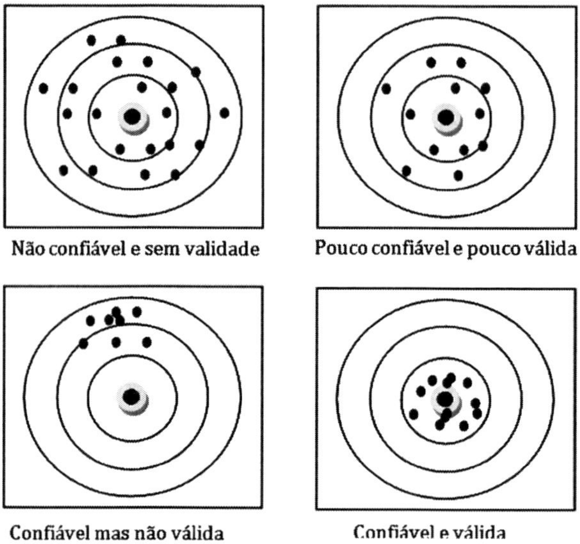

Não confiável e sem validade	Pouco confiável e pouco válida
Confiável mas não válida	Confiável e válida

Com base nestas observações, não há dúvidas de que necessitamos ao menos da situação ilustrada na segunda figura, ou seja, indícios consistentes de confiabilidade e de validade, sendo necessário, por outro lado, que busquemos sempre o caso de grande confiabilidade e grande validade da quarta ilustração.

Em verdade, todo o procedimento de desenvolvimento de uma escala para pesquisa em Administração, para avaliação em Educação, ou para testes em Psicologia, tem por meta justamente se aproximar de tal situação, ou seja, ter instrumentos que sejam ao mesmo tempo confiáveis e válidos. Por outro lado, se para confiabilidade temos meios de verificação por uma só medida (o *alpha* de Cronbach, por exemplo, ou a correlação no caso da confiabilidade teste--reteste), como observamos no capítulo anterior, para validade o problema se estende um pouco mais, dado que não há uma única medida de validade, e as que existem são parciais e ainda assim contestadas.

Alguns questionamentos clássicos são rapidamente evidenciados quando pensamos em validade: precisamos de métodos qualitativos ou quantitativos de verificação? Seria suficiente uma análise qualitativa das variáveis para a mensuração para garantir a adequação dos itens? Deve-se proceder á validade antes ou depois da coleta de dados? Como podemos medir a validade, se é que podemos?

4.2. Sobre os tipos de validade

Existem diversas possibilidades de averiguação da validade de uma proposta de mensuração. Por esta razão, a análise de alternativas de verificação constitui a parte mais extensa nos estudos sobre o desenvolvimento de uma escala. Para este livro, buscou-se desenvolver uma proposição de análise aliando praticidade e efetividade de utilização, e ao mesmo tempo estando de acordo com a tradição teórica da literatura especializada sobre mensuração e validade. Assim, optei pela apresentação de três tipos básicos, com seus respectivos subtipos, conforme disposto no quadro 4.1. Neste item comento parcialmente cada possibilidade, e nos itens 4.3 a 4.5 apresento maiores detalhes de cada tipo e subtipo, e, ao final (item 4.6) desenvolvo outras considerações relevantes sobre o assunto.

Quadro 4.1. Tipos da validade

Tipo de validade	Operacionalização	Subtipos
Validade de translação	Qualitativa	Validade de conteúdo
		Validade de face
Validade de critério	Quantitativa	Validade preditiva
		Validade simultânea
Validade de construto	Quantitativa	Validade convergente
		Validade discriminante
		Validade nomológica
		Validade grupo conhecido

A validade de translação consiste em analisar exaustivamente a estrutura da escala completa, e normalmente é baseada em procedimentos qualitativos. Esta etapa de validade é sempre a primeira realizada, e possui dois momentos: primeiro, temos a análise do conteúdo do instrumento e do que se pretende medir (validade de conteúdo); em seguida, analisa-se a forma como este instrumento se apresentará para medição (validade de face).

Depois da validade de translação, temos as etapas de validade de critério e de construto, ambas realizadas por procedimentos quantitativos. A primeira (validade de critério) avalia a escala em relação a um critério de predição, que pode ser futura (preditiva) ou simultânea. A segunda (validade de construto) analisa a expectativa teórica da escala, e pode ser de quatro tipos: convergente, associada ao comportamento da escala em relação à outras que medem o mesmo construto; discriminante, que diz respeito ao comportamento da escala de se diferenciar do que não visa medir; nomológica, que se relaciona ao comportamento da escala considerando o objeto mensurado em uma rede de relacionamento teoricamente definida; e grupo conhecido, que se associa ao comportamento da escala em relação ao que se sabe sobre grupos de respondente que são em si diferentes

4.3. Validade de translação

A chamada validade de translação (*translation validity*) está associada à aferição qualitativa do conteúdo e da forma de apresentação dos itens da escala[1]. O debate na literatura internacional sobre validade de escala produzida a partir dos anos de 1990 enfatizou sobremaneira a importância desta etapa de desenvolvimento da escala, que foi ao longo dos anos perdendo espaço diante das possibilidades cada vez mais sofisticadas do processo de validação realizado com fundamentação estatística. Apresento a seguir os detalhes da validade de conteúdo e face, e ao final apresento algumas ideias para procedimentos operacionais.

4.3.1. Validade de conteúdo

A validade de conteúdo (*content validity*) relaciona-se ao grau em que os itens selecionados para verificação são relevantes e representativos do conteúdo, ou do domínio do construto sob análise[2]. A preocupação central desta etapa de validade é, portanto, que os itens sejam uma amostra significativa, não redundante e não viciada das diversas facetas de um construto.

Evidentemente, escolher e utilizar itens em uma escala que se refiram efetivamente ao construto é a demanda mais trivial do processo de construção

---

[1] Cf. NETEMEYER, R. G.; BEARDEN, W. O.; SHARMA, S. *Scaling procedures: issues and applications*. Thousand Oaks: Sage, 2003.
[2] Cf. HAYNES, S. N.; RICHARD, D. C. S.; KUBANY, E. S. Content validity in psychological assessment: a functional approach to concepts and methods. *Psychological Assessment*, v. 17, n. 3, p. 238-247, 1995.

de uma escala, porém esta é tida como a mais essencial na construção de uma escala. Para a proposta do modelo C-OAR-SE, comentado no capítulo 2, esta etapa de validade é a única realmente indispensável para o desenvolvimento de uma escala, e, a depender do tipo de objeto e de atributo, este procedimento já seria o suficiente para gerar evidências de validade de uma escala.

Ao longo dos anos foram desenvolvidos vários aprimoramentos para geração de um modelo de validação de conteúdo metodologicamente rigoroso. Como resultado destes desenvolvimentos, ficou evidenciado que, na validade de conteúdo, é especialmente necessário que se verifiquem de maneira sistemática os seguintes aspectos:

- A definição do construto: procedimento fundamentado na literatura especializada, que deve gerar ainda uma clara indicação de seu escopo;
- A dimensionalidade utilizada na mensuração: aqui se deve ressaltar a possibilidade de avaliação de um construto em uma perspectiva unidimensional ou multidimensional;
- O propósito da mensuração: devemos atentar para as variações de propósitos e as implicações sobre as atividades de análise. É relevante avaliar se: (a) a mensuração é de algo muito ou pouco específico; (b) a mensuração é de um comportamento extremo ou normal; (c) o construto é típico ou atípico. Também é conveniente analisar se o direcionamento da mensuração é para pesquisa científica ou para diagnósticos gerenciais;
- A associação entre estes recortes e os itens propostos: aqui efetivamente se processa a análise da validade.

Veja-se que os recortes mostrados anteriormente podem variar de acordo com a temática envolvida, com o grau de abstração associado, com as aplicações para dado *mainstream* de pesquisa etc. Em outras palavras, um mesmo construto pode ser analisado sob diferentes definições e perspectivas, e, obviamente, diferentes conceituações, alternativas de dimensionalidade, e propósitos de mensuração, conduzindo a diferentes alternativas de mensuração, o que ajuda a compreender por que alguns construtos possuem mais de uma escala (alguns possuem dezenas, como é o caso do construto envolvimento, por exemplo[3]). Assim, os procedimentos associados aos aspectos citados po-

---

3 Cf. BEARDEN, W. O.; NETEMEYER, R. G.; MOBLEY, M. F. *Handbook of Marketing scales*. London: Sage, 1994.

dem exigir do pesquisador uma indicação, bem como a adoção 'justificada' de uma dada definição.

A validade de conteúdo é a única atividade em que os pesquisadores se preocupam com a relação entre a medida e a definição construto. No entanto, embora seja fortemente recomendado que os pesquisadores retornem às definições após os processos de purificação dos itens de uma escala, este retorno não costuma ser recorrente nas escalas desenvolvidas, chegando-se ao extremo de encontrar escalas compostas por itens que obviamente não se referem ao construto associado, mas que demonstraram consistência estatística nos demais requisitos de verificação. Esta foi uma das justificativas de Jonh Rossiter quando propôs em seu modelo C-OAR-SE a necessidade de uma maior valorização da validade de conteúdo (ver capítulo 2)[4].

Passemos agora a um nível mais operacional, em relação à realização dos procedimentos de verificação. Assim, considerando um conjunto de itens a serem usados para construção de uma escala e supostamente associados a um determinado construto, deve-se ter a preocupação central de que (no item 4.3.3 apresento alguns modelos de verificação):

- Os itens reflitam as facetas de um construto, e não os aspectos associados a outros construtos;
- Os itens cubram 'todas' as facetas deste construto, ou ao menos uma 'amostra significativa e representativa' do domínio do mesmo (ou seja, deve-se verificar se não faltam itens indicativos de determinadas facetas relevantes do construto);
- Os itens sejam correspondentes à condição proposta de mensuração em termos de construtos formativos ou reflectivos (ou seja, se a proposta é mensurar como um construto reflectivo, deve-se ter segurança de que os itens são efetivamente refletidos pelo construto; já se a proposta for por uma mensuração na perspectiva do construto formativo, deve-se ter segurança de que os itens são realmente os causadores do construto);
- Haja uma proporção equilibrada entre as facetas do escopo e o número de itens, de modo a evitar que uma dada faceta seja medida com um

---

4 Também há pensadores em Educação que defendem que a validade de conteúdo deve ser considerada a mais relevante, pois é provavelmente a única que realmente atesta a real associação entre uma medida e um construto. Cf. LISSITZ, R. W.; SAMUELSEN, K. A suggested change in terminology and emphasis regarding validity and education. Educational Researcher, v. 36, p. 437-448, 2007.

dado número de itens, e outra faceta igualmente relevante seja mensurada com um número muito maior ou muito menor.

Levando em conta a variação existente no domínio de um construto, também é relevante considerar o 'tempo de uma escala', atentando para o fato de que a variação temporal de um construto poderá ter implicações na validade do conteúdo, e ainda no sentido e no uso de uma escala consolidada. O pressuposto aqui é de que os itens de uma escala não são estáveis em longo prazo, especialmente em razão da variação e do aprimoramento conceitual dos construtos, ou de problemas de natureza ética, moral ou legal de uma escala. Por exemplo, escalas que no passado remetiam de maneira mais objetiva a aspectos de raça ou opção sexual podem não ser moralmente aceitáveis nos dias de hoje, dada a evolução do pensamento e do nível de respeito exigido por minorias. Nestes termos, a validade de conteúdo de uma escala deve ser periodicamente reavaliada, com uma revisão completa da associação entre os itens e o conteúdo de uma escala.

4.3.2. Validade de face

A validade de face (*face validity*) concerne, em uma primeira aproximação, à praticidade, à pertinência e à representatividade de um conjunto de itens em relação ao construto a ser medido. David Hardesty e William Bearden observam que, em termos mais operacionais, devemos compreender a validade de face como o grau o quanto os respondentes e os especialistas consideram os itens apropriados para o construto e para os propósitos de mensuração[5].

Por esta definição, é fácil compreender por que a validação de face é uma etapa realizada de forma paralela com a validação de conteúdo, e, em termos concretos, as duas são indissociáveis, pois o conteúdo está expresso nos enunciados, e não pode haver validade de conteúdo sem validade de face e vice-versa. Mas é necessário que fiquem bem claros os pontos de distinção e de complementaridade: a validade de conteúdo remete à amostra do domínio do construto, ao passo que a validade de face trata de aspectos complementares, e com foco no enunciado e na praticidade. Assim, quando temos um conjunto de itens propostos para uma escala, a validade de conteúdo procura averiguar se

---

5 *Cf.* HARDESTY, D. M.; BEARDEN, W. O. The use of expert judges in scale development: implications for improving face validity of measures of unobservable constructs. *Journal of Business Research*, v. 57, p. 98-107, 2004.

este conjunto representa uma amostra adequada e bem selecionada e representativa do domínio do construto, enquanto a validade de face procura assegurar se os enunciados refletem de fato o que se pretende medir.

Assim como a validade de conteúdo, a validade de face é de natureza mais qualitativa, o que não quer dizer que seja uma etapa apenas exploratória. Muito do que se falou a respeito da validade de conteúdo é valido para a validade de face, em termos de cuidados e procedimentos. Temos, ainda assim, algumas recomendações específicas, apontadas a seguir:

1. Deve-se analisar a adequação entre os enunciados e a forma de mensuração selecionada (escala de Likert, diferencial semântico, escala de Stapel...). Obviamente, para cada alternativa teremos uma forma de enunciado diferente;
2. É fortemente recomendável usar os futuros respondentes para avaliação dos itens (e não só especialistas);
3. Devem-se evitar aparência de repetições e devem-se evitar as redundâncias de itens;
4. É adequado fixar critérios de avaliação de qualidade, recomendando-se: correção gramatical, correção da ordem de apresentação das palavras na frase, clareza nas expressões e enunciados, extensão dos enunciados, aleatoriedade da disposição...
5. No caso de instrumentos completos, é recomendável usar a validade de face não só para os itens da escala, mas para todas as partes do instrumento.

Embora possa parecer um procedimento óbvio, a partir do entendimento da necessidade de itens bem ajustados, bem enunciados e com correção gramatical, a validade de face não tem sido a realidade nos esforços de desenvolvimento de escalas. É justamente em razão da relevância destes aspectos, que, embora triviais, são comumente ignorados, que o procedimento de validade de face deve ser desenvolvido, e de preferência com procedimentos rigorosos (como mostramos nos exemplos dados no subitem seguinte).

É necessário fortalecer e deixar sempre evidenciado o valor da validade de face, o que requer sua realização como etapa obrigatória. Também é, em geral, recomendável apresentar os procedimentos e resultados da avaliação de face em relatório de pesquisa, sejam em artigos (procedimento também sempre citado, mas com espaço mínimo), monografias, teses... A validade de face é tão relevante quanto às demais formas de validade, e deve, por isto, receber a mesma atenção dos pesquisadores[6].

4.3.3. Recomendações de procedimentos

Dados estes elementos iniciais, nossa preocupação direciona-se para a forma como podemos proceder à averiguação da validade de translação nas suas duas formas. Em uma síntese geral do que foi apontado nos itens 4.3.1 e 4.3.2, podemos propor as seguintes etapas da validade de translação como um primeiro guia para o desenvolvimento de uma escala:

1. Definir claramente o domínio e as facetas do construto;
2. Analisar fatores iniciais de influência, tais como dimensionalidade, condição temporal, e finalidade da mensuração;
3. Avaliação da proporção entre o número de itens e as dimensões e facetas do construto, verificando se todas as facetas do construto estão bem cobertas;
4. Definir critérios de adequação de conteúdo tais como: aderência à definição, número de itens por dimensão ou faceta, característica de mensuração formativa e refletiva...;
5. Definir critérios de adequação de face tais como: linguagem, expressividade, extensão, disposição dos itens no questionário, tipo de escala de verificação...;
6. Usar a própria população (leigos), e um conjunto de especialistas, para análise de itens;
7. Apresentar os procedimentos e os resultados da avaliação de conteúdo nos relatórios da escala.

A literatura especializada é bastante rica em alternativas de verificação (no apêndice A4 apresento algumas recomendações de textos que pode ilustrar estas opções). Um dos trabalhos mais destacados neste sentido foi apresentado

---

6 *A pesquisa de David Hardesty e William Bearden anteriormente citada avaliou um total de 200 escalas publicadas em periódicos internacionais da área de marketing, e o comportamento do consumidor mostrou que somente 19,5% dos artigos tiveram a preocupação de descrever o processo completo de validação de face. Mesmo acreditando que os demais estudos tenham realizado também atividades de validação de face, o percentual de realização e exposição pode ser considerado muito pequeno.*

no desenvolvimento da escala de envolvimento de Zaichkowsky.[7] No texto, o foco foi mais restrito ao que compreendemos por validação de face, e o procedimento básico consistiu em tomar um pequeno número de juízes (especialistas) que deveriam julgar cada item em uma escala de representatividade, assim disposta: claramente representativo; parcialmente representativo; não representativo do construto de interesse. Fica a critério do pesquisador definir a regra de aceitação, sendo possível, por exemplo, selecionar somente os itens que todos os juízes disseram ser claramente representativos; ou excluir aqueles itens em que ao menos um juiz informou ser não representativo, dentre outras possibilidades. É também possível proceder a mais de uma rodada de verificação (Zaichkowsky usou duas rodadas, uma com três juízes, e outra com cinco). A desvantagem deste procedimento é que este está restrito ao critério de representatividade do item, ficando fora outras possibilidades de averiguação.

Uma segunda alternativa, dirigida à validação de conteúdo e de face, consiste em listar o conjunto de itens e apresentá-lo juntamente com as definições do construto ou de dimensões deste. O processo básico consiste em solicitar que o conjunto de juízes faça a associação entre os itens e a definição, havendo a opção 'outros' para os itens que não se alinham às definições. A critério do pesquisador, é estabelecido um percentual de ajuste para manutenção ou exclusão do item. Por exemplo, pode ser estabelecido como critério de permanência que o item tenha sido classificado de acordo como esperado por 60% dos juízes pesquisados. A desvantagem é, novamente, a limitação dos critérios de averiguação (aqui restrito à adequação do item à definição do construto ou dimensão deste)[8].

Uma proposta mais específica e mais dirigida foi desenvolvida pelos pesquisadores Stephen Haynes, David Richard e Edward Kubany, que propuseram um conjunto de aspectos para uma espécie de lista de verificação de validade, contemplando aspecto das validades de conteúdo e de face. A proposta (adaptada) destes autores está exposta no quadro 4.2, a partir do qual é possível observar a preocupação com o rigor e a sistematicidade do processo de validação.

---

[7] ZAICHKOWSKY, J. L. Measuring the involvement construct. *Journal of Consumer Research*, v. 12, p. 341-352, dec., 1985.
[8] *Como exemplo, recomendo a verificação de:* OHANIAN, R. Construction and validation of a scale do measure celebrity endorsers' perceived expertise, trustworthiness, and attractiveness. *Journal of Advertising, v. 19, n. 3, p. 39-52, 1990.*

Quadro 4.2 – Recomendações de procedimentos

1. Especificação do construto no instrumento. Consiste em:
   a) Especificar o domínio do construto, levando em conta:
      i. O que deve ser incluído;
      ii. O que deve ser excluído.
   b) Especificar as facetas e dimensões do construto, considerando:
      i. As dimensões a serem cobertas pelo construto;
      ii. As facetas de cada dimensão;
      iii. O contexto temporal
1. Especificação das funções e propósitos do instrumento;
2. Forma de avaliação utilizada e adequação com os propósitos;
3. Seleção dos itens, analisando:
   a) A adequação do número;
   b) A adequação das fontes.
5. Associação e equilíbrio entre os itens e as dimensões;
6. Decisões sobre remoções ou readaptações de itens e enunciados;
7. Fixação dos parâmetros de verificação de resposta, e padronização para viabilizar comparações;
8. Necessidade e construção de instruções para os respondentes (normalmente na própria questão);
9. Necessidade de fixação de cenários (como enunciados para introduzir os itens)
10. Adequação entre os especialistas e a proposta do estudo
11. Adoção de uma estratégia adequada de verificação por especialistas (inclusive com mais de uma rodada) ou alteração de especialistas em diferentes fases

Uma proposta também interessante e recomendável para avaliação foi desenvolvida por Chester Schriesheime e seus colegas[9], que sugeriram uma verificação empírica e de base quantitativa da validade de conteúdo, a partir de um protocolo de atividades que envolviam desde análises descritivas de adequação até procedimentos mais sofisticados de análise fatorial. Veja que a proposta de Schriesheime e colegas é direcionada à verificação empírica e quantitativa, porém manteve-se centrada na validade de conteúdo dos itens, e não em sua aplicação na escala em si. A partir da proposta destes autores é possível sugerir o seguinte procedimento:
1. Enunciado das definições dos construtos e dimensões;
2. Definição de critérios de adequação, considerando aspectos como cla-

---

9 SCHRIESHEIME, C. A.; POWERS, K. J.; SCANDURA, T. A.; GARDINER, C. C.; LANKAU, M. J. Improving construct measurement in management research: comments and a quantitative approach for assessing the theoretical content adequacy of paper-and-pencil survey-type instruments. Journal of Management, v. 19, p. 385-417, 1993.

reza, relevância e representatividade, e especificidade do item, em relação à definição enunciada;
3. Construção de um questionário;
4. Submissão do mesmo a um conjunto definido de especialistas e leigos que serão respondentes potenciais da escala finalizada;
5. Fixação de uma regra de decisão sobre o item;
6. Seleção dos itens para as etapas de validação posteriores.

Considerando todas estas propostas, vejamos agora dois exemplos de operacionalização, que envolvem indicações das várias propostas.

Exemplo 1: seja o construto valor percebido, definido como a percepção e "compensação entre benefícios e sacrifícios", que foi analisado junto a estudantes de cursos de pós-graduação em negócios. Foram definidas como critérios de análise a aderência do item à definição (com fins de análise de conteúdo), e a clareza do item (para fins de análise de face). Os itens gerados inicialmente foram os seguintes:

- Entendo que os benefícios associados ao serviço superam os sacrifícios que tenho de realizar para obtê-lo;
- Todos os gastos que tenho (mensalidade, alimentação, transporte...), são adequadamente compensados pelo que recebo;
- Considero o que recebo superior aos vários custos que tenho;
- O que a instituição me fornece em termos de qualidade, segurança, aprendizado... compensa todo o sacrifício que faço;
- As atividades relacionadas ao serviço são confiáveis;
- O conjunto de gastos associados (locomoção, alimentação, roupas, acessórios...) que tenho por causa do serviço é elevado;

Para cada um dos itens foi definida uma escala de cinco pontos, no caso de adequação variando de 'inadequado' até 'adequação perfeita', e no caso de clareza de 'muito ruim' até 'muito boa'. De posse destas decisões, foi construído um questionário, mostrado no quadro 4.3, composto por: 1 – instruções iniciais; 2 – critérios de análise; 3 – itens e indicação de verificação.

Para análise, pode-se optar pela exposição do questionário a pelo menos 5 especialistas, e a pelo menos 15 leigos que sejam potenciais respondentes da escala. Para ajustar o valor de cada observação, as notas atribuídas pelos especialistas podem ter peso 2, e as dos leigos podem ter peso 1.

De posse desta regra, quando tivermos os dados procedemos à extração da média de cada critério, por item. Podemos então adotar como critério de decisão sobre o item o seguinte: itens com média acima de 4,0 nos dois critérios (adequação e clareza) são mantidos para as análises posteriores; itens com média abaixo de 3,0 em qualquer dos dois critérios são excluídos das análises seguintes; itens com notas fora destes dois critérios serão reavaliadas, e/ou reescritos para ajuste e possíveis aperfeiçoamentos.

Observe que este procedimento sistematiza sobremaneira a análise, mas tem limitações: em primeiro lugar, não se verificam os itens que podem não estar presentes na escala, ou seja, a análise é restrita a itens já encontrados (devemos confiar na adequação da etapa de levantamento de itens); e segundo lugar, o procedimento é restrito a poucos (aqui no caso somente 2) dos critérios de análise possíveis (por exemplo, aspectos como especificidade, expressividade e extensão dos itens não são avaliados, e sua inclusão poderia ampliar demais o esforço de validação).

Quadro 4.3 – Questionário de validação de conteúdo

Questionário

A seguir temos uma definição e um conjunto de sete itens, que pretendemos avaliar primeiro a adequação à definição apresentada e a clareza do enunciado. Pedimos que você avalie os itens a adotando o seguinte critério.

Adequação do item definição				
1- Inadequado	2 - Pouco Adequado	3 - Adequado	4 - Bem Adequado	5 - Adequação Perfeita
Clareza do enunciado				
1- Muio ruim	2 - Ruim	3 - Razoável	4 - Boa	5 - Muito Boa

Definição de valor percebido: valor é a compensação entre benefícios e sacrifícios percebidos pelos clientes / consumidores.

Todos os gastos que tenho (mensalidade, alimentação, transporte...) são adequadamente compensados pelo que recebo					
Adequação do item definição	1	2	3	4	5
Clareza de enunciado	1	2	3	4	5
Considero o que recebo superior aos vários custos que tenho					
Adequação do item definição	1	2	3	4	5
Clareza de enunciado	1	2	3	4	5
O que a instituição me fornece em termos de qualidade, segurança, aprendizado... compensa todo o sacrifício que faço					
Adequação do item definição	1	2	3	4	5
Clareza de enunciado	1	2	3	4	5
As Atividades relacionadas ao serviço são confiáveis					
Adequação do item definição	1	2	3	4	5
Clareza de enunciado	1	2	3	4	5
O Conjunto de gastos associados (locomoção, alimentação, roupas, acessorios...) que tenho por causa do de serviço é elevado					
Adequação do item definição	1	2	3	4	5
Clareza de enunciado	1	2	3	4	5

Exemplo 2: apresento agora um exemplo de um procedimento alternativo, que foi utilizado por mim em meu trabalho de tese de doutorado. Na ocasião, foram selecionados itens para diversos construtos por meio de revisão de literatura e de entrevistas em profundidade. Especificamente para o construto sacrifício não monetário percebido em serviços educacionais, foram selecionados 5 itens da literatura e foram gerados 7 itens nas entrevistas. Os 12 itens foram organizados e apresentados a três especialistas, sendo um doutorando em Administração, um doutor em Educação, e um doutor em Administração com ênfase em Marketing. Os itens foram apresentados conforme mostrado no quadro 4.4

Quadro 4.4 – Exemplo de validação

Prezado colega,

A seguir estão apresentados os itens que foram gerados em minha pesquisa para mensuração dos construtos de minha tese. Temos duas fontes: a pesquisa bibliográfica realizada (à esquerda na tabela), e a pesquisa de campo desenvolvida por meio de entrevista em profundidade (à direita).

Peço que aponte quais itens são considerados adequados. Acima temos os itens, e abaixo temos o espaço para apontar aqueles que são, em seu entendimento, os adequados para medir o construto. Sugestões de outros itens podem ser apontadas no campo de observações. Todos os itens são relacionados com o serviço de cursos de especialização.

Nesta tabela temos itens para avaliação de sacrifício não monetário do curso. A medição é feita pelo grau de concordância com a frase.

ITENS GERADOS NA PESQUISA BIBLIOGRÁFICA E DE CAMPO	
Itens da escala testada	Itens das entrevistas
1. É fácil de encontrar	1. O curso demanda muito tempo
2. Requer pouco esforço na compra	2. O curso demanda um esforço adequado
3. É fácil comprar	3. O curso provoca dificuldades na vida familiar
4. Requer pouca energia na compra	4. Sacrificam momentos de lazer
5. É facilmente comprável	5. É difícil fazer o curso
	6. O curso provoca cansaço e stress
	7. As atividades do curso exigem muito esforço
ITENS JULGADOS PELO ESPECIALISTA COMO ADEQUADOS	
Itens da escala testada	Itens das entrevistas

OBSERVAÇÕES:

Direcionei esforços na adequação dos itens ao propósito de mensuração. Uma vez que os pesquisados eram somente especialistas, optei por não apresentar a definição do construto. Como critério de análise para cada item, ficou definido que os itens apontados como adequados por pelo menos dois dos entrevistados seriam inseridos no questionário para serem testados nas etapas posteriores.

Neste exemplo, temos novamente a desvantagem de nos limitarmos à adequação dos itens, sem analisar outros critérios relevantes da análise de validade; por outro lado, temos a vantagem de gerar outras possibilidades de itens que não foram incluídos, e que podem ser propostos.

Estes dois últimos exemplos são apenas ideias que podem ser ou foram aplicadas em esforços de validação de translação, e, apesar das limitações, são facilitadores do processo. Outras possibilidades podem ser pensadas, e são inclusive recomendadas. Diferente dos modelos seguintes de validade, para o caso da validade de translação não temos um protocolo único. A seguir, trataremos da segunda forma de validade, que é a validade de critério.

4.4. Validade de critério

Depois de consolidadas as validades de conteúdo e de face, seja por métodos qualitativos (o que é mais usual), seja por procedimentos quantitativos ou mistos, temos um conjunto de procedimentos para avaliar a validade com base nos dados empiricamente coletados, aqui somente com procedimentos quantitativos. É relevante realçar que o procedimento empírico para validade de conteúdo não tem por finalidade estudar os itens como se medindo o construto, mas sim avaliar por meios empíricos, o quanto o conjunto de itens é aderente e adequado, conceitualmente, ao construto.

Na etapa de validade de critério nos interessa saber o comportamento dos itens quando aplicados à mensuração do construto. Por exemplo, se temos uma proposta de escala para medir envolvimento, na validade de critério utilizaremos os itens de uma escala direcionados a mensurar o envolvimento de potenciais respondentes, e não para analisar o quanto os itens são aderentes ou adequados para medir o construto envolvimento, segundo uma dada definição. A aderência conceitual é esperada, ou tida como certa, uma vez que a validade de translação vem antes da validade de critério.

Definimos então a validade de critério (*criterion-related validity*) como o grau o quanto uma medida (co)varia com outra previamente validada, inclusive na determinação de previsão, quando tal (co)variação é justificada. Por esta definição fica claro que precisaremos, no esforço de avaliação, que: outro construto seja também medido; haja uma escala já validada para o este construto; haja uma justificativa da variação conjunta.

É relevante realçar que a literatura especializada não esclarece com maior segurança se a relação entre o construto e o critério adotado deve ou não ser justificada teoricamente (entendo, por outro lado, que, mesmo que a (co)variação não tenha este pré-requisito, é relevante que se busque justificar teoricamente a expectativa de variação conjunta para se anunciar um dado construto como critério). Ou seja, para aferir a validade de critério, inicialmente deve-se definir um determinado critério para julgar o valor da escala, possivelmente o seu efeito futuro, ou o efeito simultâneo; normalmente este último. Este critério deve ser mensurável, de modo a viabilizar a comparação estatística (bi ou multivariada) com a escala em teste, além de ser consistente com a prática ou a teoria.

Em uma perspectiva mais operacional, quando temos nossa escala mensurando um construto de interesse (por exemplo, valor percebido), e uma escala mensurando simultaneamente outro construto (por exemplo, satisfação) com expectativa de variação conjunta (a literatura afirma que o valor percebido influencia positivamente a satisfação do cliente; logo, neste caso temos a variação e simultânea), tomamos uma medida adequada de associação (no caso, podemos tomar a correlação), e verificamos se a medida reflete o esperado (que a correlação seja não nula, e de preferência elevada, mas tão próxima quanto possível da correlação real existente entre os dois construtos).

Algo deve ficar bem claro: depois deste processo teremos 'evidências' de validade de critério se a escala comportar-se como esperado. Como trabalhamos com amostras, provavelmente nunca teremos certeza absoluta da validade de critério da escala, pois a correlação, ainda que não nula, pode não ser próxima da correlação real do universo. Nosso esforço é desenvolvido no sentido de gerar evidências mais e mais consistentes, mas nunca geramos certeza de validade.

Como comentado, a validade de critério envolve a validade preditiva (com verificação futura) e a validade simultânea (com verificação ao mesmo tempo). Comentemos mais um pouco sobre estas duas possibilidades.

A **validade preditiva** refere-se à capacidade da variável de efetivamente prever os resultados no futuro. Assim, esta modalidade de validade envolve a tomada de evidências em diferentes momentos, e a comparação de resultados com a medida tomada na escala. Por exemplo, uma escala de intenções de compra de um produto tem validade preditiva se, passado certo tempo, o produto venha efetivamente a ser comprado pelos consumidores. Outro exemplo refere-se à utilização de uma escala de vinculação de voto a um determinado tema (violência, por exemplo), e a real votação no candidato que explorou aquele tema. Dada a dificuldade de verificação, que requer mais de uma tomada de informações, a validade preditiva costuma ser negligenciada no desenvolvimento de escalas em Administração.

A **validade de critério simultânea** refere-se à capacidade da escala de efetivamente se comportar como esperado em uma coleta simultânea das medidas. Esta modalidade de validade envolve a tomada de medidas em um mesmo momento, da escala e de um dado critério, a partir das quais se verifica uma relação esperada. A confirmação da relação como esperado dá evidências de validade simultânea. Por exemplo, uma escala sobre 'percepção de segurança em métodos quantitativos' aplicada em conjunto com uma prova de Estatística deve gerar medidas que apresentem uma boa correlação com as notas dos alunos na prova. Outro exemplo, as medidas geradas por uma escala de 'gosto pela leitura' devem ter boa correlação com o número de livros lidos. Por estes exemplos, é fácil compreender por que esta alternativa de verificação é a mais utilizada nos esforços de produção de escalas em Administração.

A validade de critério não fixa, *a priori*, qualquer dependência da técnica de correlação, a não ser que o critério indicador passe por esta determinação. Há ainda suposições de dificuldades nessa alternativa de validade, especialmente quando se analisa validade preditiva, que deve ser preferencialmente verificada por meio de análise de regressão (que permite, também, a verificação de relação simultânea de vários construtos). Para qualquer que seja a alternativa, há um problema central na validade de critério: quando usamos uma referência de medida estatística de análise, como a correlação, por exemplo, não é normalmente expresso qual é a medida de correlação esperada. Em verdade, somente seria possível lançar uma medida de correlação esperada se soubéssemos, *a priori*, qual a correlação exata entre as duas medidas, o que somente seria possível a partir da extração da correlação populacional, o que normalmente não é feito (lembremos que a medida da correlação de uma amostra segue uma distribuição amostral, e, portanto, qualquer valor sempre terá uma probabilidade de ser nulo, ainda que estatisticamente não o seja).

Por exemplo, se encontrarmos uma correlação de 0,60 em uma escala em desenvolvimento para medir a 'satisfação do funcionário com o trabalho' e uma escala previamente validada de 'clima organizacional', seria possível compreender que esta correlação dá evidência de validade de critério? Somente poderíamos saber se realmente isso ocorre se soubéssemos a correlação real que existe entre os dois construtos, mas muito provavelmente esta medida real não é conhecida. Comumente, solucionamos esta dificuldade fixando um valor aceitável, e reconhecemos a evidência de validade, mas tal procedimento é de fácil contestação.

Isto contribui para justificar a relevância dada pelo modelo C-OAR-SE, de Jonh Rossiter, à validade de translação, que é mais exploratória e qualitativa por definição. Aliás, nesta proposta (C-OAR-SE), a validade de critério é apontada como frágil e pouco indicada. Nos capítulos sobre os passos de desenvolvimento de uma escala, apresentarei exemplos que ilustram a atividade de validade de critério. No item seguinte focalizo na análise de validade de construto, que finaliza, para nosso modelo de desenvolvimento, a teoria sobre validade.

4.5. Validade de construto

A validade de construto refere-se ao grau em que uma medida confirma hipóteses de semelhança com outras medidas do mesmo construto, e confirma ainda sua diferença para medidas de outros construtos. O primeiro caso remete à dita 'validade convergente', e o segundo remete à dita 'validade discriminante' ou 'validade divergente'. A validade de construto consiste, portanto, na verificação do comportamento da medida em relação a uma determinada expectativa teórica associada à 'definição do construto'. É justamente pelo foco na dimensão conceitual que a validade de construto se distingue, em um primeiro momento, da validade de critério, uma vez que esta tem foco na relação suposta entre a medida e um critério qualquer definido.

Operacionalmente, a verificação da validade de construto pode ser procedida pela verificação da hipótese estatística da relação entre os dados e a suposição de paralelismo ou de divergência teórica, associada especificamente à definição. Assim, por exemplo, se temos uma medida consistente de 'nível de estresse no trabalho', e desejamos criar outra escala para o mesmo construto, a nova escala deve apresentar paralelismo com a primeira, e os dados de um teste devem apresentar uma correlação elevada entre as duas escalas para atestar validade convergente. Por outro lado, a nova escala deve se mostrar consistentemente distinta de uma escala que meça, por exemplo, prazer pelo trabalho; neste caso, os dados de um teste devem gerar uma correlação baixa entre as duas escalas para atestar validade discriminante.

Nestes termos, torna-se fácil compreender por que a validade de construto é uma das mais importantes e gera uma evidência necessária de consistência da medida. Por outro lado, é uma alternativa de validade bastante delicada, por várias razões (comentadas nos subitens seguintes). A despeito destas dificuldades, a validade de construto, juntamente com a validade de translação, está sempre presente nos estudos sobre o desenvolvimento de escalas, o que não ocorre com a validade de critério. Uma explicação parcial para tal ocorrência associa-se à disposição atual de métodos de verificação, que, quando inseridas em propostas de publicações e relatórios, trazem mais consistência e um maior senso de rigor na análise.

A seguir, apresento maiores detalhes sobre a validade convergente e sobre a validade discriminante. Por conveniência, apresento também alguns detalhes sobre a 'validade de grupo conhecido' e sobre a 'validade nomológica', que são comumente citadas como sendo componentes específicos do procedimento mais genérico de validade de construto[10].

---

10 CRONBACH L. J.; MEEHL, P. E. Construct validity in psychological tests. *Psychological*

4.5.1. Validade convergente e discriminante

- A validade convergente

Assim como nos demais tipos de validade, temos mais de uma interpretação para o que seja validade convergente. Para efeito de ilustração, bem como para ampliar as possibilidades de verificação, selecionei três alternativas de definição, dentre outras possíveis.

Em uma primeira definição, temos a associação da validade convergente ao grau em que os indicadores designados para medir um mesmo construto são relacionados e convergentes. Observe que aqui o foco não precisa ser na medida geral, com seus múltiplos indicadores, mas nos indicadores em si[11], e ainda que há implicitamente a suposição de que os itens são relacionados a construtos do tipo reflexivo.

Podemos também entender que há validade convergente quando duas medidas distintas de um mesmo construto confirmam a expectativa de serem fortemente relacionadas (o que se verifica, por exemplo, quando encontramos um coeficiente de correlação elevado entre as duas medidas)[12]. Observe que, aqui, estamos falando em verificar por um mesmo método (por exemplo, um questionário auto-respondido) as duas alternativas de verificação, e em seguida verificar a correlação. Veja ainda que aqui não há suposição de que qualquer das escalas (daquela em desenvolvimento e daquela já validada) sejam tidas como reflexivas ou formativas.

Por fim, uma terceira definição entende a validade convergente como associada à convergência entre diferentes métodos usados para medir um mesmo construto[13]. Veja que aqui não falamos em medidas diferentes, mas em métodos distintos de aferição de uma mesma medida (por exemplo, um questionário autorrespondido e um procedimento de observação). Também aqui não há suposição de que qualquer das escalas (em desenvolvimento e já validada) sejam tidas como reflexivas ou formativas.

Bulletin, v. 52, p. 281-302, 1955; DEVELLIS, R. F. Scale development: theory and application. 2. ed. Thousand Oaks C.A.: Sage, 2003.
11 ADCOCK, R.; COLLIER, D. Measurement validity: a shared standard for qualitative and quantitative research. American Political Science Review, v. 95, n. 3, p. 529-546, sep., 2001.
12 NETEMEYER, R. G.; BEARDEN, W. O.; SHARMA, S. Scaling procedures: issues and applications. Thousand Oaks: Sage, 2003.
13 PEDHAZUR, E.; SCHMELKIN, L. P. Measurement, design and analysis: an integrated approach. Hillsdale: Lawrence Erlbaum Associates Inc. Publishers, 1991.

Naturalmente, estas definições encaminham a procedimentos de verificações distintos, e, por consequência, poderemos enunciar evidências de validade convergente em diferentes trabalhos sem estarmos falando de um mesmo sentido de convergência.

Vejamos os procedimentos centrais para cada alternativa. No primeiro caso (convergência de indicadores do construto), uma forma lógica de verificação consistiria em avaliar os pares de correlação entre os indicadores, ou na realização de procedimentos mais sofisticados, como realização de análise fatorial. Esta segunda opção é a mais recorrente nos procedimentos de verificação, especialmente com o desenvolvimento de softwares que viabilizaram a realização de análise fatorial confirmatória (AFC).

Assim, quando estamos analisando especificamente escalas de múltiplos itens (para escalas com somente um item não há opção além da verificação conjunta de outras medidas), observamos se as cargas fatoriais são consistentemente vinculadas ao fator associado à escala, e conferimos a aderência do item ao fator. Na verificação da aderência, verificamos as saídas do processo de extração de fatores nos procedimentos de AFC, analisando inicialmente as cargas fatoriais dos múltiplos itens (nos capítulos da segunda parte do livro serão exibidas as opções de verificação), e em seguida verificamos as estatísticas associadas ao teste de hipótese de nulidade do escore. Duas bases possíveis de análise são as seguintes:
- Cargas fatoriais devem ser maiores que 0,4 (de preferência 0,6);
- O teste de significância de nulidade do escore (t de Student, no software LISREL; CR no software AMOS[14]) deve ser significativo a p<0,05 ou a p<0,01.

Com estas verificações confirmadas, diz-se que se alcançou evidência de validade convergente no conjunto de itens. Observe-se que, operacionalmente, esta verificação de validade aproxima-se do procedimento de avaliação de confiabilidade por consistência interna; porém, no caso de análise de consistência interna não é testada a hipótese de aderência do item ao fator[15]. É fácil compreender que tal alternativa não se aplica a construtos formativos, primei-

---

14 Cf. ARBUCKLE, J. L. Amos™ 16.0 user's guide. Disponível em: <http://amosdevelopment.com>. Acesso em: 10 set. 2006.
15 Conforme verificamos, é inclusive possível que um item não possua correlação com os demais e ainda assim sua presença elevar a medida de confiabilidade, o que não ocorre no caso de avaliação de aderência do item ao fator, que requer uma carga fatorial não nula.

ro porque seus itens podem não possuir correlação entre si, e ainda porque não precisam constituir um mesmo fator.

De toda forma, temos neste método a restrição do construto ter validade convergente somente em relação a seus itens, e perdemos a oportunidade de analisar a validade em relação a outras possibilidades de mensuração. Uma análise neste sentido pode ser feita a partir da segunda alternativa de definição apresentada (com duas escalas de um mesmo construto). Neste caso, o processo se resume a proceder à medição por duas escalas: a proposta que está sob análise, e uma outra escala já validada. A verificação é feita a partir da análise do grau de correlação entre duas medidas, de modo que uma correlação elevada daria indicações de validade convergente, e uma correlação baixa negaria tal evidência. Este procedimento, a despeito de ser bastante lógico e defensável, tem alguns inconvenientes:

- Primeiramente, exige que se tenha mais de uma medição de um construto, para o qual se está construindo uma segunda escala. Pode parecer trabalho repetido e desnecessário desenvolver uma nova escala;
- Em caso de existência de uma medida para comparação, é necessário pressupor que a medida é efetivamente válida, o que, se for o caso, reforçaria a pouca necessidade de estar desenvolvendo uma nova escala;
- Também não é certo que tal medida realmente exista, o que pode impor a necessidade de uso de *proxys* ou medições estranhas ao contexto da escala (como trazer da psicologia, por exemplo).

Falarei sobre a terceira alternativa de verificação de validade convergente (por meio de diferentes métodos) em conjunto com a validade discriminante, exposta a seguir.

- A validade discriminante

A validade discriminante (*discriminant validity*), conforme indicado anteriormente, refere-se ao grau em que duas medidas, designadas para medir construtos distintos, são realmente diferentes, ou seja, procura-se atestar que as medidas de diferentes construtos não se comportam como se estivessem mensurando um mesmo construto. A melhor alternativa (se não a única) para avaliar esta modalidade de validade consiste em tomar medições dos construtos com diferentes escalas e verificar o grau de correlação. Se este for baixo ou nulo, temos evidências de validade discriminante.

É fácil perceber os pontos de dificuldade na averiguação da validade discriminante: primeiramente, uma base de referência para validade discriminante pode ser infinitamente grande (basta lembrar o número de possibilidades de construtos dos quais um construto deve diferir). Em segundo lugar, uma base de definição de validade discriminante pode ser problemática pela possibilidade de existência de uma elevada associação entre os dois construtos sob análise, e que justifique uma correlação elevada (ao contrário da expectativa, *a priori*, de correlação baixa entre construtos distintos). Por exemplo, se estamos medindo a 'avaliação, pelo cliente, de sua experiência no ponto de venda varejista', e tomamos uma base de referência de duas dimensões, como 'atendimento' e '*layout*', as escalas que medem cada dimensão devem ser distintas, porém a correlação pode ser elevada. Evidentemente, torna-se difícil dizer qual seja uma medida de correlação que delimite um grau aceitável de discriminação das duas escalas.

Os autores da área de modelagem de equações estruturais sugerem que se tome como referência, para escalas de mensuração de múltiplos itens, a medida de variância extraída de um dado construto, e a variância compartilhada com os demais[16]. A referência é a seguinte: se a variância extraída for maior que a variância compartilhada entre dois construtos, diz-se que os dois têm medidas efetivamente diferentes, o que evidencia a validade discriminante (observe que aqui estamos novamente supondo que temos uma escala de múltiplos itens, com um construto do tipo reflexivo, pois construtos formativos dispensam uma variância extraída elevada).

1. Nestes termos, temos o seguinte processo:
2. Para cada construto individualmente extrai-se a variância extraída por análise fatorial.
3. Em seguida, para o conjunto de construtos extrai-se a correlação de Pearson.
4. Elevam-se as correlações ao quadrado, obtendo a variância compartilhada.
5. Constrói-se uma tabela na qual a diagonal principal contem as variâncias extraídas e nas demais células as respectivas variâncias compartilhadas
6. Procede-se a comparação: caso a variância extraída seja maior que a variância compartilhada, tem-se evidências de validade discriminan-

---

16 Cf. FORNELL, C.; LARCKER, D. Evaluating structural equation models with unobservable variables and measurement error. Journal of Marketing Research, v. 18, n. 1, p. 39–50, 1981. A variância compartilhada é definida como o quadrado do coeficiente de correlação de Pearson entre os dois construtos.

tes, ou seja, as escalas não medem um mesmo construto; caso contrário, não apontamos validade.

Provavelmente, a maior dificuldade na validade discriminante é selecionar os construtos aos quais uma determinada medida deve efetivamente diferir. Normalmente são usados como referência somente os construtos presentes em um mesmo estudo, como ocorre frequentemente em estudos com modelo estruturais sob teste, e em escalas de construtos multidimensionais. Mas, mesmo nestas circunstâncias, ainda há a dificuldades de fixação de critérios para se aceitar uma correlação como baixa ou alta, pois algumas correlações elevadas são teoricamente justificadas e esperadas.

- Matriz multitraço-multimétodo - MTMM

Uma alternativa que é recorrentemente citada na literatura especializada para aferição de validade convergente e discriminante, em conjunto, é a chamada matriz multitraço-multimétodo, conhecida como matriz MTMM. O procedimento foi desenvolvido pelos pesquisadores Donald Campbell e Donald Fiske, e consistia em analisar conjuntos de construtos por meio de diferentes métodos de aferição[17]. Os requisitos básicos são os seguintes:

- Usamos sempre mais de um construto, e mais de um método de verificação, que pode, ou não, estar baseado em um mesmo conjunto de itens. Para cada construto anotamos a confiabilidade, e entre os construtos anotamos a correlação bivariada;
- Um mesmo construto deve ter níveis de correlação elevados, nos diferentes métodos. Caso esta expectativa se confirme, teremos evidência de validade convergente (veja que aqui a associação com a segunda alternativa de definição de validade convergente);
- Diferentes construtos devem apresentar níveis de correlação reduzidos, dentro de cada método, e entre os diferentes métodos. Caso isto se confirme, teremos evidência de validade discriminante.

A utilização de um mesmo conjunto de itens depende das possibilidades de aplicação. Por exemplo, se mensuramos o construto 'aversão ao risco' com cindo itens na forma de escala de Likert, podemos usar tanto a averiguação por autorresposta, com uma escala do tipo lápis-e-papel, como a anotação por

---

17 CAMPBELL, D. T.; FISKE, D. W. *Convergent and discriminant validation by the multitrait--multimethod matrix. Psychological Bulletin, v. 56, n. 2, p. 81-105, mar., 1959.*

meio de entrevista em profundidade, na qual um pesquisador bem treinado desenvolve a entrevista e realiza as anotações a partir de evidência geradas pelo entrevistado. No entanto, podemos querer comparar nossa escala de Likert com uma medida do mesmo construto válida para testes projetivos, por exemplo, e neste caso a nossa escala será comparada com outra sem paralelismo nos itens.

Por simplificação, ilustrarei um caso hipotético de dois construtos; por exemplo, satisfação com o trabalho (ST) e motivação pessoal (MP), que sejam avaliados por dois métodos: questionário autorrespondido do tipo lápis-e-papel (Método 1), e entrevista com um profissional de recursos humanos (Método 2), que anota as respostas para cada respondente. Neste caso, usamos a suposição de que aplicamos a mesma escala (com os mesmos itens).

Teremos então quatro verificações, com dois métodos para cada um dos dois construtos. Nestes termos, haverá uma matriz 4 por 4, de modo que anotaremos nas entradas da diagonal principal as medidas de confiabilidade da escala, e nas demais entradas anotaremos as medidas de correlação entre os construtos, nos dois métodos (lembre-se de que se trata de um exemplo hipotético).

Tabela 4.1 – Matriz multitraço-multimétodo - MTMM

		Método 1 (lápis e papel)		Método 2 (especialista)	
		ST	MP	ST	MP
Método 1 (lápis-e-papel)	ST	(0,80)	0,34	0,91	0,25
	MP	0,34	(0,76)	0,42	0,96
Método 2 (especialista)	ST	0,91	0,42	(0,87)	0,53
	MP	0,25	0,96	0,53	(0,79)

Observemos na tabela 4.1 os detalhamentos que podemos extrair:

- Primeiramente, observamos na diagonal principal, nas medidas que estão destacadas entre parênteses, que os valores são indicativos de confiabilidade em cada uma das medidas, aferidos nas duas formas de verificação realizada;

- Em segundo lugar, observamos, nas medidas em negrito, que quando um mesmo construto é medido em diferentes métodos, a correlação se mostra muito elevada. De fato, a medida de 'satisfação com o trabalho' manteve correlação de 0,91 quando aferida nos dois métodos, ao passo que a medida de motivação pessoal apresentou correlação de 0,96. Neste sentido, encontramos evidências de validade convergente para os dois construtos, nas duas formas de verificação utilizadas;
- Por fim, observemos que, quando comparamos os dois diferentes construtos nos dois métodos, encontraremos valores já mais baixos (indicações em itálico), e menores que os valores indicativos de validade convergente (no primeiro método, a correlação foi de 0,34, e no segundo de 0,53). O mesmo indicativo é encontrado quando comparamos as correlações extraídas em diferentes métodos. Neste caso, quando verificamos as correlações, encontramos novamente valores baixos (0,25 e 0,42), e bem menores que os valores associados à validade convergente. Portanto, temos evidências de validade discriminante, para os dois construtos.

É fácil perceber a atração que a matriz MTMM pode exercer sobre os pesquisadores, se considerarmos sua força na indicação de resultados e sua praticidade. No entanto, a utilização desta matriz em estudos de desenvolvimento de escala tem sido muito reduzida a partir dos anos de 1990, especialmente porque se trata de um método mais demorado, pois requer mais de uma verificação[18], e ainda porque há muitas alternativas de verificação que dispensam o esforço de mais de uma verificação.

Destas técnicas, a mais potente tem sido a modelagem de equações estruturais, que viabiliza a verificação simultânea de relações entre itens e construtos, o que permite verificar se os itens de um construto possuem escores fatoriais elevados em seu construto de referência, e possuem escores baixos nos demais construtos (o que viabiliza a análise da validade convergente), ao mesmo tempo em que permite verificar a correlação entre diferentes construtos latentes (o que viabiliza a análise da validade discriminante)[19]. A praticidade deste procedimento justifica sua extensa utilização nos estudos de desenvolvimento de escalas contemporaneamente.

---

18 URBINA, S. Essentials of psychological testing. New Jersey: John Wiley & Sons, Inc., 2004.
19 Cf. NETEMEYER, R. G.; BEARDEN, W. O.; SHARMA, S. Scaling procedures: issues and applications. Thousand Oaks: Sage, 2003.

Rossiter, em sua proposta do modelo C-OAR-SE, defendeu que o procedimento de verificação baseado na matriz MTMM não deveria ser utilizado. Primeiramente, o autor argumenta que, quando se verifica a análise de convergência, estamos pressupondo que há uma escala de verificação que seria por hipótese válida (veja que o autor remete a verificações com escalas distintas, usadas nos diferentes métodos). No entanto, somente faria sentido desenvolver uma nova escala se a atual fosse superior à escala de referência. Por outro lado, a simples observação de uma correlação elevada indica não mais que variação conjunta, e não assegura qual escala é melhor. No extremo, teríamos a 'crença' de superioridade da nova escala, o que não seria adequado.

Para o caso da validade discriminante, Rossiter acredita que também não há sentido de verificação, até porque as medidas de correlação encontradas não são julgadas com referências consistentes, mas postuladas e convencionadas (como é o caso, por exemplo, da comparação entre a variância extraída e a variância compartilhada). Assim como no caso da validade de critério, comentada antes, precisaríamos saber qual a correlação real entre os construtos, para em seguida julgar a adequação das verificações realizadas.

4.5.2. Validade de grupo conhecido

A validade de grupo conhecido (*known-group validity*) refere-se ao grau em que uma medida que deve variar em grupos distintos, atendendo a uma expectativa bem justificada de variação. Por exemplo, uma mensuração de fanatismo por futebol deve ter variações entre homens e mulheres, uma vez que é sabido, por meio de verificações empíricas diversas, que pessoas do sexo masculino são mais apreciadoras de futebol que pessoas do sexo feminino. Um segundo exemplo concerne às avaliações realizadas junto a estudantes e a executivos, associadas a decisões éticas. É sabido que a prática gerencial é um fator de condicionamento sobre a avaliação de diversos dilemas éticos em Administração, quando se comparam executivos em ação com estudantes[20]. Portanto, uma escala para medir tal construto (percepções éticas) deve refletir a variação existente entre os grupos.

Em geral, o procedimento básico consiste em extrair a medida da uma escala nos dois grupos, e em seguida proceder à comparação entre os mesmos. A diferença consistente entre os grupos dá 'evidência de validade de grupo co-

---

20 HUNT, S. D.; VITELL, S. J. The general theory of marketing ethics: a revision and three questions. *Journal of macromarketing*, v. 26, n. 2, p. 143-154, 2006.

nhecido'. A dificuldade é assegurar qual o comportamento esperado, ou seja, se deve haver diferença, deve-se saber se não há momentos ou circunstâncias específicos para manifestação da diferença. Se houver, precisam antes ser especificados.

Assim como no caso da validade de critério, no qual se espera que haja correlação, mas quase nunca há segurança sobre qual deve ser o nível de correlação, também na validade de grupo conhecido deve-se ter uma indicação bem clara da diferença, mas não se sabe ao certo qual deve ser o tamanho da diferença. Por exemplo, sabe-se que em uma escala de 7 pontos de medição de envolvimento com o futebol há uma diferença de avaliação entre estudantes universitários (com dados coletados em sala de aula) e os demais torcedores (com dados coletados nos locais dos jogos)[21]; mas qual deve ser a medida de diferença nesta escala para que se ateste validade de grupo conhecido? Seria 5,0 para um grupo e 3,0 para outro? E se fosse 4,5 para um grupo e 4,0 para o outro? Ou a simples indicação de diferença estatística é suficiente?

Normalmente tomamos a consistência estatística da diferença como evidência da validade, sendo possível por outro lado, que haja contestações. Decorre desta possibilidade a necessidade de um cuidado especial por parte do pesquisador em justificar adequadamente a expectativa de diferença, indicando, preferencialmente, referências teóricas para dar suporte ao argumento. Uma vez definida a consistência da diferença de grupos, tem-se um procedimento rápido e objetivo, que pode ser descrito como apresento a seguir:

1. Primeiramente, extrai-se a medição do construto e a informação dos grupos;
2. Em seguida, de posse dos dados empíricos, submete-se esta medida a um procedimento de comparação entre grupos. Aqui se aplica qualquer teste que se mostre adequado, porém o de melhor consistência na indicação de diferença estatística de uma escala, entre grupos, é a análise de variância (ANOVA);
3. Se houver diferença estatisticamente significativa entre os grupos e na ordem prevista (o construto que deveria ter média maior apresentando, de fato, média maior), tem-se a evidência desejada. A negação da hipótese de diferença nega a evidência de validade de grupo conhecido.

---

21 Cf. COSTA, F. J.; MONTESFUSCO, D. *Uma análise dos fatores de envolvimento e do valor percebido por torcedores de futebol*. In: *Seminários de Administração da USP*, 11, São Paulo, 2008. Anais... São Paulo: USP, 2008.

4.5.3. Validade nomológica

A validade nomológica (*nomological validity*) refere-se ao grau de previsão da predição ou da antecedência em relação a outros construtos se confirma. Esta modalidade de validade deve partir de relações consagradas na literatura especializada, que geram modelos estruturais nos quais o construto sob mensuração se insere. Se a verificação estatística confirma as relações (teoricamente) previstas, no conjunto, tem-se evidência de validade nomológica da escala.

Este procedimento, apesar de ser recomendado na literatura especializada há décadas[22] é especialmente delicado na medida em que requer o suporte seguro na literatura, e, também, que se verifique em um mesmo estudo mais de um construto, com mais de uma escala, que, assim como verificado nas análises de validade de critério, convergente e discriminante, serão, por hipótese, válidas. Adicionalmente, o procedimento envolve, na realidade, muito mais que simplesmente validar uma escala, servindo ainda para testar, e em boa medida, descobrir, relações teóricas entre construtos[23].

Para verificar a validade nomológica, uma alternativa consiste em pesquisar, conjuntamente, construtos que se supõem relacionados, de preferência com antecedentes e consequências do construto mensurado. Com base nos dados de uma amostra, procede-se à verificação da consistência estatística das relações teóricas, podendo-se utilizar as seguintes alternativas:

- Procede-se à verificação das correlações entre as várias medidas. Este é o procedimento menos recomendado;
- Procedem-se a análises de regressão sucessivas (uma para antecedentes e outra para consequências, incluindo as mediações). Este procedimento é recomendado, especialmente em casos de amostras reduzidas;
- Procede-se a uma modelagem de equações estruturais, com verificação simultânea das relações. Este é o procedimento mais recomendado quando houver amostras de pelo menos 200 respondentes.

---

22 CRONBACH L. J.; MEEHL, P. E. Construct validity in psychological tests. Psychological Bulletin, v. 52, p. 281-302, 1955.
23 LISSITZ, R. W.; SAMUELSEN, K. A suggested change in terminology and emphasis regarding validity and education. Educational Researcher, v. 36, n. 8, p. 437-448, 2007; SIRECI, S. G. On validity theory and test validation (comments on Lissitz and Samuelsen). Educational Researcher, v. 36, n. 8, p. 477–481, 2007.

Para qualquer das opções, espera-se que a relação entre o construto mensurado e os demais da rede nomológica apresentem relações estatisticamente não nulas, e com o sinal de relação (negativo ou positivo) conforme previsto a partir da revisão teórica. Para o caso específico de modelagem de equações estruturais, espera-se ainda que o modelo apresente um ajustamento adequado.

4.6. Considerações adicionais sobre validade

Nos itens anteriores mantive foco nos tópicos mais consolidados na teoria da validade e que são mais frequentemente utilizados nos procedimentos de desenvolvimento de escala. Neste item, acrescento alguns elementos adicionais da discussão sobre a teoria da validade, como forma de dar uma visão ampliada dos desenvolvimentos sobre o tema.

4.6.1 Modelos de visualização e organização

Inicialmente, destaco os diferentes modelos de visualização da estrutura geral da validade ou da validação (aqui as duas palavras são usadas com o mesmo sentido; ver discussão no subitem seguinte). Das contribuições existentes, selecionei a de Adcock e Collier, que propuseram o processo de validação a partir da visão das tarefas convencionais de construção de uma escala, mas mantendo um foco na ciência política, e a visão de Lissitz e Samuelsen, que discutiram os tipos de validade.

A figura 4.3 representa a primeira proposição[24]. Em termos genéricos, a figura ilustra uma visão do processo de construção de escalas, semelhante àqueles propostos no capítulo 2, porém enfatiza as tarefas centrais e suas consequências. O processo consiste em analisar a teoria, e depois gerar uma definição sistemática do construto. Em seguida, são gerados indicadores para o construto, que viabilizarão a produção de escores indicativos seja de quantidades, seja de classificações.

Paralelo a estes níveis, temos as tarefas associadas, que são inicialmente: conceituar o construto a partir da literatura, operacionalizar o construto na forma de itens, e gerar os escores de verificação. Como uma consequência deste

---

24 ADCOCK, R.; COLLIER, D. *Measurement validity: a shared standard for qualitative and quantitative research.* American Political Science Review, v. 95, n. 3, p. 529-546, sep., 2001. Embora a perspectiva dos autores seja associada à ciência política, os insights apresentados servem perfeitamente a outros contextos de análise, como é o caso deste livro.

primeiro conjunto de tarefas, temos o refinamento dos indicadores a partir dos escores, a potencial mudança na definição a partir da análise dos indicadores, e, por fim, a reavaliação da teoria, a partir da avaliação da definição sistematizada. Os autores definem a validade associada a cada atividade do processo, nos diferentes níveis. Assim, teremos:

- A validade (geral) refere-se ao quanto um dado conjunto de indicadores (nível 3) pode representar de forma significativa um conceito sistematizado (nível 2) cujos indicadores devem operacionalizar;

- A validação de conteúdo refere-se ao quanto um determinado indicador (nível 3) captura adequadamente o conteúdo completo de um conceito sistematizado (nível 2). Veja que aqui se insere a validação de face, e que não se verificam os escores da pesquisa (nível 4), apesar de estes poderem ser utilizados na análise;

- A validação de critério refere-se ao quanto os escores (nível 4) de determinados indicadores (nível 3) de um determinado conceito sistematizado (nível 2) (co)variam com outras escalas de construtos previamente validadas e que tenham evidências de relacionamento (os autores não dão esta definição, por entenderem que a validade de critério está expressa na validade convergente, na definição que adotaram);.

- As validações convergente e discriminante referem-se ao quanto os escores (nível 4) produzidos pelos diferentes indicadores (nível 3) de um dado conceito sistematizado (nível 2) estão empiricamente associados (validação convergente), ou dissociados (validação discriminante);

- A validação nomológica refere-se ao quanto os escores (nível 4) de determinados indicadores (nível 3) de um determinado conceito sistematizado (nível 2) confirmam as hipóteses de relacionamento teoricamente definidos (em associação com o nível 1 de outros construtos).

Figura 4.3 – A sugestão de Adcock e Collier

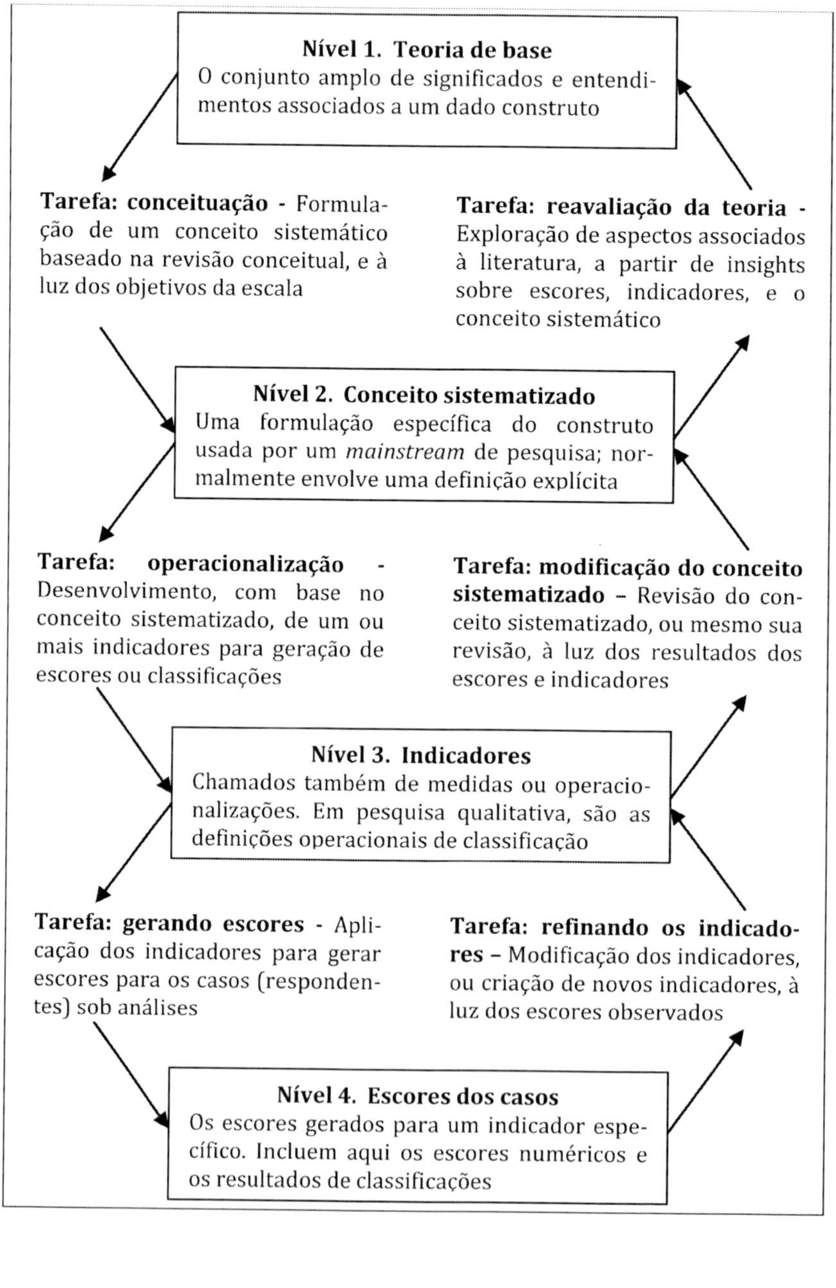

Nível 1. Teoria de base
O conjunto amplo de significados e entendimentos associados a um dado construto

Tarefa: conceituação - Formulação de um conceito sistemático baseado na revisão conceitual, e à luz dos objetivos da escala

Tarefa: reavaliação da teoria - Exploração de aspectos associados à literatura, a partir de insights sobre escores, indicadores, e o conceito sistemático

Nível 2. Conceito sistematizado
Uma formulação específica do construto usada por um *mainstream* de pesquisa; normalmente envolve uma definição explícita

Tarefa: operacionalização - Desenvolvimento, com base no conceito sistematizado, de um ou mais indicadores para geração de escores ou classificações

Tarefa: modificação do conceito sistematizado – Revisão do conceito sistematizado, ou mesmo sua revisão, à luz dos resultados dos escores e indicadores

Nível 3. Indicadores
Chamados também de medidas ou operacionalizações. Em pesquisa qualitativa, são as definições operacionais de classificação

Tarefa: gerando escores - Aplicação dos indicadores para gerar escores para os casos (respondentes) sob análises

Tarefa: refinando os indicadores – Modificação dos indicadores, ou criação de novos indicadores, à luz dos escores observados

Nível 4. Escores dos casos
Os escores gerados para um indicador específico. Incluem aqui os escores numéricos e os resultados de classificações

A proposta consiste em oferecer uma visão unificada da validade, decomposta em processos que, em seu conjunto, devem gerar evidências de validade. A sugestão de Adcock e Collier é de uma visão de cada atividade como sendo de validação e não de validade, uma vez que a validade seria única, mas temos diversas alternativas de validação.

Um segundo modelo de visualização que considerei pertinente foi proposto por Lissitz e Samuelsen, inicialmente para o contexto específico da Educação, porém não necessariamente restrito a este contexto. Segundo os autores, há dois focos investigativos: um interno, que se associa apenas à escala em si e seus indicadores; e um externo, que associa a escala a outros construtos e a seu impacto (ver figura 4.4).

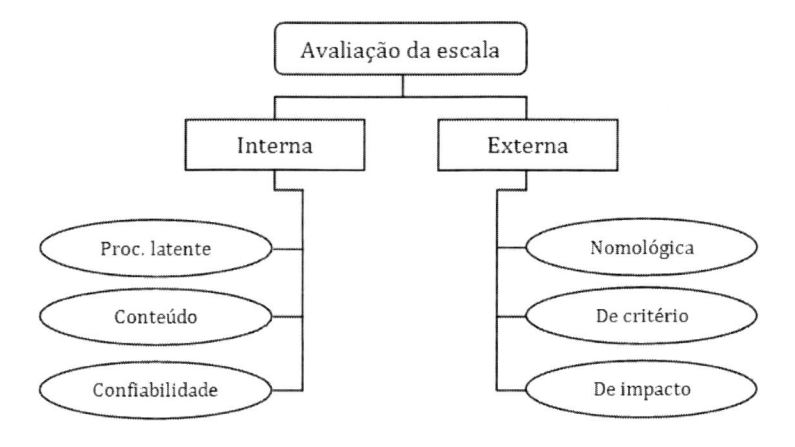

Figura 4.4 – Proposta de Lissitz e Samuelsen

```
                    ┌──────────────────────┐
                    │ Avaliação da escala  │
                    └──────────┬───────────┘
                    ┌──────────┴───────────┐
            ┌───────┴──────┐       ┌──────┴───────┐
            │   Interna    │       │   Externa    │
            └───────┬──────┘       └──────┬───────┘
              ┌────┴─────┐            ┌───┴──────┐
              │ Proc. latente │       │ Nomológica │
              └──────────┘            └──────────┘
              ┌──────────┐            ┌──────────┐
              │ Conteúdo │            │ De critério │
              └──────────┘            └──────────┘
              ┌──────────────┐        ┌──────────┐
              │ Confiabilidade │      │ De impacto │
              └──────────────┘        └──────────┘
```

Na primeira perspectiva temos a validade de conteúdo, a análise de confiabilidade, além da análise do processo latente (a validade de conteúdo refere-se, para o autor, ao conteúdo em si, e o processo latente remete a outros aspectos, especialmente associados à adequação dos itens e à validade de face);

Na segunda perspectiva, temos a validade nomológica, a validade de critério, e a análise de impacto (associado ao impacto do instrumento em seu propósito de mensuração).

A proposta de sistematização de Lissitz e Samuelsen difere da proposta de Adcock e Collier, uma vez que aqui a ideia é promover uma sistematização das alternativas de validação (veja que esta proposta complementa a visão colocada no início do capítulo, que preferi dividir em procedimentos qualitativos e quantitativos). Mas Lissitz e Samuelsen vão mais adiante, dividindo suas alternativas de validação em duas perspectivas: uma teórica e outra prática. No primeiro caso se inserem a validade de processo latente e a validade nomológica; no segundo temos a análise de conteúdo, a de confiabilidade, a análise de critério e de impacto.

Os autores propuseram o cruzamento das perspectivas com o foco investigativo, gerando uma visualização mais completa sobre a validade e seus processos. O quadro 4.5 indica esta proposta, com algumas adaptações: as indicações entre parêntese não estão registradas no trabalho inicial, mas foram inseridas em atendimento ao que foi descrito neste texto, ou seja, que a análise de conteúdo e de critério são ao mesmo tempo procedimentos teóricos e práticos.

Quadro 4.5 – Focos e perspectivas de validade

		Perspectiva	
		Teórica	Prática
Foco investigativo	Interna	Processo latente (Conteúdo)	Conteúdo Confiabilidade
	Externa	Nomológica (Critério)	Critério Impacto

Um aspecto interessante desta última sugestão concerne à proposição de que a confiabilidade é parte da análise de validade, e da proposição do que chamaram análise de impacto, como parte do processo de validação.

4.6.2. O problema da teoria da validade: uma visão histórica

Pela análise dos estudos já publicados, uma observação imediata é de que a teoria da validade é extremamente ampla e heterogênea. Em verdade, o que temos de certo na teoria da validade é que não se conseguiu desenvolver uma proposta consistente e universal para uma teoria geral da validade, mesmo depois de um século de pesquisas e debates sobre o tema. Problemas como definir validade e classificar as alternativas de validação têm sido desafios recorrentes na teorização sobre mensuração em ciências sociais e comportamentais.

Já foram inclusive realizados levantamentos na literatura sobre o assunto que ilustram a dificuldade de definir tipos de validade, em razão das inúmeras propostas que já foram desenvolvidas. Por exemplo, um estudo realizado por Luiz Pasquali identificou 31 tipos distintos de validade já explorados na literatura especializada e ainda indicou que outras possibilidades ficavam em aberto, a depender da lógica do instrumento e da disposição e criatividade do pesquisador. Já Adcock e Collier mapearam 37 adjetivos referindo-se à validade[25].

A reunião de tantas alternativas de validade tem sua justificativa na própria importância que o tema tem para o processo de mensuração. Com efeito, somente há sentido em se desenvolver uma escala se esta for ao final tida como válida. Se entendermos que a vasta teoria da confiabilidade é parte integrante da teoria da validade (uma vez que uma medida válida tem que ser também confiável), compreenderemos que o tema validade é o que mais ocupa espaço nas reflexões sobre mensuração. Os métodos de desenvolvimento de escalas (ilustrados no capítulo 2) são, em verdade, caminhos desenvolvidos para oferecer rigor à busca de validação de uma escala.

Segundo Lissitz e Samuelsen, historicamente os primeiros esforços para definir um procedimento de validade consistente para uma medida foram desenvolvidos no âmbito da testagem psicológica, ainda no início do século XX (em torno do ano de 1915), e com foco no que atualmente definimos como a validade de critério[26]. No entanto, uma definição formal de validade somente seria lançada no início dos anos 1930, com a obra de Louis Leon Thurstone[27].

A preocupação imediata da validade era, pelo que o esforço inicial sugere, na efetividade da medida (escala ou teste) enquanto instrumento de predição ou de associação com outras medidas. Observa-se, por outro lado, que a preocupação com o conteúdo da escala em si não estava presente na época. De fato, a preocupação com aspectos associados ao conteúdo dos testes somente foi incorporada à discussão sobre validade no final da década de 1940 e início da década de 1950.

---

25 Cf. PASQUALI, L. Validade dos testes psicológicos: será possível reencontrar o caminho? Psicologia: Teoria e Pesquisa, v. 23, Número especial, p. 099-107, 2007; ADCOCK, R.; COLLIER, D. Measurement validity: a shared standard for qualitative and quantitative research. American Political Science Review, v. 95, n. 3, p. 529-546, sep., 2001. Embora os estudos tenham sido direcionados para outras áreas, as análises são extensíveis à mensuração também em Administração.
26 LISSITZ, R. W.; SAMUELSEN, K. A suggested change in terminology and emphasis regarding validity and education. Educational Researcher, v. 36, n. 8, 437-448, 2007.
27 Cf. THURSTONE, L. L. The reliability and validity of tests. Ann Arbor: Edwards, 1931.

A partir de então, as duas modalidades de validade dominaram o cenário das preocupações no desenvolvimento de testes em Psicologia e ainda de avaliações e testes no campo da Educação. Desta época não se tem referência de qualquer análise específica associada à Administração.

Pouco tempo depois já estava em plena discussão a modalidade de validade que constitui atualmente a validade de construto. O ponto de referência neste aspecto é o clássico artigo de Cronbach e Meehl[28], no qual estes autores indicaram não apenas a validade convergente e discriminante, mas incluíram a ideia de validade de grupo conhecido, e realçaram que uma medida efetivamente válida deveria permitir analisar a situação do construto em uma rede nomológica, destacando a necessidade de verificação do comportamento e da adequação da medida em uma rede de relações teoricamente instituída.

A constituição destes três tipos básicos de validade serviu de base para a teorização e para a discussão do processo de desenvolvimento de medidas, fossem os testes da Psicologia ou as avaliações e testes em Educação. Os três tipos de validade genericamente definidos (ou seja, validade de conteúdo [ou de translação, como a incorporação da validade de face], de critério e de construto) formaram a base de toda a teorização posterior ao ano de 1955, constituindo, na ironia de Guion, a chamada 'santa trindade da salvação psicométrica[29]'.

Ainda hoje esta é a tipologia mais aceita, mais de 50 anos depois de estabelecida, e é a mais recorrente nos estudos de desenvolvimento de escalas em Administração, desde quando as primeiras reflexões foram lançadas neste campo (ver capítulo 2). Isto faz compreender a estrutura que selecionei para este capítulo, que está exposta entre os itens 4.1 a 4.5.

Devo ressaltar, por outro lado, que esta tipologia não restringe outras possibilidades de validade, e até são comuns em relatórios de pesquisa outras verificações de validade, dentre as dezenas de possibilidades existentes. Por exemplo, é possível imaginar uma 'validação geográfica' quando testamos uma escala em um país ou região, e em seguida procedemos aos mesmos testes em outros países ou regiões[30]; adicionalmente, também é perfeitamente cabível pensar em uma validação de base linguística, que pode ser desenvol-

---

28 CRONBACH L. J.; MEEHL, P. E. *Construct validity in psychological tests. Psychological Bulletin*, v. 52, p. 281-302, 1955.
29 GUION, R. M. *On trinitarian doctrines of validity. Professional Psychology*, v. 11, p. 381-398, jun., 1980.
30 PONS, F.; MOURALI, M.; NYECK, R. *Consumer orientation toward sporting events: scale development and validation. Journal of Service Research – JSR*, v. 8, n. 3, p. 276-287, feb., 2006.

vida pelo teste de um conjunto de itens de uma escala em diferentes línguas[31].

Naturalmente, estes procedimentos são novas verificações dos mesmos tipos de validade citados anteriormente, mas levando em conta os diferentes condicionantes (contexto geográfico ou linguístico, ou ambos). De toda sorte, uma conclusão central no processo de busca de escalas válidas é a de que quanto mais verificações e mais confirmações, mais segura e consistente é a escala.

Se a definição de uma tipologia consistente de validade foi uma das preocupações centrais da pesquisa sobre desenvolvimento de medidas (testes, escalas ou avaliações), uma segunda preocupação, que até o início do século XXI ainda era objeto de extensa discussão, foi aquela associada à unificação da validade. Tal preocupação tem uma boa justificativa: os três tipos de validade expostos não constituem, em si, processos que se relacionem de maneira clara. Até pelo contrário, tudo ocorre como se fossem procedimentos totalmente distintos, e ainda hoje este é o modo de apresentação dos relatórios de pesquisa de escalas desenvolvidas.

Associado a esta preocupação, muitos estudos buscaram encontrar os pontos de ligação entre cada tipo de validade, ou seja, buscava-se identificar os pontos comuns entre os conceitos e métodos da validade de critério e de construto, e destes com a validade de translação (na metáfora de Guion, buscava encontrar as interseções entre as três divindades, para formar a 'unidade divina' da validade). Naturalmente, não é um esforço fácil, nem foi algo até o momento conseguido.

Uma ideia interessante neste sentido é a de entender a 'validade' como um conceito único e associado à mensuração, e entender os tipos apresentados não como validade, mas como protocolos do processo de 'validação', como propuseram Adcock e Collier. Assim, de posse de uma proposta de escala, a submeteríamos a um processo sistemático de validação pelos três processos centrais, e seus subprocessos, e, em caso de confirmação de evidências adequadas, enunciaríamos a 'validade' da escala. Não haveria assim a terminologia 'validade de conteúdo e de face', mas sim 'validação de conteúdo e de face'. Para este livro, optei por entender que as duas palavras são intercambiáveis, uma vez que o uso de qualquer das duas tem conteúdo semelhante para o leitor brasileiro.

Independente de uma ênfase unificada ou não, devemos sempre compre-

---

31 ADCOCK, R.; COLLIER, D. *Measurement validity: a shared standard for qualitative and quantitative research.* American Political Science Review, v. 95, n. 3, p. 529-546, sep., 2001.

ender que os procedimentos são todos orientados a dar evidência de validade da escala, e é desejado que haja convergência de resultados[32]. De fato, não há sentido em admitir como válida uma escala que mantenha uma boa evidência de validade de translação sem que sejam evidenciadas também as validades de critério e de construto. Neste caso, cairíamos na cilada das escalas usadas no passado em Administração, e sepultaríamos toda nossa motivação para a proposição de métodos rigorosos de trabalho.

Adicionalmente, também não há sentido algum em uma escala que possua indicações de validade de construto ou de critério, mas que não tenha assegurada sua validade de translação. Este tem sido um dos grandes problemas em escalas que se proclamam válidas por conseguirem atingir condições adequadas nas operacionalizações estatísticas que são usadas nestes tipos de validação, mas com escalas cujos itens são flagrantemente distantes do construto proposto, tudo isto em consequência de falhas na validade de translação.

O que tem se observado com frequência, e um procedimento que entendo consistente, é que se realiza sempre a validação de translação (como primeiro procedimento de validação), e em seguida se realiza a validação de construto, ou de critério, ou de ambas, se possível. Eventualmente, não é possível gerar evidência de ambas as formas de validade quantitativa, porém ao menos uma das duas é necessária que se proceda.

Creio no valor deste procedimento. Mas um aspecto precisa sempre ser lembrado: é imperativo que se leve em conta o princípio antes enunciado, de que se devem buscar sempre mais e mais evidências de validade. Apenas com um conjunto consistente de evidências de validade é que se poderá reafirmar que uma escala é ou não válida.

---

32 Há inclusive pensadores que defendem que não há sentido em buscar uma unificação da validação, ou seja, um esforço neste sentido pode representar uma verdadeira perda de tempo, com resultados muito limitados. Neste sentido, recomendo a leitura da interessante referência: BORSBOOM, D.; MELLENBERG, G.; VAN HEERDEN, J. The concept of validity. Psychological Review, v. 111, p. 1061-1071, 2004.

Capítulo 5
Escalas de verificação

Neste capítulo encerramos a teoria básica sobre desenvolvimento de escalas, com a exposição da teoria sobre escalas de verificação. Ao longo dos capítulos anteriores apresentei alguns indicativos das formas existentes para verificação e pesquisas na área de Administração, porém não sistematizei o conteúdo, o que faço agora. Neste intento, começamos por apresentar os formatos convencionais de verificação mais usados em escalas em Administração, e em seguida apresento indicações das principais decisões associadas a estes formatos. Ao final, apresento algumas alternativas de mensuração relevantes, mas de uso mais restrito.

5.1. Formatos convencionais

Como foi possível observar nos capítulos anteriores, temos diversas possibilidades de escalas para mensuração de construtos abstratos das ciências sociais e comportamentais. Diversas possibilidades de aferição vêm sendo analisadas e testadas desde as primeiras décadas do século XX, e ainda hoje são muitas as perguntas não respondidas e as limitações encontradas. Neste item apresento algumas das principais escalas, com foco naquelas consagradas pelo uso em pesquisas tanto para fins acadêmicos quanto para fins gerenciais em Administração.

A literatura sobre pesquisa e instrumentos de pesquisa não possui homogeneidade na ordem de exposição. Nestes termos, aqui optei pela visão proposta por Naresh K. Malhotra, um reconhecido autor da área de pesquisa de marketing, que dividiu as escalas de verificação em dois grandes grupos, quais sejam, as escalas comparativas (aquelas nas quais uma indicação de um item depende das indicações de outros itens), e escalas não comparativas (nas quais as indicações de cada item são independentes). A figura 5.1 apresenta a visão de Malhotra[1].

Para os propósitos de desenvolvimento de escalas de acordo com os modelos que temos seguido, são mais comuns as escalas não comparativas (apon-

---

[1] MALHOTRA, Naresh K. *Marketing research: an applied orientation.* 3. ed. Upper Saddle River, New Jersey: Prentice Hall, 1999.

tamos elementos das escalas comparativas no item 5.3). Estas, por sua vez, podem ser de dois tipos: escalas contínuas, nas quais qualquer valor real pode ser apontado entre os extremos convencionados da escala; e as escalas por pontos, com apresentação de valores discretos no ato de averiguação.

Neste último caso temos algumas alternativas específicas que são mais comumente usadas e recomendadas. Por esta razão, concentraremos o foco deste item na discussão destas possibilidades. As mais comuns são as escalas de diferencial semântico, de Stapel, de Likert, e de *phrase completion*[2].

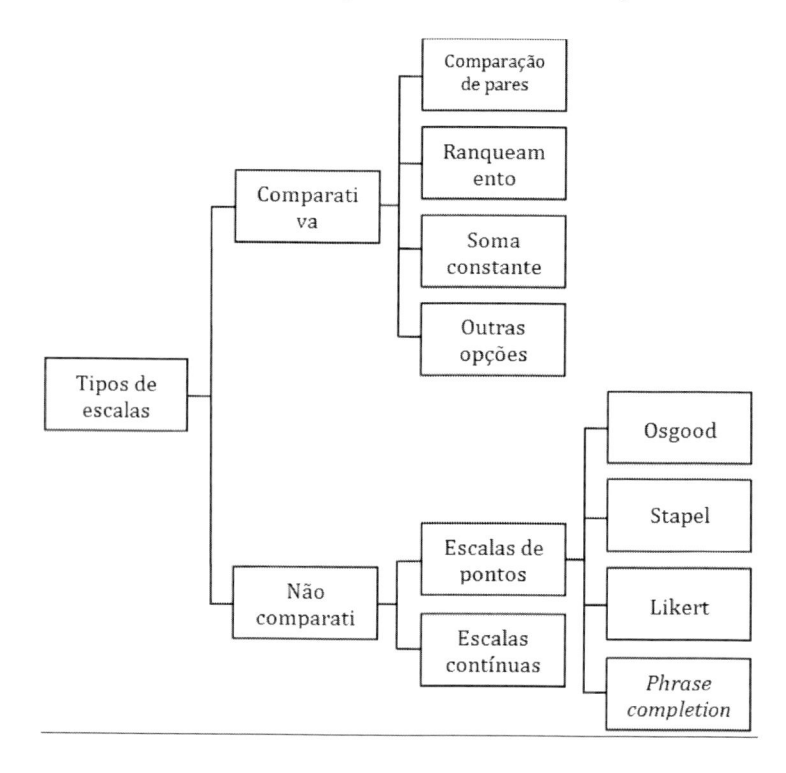

Figura 5.1 – Tipos de escalas de verificação

```
                         ┌── Comparação de pares
                         │
              ┌─ Comparativa ─┼── Ranqueamento
              │          │
              │          ├── Soma constante
              │          │
              │          └── Outras opções
Tipos de ─────┤
escalas       │                        ┌── Osgood
              │                        │
              │          ┌─ Escalas ──┼── Stapel
              │          │  de pontos │
              └─ Não ────┤            ├── Likert
                 comparati           │
                          │            └── Phrase completion
                          └─ Escalas
                             contínuas
```

---

2 A rigor, a escala de pontuação contínua distingue-se da escala de pontos somente pela possibilidade de atribuição de qualquer valor real como medida na escala, pois, quanto à forma de apresentação, as alternativas são as mesmas das escalas de pontos. Por esta razão, as determinações destas últimas se aplicam às escalas contínuas.

5.1.1. Escalas de diferencial semântico e de Stapel

A escala de diferencial semântico ou de Osgood (em homenagem a seu propositor Charles Osgood) consiste na atribuição de números a diferentes intensidades de uma variável, tomando por base extremos opostos de manifestação desta variável[3]. Depois da escala de Likert, a escala de diferencial semântico é, provavelmente, a mais utilizada em procedimentos de criação de novas escalas.

Normalmente, tomamos um objeto de análise, e definimos diferentes características (itens) associadas a este objeto, e em seguida tomamos os extremos de manifestação, na maioria das vezes um extremo positivo e outro negativo. Estes extremos conceituais representarão os extremos numéricos da escala, e em seguida são definidos os pontos intermediários. Vejamos dois exemplos.

Seja um determinado restaurante, sobre o qual um conjunto de respondentes deverá apresentar sua avaliação após uma visita. Por conveniência, podemos tomar por base uma avaliação de três características: ambiente, com extremos de desagradável e agradável; atendimento, entre péssimo e ótimo; comida, entre ruim e deliciosa. Adotemos a convenção de 1 como o extremo negativo para cada item, e 10 como o extremo positivo. Teríamos como possibilidade averiguação a que está indicada no quadro 5.1.

Quadro 5.1 – Exemplo 1 de escala de diferencial semântico

	O ambiente do restaurante é										
Desagradável	1	2	3	4	5	6	7	8	9	10	Agradável
	O atendimento do restaurante é										
Péssimo	1	2	3	4	5	6	7	8	9	10	Ótimo
	A comida do restaurante é										
Ruim	1	2	3	4	5	6	7	8	9	10	Deliciosa

Seja agora uma marca de bebida alcoólica, sobre a qual decidimos proceder a uma avaliação após uma degustação. Os atributos definidos foram os

---

3 Cf. OSGOOD, C. E. The nature and measurement of meaning. Psychological Bulletin, v. 49, p. 197-237, 1952; OSGOOD, C. E. SUCI, G. J. TENNENBAUN, P. H. The measurement of meaning. Urbana, Il: University of Illinois, 1957. A proposta foi apresentada na primeira referência, mas aprimorada na segunda (muitos textos citam somente a segunda referência).

seguintes: pureza, com extremos de impuro e puro; sabor, com extremos de péssimo e delicioso; e teor alcoólico, com extremos entre forte e fraca. Para averiguação, optamos por utilizar uma escala de sete pontos, sem associação padrão de aspectos positivos ou negativos. Teríamos então a escala de verificação mostrada no quadro 5.2.

Quadro 5.2 – Exemplo 2 de escala de diferencial semântico

		A BEBIDA É:	
1.	Impura	1 2 3 4 5 6 7	Pura
2.	Deliciosa	1 2 3 4 5 6 7	Péssima
3.	Fraca	1 2 3 4 5 6 7	Forte

Observe neste exemplo que, no segundo item, há uma inversão da ordem de sentido entre número e significado, no qual o 1 ficou associado a uma característica positiva e o 7 a uma característica negativa. Isto facilita o entendimento por parte do respondente, que tem logo de início a referência de que se trata de gosto. Por esta razão, não partimos de qualquer regra de associação entre números e valência (de positivo ou negativo) dos extremos.

Merece registro a possibilidade que temos de fixar os dois extremos de significado e seus respectivos números convencionados, e deixar uma linha sem indicação numérica de pontos para que o respondente marque o local que achar mais adequado entre os extremos. Neste caso, estaríamos usando uma escala do tipo contínua (comentado anteriormente), o que permitiria uma maior liberdade aos respondentes. O maior problema reside na verificação do registro, que pode demandar mais tempo e até equipamentos especiais de medição de distâncias.

Deve-se notar também nestes dois exemplos que podemos utilizar a escala de diferencial semântico para diferentes atributos de um mesmo produto, cada qual com uma delimitação de extremos, ou podemos apontar um conjunto de atributos já na forma da escala, sem maiores especificações. Alternativas foram analisadas pelos autores Julie Yu, Gerald Albaum and Michael Swenson, que desenvolveram um estudo específico sobre estas escalas, indicando quatro possibilidades[4]:

---

4 YU, J.; ALBAUM, G.; SWENSON, M. *Is a central tendency error inherent in the use of*

- A primeira é escala de diferencial semântico tradicional (DST), na qual somente um objeto é avaliado em um dado conjunto de atributos. No segundo exemplo anterior, empregamos esta escala para uma dada marca, e somente poderíamos avaliar outra marca em uma segunda verificação independente;
- A segunda é a escala diferencial semântico tradicional modificada (DSTM), na qual um conjunto de objetos é avaliado em uma dada característica, sendo avaliada somente uma característica por vez;
- A terceira é a escala de posicionamento gráfico (EPG), no qual todos os objetos são avaliados em uma mesma escala com diversos atributos, de tal modo que a marcação do escore pelo respondente seja codificada para indicar com clareza diferentes objetos;
- A quarta opção é a chamada escala numérica comparativa (ENC) e consiste em uma variação da terceira, porém com um destaque para que seja apontado o escore de cada um dos objetos no atributo sob análise.

Quadro 5.3 – Aplicação da DSTM

	PUREZA						
	Impura				Pura		
Marca A	1	2	3	4	5	6	7
Marca B	1	2	3	4	5	6	7
	SABOR						
	Deliciosa				Péssima		
Marca A	1	2	3	4	5	6	7
Marca B	1	2	3	4	5	6	7
	TEOR ALCOÓLICO						
	Fraca				Forte		
Marca A	1	2	3	4	5	6	7
Marca B	1	2	3	4	5	6	7

semantic differential scales in different cultures? International Journal of Market Research, v. 45, n. 2, 213-228, 2003.

Para ilustrar as últimas três opções, tomemos o exemplo da marca de bebida, mencionada anteriormente (que ilustra a primeira opção), e definamos o propósito de analisar duas marcas, apontadas por marca A e marca B. Para a escala DSTM, temos a ilustração no quadro 5.3. Observe que neste caso são avaliadas as duas marcas em separado, para cada atributo. É fácil perceber que se tivermos um número elevado de atributos e um conjunto grande de marcas, teremos um instrumento bastante extenso. A vantagem aqui é a possibilidade de uma comparação mais direta

Para a EPG, temos uma ilustração no quadro 5.4. O procedimento básico consiste em manter a escala, e dar a indicação no escore de qual marca se refere a análise. Observe que temos aqui a possibilidade de ganho de espaço, evitando o problema comentado na escala DSTM. No entanto, se tivermos muitas marcas sob análise é possível que tenhamos o risco de poluir visualmente as respostas. Veja que no caso anterior adotei o critério de apontar a resposta em negrito, e para o terceiro item tivemos as duas marcas com o mesmo escore (veja que se tivéssemos cinco marcas, por exemplo, seria mais delicado apontar as respostas). Outro problema é a criação de uma dificuldade adicional ao respondente (para o caso de autorresposta), que terá que decorar um código de marca.

Quadro 5.4 – Aplicação da EPG

	A bebida é (marque as letras A e B em cada escore, por variável)							
1. Impura		A			B			Pura
	1	2	3	4	5	6	7	
2. Deliciosa				B		A		Pessima
	1	2	3	4	5	6	7	
3. Fraca				A B				Forte
	1	2	3	4	5	6	7	

Para a ENC, temos uma exemplificação no quadro 5.5. Este parece ser o caso mais adequado, uma vez que apresenta uma disposição melhor que o caso anterior. Mas, novamente, teríamos problemas em caso de um número maior de marcas.

Quadro 5.5 – Aplicação da ENC

	A bebida é:									Escore da marca	
										A	B
1.	Impura	1	2	3	4	5	6	7	Pura		
2.	Deliciosa	1	2	3	4	5	6	7	Péssima		
3.	Fraca	1	2	3	4	5	6	7	Forte		

Qualquer que seja a alternativa usada, o princípio é o mesmo, de modo que somente as condições particulares de cada propósito poderão indicar qual deve ser a forma de apresentação da escala. Em geral, são citadas três dificuldades associadas à escala de diferencial semântico:

- O primeiro concerne à tendência do respondente em marcar o escore do meio, em caso de dúvidas ou indisposição para resposta. Este risco, que é comumente chamado de 'tendência ao centro', está presente em outras formas de verificação, porém o caso específico da escala de diferencial semântico, com dois extremos anotados, parece reforçar esta tendência;
- Adicionalmente, estudos têm indicado a tendência de respostas próximas em itens próximos entre si. Esta possibilidade é chamada de risco de 'distorção por proximidade'. Uma forma de evitar este risco é dispor os itens de modo a não haver expressões semelhantes ou de mesmo sentido muito próximas (se isto ocorrer, poderá induzir o respondente a não pensar antes de responder, e seguir a conveniência de repetir respostas para ganhar tempo);
- Por fim, temos o chamado risco da 'leniência', que se associa à tendência dos respondentes de apontarem escores muito elevados ou muito baixos. Isto ocorre inclusive por engano, dada a possibilidade de o respondente entender que os escores entre os extremos não são possíveis respostas, sendo, portanto, mais seguro marcar somente o extremo mais próximo de sua avaliação. Este risco pode ser evitado com ajuda e orientação na resposta por parte do agente de coleta de dados.

Fora estes aspectos comumente apontados, também é citada na literatura especializada a possibilidade de o respondente deixar de avaliar cada item específico da escala e apontar seus escores baseados não na característica, mas em sua avaliação geral do objeto sob análise. Por exemplo, para o caso da análise de bebidas, é possível que um respondente que possua alguma antipatia a uma dada marca decida apresentar escores baixos em todos os itens, sem levar em conta a característica em si. Este risco, chamado de 'efeito halo', é mais difícil de ser controlado, mas a aplicação adequada da escala pode dar indícios deste efeito (por exemplo, há indícios de efeito halo no caso de respondentes que somente marcam um escore, ou aqueles que marcam somente escores baixos ou altos, mesmo para itens de sentido reverso).

Afora estas dificuldades, a escala de diferencial semântico é caracterizada por sua facilidade de produção e aplicação, e pela possibilidade de diversas alternativas de análise. Por exemplo, é possível indicar o desempenho de um conjunto de respondentes para cada um dos atributos da bebida do exemplo anterior, apontando, com as devidas diferenciações, os resultados das duas marcas, inclusive com exposição gráfica de resultados, como exposto no quadro 5.6.

Quadro 5.6 – Exemplo de análise de escala de diferencial semântico

	A bebida é:							Média da marca	
	1	2	3	4	5	6	7	A	B
1. Impura	*	*	*	*	*	*	* Pura	3,1	6,9
2. Deliciosa	*	*	*	*	*	*	* Péssima	4,0	1,9
3. Fraca	*	*	*	*	*	*	* Forte	2,0	4,0

Nota: a linha contínua corresponde à marca A, e a linha pontilhada, à marca B.

O quadro deixa evidente, pela medida e pela ilustração, que a marca A é considerada impura, possui um sabor razoável, e que é bastante fraca em teor alcoólico. Já a marca B é considerada bastante pura, com um sabor muito bom, e é considerada uma bebida já de um nível mais forte de teor alcoólico. A ilustração e as características ajudam a compreender por que foi dito no início deste subitem que a EDS é a segunda mais utilizada em pesquisas.

A análise de pesquisas diversas indica que alguns pesquisadores fazem uso indevido e descuidado da EDS, o que eventualmente provoca problemas de interpretação dos escores. Três cuidados são fortemente recomendados (além daqueles antes apresentados) para impedir problemas com os riscos de utilização[5]:

- Primeiramente, devem-se tomar cuidados especiais na seleção dos itens a partir das características do objeto, de modo a tentar ser exaustivo sem ser redundante. Também é razoável que se usem expressões de fácil entendimento, evitando-se, por outro lado, muitas explicações (o que pode reduzir o próprio sentido de praticidade da escala);
- Em segundo lugar, é recomendável que a escala se aproxime o mais possível de seu sentido de utilização inicial, ou seja, que a escala seja para mensuração de características com polos opostos, de preferência na forma de adjetivos (o que efetivamente remete a características). Não são incomuns pesquisas com escalas na forma de diferencial semântico com frases de oposição nos extremos. Isto não é proibido, porém é recomendável que se tomem maiores cuidados, inclusive na nomenclatura (prefiro chamar esta opção de escala do 'tipo diferencial semântico', que se assemelha ao uso comum das escalas do 'tipo Likert');
- Por fim, muito cuidado deve ser tomado na aplicação de técnicas estatísticas, especialmente a técnica de análise fatorial, que, por vezes, é aplicada de forma mecânica, sem atentar para o real sentido do procedimento sobre os itens (o uso indiscriminado e mecânico da análise fatorial tem sido debatido em tempos recentes, e uma das conclusões centrais é de que nem sempre é apropriado reduzir os itens na formação de fatores mais agregados).

De sentido próximo da escala de Osgood, uma segunda escala recorrentemente usada é a dita escala Stapel (o nome é em homenagem a seu propositor,

---

[5] *Cf.* MALHOTRA, N. K. *Marketing research: an applied orientation*. 3. ed. Upper Saddle River, New Jersey: Prentice Hall, 1999; MCDANIEL, C.; GATES, R. *Pesquisa de marketing*. São Paulo: Pioneira-Thomsom Learning, 2003; PEDHAZUR, E.; SCHMELKIN, L. P. *Measurement, design and analysis: an integrated approach*. Hillsdale: Lawrence Erlbaum Associates Inc. Publishers, 1991.

o pesquisador Jam Stapel). A proposta consiste em uma escala de 10 pontos, variando de -5 a +5, sem o zero, utilizada para analisar um aspecto específico, em uma avaliação que parte de uma perspectiva negativa para uma positiva.

Diferente da EDS, a escala de Stapel não apresenta adjetivos ou expressões de sentido oposto, mantendo a restrição à característica sob análise. A avaliação da característica está expressa na possibilidade de uma indicação negativa ou positiva, e na intensidade desta indicação, que sugere uma variação desde algo intensamente negativo (-5), passando por pouco negativo (-1) e pouco positivo (+1), até alto intensamente positivo (+5). Naturalmente, o sentido de extremos opostos está implícito nesta escala, o que a aproxima, como indicado, da EDS.

A forma de apresentação desta escala é simples, e consiste em ordenar no conjunto de características na parte central, com a indicação dos pontos nas adjacências. Embora não haja uma regra restritiva, normalmente se usa a escala de Stapel na posição vertical, conforme ilustrado no quadro 5.7, com o exemplo de avaliação de um serviço de hotel nos atributos atendimento, estrutura, qualidade.

Quadro 5.7 – Exemplo da escala de Stapel

Apresente sua avaliação do hotel A.		
+5	+5	+5
+4	+4	+4
+3	+3	+3
+2	+2	+2
+1	+1	+1
Atendimento	Estrutura Física	Qualidade do hotel
-1	-1	-1
-2	-2	-2
-3	-3	-3
-4	-4	-4
-5	-5	-5

Por exemplo, é fácil perceber que os resultados gerados pela escala Stapel têm um sentido bem delimitado ao apontar uma avaliação positiva e negativa. Por exemplo, se em um conjunto respondentes encontramos uma média de -2,5 para atendimento, fica claro que a avaliação é negativa, e em nível moderado; já se a média fosse, por exemplo,+4,1 para estrutura física, teríamos a evidência de que a avaliação foi positiva, e em um nível já elevado, sugerindo uma boa estrutura.

A escolha desta escala possui também a vantagem de dispensar o esforço de construção de opostos negativos de atributos, o que é um problema das escalas de diferencial semântico. No entanto, estas vantagens não têm sido uma motivação forte o suficiente para que esta escala tivesse um uso mais extenso.

Até pelo contrário, a escala de Stapel tem um uso restrito se comparada às outras opções existentes, e em pesquisas de natureza mais acadêmica praticamente nunca se faz uso desta escala. Neste sentido, sua utilização é recomendada em avaliações convencionais de pesquisa de mercado.

5.1.2. Escala de Likert

De todas as possibilidades de mensuração existentes e em uso nas ciências sociais e comportamentais, seguramente a mais amplamente usada, debatida e até contestada é a escala de concordância proposta por Rensis Likert, conhecida por escala de Likert[6]. Na aplicação desta escala, os itens são selecionados e para cada um destes é desenvolvida uma afirmação sobre a qual o respondente deve expressar seu grau de concordância, que varia entre a discordância total e a concordância total.

Normalmente são usados pontos associados a diferentes níveis conceituais de concordância, de modo que seja estabelecido entre os dois extremos uma clara indicação de intensidade de concordância. A proposição inicial de Likert consistia no uso de escalas de 5 pontos, como ilustrado no quadro 5.8, para uma afirmação genérica qualquer.

As inúmeras possibilidades de uso da escala de Likert favorecem seu uso. É fácil ver que podemos colocar um grande número de afirmações em uma sequência, sem ter de repetir a escala, indicando somente os pontos. Por esta razão, procedimentos que envolvem muitos itens, como são comuns os primeiros passos de desenvolvimento de novas escalas, ou de pesquisas que ope-

---

6 LIKERT, R. *A technique for the measurement of attitudes. Archives in Psychology*, v. 140, p. 1-55, 1932.

racionalizam muitos construtos, têm na escala de Likert uma boa opção de redução do tamanho de questionários.

Quadro 5.8 – Escala de Likert

Afirmação genérica...				
1	2	3	4	5
Discordo totalmente	Discordo	Indeciso	Concordo	Concordo totalmente

Também é mais fácil para o respondente apontar seu grau de concordância com uma afirmação, especialmente se comparamos com as possibilidades da escala de diferencial semântico, que deve possuir extremos conhecidos pelos respondentes (qualquer pessoa tem o perfeito senso do que seja concordar e discordar de uma afirmação). É possível ainda transformar qualquer escala para o padrão da escala de Likert, sem perder a referência de sentido do item. Por exemplo, se estamos medindo o sabor de um dado produto alimentício, podemos usar os extremos ótimo e péssimo da escala de diferencial semântico com 7 pontos, ou transformar o item em uma afirmação, algo como 'o sabor do produto é muito bom', e apresentar uma escala de Likert de 7 pontos para obter um resultado provavelmente muito próximo.

Este último exemplo mostra que a escala de Likert pode substituir consistentemente a escala de diferencial semântico, assim como a escala de Stapel. Para aproveitar a vantagem desta última, a escala de Likert também pode ser apontada com extremos entre negativo e positivo, sem perda de sentido. Por exemplo, no caso do quadro 5.8, poderíamos ter apontado a escala de -2 a +2 com a mesma indicação de sentido, aproveitando assim a vantagem de indicação da valência da avaliação.

Afora estas vantagens lógicas, a escala de Likert também possui consistência psicométrica nas mais diversas avaliações possíveis, e os resultados de pesquisas baseados em seu uso têm-se mostrado consistentes ao longo dos anos (basta ver a grande quantidade de bons trabalhos de pesquisa que foram baseados em escala de Likert). Ou seja, a escala de Likert possui vantagens e características que justificam sua fama e sua constante presença nas pesquisas e nas atividades de formação de novos pesquisadores. Isto justifica a grande quantidade de estudos que já foram desenvolvidos em torno de seu uso[7].

Isto também ajuda a compreender por que esta escala é tão contestada quanto a sua utilidade e a sua capacidade de expressar adequadamente uma medida. Em verdade, desde o início dos anos 2000 a escala de Likert começou a ser destacada por suas falhas, e pelo potencial de problemas que pode causar. Destaco a seguir alguns destes aspectos, mas sem a pretensão de esgotá-los.

Uma primeira dificuldade associada à escala de Likert concerne à denominação dos pontos. De fato, a alternativa de denominação é muito simples para um número de pontos pequenos, como cinco, seis ou sete pontos; no entanto, para números maiores de pontos temos dificuldade em denominar cada ponto de tal maneira que seja evidente a diferença entre os conceitos. Vejamos o caso para os sete pontos das alternativas convencionais, expostas no quadro 5.9, com o exemplo de uma pesquisa de avaliação do construto 'relativismo ético'.

Quadro 5.9 – Escala de Likert de 7 pontos

CODIFICAÇÃO DA ESCALA						
1	2	3	4	5	6	7
Discordo totalmente	Discordo fortemente	Discordo parcialmente	Indeciso	Concordo parcialmente	Concordo fortemente	Concordo totalmente

AFIRMAÇÃO	ESCALA						
As questões sobre ética não podem ser universais, pois o que é moral ou imoral depende de cada indivíduo	1	2	3	4	5	6	7
Considerações éticas em relacionamentos interpessoais são tão complexas que deveria ser permitido que indivíduos formulassem os seus próprios códigos de ética	1	2	3	4	5	6	7

---

7 CUMMINS, R. A.; GULLONE, E. Why we should not use 5-point Likert scales: the case for subjective quality of life measurement. International Conference on Quality of Life in Cities, 2. Singapore, 2000. Proceedings... Singapore: National University of Singapore, 2000.

O melhor caminho de ajustes e relações humanas é fixar rígidas posições éticas que previnam certos tipos de ação	1	2	3	4	5	6	7
Nenhuma regra deve permitir ou proibir mentiras, pois se uma mentira é completamente permitida ou não, depende da situação	1	2	3	4	5	6	7
Uma mentira deve ser julgada como moral ou imoral dependendo das circunstâncias da ação.	1	2	3	4	5	6	7

É fácil observar que, se tivermos que acrescentar mais pontos, começaremos a ter problemas nos demais itens, por falta de expressões que discriminem verdadeiramente os números. Isto ajuda a explicar por que a escala de Likert costuma ter sempre entre cinco e sete pontos. Mas ainda assim temos dificuldades de distinguir o sentido dos pontos em uma comparação mais detalhada. Por exemplo, qual a diferença entre discordar parcialmente e concordar fortemente? Por mais que tentemos assegurar a diferença, esta não é de todo clara. Pedhazur e Schmelkin destacam ainda que é possível que haja variações de interpretação no próprio sentido de cada termo intermediário (ou seja, concordar parcialmente para uma pessoa não é o mesmo que concordar parcialmente para outra)[8], o que pode sugerir problemas de avaliação de resultados e também de replicação de estudos.

Provavelmente, o problema mais sério na denominação dos itens seja o ponto intermediário que surge em escalas com número ímpar de pontos. De fato, o ponto central costuma ser apontado como o escore neutro ou de indecisão da escala, sendo esta possibilidade, ainda, uma das justificativas recorrentemente apresentadas para que as escalas possuam um número ímpar de pontos. Por outro lado, esta interpretação é parcial e guarda o equívoco de supor que um número no meio da escala possa representar algo de fora da escala (que é o ponto neutro). Obviamente, o ponto intermediário representa um nível de concordância e não a neutralidade ou a indecisão, e não precisamos argumentar muito para ter certeza disto.

Uma alternativa para solucionar estes dois problemas é expor a escala sem

---

[8] PEDHAZUR, E.; SCHMELKIN, L. P. *Measurement, design and analysis: an integrated approach.* Hillsdale: Lawrence Erlbaum Associates Inc. Publishers, 1991.

denominar os pontos, indicando somente seus extremos, como no caso da escala de Osgood, ou indicando uma posição genérica intermediária, mas sem denominar os pontos. Esta estratégia elimina os problemas associados à escolha de um número maior que sete de pontos, e exclui o problema de denominação do ponto intermediário. O quadro 5.10 ilustra esta possibilidade, para uma escala de 10 pontos.

Quadro 5.10 – Escala de Likert de 10 pontos

Afirmação genérica...									
Discordo totalmente								Concordo totalmente	
1	2	3	4	5	6	7	8	9	10

Observe que, mesmo com uma escala de 10 pontos, é possível a obtenção de respostas adequadas. Naturalmente, isto pode dificultar as respostas de alguns tipos de respondentes, o que eventualmente obriga os pesquisadores a usar a opção de denominação.

Outro aspecto extremamente importante associado à escala de Likert concerne justamente ao número de pontos utilizados e as variações que isto implica nas propriedades da escala. Estudos diversos já vêm demonstrando que a escolha do número de pontos é um determinante de variações de resultados de pesquisas e das características psicométricas da escala[9]. As verificações mostram, por exemplo, que escalas com diferentes números de pontos associadas (por exemplo, 5 e 7 pontos) a um mesmo conjunto de itens e um mesmo conjunto de respondentes, quando padronizados para a mesma base (todas para 5, para 7 ou para 10 pontos, por exemplo), mostram médias distintas. Por outro lado, há indicações de que as análises multivariadas (correlação, por exemplo) mantêm consistência quando são utilizadas escalas com um mesmo número de pontos (5 pontos com 5 pontos, 7 pontos com 7 pontos...).

Esta indicação tem consequências reais para as pesquisas de mercado, que normalmente tem na resposta dada ao item uma indicação importante.

---

9 DAWES, John. Do data characteristics change according to the number of scale points used? An experiment using 5-point, 7-point and 10-point scales. International Journal of Market Research, v. 50, n. 1, p. 61-77, 2008; COELHO, P. S.; ESTEVES, S. P. The choice between a five-point and a ten-point scale in the framework of customer satisfaction measurement. International Journal of Market Research, v. 49, n. 3, p. 313-339, 2007.

Ao mesmo tempo, se são mantidas as relações entre conjuntos de variáveis, as consequências são menores para pesquisas acadêmicas, que normalmente estão mais preocupadas com relações entre variáveis e não com resultados específicos de medidas descritivas univariadas.

Outro problema recorrente, e que tem chamado a atenção mais recentemente, especialmente a partir das ideias do modelo C-OAR-SE, concerne ao próprio sentido de concordar ou de discordar de uma afirmação, e em compreender que tal concordância/discordância corresponde a uma medida de uma variável ou construto. De fato, usamos a escala de Likert a partir da tradução do objeto ou atributo (por exemplo, a satisfação do empregado com a empresa) para a forma de afirmação (por exemplo: 'estou muito satisfeito com minha empresa'), que demanda um grau de concordância. Depois que encontramos o nível de concordância (por exemplo, o seis em uma escala de sete pontos), retraduzimos este resultado da afirmação para o objeto ou atributo (que seria, no caso, uma elevada satisfação do respondente).

Provavelmente, seria mais interessante apresentar uma escala de satisfação (entre totalmente insatisfeito e totalmente satisfeito), porém isto poderia provocar uma variação de alternativa de resposta muito grande quando temos muitos construtos sob análise, de modo a perder a vantagem de uma apresentação mais rápida e o consequente ganho de tempo e de espaço nos questionários. No entanto, um escore de 6 em uma escala de concordância pode não corresponder a um 6 na escala de satisfação. Não temos elementos lógicos para afirmar que esta tradução é viável, porém normalmente o procedimento é este.

Como quer que seja, a adoção de escalas mais diretas para o objeto sob mensuração, sem a tradução para a forma de Likert, parece ser a forma mais adequada de se evitar qualquer viés de resposta. Esta condição de variação de sentido tem sido um dos motivos da expansão de uso de outras escalas em lugar da escala de Likert, e, dado o fato de serem escalas próximas em termos de operacionalização e construção, estas têm recebido o nome de 'escalas tipo Likert' (do inglês Likert-type scales). No quadro 5.11 são apresentadas algumas opções deste tipo de escala (optamos por apresentação de seis possibilidades, com averiguação por cinco pontos, dentre as muitas existentes).

Quadro 5.11 – Exemplos de escalas tipo Likert

Probabilidade	Tamanho	Qualidade
Muito improvável	Muito pequeno	Péssimo
Improvável	Pequeno	Ruim
Meio termo	Médio	Regular
Provável	Grande	Bom
Muito provável	Muito grande	Ótimo
Satisfação	**Custo**	**Modernidade**
Totalmente insatisfeito	Muito alto	Muito antiquado
Muito insatisfeito	Alto	Antiquado
Moderadamente satisfeito	Médio	Meio termo
Muito satisfeito	Baixo	Moderno
Totalmente satisfeito	Muito baixo	Muito moderno

Temos também um problema associado ao uso da escala de Likert quando tratamos do enunciado dos itens, e da interpretação possível que podemos extrair. Tomando novamente o exemplo da satisfação com o trabalho, podemos anunciar a afirmação de duas formas: 1 - 'Pessoalmente, sou **muito** satisfeito com meu trabalho'; 2 - 'Pessoalmente, sou satisfeito com meu trabalho'. Observe que temos uma simples variação no advérbio 'muito', presente na primeira opção. Este advérbio de intensidade daria a um escore 7 (por exemplo), em uma escala de 10 pontos, uma interpretação totalmente distinta da que teria o mesmo escore (7) para a segunda afirmação.

Provavelmente, o respondente não atentará para detalhes como este, sendo mais lógico que ele considere somente o foco da pergunta, sem observar o advérbio (creio que podemos afirmar isto com segurança baseados na experiência, embora não haja evidências empíricas que atestem este o fato). Este é o argumento de falta de sentido no uso da escala de Likert que Jonh Rossiter apontou em seu modelo C-OAR-SE. Em todas as questões nas quais aparece um advérbio, possivelmente teremos dificuldades de interpretação de resultados e de respostas.

O problema é mais intenso ainda quando usamos afirmações de sentido reverso, na qual um respondente deve apresentar sua concordância com uma negação (por exemplo, se usamos a frase 'não estou satisfeito com meu trabalho' como sentido reverso da frase anterior). Este respondente, se estiver satisfeito, deve discordar na negação (ou seja, deve negar que não está satisfeito). É evidente que este procedimento tem a tendência de criar complicações para o entendimento dos respondentes (ter que negar uma negação), principalmente quando sabemos que a grande maioria dos itens de escalas de Likert são apresentados como afirmações.

Embora haja uma tradição de uso de itens reversos bastante difundida na literatura especializada, quando escrevo este texto não há evidências fortes de que recomendem o uso ou não destes itens[10]. Mas é reconhecido pelos pesquisadores mais experientes que este itens são comumente perdidos quando são realizadas as verificações de confiabilidade e de validade de escalas de múltiplos itens, em uma indicação de que este tipo de item não produz resultados adequados. É indispensável, portanto, que o pesquisador decida por itens reversos baseados em fortes evidências de que não será um trabalho inútil (que, ao final, gere o resultado esperado de perda do item e sua exclusão da escala).

5.1.3. Escala *phrase completion*

Este conjunto de limitações, juntamente com outras considerações e possibilidades, conduziu à proposição de uma nova alternativa, materializada na escala de *phrase completion*. Esta escala de verificação foi proposta por David Hodge e David Gillespie, e foi publicada em diferentes periódicos internacionais[11]. Fundamentalmente, a proposta Hodge e Gillespie consiste em tomar um item e iniciar sua apresentação remetendo a sua intensidade de manifestação diretamente em uma escala de 11 pontos, sempre de 0 a 10. As indicações de intensidade complementam a frase iniciada no item. No quadro 5.12 temos um exemplo com a verificação de três aspectos associados ao uso de caixa eletrônico: intensidade de uso, preferência de uso, e intenções de uso futuro.

---

10 Uma referência interessante especificamente sobre este o assunto é a seguinte: SWAIN, S. D.; WEATHERS, D.; NIEDRICH, R. W. Assessing three sources of misresponse to reversed Likert itens. Journal of Marketing Research, v. 45, p. 116-131, feb. 2008. As três fontes de respostas erradas são a falta de atenção dos respondentes, a tendência deste de responder sem uma reflexão mais detida sobre o conteúdo do item, e a dificuldades de entendimento do conteúdo e da resposta que deve ser dada.
11 HODGE, D. R.; GILLESPIE, D. F. Phrase completions: an alternative to Likert scales. Social Work Research, v. 27, n. 1, p 45-55, 2003; HODGE, D. R.; GILLESPIE, D. F. Phrase Completion scales: a better measurement approach than Likert scales? Journal of Social Service Research, v. 33, n. 4, p. 1-12, 2007.

Quadro 5.12 – Exemplo de escala phrase completion

Em relação ao meu uso de caixa eletrônico, posso dizer que (**intensidade**)
Nunca uso   *Às vezes uso*   *Sempre uso*
0 | 1 | 2 | 3 | 4 | 5 | 6 | 7 | 8 | 9 | 10
Quanto à minha preferência de uso de caixa eletrônico, eu (**preferência**)
Preferiria nunca usar   *Usaria às vezes*   *Preferiria sempre usar*
0 | 1 | 2 | 3 | 4 | 5 | 6 | 7 | 8 | 9 | 10
No futuro pretendo usar caixa eletrônico, (**intenções**)
Muito pouco   *Razoavelmente*   *Sempre*
0 | 1 | 2 | 3 | 4 | 5 | 6 | 7 | 8 | 9 | 10

Uma primeira característica associada a esta alternativa de mensuração está em sua proposta de reduzir o esforço de tradução da escala para o formato de afirmação, de tomada da medida, e da retradução da afirmação com o respectivo escore para mensurar o item. Este procedimento, diretamente associado à escala de Likert, é substituído por uma averiguação da medida de forma direta na escala. Isto elimina também o problema que a escala de Likert possui quando são operacionalizadas afirmações com advérbios, uma vez que aqui os advérbios associados aos itens estarão todos associados aos pontos da escala.

Além de dar um direcionamento da captação da magnitude diretamente no item, a escala também procura solucionar dois problemas da escala de Likert, que são a questão do ponto intermediário, que passa a ficar diretamente associado a uma indicação de intensidade, e ao problema da escolha forçada. Sobre este último aspecto, veja que a existência do ponto zero na escala dá ao respondente a opção de apontar, na forma de intensidade nula, a situação na qual qualquer dos itens não está associado a experiência, percepção ou interesse, ou seja, é possível deixar quantificada a ausência do item na avaliação. Isto não força os entrevistados a responder a questões das quais não têm o que manifestar, e tem o potencial de reduzir problema de dados perdidos em pesquisas.

Outra vantagem potencial desta escala é o número de pontos, que, sendo 11 no total, facilita o alcance das condições de normalidade eventualmente requeridas pelas técnicas de análise de dados. Ainda outro aspecto relevante concerne à indicação dos extremos de 0 a 10, que é um intervalo em geral familiar aos respondentes, especialmente se comparados aos intervalos de um a cinco ou um a sete das escalas de Likert ou tipo Likert. Os testes de Hodge e Gillespie indicaram também superioridade da escala phrase completion sobre a escala de Likert nas características psicométricas de confiabilidade e de validade, e nas diversas avaliações de correlação e de adequação para análise fatorial, assim como da própria estrutura fatorial.

A proposta colocada tem inúmeras vantagens, e, provavelmente será mais usada á medida que os pesquisadores se dispuserem a usar novos experimentos em termos de mensuração. Na ocasião de produção deste texto, testes comparativos e indicações de adequação da escala phrase completion vinham sendo publicadas somente por seus propositores. Portanto, novos testes e aplicações deverão indicar limitações desta escala, e/ou possibilidades de complementação com alternativas.

5.2. Decisões diversas

Neste item apontamos algumas decisões que são aplicáveis às possibilidades de escala de verificação descritas no item 4.2, com foco em alguns aspectos não debatidos na exposição anterior. Os pontos mais destacados referem-se à questão da escolha forçada, ao número de pontos, à forma de apresentação, e à ideia de denominação dos pontos

Quanto à escolha forçada, temos nas escalas apresentadas a suposição de que o respondente deverá sempre marcar um escore dentre as possibilidades disponíveis, ou seja, os respondentes são forçados a apontar uma resposta. Obviamente, isto decorre da suposição de que os itens foram elaborados de modo que não haja possibilidade de não resposta; no entanto, a verificação de pesquisas diversas mostra que a situação não é sempre esta.

Uma consequência deste fato é que muitas respostas são dadas sem sentido, com o respondente comumente buscando o meio termo da escala, especialmente quando os pontos são nominados e é apontado no meio termo a indicação de indecisão ou neutralidade (algo que, conforme comentamos, possui riscos diversos). Como forma de reduzir este problema, algumas pesquisas procuram minimizar os riscos dando a opção de não resposta ao lado da indicação dos pontos da escala. Este procedimento, que parece ser o mais lógico, tem como consequência geração de muitos dados perdidos nas variáveis, o que se transforma em outro problema para a análise dos dados.

A proposição da escala de phrase completion tem dentre suas metas a de solucionar este problema com a indicação do ponto nulo, porém o resultado pode não ser suficiente. Trata-se de uma proposição parcial, mas útil, que pode ser complementada pela seleção de itens de mensuração que possam ser respondidos por todos os pesquisados, e de enunciados bem elaborados e submetidos a um processo rigoroso de validade de face.

Em relação ao número de pontos, os usos comuns apontam a tendência de escalas com cinco ou sete pontos. Uma razão para tanto parece ser o fato de um número ímpar de pontos disponibilizar ao respondente o ponto intermediário (no caso três para cinco pontos, e quatro para sete pontos). Este erro é comum e o argumento é frágil, conforme comentamos anteriormente. Deste modo, não há razões que realmente justifiquem a escolha por um número ímpar de pontos, a não ser a tradição do uso. Seria inclusive justificável usar um número par de pontos para evitar o risco da tendência ao centro.

Quanto ao número máximo e mínimo temos algumas considerações (obviamente, esta discussão é restrita a escalas de pontos, e não se aplica a escalas contínuas): sobre o número mínimo, escalas com menos de cinco pontos são possíveis (inclusive escalas de dois ou três pontos), porém um número de pontos menor implica dificuldades nas propriedades psicométricas da escala, especialmente quando são realizados procedimentos de análise multivariada com os itens. Este fato justifica que não seja recomendado o uso de escalas de menos de cinco pontos em pesquisas que usam métodos multivariados.

Escalas de sete pontos costumam apresentar resultados satisfatórios e superiores àqueles produzidos por escalas de cinco pontos. Em caso de possibilidade, um maior número de pontos é mais apropriado, uma vez que o número maior de pontos contribui com melhores resultados em pesquisas de orientação acadêmica por facilitar o alcance da condição de normalidade das variáveis (como se sabe, a normalidade é pressuposto de várias técnicas multivariadas de análise de dados).

Em síntese, escalas de cinco pontos são o extremo inferior para que sejam possíveis operacionalização estatísticas mais sofisticadas. Escalas de dois, três ou quatro pontos, apesar de possíveis, não são recomendadas. Escalas de sete pontos são desejáveis, porém um número maior de pontos será sempre mais apropriado para facilitar avaliações psicométricas das escalas.

Deve-se destacar, no entanto, a possibilidade de escalas de mais de sete pontos provocarem dificuldades aos respondentes, uma vez que algumas pessoas têm dificuldade de se situar em escalas de muitos pontos (a experiência mostra que escalas com mais de 10 pontos dificultam a posição dos respondentes chegando a gerar uma grande quantidade de dados perdidos ou valores extremos). Deste modo, é relevante atentar sempre para o equilíbrio entre a adequação estatística e a possibilidade de minimizar problemas de coleta.

Outro aspecto relevante das escalas de pontos concerne à forma de apresentação dos itens. Conforme comentado, temos primeiramente que decidir entre nominar ou não os pontos intermediários da escala, o que pode provocar dificuldades de avaliação de sentido. Também aqui é necessário avaliar a condição do respondente de compreender os códigos da escala, mas sempre que possível é aconselhável não denominar os pontos, deixando indicados somente os extremos, e, eventualmente, uma indicação do nível intermediário da escala (ver exemplo da escala de phrase completion). Outra decisão relevante a respeito da apresentação consiste na disposição dos números, que pode ser, entre outras possibilidades: em tabela; sublinhados sem tabela; na forma de quadrados ou círculos; com indicações de gráficos... Qualquer das opções é adequada quando são consideradas as determinações específicas do respondente, do propósito do levantamento, e do custo associado.

Um último aspecto concerne à geração das medidas gerais e da recodificação de dados. Como informado, em geral usamos escalas de múltiplos itens em pesquisas de Administração, de modo que, em algumas situações, é necessário apresentar a medida representativa do construto sob mensuração refletindo as medidas do conjunto de itens. Em geral, as escalas de Likert e do tipo Likert podem ser agregadas com a soma dos escores marcados nos itens por um mesmo respondente. Ao final deste processo, um conjunto de itens se transforma em uma só variável, a partir da qual podem ser operacionalizados os diversos procedimentos de análise. Por exemplo, se tivermos 4 itens em uma escala de 5 pontos de 1 a 5, teremos, pelo procedimento de soma dos escores, uma nova escala que varia de 4 (o respondente marca somente 1) e 20 (o respondente marca somente 5).

Este foi o procedimento original proposto para as escalas de Likert, e, como vimos no capítulo sobre confiabilidade, é a base para o cálculo do coeficiente alpha de Cronbach. No entanto, este procedimento tem a desvantagem de se perder a referência inicial de grau de concordância que deu origem à soma. Nestes termos, é possível também compor a escala tomando por base a média dos escores do conjunto de itens, por respondente. Desta forma, a nova variável manterá os extremos dentro dos limites iniciais (no exemplo acima, entre 1 e 5), o que viabiliza uma interpretação mais consistente.

Observe-se que este procedimento pondera cada item pela razão de 1 para o número total, o que pode eventualmente não ser a situação mais adequada. Por outro lado, é também possível que seja estabelecida uma ponderação diferente para os escores de cada item. A determinação deste fator de ponderação costuma ser negligenciada nas pesquisas desenvolvidas, e não há muitas indicações de métodos específicos para esta finalidade. Por esta razão, a ponderação não costuma ser realizada.

Os procedimentos de agregação devem ser, por outro lado, moderados pelo bom-senso e por indicações das características estatísticas da escala, e ainda pelos resultados de procedimentos de validação já desenvolvidos. Alguns autores recomendam que antes de qualquer procedimento de agregação se verifiquem, ordenadamente, a confiabilidade do conjunto de itens, juntamente com a adequação da estrutura fatorial da escala[12]. Assim, para o caso dos construtos refletivos, é recomendável que o alpha de Cronbach esteja pelo menos em um nível aceitável (acima de 0,6), e que os escores fatoriais de cada item sejam de pelo menos 0,7 (debateremos sobre este procedimento para o caso dos construtos do tipo formativo na terceira parte deste livro). Desde que estas condições se manifestem o pesquisador tem condições mínimas pra um processo de agregação consistente, sendo ainda recomendada uma atenção especial a aspectos associados ao conteúdo dos itens[13].

5.3. Outras escalas

Conforme indicado no item 4.2, na classificação de Naresh Malhotra temos as escalas dos tipos comparativa e não comparativa. Comentamos as escalas não comparativas nos itens 4.2 e 4.3 devido ao seu uso mais extensivo no processo de desenvolvimento de escalas, e em conformidade com a teorização até aqui apresentada. Neste item aponto, de maneira mais restrita e parcial, alguns elementos das escalas comparativas e de outras opções disponíveis. Conforme apontado, as escalas comparativas são de quatro tipos centrais: comparação de pares; ranqueamento; soma constante; opções diversas. Vejamos cada uma destas.

A escala de comparação de pares (ou comparação pareada) consiste, em uma primeira avaliação, na seleção de um conjunto de objetos (produtos ou marcas, por exemplo) que são comparados dois a dois. Alternativamente, é

---

12 Recomendo especialmente a seguinte referência: BAGOZZI, R. P.; EDWARDS, J. R. A general approach for representing constructs in organizational research. Organizational Research Methods, v. 1, n. 1, p. 45-87, 1998.
13 A teoria psicométrica não restringe os procedimentos de agregação à soma de escores ou a extração de médias, sendo inclusive possíveis procedimentos multiplicativos. Ainda assim, os procedimentos mais comumente usados são os procedimentos aditivos (soma ou média dos escores).

possível a seleção de um conjunto de atributos que estes objetos possuem em comum, nos quais os referidos objetos serão comparados (há diversas outras possibilidades e inclusive abertura para inovações diversas).

O procedimento básico para o primeiro caso consiste em apresentar os pares de n produtos aos respondentes e solicitar que apresentem o seu preferido. Ao final, são computados, em uma matriz de n por n produtos, os totais e/ou percentuais de preferências comparadas. Para o segundo caso, segue-se o mesmo procedimento, e são desenvolvidas tantas matrizes quantos forem os atributos sob análise.

Por exemplo, sejam três marcas de televisores A, B e C que serão analisados nos atributos design e qualidade de imagem. Uma verificação hipotética com 30 pessoas geraria os resultados indicados na tabela 5.1 (as linhas indicam os resultados da comparação direta; os valores entre parênteses representam os percentuais). Os resultados sinalizam claramente que os clientes consideram o design da marca A superior aos das duas demais, e consideram o design da marca C superior ao da marca B. Em ordem, do melhor para o pior, teremos as marcas A, C e B. Para imagem, podemos realizar a mesma análise, e encontraremos a seguinte ordem B, C e A.

Tabela 5.1. Exemplo hipotético de escala de comparação pareada

	Design		
	A	B	C
A	-	20 (67)	17 (57)
B	10 (33)	-	3 (10)
C	13 (43)	27 (90)	-
	Imagem		
	A	B	C
A	-	12 (40)	5 (17)
B	18 (60)	-	19 (73)
C	25 (83)	11 (37)	-

A segunda alternativa de escala comparativa que temos é a escala de ranqueamento ou ordenamento direto. O processo é mais simples que o anterior e consiste em apresentar um conjunto de objetos, ou atributos de um objeto, e solicitar que o respondente os ordene apontando uma numeração de importância. Por exemplo, podemos tomar três características genéricas de um gerente (assiduidade, relacionamento e competência técnica) e solicitar a um conjunto de gestores a ordem de importância entre primeiro, segundo e terceiro lugares, e em seguida definir qual será a competência mais relevante.

Supondo, hipoteticamente, que estes atributos foram ranqueados por um conjunto de 50 gestores, é possível gerar uma matriz de comparação entre importância e atributo, segundo ilustrado na tabela 5.2 (os valores entre parênteses referem-se a percentuais). É fácil observar que o atributo competência foi o que apareceu na primeira posição o maior número de vezes, com 76% do total, aparecendo em segundo lugar em 22% das vezes. O relacionamento se mostrou como sendo efetivamente o segundo atributo mais importante, e a assiduidade mostrou-se como o terceiro atributo.

Tabela 5.2. Exemplo hipotético de escala de ranqueamento

		Posição		
		Primeiro	Segundo	Terceiro
Atributo	Assiduidade	2 (4)	9 (18)	39 (78)
	Relacionamento	10 (20)	30 (60)	10 (20)
	Competência	38 (76)	11 (22)	1 (2)

A terceira alternativa comentada é a escala de soma constante, que é similar escala de ranqueamento, porém é solicitado ao respondente que ele pondere a importância de cada atributo de modo que a soma total das ponderações alcance um valor pré-determinado, geralmente 100. Tomando o mesmo exemplo anterior, o procedimento básico consistiria não em pedir para ordenar entre primeiro, segundo e terceiro, mas em apontar o peso percebido, de modo que a soma total ficasse em 100.

É imediata a conclusão de que a escala de soma constante tem a vantagem de quantificar quão melhor um atributo é em relação a outro, e é possível que, ao final, seja retirada uma média de pesos para cada atributo que poderá servir de base de ponderação e outros estudos. Retomando o exemplo hipotético citado anteriormente, é possível supor, depois de 50 respostas, que o peso relativo total tenha sido o que está indicado na tabela 5.3. Estes resultados poderão ser usados, por exemplo, em complemento para os estudos de importância em escalas não comparativas, atendendo à preocupação de definir critérios de ponderação dos itens nos procedimentos de agregação (ver item sobre escala de Likert).

Tabela 5.3. Exemplo hipotético de escala de soma constante

Atributo	Média dos pesos
Assiduidade	12
Relacionamento	24
Competência	64
Soma	100

Além destas três opções descritas, diversas outras possibilidades estão disponíveis na literatura de pesquisa, especialmente em pesquisas de marketing. Destas, a mais recorrentemente citada é a escala de classificação Q, que consiste em tomar um conjunto relativamente grande de produtos ou marcas, e se solicitar que estes sejam agrupados pelos respondentes em blocos de melhores e piores.

Por exemplo, é possível que tomemos 30 perfis de residências formadas com atributos diversos. Em uma primeira rodada, os respondentes geram dois grupos, um com os 15 melhores e outro com os 15 piores. Em seguida, separam-se dois grupos novos dentro de cada grupo de melhores e de piores, e assim sucessivamente, até ser construída uma sequência de 30 perfis, desde os melhores até os piores.

Tabela 5.4. Exemplo hipotético de escala de classificação Q

-	Perfis									
Inicial	A	B	C	D	E	F	G	H	I	J
Rodada 1	(A	C	F	G	I)	(J	B	D	E	H)
Rodada 2	(C	F	I)	(A	G)	(J	D	E)	(B	H)
Rodada 3	I	(C	F)	G	A	D	(J	E)	B	H
Rodada 4	I	F	C	G	A	D	E	J	B	H
Nota	10	9	8	7	6	5	4	3	2	1

Veja a tabela 5.4, na qual 10 perfis são ordenados em 4 rodadas, e ao final é definida uma pontuação que quantifica cada condição. Se tivéssemos mais de 10 alternativas, deveríamos definir uma regra de decisão para reunião dos perfis de modo a manter a escala de nota de 1 a 10. Não há critério definitivo, sendo possível também utilizar uma escala de 1 a 10 e usar valores decimais para os perfis na ordem em que aparecem, com separação em intervalos iguais, ou ainda usando um critério de agregação baseado em uma função matemática qualquer, tal como a função normal.

Uma variação da escala de comparação de pares, também eventualmente citada na literatura de pesquisa de marketing, consiste na comparação de objetos diferentes com um objeto padrão. Por exemplo, sejam duas marcas de automóvel A e B, que queremos comparar com C em termos de qualidade e reputação. Podemos ter como alternativa de resultado para 100 respondentes (hipotéticos) o que está exposto na tabela 5.5.

Além das escalas comparativas mostradas neste item, merecem ainda ser destacadas as escalas de Guttman e de Thurstone, que são duas escalas também muito citadas nos procedimentos de mensuração. É necessário ressaltar, por outro lado, que o uso destas duas escalas tem sido muito restrito na construção de escalas para pesquisas em Administração, e por esta razão, me limitarei a uma breve exposição[14].

Tabela 5.5. Exemplo hipotético de escala de comparação modificada

Critério	Produto	Pior que C	Igual a C	Melhor que C
Qualidade	A	63	18	9
	B	42	27	31
Reputação	A	9	17	74
	B	26	21	53

A chamada escala de Guttman é aplicada para gerar escores em itens cumulativos em sentido, de modo que os respondentes são expostos, progressivamente, a níveis maiores de intensidade a respeito de uma característica ou atributo de um objeto. Por exemplo, suponhamos que nosso propósito é medir a opinião sobre a proibição de consumo de cigarro. Podemos supor três níveis de proibição: fumar em qualquer ambiente público (na rua); fumar em ambientes públicos e abertos; e fumar em ambientes púbicos e fechados. Em seguida, dispomos um conjunto de afirmações, progressivamente determinadas, como ilustrado no quadro 1.13. Observe que a concordância com a primeira

---

14 *Os usos em pesquisas especificamente em Administração não são indicativos do valor e do uso destas escalas, uma vez que os modelos de Guttman e Thurstone têm aplicações diversas em Educação e Psicologia. Nossa abordagem aqui será superficial tendo em vista o pouco uso nos procedimentos convencionais de desenvolvimento de escalas de mensuração para Administração.*

afirmação não implica a concordância com a segunda, mas a concordância da segunda implica a concordância com a primeira, e a concordância com a terceira implica a concordância com as duas anteriores. Para efeito de análise, tomamos o número de concordâncias como o escore para o respondente. Se não houver concordância, teremos escore zero, de modo que, neste exemplo, nossa escala varia de 0 a 3.

Quadro 5.13 – Exemplo de escala de Guttman

Deve ser proibido fumar...	Concordo	Discordo
Em ambientes públicos e fechados		
Em ambientes públicos e abertos		
Em qualquer ambiente público (rua)		

Veja que esta escala tem a vantagem de captar um grau de concordância mais específico na medida em que se aplica a cada item progressivamente. No entanto, tal procedimento tem a desvantagem de ocupar muito mais espaço nos questionários e tomar mais tempo dos respondentes, principalmente se consideramos que a pergunta poderá ser realizada por outras escalas de forma mais direta. Adicionalmente, a forma como a escala precisa ser apresentada requer um esforço muito grande de construção, o que contribui ainda mais para seu uso restrito.

Por fim, temos a conhecida escala de Thurstone, que, em verdade, consiste praticamente em um processo para de construção de uma escala de mensuração, seguindo um passo a passo bem delimitado. Vejamos este passo a passo:

- Dado um objeto ou construto a ser mensurado, é gerado um conjunto de indicadores na forma de afirmação, com uma construção preferencialmente convergente em termos de formato;
- Em seguida, um conjunto de especialistas deve utilizar uma escala padrão de 11 pontos para indicar o quando o item está vinculado ao objeto/construto (1 indicando a total inadequação e 11 indicando a total adequação). Veja-se que não se pede a informação sobre a posição do respondente em resposta ao conteúdo do item, mas a opinião sobre a adequação do item, como ocorre nos procedimentos de validade de conteúdo comentados no capítulo anterior;

- De posse das informações provenientes dos especialistas, são extraídas medidas de variação e de tendência central. Quanto às medidas de variação, são comuns a extração do primeiro e o terceiro quartis, juntamente com a distância interquartílica, sendo possível ainda o desvio padrão. Sobre as medidas de tendência central, é comum a extração da mediana, sendo possível também a média;
- A partir destas medidas, são selecionados os itens de acordo com um critério adequado, definido considerando tanto a adequação estatística quanto a qualidade de conteúdo do item. Normalmente são usadas as seguintes regras de exclusão:
    1. Itens com grande variabilidade (indicadas pelo intervalo interquartílico ou pelo desvio padrão), o que pode indicar ambiguidade para interpretação;
    2. Itens com pequena variabilidade, o que pode indicar irrelevância ou não diferenciar adequadamente os respondentes;
    3. Dentre os itens com valores muito próximos em termos de medida de tendência central, excluem-se os de menor variabilidade.
- Os itens que permanecem na escala mantêm um escore associado a si, no caso a medida de tendência central encontrada, e em seguida são dispostos para o respondente na forma dicotômica para concordância ou discordância. Dos itens nos quais houve concordância, é extraída a média dos escores associados.

Por exemplo, se em um esforço de medição da atitude em relação à política foram gerados dezenas de itens, e que após a aplicação dos critérios anteriores restaram os seguintes três itens (as medianas da escala de adequação estão entre parênteses): eu não gosto de política (2,6); política para mim atrai corrupção (7,4); eu não me interesso em nada na política (5,0). Os itens podem ser apresentados como exposto no quadro 5.14. Teríamos, por exemplo:
- Um respondente que concorda somente com as duas primeiras tem um escore de (2,6+7,4)/2= 5,0
- Um respondente que concorda com as três afirmações tem um escore de (2,6+7,4+5,0)/3= 5,0

Quadro 5.14 – Exemplo de escala de Thurstone

Sobre sua avaliação da política...	Concordo	Discordo
Eu não gosto de política		
Política para mim atrai corrupção		
Eu não me interesso em nada por política		

Os problemas aqui são observados sem maiores dificuldades: primeiramente, é uma técnica muito mais extensa, complexa e trabalhosa, para geração de uma escala que pode ser muito mais facilmente desenvolvida por outros métodos; em segundo lugar, é necessário um número razoavelmente grande de especialistas para avaliação dos itens, o que nem sempre é muito fácil.

Um problema mais sério e de ordem prática está no uso da escala. Basta ver como se procede á seleção do escore de atitude e percebemos imediatamente uma discrepância de sentido. Veja-se no exemplo anterior que um indivíduo que concorda com as três opções tem a mesma pontuação de atitude do indivíduo que concorda somente com duas opções. Uma forma de solucionar este problema seria tomar o escore de total do conjunto de itens. No exemplo, teríamos um total máximo de pontos, e no caso do primeiro respondente teríamos um escore de 10 e no segundo, um de 15. Alternativamente, seria possível dividir o total observado não pelo número de itens, mas pela soma total possível (no caso citado anteriormente, teríamos para o primeiro um escore de 0,67, e para o segundo, um de 1,00). A vantagem da divisão pelo número de indicação de concordâncias é que a escala fica sempre entre 1 e 11. Isto ajuda a compreender por que este é o procedimento padrão das escalas de Thurstone.

PARTE 2

DESENVOLVIMENTO DE ESCALAS

CAPÍTULO 6
Construção de escalas - passos 1 a 4

No segundo capítulo (especificamente no item 2.7), anunciei um modelo de construção de escalas em 10 passos, que foram os seguintes: 1 – especificação do domínio do construto; 2 – atividades de geração de itens e validação de face e conteúdo; 3 – decisões sobre as respostas; 4 – construção do instrumento de pesquisa; 5 – primeira amostragem; 6 – primeiros procedimentos de limpeza da escala; 7 – atividades de campo adicionais; 8 – procedimentos adicionais de limpeza da escala; 9 – análise de validade e de confiabilidade da escala final; 10 – desenvolvimento de normas e recomendações de uso e interpretação. Naturalmente, cada passo destes possui um conjunto de procedimentos associados, alguns mais longos e mais complexos, outros mais rápidos e mais simples

Neste capítulo, e nos dois seguintes, o propósito é aprofundar os detalhes sobre estes procedimentos, e apresentar ilustrações de procedimentos já realizados. Para organização do conteúdo e considerando especialmente a extensão do conteúdo associado a cada passo, decidi por apresentar, neste capítulo, os comentários e procedimentos dos quatro primeiros passos, como apontado na parte mais clara da figura 6.1 (no capítulo 7 desenvolvo os passos 5 e 6, e no capítulo 8, os quatro últimos passos).

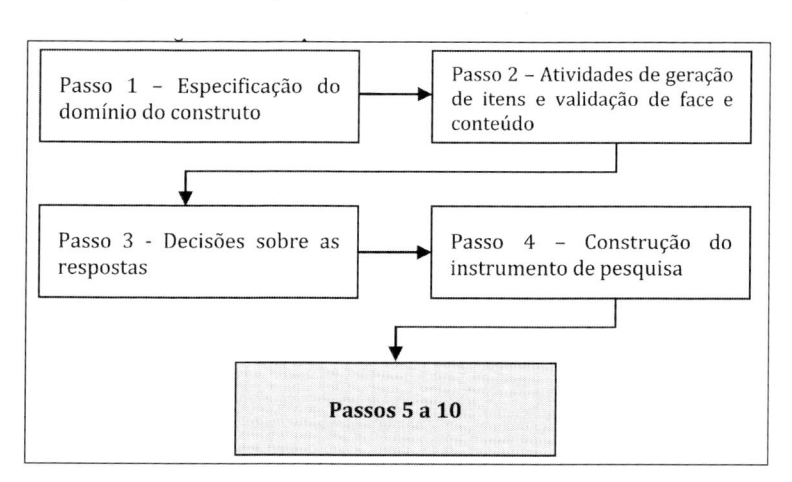

Figura 6.1 – Etapas 1 a 4 de desenvolvimento de uma escala

É necessário ressaltar que a exposição deste e dos dois próximos capítulos segue alinhado com a chamada Teoria clássica da mensuração, e está orientada principalmente para construtos refletivos. A razão para esta escolha está baseada em dois motivos, que nos capítulos da terceira parte serão mais explicitados: sobre a opção pela Teoria clássica, observa-se que esta ainda é amplamente utilizada para mensuração de construtos em administração (e nas ciências sociais em geral), e a principal teoria alternativa (chamada Teoria da resposta ao item, que comentaremos no capítulo 10), apesar de ter maiores vantagens, ainda não destituiu de todo o valor da primeira; já a opção pelos construtos refletivos tem motivos parecidos, ou seja, a teoria alternativa dos construtos formativos não reduz o valor da primeira, e, ademais, um construto não é necessariamente formativo ou refletivo, podendo ser mensurado de uma forma ou de outra. Logo, a proposição que segue está ainda ancorada em princípios e fundamentos sólidos para a construção de escala.

6.1. Passo 1 – Especificação do domínio do construto

A preocupação com a especificação do domínio do construto é o primeiro momento do esforço de construção de uma escala, e consiste na atividade de pesquisa para definir adequadamente o construto a ser mensurado. Os passos centrais desta etapa do processo são: definição do construto; verificação da necessidade de desenvolver a escala; análise da dimensionalidade; análise da natureza formativa ou refletiva do construto e de suas dimensões. A figura 6.2 ilustra o procedimento geral.

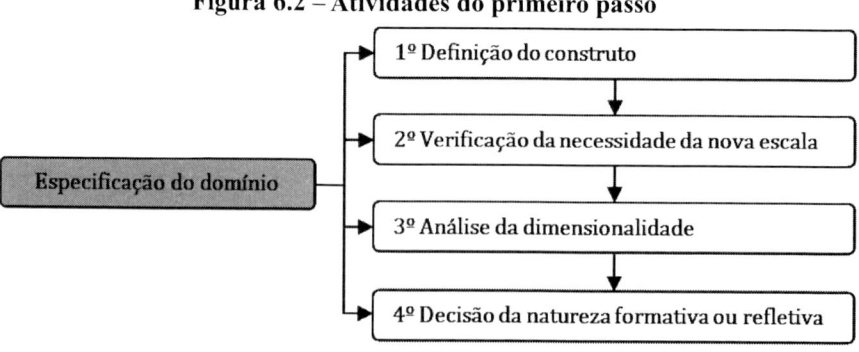

Figura 6.2 – Atividades do primeiro passo

Especificação do domínio:
1º Definição do construto
2º Verificação da necessidade da nova escala
3º Análise da dimensionalidade
4º Decisão da natureza formativa ou refletiva

6.1.1. Definição do construto

Antes de qualquer procedimento ou decisão sobre a escala, é necessário que se saiba exatamente o que se deseja medir, ou seja, é necessário que se saiba, com o máximo de precisão e segurança possível, o que o construto significa. Não são necessárias maiores justificativas deste primeiro procedimento, porém é relevante recordar a problemática conceitual que é típica das ciências humanas, sociais e comportamentais.

De fato, para grande parte dos construtos destas áreas não existe uma definição final e definitiva. Tomemos como exemplo o que chamamos de valor percebido, entendido comumente como uma compensação entre benefícios e sacrifícios. Tal entendimento parece não deixar dúvidas sobre o que seja valor, porém traz dois complicadores adicionais, que são, primeiro, o conceito de benefício, e segundo, o conceito de sacrifício. Desdobramentos da literatura acadêmica sobre o tema valor mostram quão longe este debate conceitual pode chegar e ao final não gerar algo definitivo, ou seja, depois de um longo processo de verificação do que os autores especialistas definem como valor, a decisão final recai na convenção de um conceito, que gera uma escala, e que ao final, pode não ter utilidade para outro conceito convencionado do mesmo valor.

Um relevante ensaio sobre a questão da definição de construtos foi desenvolvido por Scott Mackenzie, que abordou a questão por uma visão de suas consequências (em especial quando há falhas de definição)[1]. Segundo Mackenzie, a literatura de marketing e comportamento do consumidor tem historicamente negligenciado o debate conceitual de seus construtos para manter um foco mais restrito na discussão de hipóteses, de modelos e na operacionalização estatística de resultados. Como consequência, nós temos o risco (e a verificação de casos reais) de que todo o esforço de dar rigor e elegância seja sem sentido, pois os resultados não encontram respaldo em uma base conceitual adequada.

Operacionalmente, a definição do construto é feita pela verificação do que a literatura especializada já tem consolidado sobre o construto, com a análise da multiplicidade de pontos de vista, e das convergências e divergências existentes. Se isto for suficiente, segue-se para as providencias seguintes, e, se não for, podem ser adotados outros procedimentos, tais como conversas com es-

---

1 MACKENZIE, Scott B. *The danger of poor construct conceptualization. Journal of the Academy of Marketing Science*, v. 31, n. 3, p. 323-326.

pecialistas ou procedimentos exploratórios com potenciais respondentes, até chegar a uma definição teoricamente lógica e aceitável, e operacionalmente viável (ou seja, que permite medir o construto).

Para procedimentos convencionais, a definição gerada por este caminho já pode ser considerada válida. Em complementação, vale levar em conta os procedimentos do chamado modelo C-OAR-SE (ver item 2.5, no capítulo 2), que indicam a necessidade de um cuidado com os elementos que devem estar presentes na definição, quais sejam o objeto, o atributo e o sujeito. Como quer que seja, é relevante acima de tudo que seja construída uma definição bem clara para os usuários, e que seja deixada explícita a base da construção, com a indicação da base teórica e, se for o caso, da construção empírica da definição.

6.1.2. Verificação da necessidade da nova escala

A segunda providência consiste em verificar a real necessidade do desenvolvimento da escala, analisando primeiramente se não existem escalas disponíveis e devidamente validadas. O princípio fundamental aqui é o de que se devem evitar esforços desnecessários. De fato, a construção de uma escala é um processo longo, trabalhoso e que pode envolver um elevado custo financeiro. Tanto quanto seja possível, é mais conveniente evitar este custo, utilizando escalas já devidamente validadas (até porque escalas são desenvolvidas para servirem para diferentes estudos e diversos usos).

Naturalmente, a decisão de escolher uma escala já validada ou desenvolver uma nova é uma decisão difícil, e precisamos de critérios seguros para fazer a melhor escolha. Os riscos de perda de tempo utilizando uma escala inadequada pelo simples fato de já ser validada pode ser um sacrifício quase tão grande quanto aqueles relatados antes (em termos de custo financeiro e de esforço).

Um interessante estudo sobre este aspecto foi desenvolvido por Gordon Bruner II, que detectou, nos Estados Unidos, uma difusão desenfreada de novas escalas, inclusive com alguns construtos possuindo dezenas de escalas distintas[2]. A proposição é a de que a decisão de desenvolver uma nova escala, em detrimento de escalas já consolidadas, seja baseada em três critérios centrais: padronização (o quanto as regras de atribuição de uma escala são uniformes em relação à outra); equivalência (associada à equivalência de resultados das diferentes escalas, a nova e a pré-existente, e à possibilidade de

---

[2] BRUNER II, Gordon C. Combating the scale proliferation. *Journal of Targeting, Measurement and Analysis for Marketing*, v. 11, n. 4, p. 362-372, jun., 2003.

transformação de medidas de uma escala para outra); e justificativa (associada aos motivos para o uso de uma medida em alternativa que dê razão ao custo de produção de uma nova escala).

A suposição para aplicação dos critérios de Bruner II é de que já existem escalas para determinados construtos. Se não for este o caso, somente uma nova escala poderá ser útil para a pesquisa. É nestes termos que o autor recomenda um passo a passo para esta decisão, descrito a seguir:

1. Determinar qual o construto latente a ser mensurado;
2. Determinar se a escala mais apropriada é do tipo múltiplo item ou de outro tipo qualquer;
3. Se o tipo de escala de múltiplos itens for mais apropriada, verificar extensivamente se já não existem escalas disponíveis (em bases de dados, handbooks, relatórios diversos...);
4. Se existirem escalas alternativas, deve-se verificar o relato e a consistência das características psicométricas da escala (validade e confiabilidade);
5. Se não houver escala disponível ou escala adequada, a decisão deve ser de construir a nova escala usando procedimentos consistentes (como os aqui propostos).

O que temos observado nas pesquisas mais acadêmicas publicadas no Brasil é um esforço recorrente de evitar desenvolver a escala (e assim evitar o sacrifício envolvido), com a utilização de escalas publicadas em pesquisas consolidadas internacionalmente. Mesmo considerando este procedimento válido, um risco comum aqui observado está indicado no quarto ponto da preocupação de Bruner II, associado à consistência da escala. O problema maior ocorre, como observado nos capítulos anteriores, na verificação da validade de conteúdo e de face, primeiramente porque há entendimentos próprios na língua estrangeira, que não são os mesmos na língua portuguesa, e segundo pelo próprio problema da tradução, que, embora com todos os cuidados possíveis, é sabido o risco de perda de conteúdo semântico[3].

---

3 Considerando o limitado número de escalas produzidas especificamente em língua portuguesas (a informação de proliferação de Bruner II é restrita aos países de língua inglesa), temos mais uma indicação da necessidade e do valor do esforço de construção de novas escalas, reforçando o entendimento apresentado no capítulo de introdução.

6.1.3. Análise da dimensionalidade

Depois de verificada a real necessidade de desenvolver uma nova escala, e considerando que já temos o construto definido, nosso desafio seguinte é analisar a dimensionalidade do construto, ou seja, precisamos verificar se o construto é um todo homogêneo em si, ou se possui partes ou componentes significativos que o formam. Temos três indicações fundamentais para definição da dimensionalidade de um construto: a pesquisa bibliográfica, as análises exploratórias, e os dados empíricos em testes fatoriais. Vejamos cada uma destas:

- Pesquisa bibliográfica: a pesquisa desenvolvida nos dois primeiros procedimentos anteriores é o primeiro e o principal indicador da dimensionalidade do construto, ou seja, pesquisas anteriores mostram como o construto é comumente mensurado e operacionalizado;
- Análises exploratórias: para o caso de construtos ainda pouco conhecidos e pouco explorados, é possível supor sua dimensionalidade a partir de atividades exploratórias diversas, como entrevistas em profundidade, grupos de foco, debates com especialistas etc.;
- Testes fatoriais: também para o caso de construtos pouco conhecidos, é comum que um conjunto de indicadores (ver item 6.2) seja submetido a procedimentos de análise fatorial exploratória, depois de coletado um volume significativo de dados (ver capítulo 7). Neste caso, o número de fatores gerados é uma sinalização do número de dimensões que o construto possui.

Nos dois primeiros procedimentos dizemos que a dimensionalidade é determinada a priori, enquanto no terceiro procedimento dizemos que esta é determinada a posteriori. Em boa medida, este último procedimento é uma forma de 'deixar que os dados falem', o que implica a necessidade destes dados (por esta razão, não haveria como definir a dimensionalidade a priori; mas é bom esclarecer algo: a prática indica que mesmo 'deixando os dados falarem', quase sempre já se tem uma expectativa quanto à dimensionalidade do construto).

Um aspecto precisa ser enfatizado: se um construto for do tipo multidimensional, isto não impede que seja feita uma operacionalização como unidimensional; mas o contrário não é verdadeiro, ou seja, não é possível operacionalizar um construto unidimensional por natureza como se este fosse multidimensional. A decisão de operacionalização como uni ou multidimensional (se for possível) é do pesquisador e depende especialmente da situação geral de aplicação da escala[4]. Veremos exemplificações nos próximos itens e capítulos.

Um último aspecto ainda sobre dimensionalidade consiste em analisar a relação de ordem entre as dimensões e os construtos, se for o caso de o construto ser multidimensional. Normalmente, quando temos várias dimensões $(D_1, D_2, D_3, ...D_n)$ de um mesmo construto, este será de segunda ordem em relação às dimensões (o construto é composto diretamente a partir de $(D_1, D_2, D_3, ...D_n)$. No entanto, é possível que dimensões formem outras dimensões de segunda ordem $(D_1, D_2, ...D_i$ formam C_1 e $D_{i+1}, D_{i+2}, ..., D_n$ formam C_2, por exemplo), e estas formem o construto de base, que será de terceira ordem (o construto é composto por C_1 e C_2).

6.1.4. Natureza formativa ou refletiva do construto e suas dimensões

Depois de analisadas as questões referentes à dimensionalidade, o próximo passo da especificação do construto consiste em analisar como é e como pode ser a relação do construto com seus itens em potencial. Como observado no capítulo 2, os construtos latentes que são influenciados pelos itens são chamados formativos, e aqueles que são influenciadores dos seus itens, são chamados reflexivos.

É necessário antecipar aqui uma discussão que está mais bem detalhada no capítulo sobre construtos formativos, na terceira parte do livro, a respeito da decisão de operacionalizar um construto de maneira formativa ou reflexiva. Há indicações de especialistas de que nós podemos tomar um construto qualquer (atmosfera de uma loja de veículos, por exemplo), e definir um conjunto de itens que sejam os formadores deste construto (no caso da atmosfera, teríamos como exemplos sua iluminação, seu cheiro, suas cores...), ou seja, podemos selecionar um conjunto de itens que sejam direcionados a uma interpretação

---

[4] *O construto valor, por exemplo, pode ser operacionalizado de forma unidimensional, como uma compensação genérica de benefícios e sacrifício, mas pode também ser operacionalizado como multidimensional, a partir das dimensões de sacrifício e de benefícios. Para maiores detalhes, ver: COSTA, F. J. A influência do valor percebido pelo cliente sobre os comportamentos de reclamação e boca a boca: uma investigação em cursos de pós-graduação lato sensu. 240f. Tese (Doutorado em Administração de Empresas). Fundação Getúlio Vargas – Escola de Administração de Empresas de São Paulo – EAESP/FGV. São Paulo, 2007.*

do construto como formativo; mas podemos também encontrar itens que viabilizem uma operacionalização do construto como refletivo (por exemplo, encontrar indicadores que reflitam a variação na percepção da atmosfera da loja, como a afirmação para escala de Likert: "considero a atmosfera da loja agradável").

Preliminarmente, defendo a opinião de que, sempre que possível, sejam tomados itens para operacionalização de construtos como refletivos, pois as teorizações são mais consistentes para este tipo de construto (ver capítulo 9).

É relevante analisar ainda a relação não somente em torno dos indicadores e seus construtos primários, mas também entre as dimensões (se for o caso), e os construtos. Por exemplo, se um determinado construto possui quatro dimensões, é relevante avaliar se estas dimensões estão numa relação formativa ou refletiva em relação ao construto geral. Isto é relevante para a formação de medidas gerais dos construtos, conforme observaremos no capítulo 8.

6.1.5. Exemplificação do passo 1

Para este e para os próximos capítulos, utilizarei em cada passo as ilustrações de duas escalas desenvolvidas em colaboração minha com outros pesquisadores. A primeira é uma escala que foi desenvolvida para medir as atitudes de estudantes de Administração em relação às disciplinas de métodos quantitativos, e a segunda, para medir a avaliação pelos clientes de sua experiência no contexto de serviços de alto nível de coprodução[5]. Apresento os dois exemplos a seguir, seguindo as quatro indicações da figura 6.2

- Atitudes de estudantes de administração quanto aos métodos quantitativos

A meta deste primeiro esforço era criar uma escala para viabilizar a mensuração das atitudes de estudantes de cursos de Administração em relação às disciplinas de métodos quantitativos (entende-se por métodos quantitativos as

---

[5] *Maiores detalhes sobre estas escalas estão disponíveis nas seguintes referências: COSTA, Francisco José; LOPES JÚNIOR, Elias P.; LEMOS, Anderson Q.; LÔBO, Rodolfo Jakov S. Atitudes dos Estudantes de Cursos de Administração quanto às Disciplinas de Métodos Quantitativos: Desenvolvimento de uma Escala de Mensuração. Textos para discussão – 6. Fortaleza: EDUECE/CMAAd, 2008; MAZZA, I.; RAMOS, R. R. A experiência de clientes em serviços de elevado nível de co-produção: proposta de uma escala de mensuração. Textos para discussão – 7. Fortaleza: Editora UECE/CMAAd, 2009 (esta última referência é produto de uma pesquisa que foi desenvolvida sob minha orientação).*

disciplinas das áreas de Matemática e de Estatística). A relevância do propósito está, entre outras razões, nas dificuldades verificadas pelos estudantes nesta área e na possibilidade de aprimorar a formação na área a partir do entendimento da posição do estudante. Vejamos então os detalhes da especificação do domínio:

1. Definição: na avaliação da definição teórica do construto, observou-se inicialmente que a literatura sobre atitude é bastante ampla, mas foi possível fechar o conceito de atitude compreendendo-a como a avaliação geral que um sujeito faz em relação a um objeto, pessoa ou situação específica[6]. Não foi necessário qualquer consulta adicional a especialistas ou potenciais respondentes da escala. Nos recortes mais específicos, foi definido que os respondentes seriam estudantes de cursos de Administração;

2. Necessidade de desenvolver a escala: foram prospectados diversos estudos na revisão de literatura, tendo-se verificado que alguns destes empreenderam esforços no propósito de desenvolver escalas semelhantes[7], porém os contextos de aplicação eram distintos, ou seja, havia já proposições de instrumentos para mensuração da atitude dos estudantes sobre métodos quantitativos, porém nenhum destes era orientado para estudantes de negócios. As análises de conteúdo não indicaram adequação para este propósito, de modo que se optou pelo desenvolvimento integral de uma nova escala;

---

6 *Cf. AJZEN, I. Nature and operation of attitudes. Annual Review of Psychology, v. 52, p. 27-58, 2001; BAGOZZI, R. P. The self-regulation of attitudes, intentions, and behavior. Social Psychology Quarterly, v. 55, n. 2, p. 178-204, 1992. Embora o conceito seja um pouco difuso, afinal fala-se em uma 'avaliação geral', a literatura especializada não foi além desta proposta de definição.*

7 *Os principais estudos verificados foram: TAPIA, M.; MARSH, G. E. Attitudes towards mathematics instrument: an investigation with middle school students. Annual Meeting of the Mi-South Educational Research Association. Proceedings... Bowling Green, KY, p. 1-16, Nov., 2000; FADALI, M. S.; VELASQUEZ-BRYANT, N.; ROBINSON, M. Is attitude toward mathematics a major obstacle to engineering education? 34th ASEE/IEEE Frontiers in Education Conference. Proceedings... Savannah, GA Oct., 2004; KISLENKO, K.; GREVHOLM, B.; LEPIK, M. "Mathematics is important but boring": students' beliefs and attitudes towards mathematics. Nordic Conference on Mathematics Education. Proceedings... Trondheim, Norway, p. 349-360, Sep. 2005; ESTRADA, A. A structural study of future teachers' attitudes towards statistics. IV Conference European Research in Mathematics Education Conference. Sant Feliu de Guisols, Gerona, Spain, 2005; PAPANASTASIOU, C. A residual analysis of effective schools and effective teaching in mathematics. Studies in Educational Evaluation. v. 34, p. 24-30, 2008.*

3. Análise da dimensionalidade: ainda considerando os resultados dos estudos já anteriormente desenvolvidos, além da exaustiva discussão entre os autores e de consultas a outros pesquisadores interessados no tema, ficou definido que a avaliação da atitude seria 'inicialmente' definida em cinco dimensões, quais sejam: percepção de impacto, dificuldade percebida, percepção de necessidade, percepção de domínio de habilidades, e autoconfiança. As definições de cada uma destas dimensões foram também baseadas na revisão de literatura, tendo-se ao final adotado o conjunto de definições que está indicado no quadro 6.1.

Quadro 6.1 – Definições de dimensões de atitude

Percepção de impacto	Percepção do estudante sobre as consequências profissional e educacional do conteúdo estudado em métodos quantitativos
Dificuldade percebida	A complexidade percebida no conteúdo das disciplinas da área em termos de aprendizado
Necessidade da área	Percepção de o quanto o conhecimento de métodos quantitativos é necessário e o quanto gera de valor que justifique sua busca, assimilação e manutenção.
Domínio de habilidades	Percepção de desempenho e segurança dos estudantes no que concerne aos métodos quantitativos.
Autoconfiança	A confiança do sujeito em si mesmo e a crença geral do indivíduo de que pode realizar com sucesso as demandas da área

Natureza formativa ou refletiva do construto e/ou de suas dimensões: como informado, aqui foi adotado o procedimento padrão de geração de itens, de modo a gerar itens com relação refletiva com as diferentes dimensões. Já as dimensões, que são de primeira ordem em relação ao construto, são obviamente do tipo formativo em relação à atitude.

- Experiência de clientes em serviços de alto nível de coprodução

A meta era criar uma escala que viabilizasse uma medição da avaliação dos clientes de sua experiência na recepção de serviços de elevado nível de coprodução, como é o caso de serviços de beleza, serviços educacionais, serviços de saúde... A importância deste esforço está, primeiro, na ascensão do interesse acadêmico recente pelo tema serviços, e, segundo, pelo reduzido número de esforços de mensuração para contextos de serviços mais específicos. Temos então os seguintes detalhes da especificação do domínio:

1. Definição: o construto de base é o juízo de valor que o cliente desenvolve a partir da vivência de uma experiência de recepção de serviços do tipo definido, nos locais de recepção (salões, instituições de ensino, clínicas...);
2. Necessidade de desenvolver a escala: para este caso específico, diferentemente do primeiro estudo citado, não foi encontrada nenhuma escala desenvolvida. O que houve foi uma operacionalização de uma escala em um contexto semelhante[8], no qual não foi desenvolvido qualquer esforço mais detalhado de teste da consistência psicométrica da escala;
3. Análise da dimensionalidade: a análise preliminar da literatura indicou a interação e o ambiente como aspectos relevantes da experiência do cliente, porém optou-se por desenvolver dois grupos de foco com a finalidade de verificar outras dimensões potenciais. Após estes procedimentos, foram evidenciadas quatro dimensões 'iniciais': ambiente, atendimento, interação e qualidade. As definições foram as seguintes:

Quadro 6.2 – Definições de dimensões de avaliação

Ambiente	Abrange os elementos de atmosfera (relacionados ao estilo e a aparência física, bem como aos elementos relacionados à experiência vivida pelos clientes tais como: música, aroma, cores, iluminação...) e estrutura (associados a layout e a funcionalidade dos ambientes, além da estrutura física em si)

---

[8] Cf. AUH, S. *The effects of soft and hard service attributes on loyalty: the mediating role of trust. Journal of Services Marketing,* v. 19, n. 2, p. 81-92, 2005. É relevante ressaltar que, embora não tenha sido encontrado um esforço específico para o contexto de serviços de alto nível de co-produção, há escalas de finalidade convergentes à escala deste esforço para um nível mais geral, como a conhecida escala Servqual. Recomendo ver: PARASURAMAN, A.; ZEITHAML, V. A.; BERRY, L. L. SERVQUAL: *a multiple-item scale for measuring consumer perceptions of quality. Journal of Retailing,* v. 64, n. 1, p. 12-37, 1988. Ver também: PARASURAMAN, A.; BERRY, L. L; ZEITHAML, V. A. *Refinement and reassessment of the SERVQUAL scale. Journal of Retailing,* v. 67, n. 4, p. 420-450, 1991.

Atendi-mento	Está relacionado aos trabalhos da linha de frente, que são desenvolvidos nas organizações, e realizado por pessoas de serviços de apoio (atendentes, recepcionistas, serventes...)
Interação	Experiência semelhante à vivenciada no atendimento, porém com ênfase maior na proximidade entre executor e receptor do serviço central, ou seja, a interação refere-se ao momento em que a ação da pessoa que realiza o serviço alcança a pessoa do receptor
Qualidade	Refere-se, em um primeiro momento, à adequação às especificações definidas para os serviços, e ainda ao elevado nível de desempenho do serviço, envolvendo ainda aspectos como: confiabilidade, responsividade, competência, comunicação, credibilidade, segurança, garantia, estética etc.

Natureza formativa ou reflexiva do construto e suas dimensões: também aqui foi adotado o procedimento padrão de geração de itens de modo a produzir itens com relação reflexiva com as diferentes dimensões. Já as dimensões, que são de primeira ordem em relação ao construto atitude, são do tipo formativo em relação ao construto geral.

6.2. Passo 2 - Atividades de geração de itens e validação de face e conteúdo

Depois de termos o construto devidamente especificado, nossa preocupação é direcionada para a geração de indicadores que possam ser utilizados para mensurar o construto. As indicações provenientes da etapa anterior já dão as sinalizações de como se deve proceder, e, de posse dessas indicações, seguimos para análise dos condicionantes centrais, do esforço de geração de itens, para então prospectarmos os itens e, em seguida, desenvolvermos as atividades de validação de translação. A figura 6.3 ilustra as atividades do nosso segundo passo.

Como o primeiro passo foi exposto anteriormente, não detalharei qualquer procedimento aqui, bastando informar que somente poderemos seguir para as etapas seguintes depois de considerarmos as informações e limitações da primeira atividade de construção da escala.

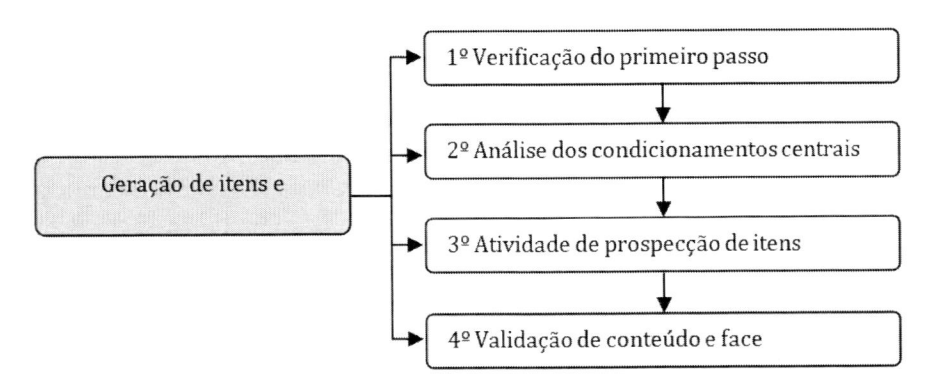

Figura 6.3 – Atividades do segundo passo

```
                              ┌─────────────────────────────────────────┐
                         ┌───▶│ 1º Verificação do primeiro passo        │
                         │    └─────────────────────────────────────────┘
                         │    ┌─────────────────────────────────────────┐
   ┌──────────────────┐  ├───▶│ 2º Análise dos condicionamentos centrais│
   │ Geração de itens e├──┤    └─────────────────────────────────────────┘
   └──────────────────┘  │    ┌─────────────────────────────────────────┐
                         ├───▶│ 3º Atividade de prospecção de itens     │
                         │    └─────────────────────────────────────────┘
                         │    ┌─────────────────────────────────────────┐
                         └───▶│ 4º Validação de conteúdo e face         │
                              └─────────────────────────────────────────┘
```

6.2.1. Análise de condicionantes centrais

Os condicionantes do segundo passo são os recortes e determinações provenientes da especificação do construto. Temos três aspectos centrais a considerar aqui, que são o nível de abstração, a dimensionalidade, e a natureza formativa ou reflexiva do construto. Cada um destes aspectos tem impacto no número de itens a serem prospectados, no ordenamento das atividades e na forma dos enunciados. Vejamos maiores detalhes.

Em relação ao nível de abstração, podemos ter construtos altamente abstratos, como é o caso, por exemplo, do construto relacionamento, e, também, temos construtos já mais objetivos, como o construto lealdade (atitudinal ou comportamental). A literatura normalmente sinaliza o grau de abstração de um construto.

A relevância deste recorte está no número de itens a ser gerado, e, em geral, quanto mais abstrato for o construto, maior será o número de itens a ser gerado (por exemplo, há casos em que são inicialmente gerados para um construto mais abstrato mais de 200 itens). Isto decorre da preocupação que temos de definir itens para cada uma das facetas do construto, e, dada sua abstração, prospectamos o máximo que podemos para não correr o risco de deixar de cobrir adequadamente todas estas facetas. Por esta mesma razão, para o caso de construtos mais objetivos, normalmente coletamos um número menor de itens.

Sobre a questão da dimensionalidade, temos, a partir da especificação, a indicação de se devemos buscar itens gerais para o construto geral, se este for unidimensional, ou se devemos sistematizar a geração de itens por possíveis dimensões definidas para o construto.

Para qualquer dos dois caminhos, o procedimento é semelhante, ou seja, devemos isolar a meta de geração de itens (para o construto geral ou para suas dimensões), e em seguida fazer a prospecção (obviamente, considerando a questão da abstração do construto ou de suas dimensões, se for caso).

Por fim, quanto aos condicionantes de especificação, temos a verificação da natureza formativa ou refletiva do construto. Como comentado (veremos mais detalhes na terceira parte do livro), os construtos são formativos ou refletivos em relação a um dado conjunto de itens. Isto indica que podemos ter a liberdade de construir itens que formem o construto (para o caso dos formativos), ou que reflitam o construto (para o caso dos refletivos).

Embora não haja obrigatoriedade de seguir um caminho ou outro, entendo ser preferível a operacionalização de construtos como refletivos em relação a seus itens, uma vez que o grande volume de teorização sobre mensuração hoje existente é direcionado principalmente para este tipo de construto. Para qualquer decisão, os procedimentos devem ser adaptados, ou seja, se vamos operacionalizar um construto como formativo, devemos gerar itens que, quando variam, provocam a variação no construto; mas, se vamos proceder a uma operacionalização para construtos refletivos, devemos selecionar itens que variem a partir da variação do construto.

Ainda que nem sempre seja fácil ter esta indicação, o esforço de adesão a um procedimento ou outro é necessário. Para casos extremos nos quais não há segurança quanto à natureza de um item em relação ao construto, deixamos que os dados apontem a sinalização de como o item se comporta a partir de sua estrutura fatorial (veremos detalhes nos capítulos seguintes).

6.2.2. Atividade de prospecção de itens

A atividade seguinte do segundo passo é a geração efetiva dos itens. Os procedimentos centrais neste sentido são três, a saber: avaliação da literatura (livros, artigos, handbooks...); procedimentos qualitativo-exploratórios; e consulta a especialistas.

O primeiro procedimento consiste basicamente em levantar o máximo possível de estudos nos quais o construto e as dimensões sob análise foram avaliados e buscar indicações de como foi feita a mensuração. Na maioria das situações (de desenvolvimento de escalas) já existem disponíveis estudos com itens que foram utilizados, inclusive com algumas situações nas quais outras escalas foram propostas. Cabe ao responsável pelo desenvolvimento da escala anotar os itens e adaptá-los, e, em especial quando o item estiver em língua estrangeira, traduzi-lo.

A regra básica é simples: devem-se gerar tantos itens quanto possíveis, desde que mantida a aderência preliminar à definição do construto ou de suas dimensões. Se ao final deste procedimento o total de itens gerados não for satisfatório, deve-se buscar gerar novos itens a partir de procedimentos qualitativos e exploratórios. Os métodos mais comuns são os seguintes[9]:

- Entrevistas exploratórias com potenciais respondentes: consistem em desenvolver diálogos livres e eventualmente solicitar ajuda com a indicação de novos itens. Novos itens podem ser apontados diretamente ou emergir de análises diversas;
- Entrevistas sistemáticas em profundidade: consistem em um procedimento mais sistemático, baseado em um roteiro de pesquisa aberto, e em um tempo de entrevista mais longo (normalmente 40 a 60 minutos por pessoa), com a anotação de pontos e gravação do diálogo. A partir de análises subsequentes, são extraídas indicações para geração de novos itens;
- Grupos de foco: trata-se de procedimentos de entrevista em grupo, normalmente de 8 a 12 pessoas, em um tempo próximo de uma hora e meia, e com a utilização de roteiros sistemáticos, em local apropriado e com o apoio de aparatos de gravação de voz e imagem (se houver disponível). Assim como na entrevista em profundidade, a análise posterior pode sugerir itens para a escala.

Se estes dois procedimentos (análise de outros estudos e procedimentos qualitativo-exploratórios) não forem ainda suficientes, temos ainda a possibilidade de gerar itens a partir do apoio de especialistas. O procedimento básico consiste em manter contato com outros pesquisadores ou pessoas de grande conhecimento sobre o tema, e solicitar que apontem itens que possam servir para a pesquisa. Se for viável, qualquer dos procedimentos de entrevista ou

---

9 *Apresento uma síntese dos procedimentos, e recomendo aos interessados em se aprofundar no assunto as referências de pesquisa de marketing. Pessoalmente, gosto das seguintes referências: MALHOTRA, N. K. Marketing research: an applied orientation. 3. ed. Upper Saddle River, New Jersey: Prentice Hall, 1999; MCDANIEL, C.; GATES, R. Pesquisa de marketing. São Paulo: Pioneira-Thomsom Learning, 2003.*

de grupo de foco citados podem também ser usados. Ao final destes procedimentos, possivelmente já teremos um número razoavelmente grande de itens por construto ou dimensões. Embora não haja um número padrão de itens (como comentado anteriormente), a experiência indica que para construtos unidimensionais e sem grande abstração a demanda é em torno de 10 a 20 itens iniciais (o mesmo número por dimensão). Para construtos ou dimensões abstratos, é recomendável um número entre 20 a 40 itens.

6.2.3. Validação de conteúdo e face

O conjunto de itens gerados e devidamente ajustados são, então, submetidos aos procedimentos de validação de translação, que englobam a validade de face e de conteúdo. Uma vez que no capítulo 4 foram extensamente discutidos os conceitos e procedimentos, não apresentarei aqui maiores detalhes de como é possível executar esta atividade.

O resultado do processo de validação encerra provisoriamente o segundo passo de desenvolvimento da escala, porém pode haver, a partir da atividade de validação, a sinalização da necessidade de novos procedimentos e novas prospecções, e, eventualmente, os especialistas podem dar indicações que venham ainda a aprimorar a própria especificação do construto. Como enfatizado no capítulo 4, somente depois de uma cuidadosa análise desta atividade é que devemos seguir para os testes com amostras maiores de respondentes.

6.2.4. Exemplificação do passo 2

Vejamos agora como desenvolvemos o segundo passo das duas escalas de nosso exemplo:

- Atitudes de estudantes de administração quanto aos métodos quantitativos

A pesquisa teórica levada a cabo para o desenvolvimento desta escala indicou que todos os tópicos analisados já haviam sido, em alguma medida, testados em estudos empíricos, de modo que a geração de itens se tornou facilitada.

Assim, depois de avaliados todos os condicionamentos da especificação do construto, foram gerados 88 itens somente a partir dos estudos preexistentes, na seguinte estrutura: 14 itens para impacto das disciplinas; 21 para dificuldade percebida; 19 para necessidade da área; 16 para necessidade percebida; e 18 para autoconfiança. Estes itens iniciais foram revisados em maiores detalhes, tendo sido excluídos 28, restando ao final 60 itens (12 itens por dimensão).

Na seleção destes itens, cuidamos para que todos mantivessem uma condição de receptores da influência da variação do construto ou dimensão, para viabilizar a operacionalização do construto como refletivo. Preliminarmente, decidimos adaptar todos estes itens para o formato de afirmação, por ser esta a forma mais recorrente nas pesquisas deste tipo.

Os 60 itens, então, foram submetidos a outros pesquisadores e interessados no tema, com sua apresentação feita por meio de um questionário com a indicação da definição de cada dimensão, seguida pelo conjunto de itens. Especialistas foram convidados a marcar em uma escala de cinco pontos o grau de adequação do item para medir a dimensão. O instrumento também tinha um espaço para comentários e recomendações.

Os especialistas selecionados foram uma doutora em engenharia, um doutor em estatística, e cinco mestrandos em administração. Após a coleta destes dados, foi extraída a média dos itens e avaliadas as sugestões, de modo a manter os oito itens que tivessem médias de adequação mais elevadas por dimensão, e foram ainda implementadas as propostas de aprimoramento anotadas. Restaram ao final 40 itens, oito em cada uma das cinco dimensões de análise (ver quadro 6.3). Estes procedimentos asseguraram preliminarmente a validade de conteúdo e de face e viabilizaram o encaminhamento para as etapas seguintes do desenvolvimento da escala.

Quadro 6.3 – Itens mantidos na escala de atitude ([R] indica escore reverso)

Itens de impacto profissional
O que aprendo nas disciplinas desta área é importante para minha formação profissional
O conteúdo aprendido nas disciplinas de métodos quantitativos será útil no meu dia a dia
As disciplinas da área conduzem os estudantes a aliar teoria e prática
A aprendizagem das habilidades da área ajuda os estudantes a solucionar problemas práticos
O pensamento quantitativo NÃO é aplicável no meu trabalho [R]
As conclusões tiradas em métodos quantitativos raramente se aplicam ao dia a dia [R]
As disciplinas de métodos quantitativos são bastante relevantes na minha vida
Boas habilidades em métodos quantitativos ajudam na minha empregabilidade

Itens de dificuldade percebida
Disciplinas de métodos quantitativos são muito complicadas
As disciplinas desta área são mais difíceis que as demais disciplinas do curso
Disciplinas de métodos quantitativos não são difíceis [R]
O aprendizado das disciplinas de métodos quantitativos exige muita dedicação
As disciplinas da área são bastante desafiadoras
Disciplinas de métodos quantitativos não podem ser aprendidas rapidamente [R]
As fórmulas de métodos quantitativos são fáceis de compreender [R]
O conteúdo das disciplinas desta área é muito complexo
Itens de percepção de necessidade
Eu considero necessário que todos os alunos do curso façam as disciplinas desta área
O conteúdo das disciplinas da área deveria ser trabalhado também em outras disciplinas do curso
O conteúdo da área complementa bem as demais disciplinas do curso
As disciplinas de Métodos quantitativos devem ser obrigatórias no curso
O conhecimento da área é necessário para as demais disciplinas do curso
O conhecimento da área é necessário para uma boa formação profissional
As empresas necessitam de profissionais com conhecimento nesta área
Uma especialização nessa área ajudaria na solução dos problemas da minha empresa
Itens de percepção de domínio
Cometo poucos erros em cálculos em disciplinas de métodos quantitativos
Consigo aplicar os conhecimentos da área de métodos quantitativos em situações práticas
Consigo aplicar os conhecimentos da área de métodos quantitativos em outras disciplinas
Compreendo bem as equações usadas em métodos quantitativos
Consigo analisar e aplicar resultados de problemas de métodos quantitativos
Não tenho um bom domínio dos conteúdos de métodos quantitativos [R]
Consigo compreender as soluções de problemas de matemática e estatística
Consigo resolver problemas de matemática e estatística

Itens de autoconfiança
Sinto-me seguro quando tenho que resolver problemas de métodos quantitativos
Sinto-me seguro quando faço avaliações de métodos quantitativos em sala
As disciplinas de métodos quantitativos não me amedrontam [R]
Eu sou muito talentoso em métodos quantitativos
Se não entendo um assunto em métodos quantitativos, provavelmente nunca aprenderei [R]
As disciplinas de métodos quantitativos são fáceis para mim
As disciplinas de métodos quantitativos são parte de meus pontos fortes
As disciplinas desta área são mais fáceis para mim que para muitos de meus colegas

- Experiência de clientes em serviços de alto nível de coprodução

Para esta escala foram encontradas poucas referências na literatura que dessem indicações quanto aos itens a serem utilizados na pesquisa (ao total somente foram gerados 19 itens por este procedimento). Deste modo, decidimos partir para a realização de dois grupos de foco: o primeiro aconteceu no mês de junho de 2008 e contou com a participação de 13 pessoas, sendo 10 participantes, um coordenador (psicólogo) e dois observadores, com foco em serviços de beleza e estética; já o segundo foi cumprido no mês de setembro do mesmo ano, com um foco agora em serviços educacionais, com um total de nove participantes, e repetiu-se o coordenador e os dois observadores. Ambos os procedimentos tiveram um tempo de duração de cerca de uma hora e trinta minutos.

Também aqui tomamos o cuidado de gerar itens que viabilizassem sua operacionalização no modelo de construtos reflectivos, e também preferimos enunciá-los como afirmações, seguindo a tradição de outros estudos.

Como primeiro resultado dos grupos de foco foi possível reforçar as dimensões de análise, e como segundo foram gerados mais 33 itens para as etapas seguintes. Somando com os 19 itens provenientes da revisão de literatura, totalizamos 52 itens (duas dimensões com 14 itens e duas com 12 itens).

Estes itens foram então submetidos a outros pesquisadores (dois doutores) interessados no tema (seis mestrandos em administração, dois dos quais professores de ensino superior) por intermédio de uma lista na qual o sujeito indicava somente se achava o item adequado ou não para medir a dimensão.

Este procedimento indicou possíveis melhorias nos enunciados, e ainda reduziu nove itens, restando ao final 42 indicadores, assim divididos: ambiente com 13 itens, atendimento com 10 itens, interação com 10 itens e qualidade com nove itens (ver quadro 6.4) Observe que os itens remetem às instituições educacionais, mas podem ser ajustados para outros serviços. Também aqui os procedimentos asseguraram preliminarmente validade de conteúdo e de face.

Quadro 6.4 – Itens mantidos na escala de avaliação

Itens de interação
Os professores preocupam-se e são atenciosos comigo
Percebo uma falta de interação quando sou atendido [R]
Os professores interagem comigo quando me atendem diretamente
Os profissionais em geral não interagem comigo [R]
Tenho uma boa relação com os professores
Identifico-me bem com os professores
Os professores dialogam apropriadamente comigo
A atenção que recebo atende ás minhas necessidades
Nesta organização, os funcionários mostram real interesse quando conversam comigo
Evito os profissionais que não interagem comigo [R]
Itens de estrutura
O ambiente em que recebo o serviço é limpo (sala de aula, cantinas, biblioteca, corredores...)
Eu gosto do ambiente da sala de aula e da faculdade
A organização tem uma boa estrutura física
Sinto-me confortável na faculdade
As cores do ambiente me deixam confortável
A climatização do ambiente é adequada
A iluminação é satisfatória
A estrutura física se adequa bem ao serviço que recebo
O ambiente da organização tem um aroma (cheiro) adequado
Os produtos/equipamentos estão em bom estado
O som (ruído, barulhos externos...) do ambiente é apropriado
Os espaços são amplos e diversificados
O ambiente geral é bem organizado

Itens de atendimento
Considero adequado o tempo de espera nos atendimentos
Sou bem atendido(a) por todos na organização
Recebo a atenção que realmente preciso
Percebo falhas no atendimento [R]
Os atendentes são educados e gentis
A organização tem um bom nível de atendimento
Considero que recebo um atendimento justo e honesto
Os atendentes dominam bem as técnicas e processos do serviço prestado
O pessoal de atendimento (cantina, secretaria, biblioteca e outros) é bastante prestativo
Os atendentes estão sempre dispostos a ajudar
Itens de qualidade
Os serviços são de boa qualidade
Confio no serviço fornecido por todos os profissionais
Há agilidade na resolução dos problemas
Sinto-me bem na organização onde recebo o serviço
O prestador do serviço cuida bem dos clientes
O serviço recebido diretamente em sala é de boa qualidade
O serviço está no padrão de qualidade que eu gostaria de receber
Os serviços têm um bom padrão de qualidade
Os produtos/equipamentos são adequados ao serviço

6.3. Passo 3 - Decisões sobre as respostas

O terceiro passo na construção da escala consiste na análise das alternativas e decisão sobre qual escala de averiguação para os itens será utilizada. No capítulo 5 observamos que há um número razoável de alternativas destas escalas, sendo a mais utilizada a chamada escala de Likert (e as escalas do tipo Likert). Portanto, a primeira decisão deste terceiro passo é certificar-se de que a escala de averiguação será ou não uma destas, e, se não, qual será a melhor alternativa. Não há regra de decisão, mas o bom-senso e a experiência sugerem que seja seguido o padrão de outros estudos semelhantes.

Eventualmente, é interessante ao responsável pelo desenvolvimento da escala buscar inovar, utilizando proposições (como o modelo phrase completion apresentado no capítulo anterior, ou mesmo variações das escalas convencionais), mas com o cuidado de não por a perder parte do esforço a ser implementado pelo risco de a escala não alcançar o interesse de outros possíveis usuários.

Outro aspecto relevante aqui é a decisão quanto ao número de pontos. Como comentado no capítulo 5, esta decisão depende de diversos fatores, sendo um dos primeiros a análise da capacidade do respondente da escala, além da possibilidade de manter condições adequadas para avaliações psicométricas da escala. Estas questões estão ilustradas nos dois exemplos, como vemos a seguir.

- Atitudes de estudantes de administração quanto aos métodos quantitativos

Como observado no item 6.2.4, em especial nos itens mostrados no quadro 6.3, utilizamos a apresentação dos itens como afirmações, o que direciona a decisão da escala de aferição para o modelo da escala de Likert.

Considerando que os respondentes da escala seriam estudantes de curso superior, e que, portanto, teriam um bom discernimento para compreender os enunciados e refletir adequadamente sobre as respostas, decidimos por uma escala com sete pontos para as duas amostragens seguintes (ver capítulo 7).

- Experiência de clientes em serviços de alto nível de coprodução

Seguindo ainda as indicações apresentadas no item 6.2.4, mas com foco agora nos itens mostrados no quadro 6.4, também para esta escala optamos por apresentar os itens como afirmações para uma averiguação por uma escala de Likert.

Já com relação ao número de pontos, optamos por variar de acordo com o contexto da amostragem. Assim, para a primeira amostragem (que é mais exploratória, como veremos no capíitulo seguinte), usamos uma escala de sete pontos; porém, na segunda e na terceira amostragens havia a proposição de variação no contexto dos respondentes, sendo uma amostragem com estudantes (para avaliar os serviços educacionais), e outra com clientes de salões de beleza. Por esta razão, nestas amostragens optou-se por utilizar uma escala de Likert somente com cinco pontos, levando em consideração as potenciais dificuldades que os clientes de salão teriam de responder à escala com sete pontos.

6.4. Passo 4 – Construção do instrumento de pesquisa

A construção do instrumento de pesquisa é o passo que segue à definição e fechamento dos itens da escala, previamente determinados nas fases de validação de conteúdo e de face, e à decisão quanto às escalas de verificação. A preocupação aqui é colocar o conjunto de itens provenientes das etapas anteriores em um instrumento de campo que viabilize a coleta dos dados que servirão para as duas etapas seguintes (trabalho de amostragem e limpeza da escala). Obviamente, a qualidade dos dados que chegaram para as etapas posteriores dependem, em grande medida, do instrumento de coleta de dados, e daí a razão de um foco concentrado nesta atividade.

Antes de tratar de recomendações operacionais, é importante deixar claro que este passo antecede o passo 5 da escala, mas é retomado imediatamente após as primeira limpeza da escala, na construção do instrumento que viabilizará a segunda coleta e a limpeza adicional da escala. Por esta razão, apresento neste item (6.4) os elementos gerais da construção dos instrumentos, retornando ao assunto no capítulo 8, com os comentários para a construção do segundo instrumento.

6.4.1. Orientações gerais para a construção dos instrumentos

A construção do instrumento parte inicialmente de três elementos centrais: primeiro, o conjunto de itens que deverão ser avaliados a partir das duas amostragens; segundo, as indicações a respeito do tipo de escala de verificação (diferencial semântico, Likert...) a ser utilizado; e terceiro, os dados adicionais a serem coletados, tais como idade, gênero etc.

De posse destes elementos, nossa preocupação é reuni-los em um único instrumento, de modo a viabilizar o levantamento dos dados conforme demandado na análise. Isto pressupõe, portanto, que o instrumento deva ser adequado: 1 –para o propósito da pesquisa (em termos de dados a serem levantados); e, 2 – para a capacidade de resposta do respondente da pesquisa.

Este último aspecto é normalmente o mais negligenciado na construção dos instrumentos de pesquisa (basta ver os instrumentos de pesquisa comumente aplicados), sendo a principal fonte de problemas com dados. É relevante ressaltar um princípio quanto a isto: o respondente, na grande maioria das vezes, está 'fazendo o favor de fornecer os dados' para a pesquisa. Logo, precisa ser acima de tudo respeitado pelos pesquisadores. Os instrumentos de pesquisa podem ser verdadeiramente ofensivos com os respondentes, quando, por exemplo, perguntam sobre aspectos indesejáveis, ou quando são prolixos a ponto de tomar horas do respondente.

Com relação á estrutura do instrumento de pesquisa, para efeito de desenvolvimento de escalas, existem os seguintes elementos: título; enunciado inicial; questões preliminares; questões de base da pesquisa; questões de fechamento; fechamento. Vejamos os detalhes de cada um destes elementos.

- Título

É o primeiro elemento textual da pesquisa, colocado na primeira linha da página, podendo ou não haver a indicação de logomarca de instituições envolvidas na pesquisa (se for o caso). Se não houver maiores comprometimentos para os resultados ou para os interesses de financiadores, é sempre recomendável não apresentar qualquer associação de marca, ou seja, é recomendado que o título do instrumento possua uma indicação direta do que se trata. Sugiro o uso somente da palavra 'questionário', ou da expressão 'instrumento de pesquisa' para o título de instrumentos.

- Enunciado inicial

Consiste em um pequeno texto, variando desde uma frase simples até um parágrafo mais longo, contendo: as explicações sobre o objetivo da pesquisa; o pedido de colaboração; e as instruções gerais para resposta. Este enunciado é, de um modo geral, sempre recomendável, devendo-se sempre ponderar o tamanho e o conteúdo informativo, para evitar perda de tempo dos respondentes e eventuais questionamentos. No entanto, em situações bem específicas, como no caso da resposta marcada por um terceiro, ou do acompanhamento e explicação oral pelo agente de coleta de dados, este enunciado pode ser descartado, providenciando economia de tempo do pesquisador e do pesquisado.

- Questões preliminares

Para a disposição das questões para coleta de dados, não há qualquer regra ou unanimidade de disposição. A recomendação é, por outro lado, não iniciar apresentando as questões centrais da pesquisa. Ou seja, recomenda-se que sejam colocadas inicialmente questões de resposta mais imediata, como a tomada de dados socioeconômicos ou demográficos, ou questões associadas ao objeto sob mensuração (como por exemplo, perguntar há quanto tempo o respondente é cliente de uma loja de varejo, ou quanto tempo um funcionário tem de experiência em uma empresa).

A recomendação é, por outro lado, de que estas questões não ocupem muito espaço no instrumento de pesquisa, de modo a não manter o respondente distante das questões de base da pesquisa. Assim, é recomendado nunca passar de uma página com estas questões e, de preferência, não passar de cinco ou seis questões iniciais. Se eventualmente houver mais questões de interesse, a recomendação é que sejam deixadas para o final ou para o meio do questionário.

- Questões de base da pesquisa

Esta é parte central do instrumento, pois é a que apresenta o conjunto de itens de interesse, com seus enunciados e com a escala e verificação definida. Esta etapa é especialmente relevante e merece todo o cuidado por parte do pesquisador, pois potenciais perdas de dados aqui podem representar prejuízos para todo o processo de análise posterior.

Há diversas formas de apresentação, valendo a criatividade do pesquisador aqui. No entanto, algumas recomendações podem contribuir para facilitar a construção do instrumento, como por exemplo:

- Evitar apresentar os itens de um mesmo construto ou dimensão em uma sequência direta. Em verdade, recomenda-se que os itens sejam dispersos aleatoriamente de modo a evitar que o respondente perceba que se trata de um mesmo construto e possa dar sua resposta sem necessidade de verificar respostas anteriores;
- Nunca deixar uma sequência muito grande de itens em uma mesma questão. Não há regra de tamanho, mas não é de bom-senso colocar mais de 15 itens em uma mesma sequência. Se houver um número de itens maior que 15, é recomendado dividir a apresentação em duas ou mais questões, para não gerar lassidão de resposta. Para pesquisas envolvendo um número muito grande de itens, é recomendado, ainda, que sejam colocadas entre os blocos de itens algumas questões de resposta mais direta (como as socioeconômicas ou demográficas), como uma forma de 'quebrar o ritmo' das respostas;
- Deve-se evitar que a questão seja apresentada sem a indicação numérica do escore a ser marcado ao lado, ou seja, não se deve deixar somente o espaço em branco, pois isto requer uma atenção maior do respondente e pode gerar qualquer indisposição da parte deste;
- Embora isto seja uma preocupação prévia da validade de conteúdo e

face, não se devem apresentar muitos itens com o mesmo início de enunciado, especialmente se forem enunciados grandes. A experiência mostra que os respondentes tendem a seguir o padrão de respostas com questões que possuem o mesmo início. Se não for possível evitar este fato, estes itens devem ser apresentados no instrumento de pesquisa o mais distanciado possível entre si. O mesmo ocorre com itens de mesmo sentido ou semelhantes entre si, ainda que de enunciado curto;

- Questões de fechamento
São questões de identificação complementares às questões preliminares, sendo recomendadas aquelas de natureza socioeconômica ou demográfica, pois são questões de resposta fácil. Ainda que não seja regra a apresentação destas questões, a apresentação desse modo representa uma forma de conclusão do questionário 'mais leve' para o respondente.

- Fechamento
Trata-se da finalização do instrumento, sem demandar mais respostas. Normalmente é uma frase de agradecimento ou outras instruções, se for o caso.

Outras orientações que podem ser úteis são apresentadas a seguir[10]:

- Deve-se o máximo possível evitar instrumentos de pesquisa longos, pois são reconhecidamente desestimulantes para os respondentes. Embora não haja regra de tamanho, nunca é recomendável um instrumento possuir mais de três páginas, devendo-se buscar, tanto quanto possível, que o instrumento não ultrapasse duas páginas;
- O tamanho de papel ofício deve ser adequado ao uso corrente. No Brasil, é comum o uso de instrumentos em papel A4 ou ofício 2. Para qualquer situação, não é recomendado usar o artifício de conteúdo na frente e no verso da folha. A experiência mostra que nos casos de mais de duas páginas, corre-se o risco de as partes de verso não serem respondidas;
- A fonte deve ser adequada ao respondente em potencial, e aqui temos alguma liberdade para o pesquisador. No entanto, o uso recorrente é da fonte 'Arial', tamanho 10 ou 11. Outras fontes recorrentes são 'Times

---

10 *É necessário enfatizar que estas recomendações são baseadas principalmente na experiência acadêmica e de pesquisa do autor, e não há unanimidade quanto ao seu sentido. Acredito que podem ser de grande valia para quem vivencia a experiência de coletar dados em trabalhos de campo.*

New Roman' (tamanho 11 ou 12) e 'Verdana' (tamanho 10 ou 11);
- O espaçamento recomendado é 1,5 ou 1,25, sendo tolerado o espaçamento simples, por justificativas de espaço e número de páginas;
- Nas questões iniciais e finais (socioeconômicas e demográficas), deve-se evitar um número grande de categorias de resposta (cinco no máximo, se for possível), e é fortemente recomendado que as categorias sejam dispostas uma abaixo da outra, em uma só coluna. Somente por questões de economia de espaço é que se justifica o uso de duas colunas, mas há o risco de isto dificultar a resposta.

No primeiro questionário, a recomendação é a de que sejam inseridos somente os itens provenientes do terceiro passo, depois das atividades de validação de translação. Dado que a primeira amostragem tem fins exploratórios, normalmente a maior parte do espaço do instrumento é ocupado pelos itens da escala. Neste caso, se houver espaço, é possível acrescentar outras questões, seja para levantar dados de identificação, seja com itens de outras escalas (para efeito de testes complementares).

Já no segundo questionário é comum a inserção de outras questões, em especial aquelas que poderão servir para atividades de validade, como questões de outros construtos para validação de critério simultâneo ou de validade nomológica, ou questões categóricas para validação de grupo-conhecido.

6.4.2. Exemplificação do passo 4

Vejamos então os procedimentos associados ao passo quatro, como foco na primeira amostragem (no capítulo 8 apresento as decisões do segundo questionário de cada escala).

- Atitudes de estudantes de administração quanto aos métodos quantitativos

Nesta escala, o título tinha somente a palavra 'questionário', pois optou-se por dispensar o enunciado de abertura, uma vez que este seria comunicado oralmente pelo agente de aplicação.

Assim, inicialmente foram apresentadas quatro questões associadas à condição de estudante dos respondentes. Em seguida, os itens provenientes das etapas anteriores, juntamente com oito itens de mensuração de interesse pessoal por métodos quantitativos, foram divididos em três blocos de questões, cada bloco com 16 itens (40 itens da escala e 8 itens de interesse).

A ordem foi a seguinte: uma questão reunia os itens de domínio de habilidades e de interesse; a segunda envolveu os itens de percepção de necessidade e de autoconfiança; e a terceira questão envolveu os itens de percepção de impacto e de dificuldade percebida. Para cada bloco, as questões de cada construto eram alternadas, de modo a evitar que os itens de um mesmo construto ficassem juntos em sequência. Ao final, foram acrescentadas mais três questões sobre dados demográficos, juntamente com uma frase de agradecimento.

Foram seguidas todas as instruções, indicadas acima quanto à formatação, de modo que o instrumento ficasse disposto em duas páginas. O apêndice A6.1 apresentava o instrumento, sem as definições de formatação (devido às condições de edição deste texto, não foi possível apresentar o questionário tal como apresentado).

- Experiência de clientes em serviços de alto nível de coprodução

Para esta escala, seguiu-se a mesma lógica de construção do instrumento da escala de atitudes descrita anteriormente. Assim, o título continha somente a palavra questionário, e dado que a primeira amostragem desta escala foi feita com estudantes de nível superior, foi dispensado o enunciado inicial.

Na primeira parte foi colocada somente uma questão, perguntando qual o semestre do estudante, e logo depois foram apresentados itens da escala, em um bloco de 14 itens. Em seguida, foram apresentadas três questões demográficas, para, somente depois, entrar o segundo bloco de 16 itens. O restante dos itens (12 ao total) foi intercalado com mais duas questões de identificação.

O questionário, adaptado para a formatação deste texto, encontra-se no apêndice A6.2. Observe que a disposição dos itens e das questões de identificação variou aqui em relação à escala anterior, como uma estratégia para evitar que a sequência de itens de uma mesma dimensão ficasse em questões seguidas.

CAPÍTULO 7

Construção de escalas – passos 5 e 6

Neste capítulo avançamos na apresentação dos procedimentos de desenvolvimento de uma escala, seguindo o modelo apresentado no capítulo 2, e damos continuidade ao que foi apresentado no capítulo 6. Aqui, nosso propósito é cobrir os passos 5 (primeira atividade de amostragem) e 6 (primeira rodada dos procedimentos de limpeza da escala), e, no capítulo seguinte, apresentar os quatro últimos passos. A figura 7.1 ilustra (parte clara) o nosso objetivo para este capítulo.

Figura 7.1 – Etapas de desenvolvimento do capítulo

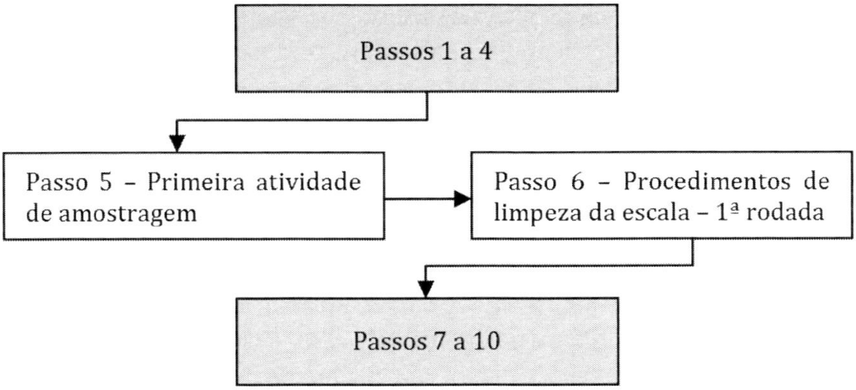

```
        ┌─────────────────────┐
        │    Passos 1 a 4     │
        └──────────┬──────────┘
                   │
                   ▼
┌─────────────────────────┐      ┌─────────────────────────────┐
│ Passo 5 – Primeira      │      │ Passo 6 – Procedimentos de  │
│ atividade de amostragem │─────▶│ limpeza da escala – 1ª rodada│
└─────────────────────────┘      └──────────────┬──────────────┘
                                                │
                                                ▼
                            ┌─────────────────────┐
                            │    Passos 7 a 10    │
                            └─────────────────────┘
```

7.1. Passo 5 – Primeira atividade de amostragem

Nosso quinto passo consiste na realização da primeira amostragem, e desenvolve-se a partir de duas atividades centrais: o planejamento da amostragem e a gestão do trabalho de campo. A figura 7.2 ilustra estas atividades, que são detalhadas neste item. Mas antes, precisamos apresentar algumas considerações preliminares, como fazemos a seguir.

Figura 7.2 – Atividades do passo 5

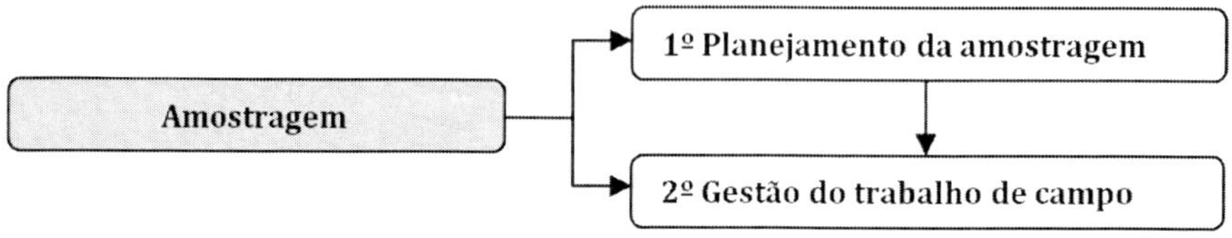

```
                        ┌─→ 1º Planejamento da amostragem
    [ Amostragem ]──────┤
                        └─→ 2º Gestão do trabalho de campo
```

Entendemos por amostragem o procedimento de pesquisa sobre uma amostra (parte de uma população), em contraste com o censo, que é entendido como o procedimento de pesquisa sobre toda uma população. Ainda que seja desejável que os procedimentos de desenvolvimento de uma escala sejam realizados de forma censitária, na grande maioria das situações o esforço é feito sobre amostras, especialmente por razões operacionais (por vezes o censo é muito demorado e nem sempre é necessário) e de custos (na maioria das situações envolvendo escalas, o custo de um censo é proibitivo).

A teoria da amostragem é extensamente desenvolvida no âmbito da Estatística e está bem documentada nos manuais de metodologia da pesquisa[1]. Para nossos propósitos, é relevante lembrar que a amostragem pode ser de dois tipos fundamentais, quanto à decisão de seleção dos elementos: probabilística e não probabilística. Vejamos mais detalhes:

- Amostragem probabilística: procedimento no qual cada unidade amostral tem probabilidade, conhecida e diferente de zero, de pertencer à amostra;
- Amostragem não probabilística: procedimento no qual não se conhece a probabilidade de cada unidade amostral pertencer à amostra.

É reconhecido no contexto dos pesquisadores o valor da amostragem probabilística, uma vez que é a base sobre a qual é desenvolvida a chamada 'teoria da inferência estatística' e, por consequência, todos os procedimentos de maior valor na operacionalização estatística de dados. No entanto, procedimentos probabilísticos normalmente são mais caros e, operacionalmente, mais difíceis de realizar (por exemplo, é quase impossível realizar uma amos-

---

[1] *Aos interessados em uma abordagem mais técnica, recomendo o seguinte texto: BOLFARINI, H.; BUSSAB, W. O. Elementos da amostragem. São Paulo: Edgard Blüncher, 2005. Já para os interessados em uma vertente mais aplicada, recomendo qualquer texto de metodologia da pesquisa, com ênfase nos manuais de pesquisa de marketing, que normalmente desenvolvem mais este tópico.*

tragem perfeitamente probabilística de eleitores de uma cidade grande).

Por esta razão, na pesquisa em ciências sociais e comportamentais são muito comuns os procedimentos não probabilísticos, ou seja, na grande maioria das vezes os procedimentos aplicados são baseados na conveniência do pesquisador em escolher uma dada amostra ou mesmo na disponibilidade de acesso deste pesquisador aos elementos da amostra. Embora haja fragilidades em termos de generalização, o que não é o objetivo na grande maioria das pesquisas (que mais buscam evidência de relações e não generalizações de resultados), os procedimentos não probabilísticos têm se mostrado adequados para os propósitos de desenvolvimento de escalas.

Mas é necessário deixar bem claro um princípio a ser seguido: não precisamos de amostras probabilísticas, mas nem por isto devemos tomar qualquer amostra para nossos propósitos. Devemos buscar o máximo que pudermos uma amostra que represente bem a população da pesquisa, como forma de captar a real heterogeneidade existente no universo. Por exemplo, se sabemos que o universo de uma pesquisa é composto por 80% de jovens e 30% de mulheres, nossa amostra deve tentar o máximo se aproximar destes percentuais (a suposição da amostragem aleatória dispensaria este cuidado, pois é esperado que o percentual coletado se aproxime do percentual real da população, mais ou menos um erro amostral, e com uma dada significância).

7.1.1. Planejamento da amostragem

De posse deste entendimento, é possível então seguir para o planejamento de nossa amostragem. Temos os seguintes aspectos a serem avaliados: tamanho, composição, e demandas de recursos.

- Tamanho da amostra

Quanto ao tamanho da amostra, a recomendação é que seja tão grande quanto possível, dentro dos limites de custos associados. Embora não seja uma regra teoricamente justificável, autores diversos recomendam que se leve em conta o número de itens da escala, de modo a produzir uma amostra que seja ao menos dez vezes maior que o total de itens operacionalizados em conjunto, ou seja, se operacionalizamos um total de 20 itens, é recomendável uma amostra de 200 elementos.

Isto implica que, em escalas de muitos itens (por exemplo, 100 ou mais itens), seria necessário uma amostra bastante grande (pelo menos 1000 elementos, em nosso exemplo); se isto for possível, não há problemas, mas normalmente há dificuldades de custos em amostras tão grandes.

Mas é relevante ressaltar que em diversas escalas operacionalizamos as dimensões quase sempre em separado, de modo que o número de itens operacionalizados em conjunto normalmente não chega a ser mais de 20. Para nosso caso, e considerando os propósitos exploratórios da primeira amostragem, o entendimento de uma amostra entre 150 e 200 elementos já seria suficiente para as primeiras operacionalizações.

- Composição da amostra
Conforme informado anteriormente, devemos sempre buscar amostras que se aproximem o máximo das características da população. Nestes termos, é sempre recomendável verificarem-se as variações existentes nesta população, e que a amostra seja produzida de modo a atender a estes requisitos. Por exemplo, se estamos desenvolvendo uma escala sobre donas de casa, é necessário que pesquisemos verdadeiras donas de casa de diferentes idades, rendas, graus de instrução...; também, se estamos pesquisando usuários de telefones celulares, é necessário que busquemos usuários dos mais diversos tipos (por sexo, por renda, ocupação, nível de instrução...).

Na primeira amostragem, dada sua finalidade exploratória, é tolerável que sejam levantados dados de amostras de mais fácil acesso, desde que haja, obviamente, convergência com a escala. Assim, é muito comum a utilização de estudantes universitários como referência inicial para desenvolvimento de escalas, especialmente em razão da facilitade de acesso (quase sempre temos dezenas de estudantes, sentados e pacientes) e de resposta (são pessoas educadas e com maior capacidade de compreensão de questões e manuseio de questionários).

Naturalmente, esta opção é objeto fácil de contestação, tendo em vista o viés que pode provocar. De fato, não podemos tomar o comportamento do estudante como sendo uma proxy consistente do verdadeiro comportamento de consumidores de cerveja, por exemplo, a não ser que nosso propósito seja de medir o comportamento justamente de estudantes.

Por esta razão, pesquisa com amostras de conveniência deste tipo devem ser moderadas pela situação específica e pelo propósito. No caso da primeira amostragem, este procedimento é 'tolerável', mas sempre que houver disponibilidade de recursos e de tempo para uma amostragem mais consistente, este procedimento não é recomendável.

- Demandas de recursos

Esta é a fase de levantamento de demandas em termos de pessoas e materiais diversos (papel, tinta, software...) e de seus respectivos custos. Naturalmente, cada escala tem um orçamento diferente na medida em que a demanda recursos varia de acordo com a situação (por exemplo, amostragens com consumidores são normalmente mais baratas que amostragens com executivos ou empreendedores).

Nestes termos, o procedimento básico desta fase consiste em realizar o levantamento sistemático das demandas (inclusive considerando os dois procedimentos de coleta dos passos 5 e 7) e construir uma planilha de orçamento. No entanto, aspectos relacionados ao levantamento de recursos são específicos de cada projeto, e não temos como fornecer aqui maiores previsões ou recomendações, a não ser a de que se deve sempre equilibrar os custos com a qualidade de procedimentos de coleta e operacionalização de dados.

De um modo geral, a primeira amostragem tem um custo total bastante reduzido, em razão das características 'toleradas' para o conjunto de dados amostra, ao passo que as amostragens adicionais costumam ser sempre mais caras e mais demoradas em razão da necessidade de mais dados e de maior rigor no processo de coleta.

7.1.2. Gestão do trabalho de campo

Depois do planejamento da amostragem, e considerando as definições do instrumento de pesquisa previamente elaborado (ver passo 4, no capítulo anterior), temos então o trabalho de campo da amostragem, que consiste no esforço de ir até o respondente e solicitar que este forneça os dados necessários. Esta é normalmente uma atividade operacional, que, a depender das condições de acesso aos respondentes, pode ser bastante simples ou bastante complexa. Por esta razão, é sempre necessário que o interessado principal da pesquisa acompanhe de perto as atividades.

Temos duas formas fundamentais de coleta: 'coleta presencial' e 'coleta mediada'. A 'coleta presencial' é aquela na qual o pesquisador vai até o respondente e solicita que este forneça os dados, seja de forma direta (o respondente responde diretamente o questionário) ou indireta (o agente de levantamento de dados pergunta e ele próprio anota as respostas). A coleta presencial é a mais aplicada em escalas, ainda que seja quase sempre mais cara, e possui a vantagem de o agente de coleta poder contribuir para as respostas por meio de instruções ou tirando dúvidas do respondente.

Já a 'coleta mediada' é aquela que é feita sem a presença física de qualquer agente de coleta, podendo ser por correio (o pesquisado recebe o questionário, responde, e reenvia ao pesquisador), por telefone (o pesquisado fornece os dados via telefone e o pesquisador aponta as respostas), e, mais recentemente, pela internet (semelhante ao procedimento pelo correio, mas com as facilidades da interatividade que a internet proporciona).

Para qualquer das opções, é necessário a adaptação do instrumento de pesquisa, de modo a torná-lo mais adequado para o contexto e o respondente, e potencializá-lo para uma maior qualidade dos dados.

Para os casos em que houver a necessidade de colaboradores (em especial aplicadores e telefonistas), normalmente é necessário um treinamento sobre os procedimentos, sobre a estrutura do instrumento e sobre o comportamento em campo (aspectos éticos, identificação de possíveis dificuldades dos respondentes, cuidados para não induzir resposta...). O propósito central é uniformizar os procedimentos de modo que os dados sejam os mais fiéis possíveis à realidade dos respondentes.

É indispensável que seja feito um acompanhamento do campo, e uma verificação cuidadosa de cada questionário preenchido, de modo a excluir, antes de seguir para a planilha eletrônica, aqueles instrumentos com problema de resposta, tais como questionários em que todas as respostas foram iguais (em escalas de intervalo, é muito comum os respondentes, por indisposições diversas, escolherem um só escore e marcarem o questionário inteiro no mesmo escore), ou que tiveram muitos itens sem resposta (estes quase certamente sairão nas análises posteriores, e, portanto, deve-se antecipar os problemas).

O acompanhamento sistemático da coleta também contribui para controlar a estrutura da amostra. Normalmente é fácil perceber vieses nos procedimentos de coleta, tais como excesso de respondentes do mesmo gênero, ou de uma mesma faixa etária etc. Como dito, mesmo no caso da primeira amostragem, é necessário tentar o máximo gerar uma amostra próxima das características do universo. Logo, se isto for verificado, poderá ser necessário um redirecionamento do esforço de coleta para corrigir distorções[2].

---

2 *É necessário ressaltar a relevância deste cuidado. Pessoalmente, já vivenciei situações em que, mesmo depois de finalizada a coleta, foi necessário uma nova entrada em campo para corrigir desproporções da amostra, quando estas destoavam demais das características sabidas da população. Como informei, o fato de a amostragem ser não aleatória não dispensa cuidados*

Com os dados devidamente coletados, o passo seguinte consiste em inseri-los em uma planilha eletrônica para operacionalização estatística de dados. Temos atualmente algumas opções de maior receptividade, com destaque para a planilha Excel for Windows (da Microsoft; este é menos utilizado para procedimentos mais complexos), e os softwares SPSS (statistical package for the social science), Minitab[3], AMOS e LISREL[4].

7.1.3 Exemplificação do passo 5

Vejamos agora os procedimentos do quinto passo de desenvolvimento das duas escalas de nosso exemplo.

- Atitudes de estudantes de administração quanto aos métodos quantitativos

Para a atividade de amostragem, decidiu-se que os questionários seriam aplicados a estudantes de cursos de graduação em administração, tendo sido viável a aplicação em quatro diferentes instituições, sendo duas públicas e duas particulares, com dados tomados em duas cidades. Foi definido como requisito para participação que os estudantes houvessem já cursado as disciplinas de métodos quantitativos, o que seria verificado no momento da aplicação dos questionários.

A aplicação dos questionários foi realizada nos meses de maio e junho do ano de 2008, e foi administrada durante as aulas, com a colaboração de professores. O trabalho de campo foi desenvolvido pelos pesquisadores envolvidos no projeto, de modo que não houve maiores necessidades de treinamento e acompanhamento do trabalho de campo, e os custos não foram computados ao final.

Após a coleta, os questionários foram submetidos a uma triagem, porém não foi verificada qualquer necessidade de exclusão a priori. Em seguida, um dos envolvidos na pesquisa procedeu à inserção dos dados em uma planilha do software SPSS, sem que houvesse qualquer custo (o software já estava licenciado).

---

de uma boa amostra.
3 Estes dois são programas de larga utilização em ciências sociais e comportamentais e são bem adaptados para a maioria das avaliações em uma escala. Aqui utilizarei somente o SPSS.
4 Estes são softwares utilizados para procedimentos de modelagem de equações estruturais, e são utilizados nos procedimentos de análise fatorial confirmatória.

No total, foram levantados dados de 169 estudantes, e o tempo médio de resposta foi de dez minutos. A amostragem foi por conveniência e acessibilidade, e, ao final, a amostra ficou composta por uma maioria de estudantes de instituições privadas (65,7%), com uma grande concentração do 2º ao 8º semestre (98,8%), com o sexo masculino predominando (57,2%), e caracterizando-se por ser bastante jovem (85,5% tinham até 30 anos). Estes resultados pareceram aproximar-se da realidade (exploratoriamente) verificada no universo dos estudantes de administração, e indicaram não haver necessidade de outras entradas em campo para equilibrar a amostra.

- Experiência de clientes em serviços de alto nível de coprodução
Foi definido que a primeira amostragem seria realizada com estudantes de ensino superior, e, dado que a avaliação era sobre o serviço recebido, optou-se por uma coleta restrita a instituições particulares de ensino, uma vez que é neste contexto que se percebe de forma evidente a contratação de um serviço e o desembolso para seu pagamento.

Ficou decidido que a amostragem seria não probabilística por conveniência e acessibilidade, e optou-se por buscar os dados junto aos estudantes de cursos de graduação de três diferentes instituições da cidade de Fortaleza. A coleta de dados foi realizada nos meses de outubro e novembro do ano de 2008, com a aplicação do instrumento desempenhada pelos envolvidos no projeto, durante as aulas de diversos cursos, e com a colaboração de professores (também aqui não houve necessidade de treinamentos nem de computação de custos). Ao final, foram coletados dados de 158 estudantes. O tempo médio de resposta foi de dez minutos.

Depois de coletados os dados, os questionários foram também submetidos a uma triagem, não tendo sido verificada qualquer necessidade de exclusão de questionários. Em seguida, os dados foram tabulados em uma planilha do software SPSS por um dos envolvidos na pesquisa (sem custos computados).

A maior parte das pessoas pesquisadas foi do sexo feminino (61,4%). No tocante a idade, 33,5% dos respondentes informaram ter até 21 anos, e um expressivo percentual de 77,2% indicando ter até 27, condizendo com o perfil jovem do público universitário em geral. Em relação ao período em que se encontravam, os mais representativos foram alunos do primeiro ano, com 35,7% do total, seguidos dos alunos de segundo ano, com 28,7%. Estes resultados indicaram não haver necessidade de novas prospecções de dados em campo.

7.2. Passo 6 – Procedimentos de limpeza da escala
Primeira rodada

De posse dos dados provenientes da primeira amostragem, a nossa tarefa será então processar estes dados e em seguida analisar os resultados para proceder à primeira rodada de limpeza da escala, ou seja, tentaremos eliminar da escala aqueles itens que não se ajustam bem à escala, a partir de um conjunto de procedimentos exploratórios.

A realização do passo 6 é mais bem ordenada a partir de sua divisão em quatro atividades centrais, quais sejam: análise exploratória preliminar; análise de correlação; análise fatorial exploratória; e análise de confiabilidade. Em cada uma destas atividades, são avaliadas as saídas de cada técnica, que indicarão as condições de limpeza da escala, seja sobre a exclusão definitiva de itens da escala, seja com a indicação de possíveis melhorias no item para um novo teste nas amostragens seguintes. Na figura 7.3 apresento a ilustração destas atividades.

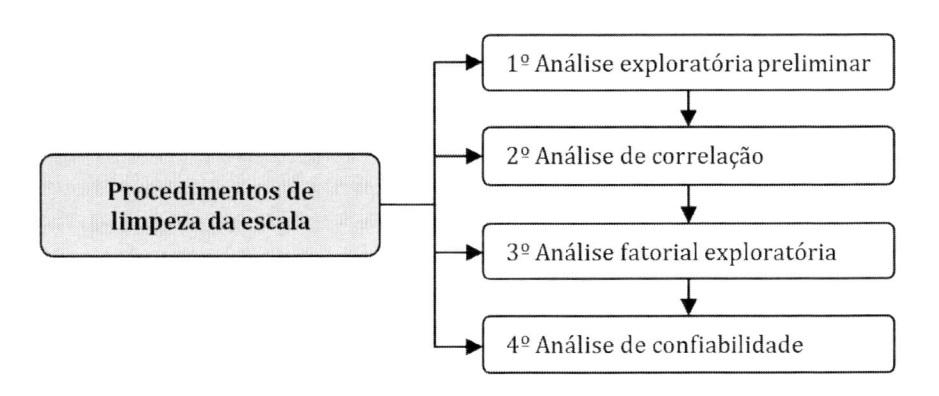

Figura 7.3 – Atividades do passo 6

```
                                    ┌─► 1º Análise exploratória preliminar
                                    │
                                    ├─► 2º Análise de correlação
Procedimentos de ───────────────────┤
limpeza da escala                   ├─► 3º Análise fatorial exploratória
                                    │
                                    └─► 4º Análise de confiabilidade
```

Este é o primeiro procedimento de teste empírico da escala como tal, uma vez que na fase de análise de translação (conteúdo e face) os itens foram analisados, mas em relação a sua (suposta) adequação para medir o construto, mas não na verificação do construto em si. Antes de analisarmos os detalhes destas atividades, é necessário que fique bem claro o seguinte: nesta fase, nosso propósito é eliminar aqueles itens que não têm maiores contribuições para a escala de 'uma forma evidente'. Em princípio, devemos avaliar todas as evidências possíveis, de modo que somente um item poderá ser excluído da escala, caso se manifeste de fato a sua inadequação, para que se possa seguir para outros testes de validade da escala.

7.2.1. Análise exploratória preliminar

Esta atividade consiste em um conjunto de procedimentos preparatórios sobre a planilha e sobre os dados. Assim, a primeira recomendação, depois que os dados coletados estiverem devidamente tabulados, é proceder a uma avaliação visual da planilha, para uma primeira verificação de erros de digitação ou de possíveis anoma-lias. Por exemplo, são comuns apontamentos de um escore dobrado, de modo que, por exemplo, a anotação de 7 apareça como 77; também ocorre eventualmente que sejam marcadas indicações além do limite do instrumento, como no caso de marcamos A para masculino, B para feminino, e aparecer um C, que não corresponde a qualquer das duas categorias.

Adicionalmente, é relevante observar com cuidado os respondentes que fixaram um padrão de resposta único (por exemplo, marcar somente o escore 1 em todos os itens da escala ou de uma dada dimensão), pois provavelmente não forneceram os dados de forma cuidadosa (normalmente, estes questionários podem ser excluídos sem prejuízos para os passos seguintes).

A inspeção visual nem sempre é suficiente, especialmente quando temos uma grande quantidade de dados. Por isto, é recomendável a extração das estatísticas descritivas convencionais, como as medidas percentuais das variáveis categóricas, além das medidas descritivas de média, desvio padrão, assimetria e curtose de variáveis quantitativas (intervalo ou razão). Destas verificações, é conveniente avaliar:

- Se as proporções das variáveis categóricas estão bem distribuídas e se têm aproximação com as proporções reais do universo. Se houver uma grande discrepância ou vício em qualquer variável relevante (por exemplo, uma proporção de 90% de homens na amostra quando no universo a proporção sabida é de 50%), é recomendável uma nova entrada em campo para equilibrar a amostra e gerar uma aproximação com a real heterogeneidade presente na população;
- As médias das variáveis, para verificar se estão condizentes com os intervalos da escala (por exemplo, em uma escala de 1 a 5 não podemos ter uma média de 6,5), e se estão convergentes entre as diferentes vari-

áveis do construto. Normalmente, médias muito próximas dos pontos extremos da escala são indicações de fragilidade da escala ou do item, o que recomenda um cuidado adicional;
- O desvio padrão, com especial atenção no tamanho da variação observada, em dois sentidos: primeiro, se a variação é muito grande e além dos limites da escala, o que pode indicar que há problemas de resposta ou de digitação; segundo, se é muito pequena, o que pode indicar que a variável não é adequada para a escala. Veja bem, para aferir a consistência da escala, necessitamos que haja variações nas medidas, e, portanto, itens que não variam informam muito pouco, e podem inclusive ser descartados sem prejuízos para a escala.
- As medidas de assimetria e curtose, que são indicativas da forma de distribuição dos dados nas variáveis e são usadas para avaliar a normalidade da variável, algo desejável para muitas das ferramentas de análise estatística disponíveis[5]. A recomendação convencional é de que as variáveis muito distantes da normalidade (com valores muito discrepantes de assimetria e curtose) sejam acompanhadas com especial atenção nas etapas seguintes.

Além destas verificações, é recomendável ainda uma análise mais sistemática dos dados perdidos (missing values) das variáveis e dos valores extremos (outliers). Vejamos cada um com maiores detalhes:
- Valores faltantes são 'não respostas' dos respondentes para as questões do instrumento de pesquisa. Se houver muitos dados faltantes, seja em uma mesma variável ou em um mesmo respondente, temos razões para desconfiar da possibilidade de incompreensão do item pelos respondentes, que preferem não responder que dar uma resposta qualquer.
- Não há regras fechadas para avaliação neste critério, mas a experiência dá algumas sugestões. Para o caso de variáveis, aquelas com até 5% de valores faltantes podem continuar na pesquisa, e se tiverem acima de 10% devem ser definitivamente excluídas da escala; itens com entre 5% e 10% de valores faltantes precisam ser avaliados em seu enunciado, e se necessário reescritos, ou definitivamente excluídos da escala. Para o caso de dados perdidos por respondentes, se ocorrer de o respondente deixar sem resposta mais de 10% das questões de base

---

5 *No software SPSS, os valores para ambas as medidas, entre -1 e +1 são indicativos de normalidade, e valores fora deste intervalo indicam não normalidade da variável.*

da pesquisa, ou deixar de responder mais da metade das questões de um mesmo construto ou dimensão, então é aconselhável proceder à exclusão da entrada de dados deste respondente.
- Valores extremos são medidas que estão muito discrepantes em relação ao valor médio da variável, como por exemplo, uma indicação de escore 1 em uma escala de 7 pontos com média 6,0. Estes valores discrepantes podem ser resultado de resposta equivocadas e de erros de digitação, e, caso não representem problemas reais para a escala, podem indicar a exclusão do respondente; já se o número for muito grande em uma mesma variável, pode indicar necessidade de exclusão do próprio item, na medida em que sugere que o item não foi bem compreendido por grande parte dos respondentes, induzindo a muitas respostas desviantes.

A verificação de valores extremos é facilitada quando padronizamos as variáveis em Z (ver apêndices do capítulo 2), de modo que ficamos com uma variável padronizada de média 0 e desvio padrão 1. Neste caso, temos por referência a curva normal, que possui: entre a média e o primeiro desvio padrão (mais ou menos) cerca de 67% das observações; entre a média e o segundo desvio padrão cerca de 95% das observações; e entre a média e o terceiro desvio padrão 99,7% das observações. Nestes termos, em 300 observações (respondentes), devemos ter 299 com valores padronizados entre -3 e +3, e somente uma observação fora. Assim, se tivermos mais muitos valores abaixo de -3 e acima de +3 em um dado item, estes serão entendidos como valores extremos.

Em suma, nesta etapa de análise preliminar já são possíveis exclusões de entradas ou de varáveis. O quadro 7.1 dá as indicações resumidas destas possibilidades.

Quadro 7.1 – Razões de exclusão por procedimentos exploratórios

Item de exclusão	Razões
Entradas	Quando apontam uma resposta única para os itens da escala, o que pode indicar descuido e resposta sem avaliação do conteúdo questionado
Entradas	Quando há excesso de dados perdidos (não resposta) para um grande número de questões
Variáveis	Quando a variação medida pelo desvio padrão for muito baixa, o que indica que a variável não discrimina respondentes e informa muito pouco para a pesquisa
Variáveis	Quando temos um alto número de dados perdidos (acima de 10% de não respostas), o que é indicativo de inadequação do item
Variáveis	Quando temos muitos valores extremos, o que pode ser uma indicação de problemas de enunciado e muitas variações de compreensão

7.2.2. Análise de correlação

A análise de correlação consiste basicamente em extrair a correlação bivariada de Pearson entre as variáveis da escala e analisar o nível observado com o nível desejado ou esperado de correlação. Este procedimento poder ser realizado com todo o conjunto de itens da escala, ou para conjuntos menores de itens, associados às dimensões da escala. Este último procedimento é o mais recomendável para escalas grandes, desde que haja já uma indicação da dimensionalidade e dos itens de cada dimensão.

Nos construtos ou dimensões do tipo formativo, é desejável que a correlação seja baixa, e até nula. Já nos casos dos construtos refletivos, é sempre desejável que haja correlação, ou seja, que este seja não nula, e de preferência que seja moderada ou alta. Embora não haja uma regra universal, é recomendável o seguinte (lembrando que nosso modelo básico é dos construtos do tipo refletivo):

- Os itens devem ter correlação mínima de 0,2, e estatisticamente não nula (a p<0,05). Itens de uma mesma dimensão com correlação menor que este valor provavelmente não estão variando bem em conjunto com os demais;
- A correlação entre os itens não deve ser maior que 0,9, pois isto indica que os itens são praticamente colineares, ou seja, é possível fixar um como uma função linear quase perfeita de outro. Se isto ocorrer, é recomendável a exclusão de um dos itens.

É relevante destacar que a análise de correlação é um passo recomendado, mas não deve ser único indicativo de exclusão de um item da escala. As duas observações seguintes (análise fatorial e análise de confiabilidade) devem ser sempre procedidas com os mesmos itens para confirmar a inadequação de um ou outro. Vale lembrar, por outro lado, que as duas técnicas seguintes são baseadas justamente na matriz de correlação entre as variáveis, ou seja, se a correlação indicou dificuldades em um dado item, é muito provável que observemos a mesma dificuldade nas etapas seguintes.

7.2.3. Análise fatorial exploratória

Esta é, provavelmente, a fase mais importante do primeiro procedimento, e consiste na aplicação da técnica estatística multivariada de análise fatorial exploratória (AFE) aos dados da amostra. A AFE é, na realidade, um procedimento de larga complexidade em termos técnicos (estatísticos), mas tem sido recorrentemente usada nos procedimentos de construção de escala em razão das facilidades providenciadas pelos softwares, e pela popularidade que ganhou nas aplicações que têm sido realizadas em pesquisas nas áreas de Psicologia e Administração.

Nosso propósito neste item é apresentar os elementos da AFE que são recorrentemente usados em procedimentos de desenvolvimento de uma escala. Um desenvolvimento mais exaustivo sobre a técnica e suas peculiaridades está além do escopo deste texto. O propósito aqui é apresentar e ilustrar procedimentos, e especificidades estatísticas são deixadas de lado. Para os fins deste e dos próximos capítulos, aponto alguns elementos da teoria formal da AFE no apêndice A7. Os interessados poderão aprofundar os conhecimentos na área em livros especializados ou por meio de artigos diversos[6].

---

6 *Para os interessados em visão geral e introdutória da AFE direcionada à Administração,*

Fundamentalmente, a AFE consiste em um procedimento de redução de variáveis, com a reunião de um conjunto de itens de variação conjunta em um mesmo fator. A aplicação ao desenvolvimento de escalas é imediatamente percebida pela aproximação entre o conceito de fator e de construto ou dimensão.

Se temos um conjunto de variáveis, cada uma destas se comporta (varia) de determinada maneira, porém há variações paralelas entre conjuntos de variáveis, o que é normalmente atestado pela correlação existente entre estas. **O pressuposto da análise fatorial é de que cada conjunto de variáveis que se comporta de uma dada maneira o faz em razão da influência gerada por um fator latente, responsável pela variação de todo o conjunto, mas não necessariamente por 100% da variação observada.** Observe que este pressuposto é convergente com o sentido dos construtos do tipo refletivo, ou seja, o comportamento dos itens no modelo pressupõe a existência de um construto latente que, quando varia, provoca variações nos itens.

O procedimento convencional de análise fatorial dita 'exploratória' consiste em submeter os itens aos procedimentos estatísticos e verificar a forma como se comportam, sem estabelecer uma expectativa a priori. Por outro lado, se temos um conjunto de itens que acreditamos que se comportam de determinada maneira, nosso procedimento será o de testar se tal comportamento se confirma. Neste caso, testamos a hipótese estatística de aderência da estrutura fatorial estimada aos dados observados, no que chamamos de análise fatorial confirmatória (AFC).

No desenvolvimento de escalas, o procedimento de AFE é empregado na primeira amostragem, ao passo que o procedimento de AFC é usado sobre as amostragens adicionais, para dar suporte aos procedimentos de análise de validade (ou seja, a AFC é uma das ferramentas de teste dos passos 7 a 9 de desenvolvimento de escalas).

Neste item, apresentarei os procedimentos de análise sobre as saídas da AFE. As verificações mais comuns são as seguintes: adequação da amostra para análise fatorial; método de extração; número de fatores; decisão sobre rotação de fatores; análise de medidas (variância extraída, escores fatoriais por fator, comunalidades).

---

inclusive com uma pequena exigência de domínio de técnicas matemáticas, recomendo as seguintes referências: ARANHA, F.; ZAMBALDI, F. Análise fatorial em administração. São Paulo: Cengage, Learning, 2008; HAIR J. F.; ANDERSON, R. E.; TATHAM, R. L.; BLACK, W. C. Análise multivariada de dados. 5. ed. Porto Alegre: Bookman, 2005. Milhares de artigos também podem ser facilmente encontrados em sites de internet.

- **Adequação da amostra**

Trata-se de averiguar se a amostra possui, para o conjunto de variáveis, condições adequadas para que sejam realizados procedimentos consistentes de análise fatorial. Conforme comentado anteriormente, a suposição da análise fatorial é de que os itens variem conjuntamente; sendo assim, deve haver uma correlação estatisticamente significativa entre estes itens. Se não houver correlação, então os dados não gerarão resultados consistentes.

A verificação pode ser feita pelo teste de esfericidade de Bartlett, que testa a hipótese de a matriz de correlação ser uma matriz identidade (ou seja, uma matriz em que todas as entradas são nulas, com exceção da diagonal principal, que possui somente valores iguais a 1). Se for refutada a hipótese, temos indicações de adequação. No SPSS o caminho é o seguinte: *Analyze* → *Data reduction* → *Factor* → *(seleciona as variáveis)* → *Descriptives* → *KMO and Bartlett's test of sphericity*.

Este procedimento irá gerar uma tabela com a medida de qui-quadrado (Chi-square), de graus de liberdade (degree of freedom - df) e de significância (sig.). A certificação do resultado é feita pela avaliação da significância do valor da estatística computada, ou seja, se verificarmos um nível de significância (sig.) menor que 0,05, então rejeitamos a hipótese nula de que a matriz de correlação é uma identidade, e teremos então a indicação de adequação.

- **Método de extração**

Os métodos de extração são os algoritmos matemáticos usados para estimar a correlação entre as variáveis observadas e os fatores, ou seja, são os procedimentos de cálculo dos escores fatoriais. Atualmente, temos diversos procedimentos de estimação, com destaque para o método dos componentes principais e para o método da máxima verossimilhança.

O primeiro método é um procedimento matemático que somente gera as estimativas, mas não testa quaisquer hipóteses. Por esta razão, é o método mais utilizado nos procedimentos exploratórios, como é o caso da primeira amostragem. Já o método da máxima verossimilhança é um método dito estatístico, que testa a hipótese de adequação entre os valore estimados e os valores observados. Por esta razão, este método tem aplicação nos procedimentos de análise fatorial confirmatória, aplicados nas amostragens seguintes.

Para a primeira amostragem, seguimos os seguintes passos no software SPSS: *Analyze* → *Data reduction* → *Factor* → (seleciona as variáveis) → *Extraction* → *Method* → *Principal components* (este método é normalmente o defaut do software)

- Número de fatores

Consiste em decidir a respeito do número de fatores subjacentes ao conjunto de itens sob análise. A priori, teremos sempre tantos fatores possíveis quantos são os itens existentes, ou seja, se temos 10 itens, teremos até 10 fatores. No entanto, o procedimento de análise fatorial visa justamente reduzir o número de itens, mas comumente não sabemos para quantos fatores.

Os procedimentos de análise fatorial possuem indicações de quantos fatores melhor representam os itens, havendo ainda a possibilidade de uma determinação prévia pelos pesquisadores.

- Para o primeiro caso, a literatura especializada (e os procedimentos default de alguns softwares) toma por base os chamados autovalores, que representam a quantidade de variância explicada por um fator (e é medida pela soma dos quadrados dos escores fatoriais de um fator); a regra de determinação é de que devem haver tantos fatores quantos sejam os autovalores maiores que 1.
- Alternativamente, é possível que seja informado ao software o número de fatores desejado, o que imporá aos cálculos a geração deste número predefinido de fatores.

O procedimento no SPSS é o seguinte: *Analyze* → *Data reduction* → *Factor* → *(seleciona as variáveis)* → *Extraction* → *Extract* (se for escolhido o primeiro caso, o *software* normalmente já está marcado em *eigenvalue over* [1]; no segundo caso, marcamos em *number of factors* e em seguida dizemos o número de fatores).

- Decisão de rotação

A rotação é um procedimento de manipulação dos itens das variáveis que as ajusta nos eixos fatoriais de modo a permitir uma visualização mais consistente dos fatores formados. Temos dois tipos básicos: a rotação ortogonal, que rotaciona os itens de modo que os fatores gerados possuem correlação nula entre si; rotação oblíqua, que rotaciona os itens nos fatores de modo a manter a correlação não nula, se for o caso (observe que a rotação tem sentido se tivermos mais de um fator subjacente ao conjunto de dados).

Nos procedimentos exploratórios, é mais comum o uso da rotação do tipo ortogonal, que permite, a priori, uma visualização mais consistente dos fatores. Dentre as inúmeras possibilidades existentes, o método de rotação mais usado é o chamado varimax (este método maximiza a soma das variâncias das cargas exigidas na matriz fatorial, ou seja, os escores das variáveis aproximam-se dos extremos de +1 ou -1 ou de 0, o que facilita a análise). No SPSS, o procedimento é o seguinte: *Analyze* → *Data reduction* → *Factor* → (seleciona as variáveis) → *Rotation* → *Method* → *Varimax*.

- Análise de medidas

Depois de verificada a adequação dos dados para a análise fatorial e tomadas as decisões diversas antes indicadas, seguimos então para análise de algumas das saídas geradas pelo software como resultado dos procedimentos. As verificações mais relevantes para os propósitos de desenvolvimento de escalas em primeira amostragem são: variância extraída, escores fatoriais por fator e comunalidades.

Variância extraída: corresponde ao percentual da variância total que é absorvida por cada fator. Normalmente temos nos resultados a variância de cada fator em ordem decrescente juntamente com a variância acumulada. Quanto maior for o percentual determinado, melhor será a representação; tomamos como critério de corte a medida de 50%;

Escores fatoriais: correspondem aos valores estimados da correlação de cada variável com os fatores gerados. Como critério de verificação, entendemos que os itens são vinculados a um dado fator quando possuem um escore elevado (em valor absoluto) naquele fator e possui escores próximos de zero nos demais;

Comunalidades: correspondem à variância total que cada variável compartilha com as demais variáveis da análise. Comumente, valores baixos de comunalidade indicam problemas nos itens no procedimento de análise em execução.

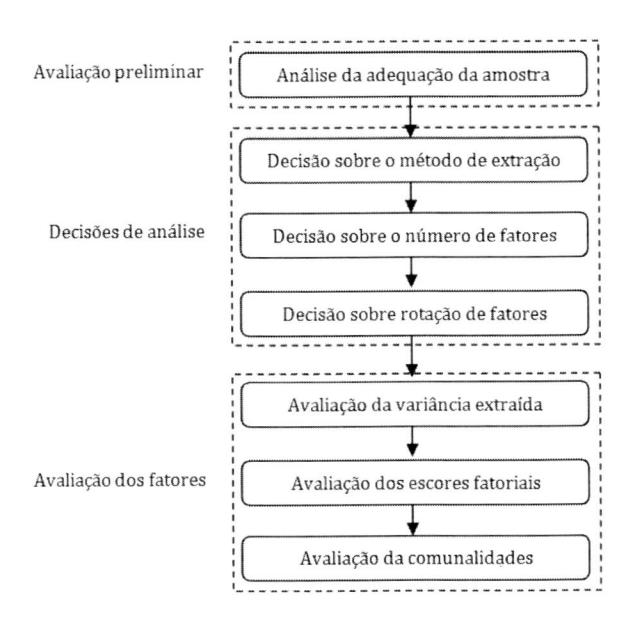

Figura 7.4 – Decisões e avaliações de análise fatorial

```
Avaliação preliminar  →  Análise da adequação da amostra
                              ↓
                         Decisão sobre o método de extração
                              ↓
Decisões de análise      Decisão sobre o número de fatores
                              ↓
                         Decisão sobre rotação de fatores

                         Avaliação da variância extraída
                              ↓
Avaliação dos fatores    Avaliação dos escores fatoriais
                              ↓
                         Avaliação da comunalidades
```

Na figura 7.4 temos a ilustração dos procedimentos de análise fatorial aplicados na primeira amostragem da construção de uma escala. Devemos lembrar que nosso propósito na primeira amostragem é proceder a uma limpeza da escala, ou seja, procuramos aplicar este conjunto de decisões e avaliações tendo como meta manter na escala aqueles itens que se apresentarem mais adequados. Antes de seguir para a avaliação da confiabilidade, apresento algumas dicas adicionais que poderão facilitar o processo de análise.

- Para qualquer dos casos, é sempre necessário verificar se a variância extraída será maior que 50% (para o número de fatores considerado). Se eventualmente este valor não for alcançado (ou seja, se a variância extraída para o número de fatores considerado for menor que 50%), provavelmente a escala terá problemas nas etapas posteriores. Se isto ocorrer, devemos primeiramente considerar a possibilidade de exclusão de itens, e se ainda assim não houver melhorias, é fortemente recomendável retornar para as fases anteriores de construção da escala, em especial a definição sobre a natureza formativa e refletiva do construto e sobre a validação de face e conteúdo (é necessário recordar que a análise fatorial é apropriada somente para construtos do tipo refletivo,

e a geração de problemas na escala não indica necessariamente que a escala seja ruim, podendo ser uma consequência por serem construtos formativamente determinados; ver capítulo 9);
- É sempre recomendado que deixemos o número de fatores ser definido pela regra do autovalor maior que 1, ainda que queiramos que nossa escala possua somente um fator. Se estivermos trabalhando com um conjunto grande de variáveis (10 ou mais), é 'esperado' que surjam dois ou mais fatores, mas precisamos antes verificar se isto realmente ocorre;
- O número de fatores gerados é uma indicação preliminar do número de dimensões da escala. Logo, como etapa exploratória, este procedimento pode indicar que a escala pode possuir mais de uma dimensão ou não;
- Se houver somente um fator, nossa avaliação deve ser sobre o sentido dos itens com escores mais baixos, que são 'candidatos' a serem excluídos da escala (embora não haja critério predefinido, a experiência sugere que um item com um escore fatorial menor que 0,40 é forte 'candidato' a ser excluído). Neste caso, os itens ficarão sob observação para uma confrontação com as indicações das duas outras análises (correlação e confiabilidade);
- Se estivermos operacionalizando um construto ou um fator que se esperava que gerasse somente um fator, devemos impor, como teste preliminar de consistência, a condição de geração de somente um fator. Isto provavelmente apontará alguns itens com escores baixos, que serão potencialmente excluídos da dimensão ou construto. Se o número de potenciais excluídos for grande, é provável que haja mais de um fator a ser considerado, e se o número for pequeno (em relação ao conjunto), estes itens muito provavelmente sairão da escala;
- Se tivermos uma forte sinalização de que temos mais de um fator em um conjunto de itens que esperávamos que gerasse somente um, é recomendável também realizar etapas de análise fatorial em separado com os itens que ficaram em fatores separados. Neste caso, cada rodada de AFE provavelmente gerará somente um fator, e daí retornamos para á segunda recomendação, citada anteriormente (ou seja, avaliamos a possibilidade de exclusão de itens de escores baixos;
- Sobre as comunalidades, quando estas são muito baixas, temos a indicação de que o item compartilha uma variância muito restrita com os

fatores. Assim, se um item possui comunalidade baixa, isto pode ser uma indicação de que este não é parte integrante da escala. Como regra, entendemos que itens com comunalidade abaixo de 0,2 são fortes 'candidatos' a serem excluídos da escala.

7.2.4. Análise de confiabilidade

A análise de confiabilidade é um procedimento exigido na construção da escala e consiste em observar se os itens se ajustam às expectativas definidas para a medida adotada. Normalmente usamos o coeficiente alpha de Cronbach para escalas de múltiplos itens de construtos refletivos. Como observamos no capítulo 3, os valores de alpha abaixo de 0,6 para um mesmo construto (ou dimensão) são indicativos de dificuldade dos itens em mensurar o construto (ou dimensão), e se isto ocorrer, é recomendável avaliar a possibilidade de exclusão de algum item.

O software SPSS possibilita a extração do alpha do total de itens e do alpha para o caso de exclusão de algum item. Assim, temos como observar se um determinado item está deteriorando a confiabilidade da escala. Naturalmente, aqueles itens que, se excluídos, melhoram o coeficiente de confiabilidade são 'candidatos' a serem retirados da escala.

7.2.5. Exemplificação do passo 6

Vejamos agora os procedimentos do sexto passo de desenvolvimento nas duas escalas de nosso exemplo.

- Atitudes de estudantes de administração quanto aos métodos quantitativos

Seguindo os procedimentos recomendados anteriormente, foram extraídas e analisadas as estatísticas descritivas diversas, e ainda procedidas as análises iniciais de missing values e outliers. Depois destes primeiros movimentos de análise observou-se não haver necessidade de qualquer exclusão de item ou entrada de dados.

O resultado de não exclusão de dados ou variáveis até aqui não é anormal, considerando que os respondentes são estudantes e não tiveram dificuldades de apontar as respostas. A indicação preliminar é de que os resultados da primeira etapa de validação (de translação) foram bastante consistentes, ao menos para a coleta dos dados e resposta das questões.

De posse destes resultados, as variáveis dos construtos foram submetidas às três diferentes momentos: primeiramente foi extraída a matriz de correlação bivariada; em seguida, aplicada AFE; por fim, procedeu-se a verificação da confiabilidade por meio do coeficiente alpha de Cronbach.

Para cada uma das verificações era analisada a consistência das medidas e a possibilidade de exclusão de itens. Dado o número grande de procedimentos e manipulações desenvolvidos, apresentarei maiores detalhes somente para o construto habilidades, cujos itens estão indicados no quadro 7.2.

Quadro 7.2 – Variáveis da dimensão de habilidades

Cód.	Itens
H1	Cometo poucos erros em cálculos em disciplinas de métodos quantitativos
H2	Consigo aplicar os conhecimentos da área de métodos quantitativos em situações práticas
H3	Consigo aplicar os conhecimentos da área de métodos quantitativos em outras disciplinas
H4	Compreendo bem as equações usadas em métodos quantitativos
H5	Consigo analisar e aplicar resultados de problemas de métodos quantitativos
H6	Não tenho um bom domínio dos conteúdos de métodos quantitativos (reverso)
H7	Consigo compreender as soluções de problemas de matemática e estatística
H8	Consigo resolver problemas de matemática e estatística

Temos na tabela 7.1 as correlações das oito variáveis, e os testes de consistência indicaram que todos os valores são estatisticamente não nulos (a $p<0,05$). No entanto, chama a atenção a variável H6, que apresentou as menores correlações e todas estas foram negativas. A verificação do enunciado mostrou que esta variável foi justamente a que tinha um enunciado reverso em relação aos demais, e seus escores precisariam ser revertidos para viabilizar uma análise mais consistente. No entanto, já temos aqui a forte indicação de que esta variável não se agrega muito bem com o conjunto das demais na medição da dimensão sob análise.

Tabela 7.1 – Correlações das variáveis de habilidades

	H1	H2	H3	H4	H5	H6	H7	H8
H1	1,000							
H2	,419	1,000						
H3	,280	,593	1,000					
H4	,591	,514	,373	1,000				
H5	,565	,607	,443	,686	1,000			
H6	-,369	-,209	-,196	-,259	-,347	1,000		
H7	,485	,500	,322	,605	,555	-,135	1,000	
H8	,551	,456	,359	,559	,640	-,264	,738	1,000

O teste de esfericidade de Bartlett indicou que a amostra era adequada para os procedimentos de análise fatorial (x^2 =579,099, df=28, p<0,001). Assim, foram tomadas as decisões seguintes para a extração dos fatores: quanto ao método de extração, foi o método dos componentes principais; quanto ao número de fatores, deixamos que este fosse definido pelo tamanho autovalores, havendo tantos fatores quantos tivessem autovalores maiores que 1; quanto à rotação, optamos pela rotação ortogonal pelo método varimax.

Já na primeira extração, observamos que apenas um fator apresentou autovalor 1, comportando 53,39% da variância total, conforme mostra a tabela 7.2. Temos, portanto, a forte indicação de que as variáveis possuem somente um fator subjacente, como era esperado.

Tabela 7.2 – Variância extraída das variáveis de habilidades

Componentes	Autovalores iniciais		
	Total	% da variância	Cumulativo
1	4,271	53,392	53,392
2	,961	12,012	65,404
3	,915	11,434	76,838
4	,528	6,606	83,444
5	,427	5,335	88,779
6	,373	4,664	93,443
7	,331	4,136	97,579
8	,194	2,421	100,000

Na tabela 7.3 apresento os resultados dos escores fatoriais das variáveis em conjunto com as respectivas comunalidades. Conforme era esperado pelo resultado da correlação, a variável H6 ficou com um escore fatorial negativo, o que indica uma variação em sentido contrário às demais (o que se justifica pelo fato de esta variável ter correlação negativa com as demais), e ainda com um escore que podemos considerar baixo (em valor absoluto) quando comparamos com as demais. O fato de apresentar um escore baixo (em valor absoluto) reforça a indicação de que esta variável deverá ser excluída da análise. Adicionalmente, temos na variável H3 uma comunalidade baixa e um escore bastante menor que os demais, o que sugere que esta variável é também uma 'candidata' a ser excluída da análise.

Tabela 7.3 – Escores e comunalidades da dimensão de habilidade – 1ª extração

Cód.	Itens*	Escore	Comunali.
H5	Consigo analisar e aplicar resultados de problemas de métodos quantitativos	,851	,724
H4	Compreendo bem as equações usadas em métodos quantitativos	,811	,658
H8	Consigo resolver problemas de matemática e estatística	,808	,653

Cód.	Itens		
H7	Consigo compreender as soluções de problemas de matemática e estatística	,776	,603
H2	Consigo aplicar os conhecimentos da área de métodos quantitativos em situações práticas	,746	,557
H1	Cometo poucos erros em cálculos em disciplinas de métodos quantitativos	,738	,545
H3	Consigo aplicar os conhecimentos da área de métodos quantitativos em outras disciplinas	,596	,356
H6	Não tenho um bom domínio dos conteúdos de métodos quantitativos [R]	-,419	,175

*Os itens foram reordenados para colocar os escores fatoriais em ordem decrescente.

A verificação do sentido das oito variáveis indicou que sua exclusão não provocaria 'perdas' no conteúdo geral do construto, de modo que as seis variáveis restantes cobririam bem o sentido do construto sob análise. Nestes termos, optamos por proceder a uma nova rodada de AFE com as seis variáveis restantes.

Os resultados da adequação da amostra reafirmaram a consistência do procedimento, e, na nova extração, alcançamos um só fator com variância extraída de 63,92%, bastante melhor que o alcançado anteriormente. Na tabela 7.4 apresento os resultados dos escores e das comunalidades, a partir dos quais se observa uma estrutura bastante adequada, o que sugere que temos já uma indicação de que estes seis itens podem seguir para a próxima etapa de desenvolvimento da escala.

Tabela 7.4 – Escores e comunalidades da dimensão de habilidade – 2ª extração

Cód.	Itens*	Escore	Comu.
H5	Consigo analisar e aplicar resultados de problemas de métodos quantitativos	,850	,722
H4	Compreendo bem as equações usadas em métodos quantitativos	,829	,687
H8	Consigo resolver problemas de matemática e estatística	,828	,686

H7	Consigo compreender as soluções de problemas de matemática e estatística	,814	,662
H1	Cometo poucos erros em cálculos em disciplinas de métodos quantitativos	,749	,560
H2	Consigo aplicar os conhecimentos da área de métodos quantitativos em situações práticas	,719	,518

Por fim, procedemos a verificação do coeficiente alpha de Cronbach para os seis itens anteriores, e observamos um valor de 0,889, que já é elevado, o que sugere que o conjunto de itens apresenta uma boa consistência interna. Para ter mais segurança quanto a confiabilidade do conjunto de itens, foram analisadas as possibilidades de aprimoramento pela exclusão de itens, e os resultados, que estão expostos na tabela 7.5, indicaram que qualquer exclusão somente reduziria o valor do alpha.

Tabela 7.5 – Confiabilidades da dimensão de habilidade

Item	Média se item deletado	Variância se item deletado	Correlação item-total	Alpha se item deletado
H1	21,56	44,972	,639	,876
H2	21,65	45,230	,606	,881
H4	21,67	42,211	,737	,860
H5	21,76	42,576	,767	,856
H7	21,24	42,510	,718	,863
H8	21,05	42,616	,736	,861

Por estes procedimentos, temos então boas evidências (exploratórias) de que os seis itens mantidos na escala de habilidades são de fato adequados para medir esta dimensão. Nossa decisão foi, portanto, manter estes itens e prepará-los para as amostragens adicionais. Resta agora verificar a consistência destes itens em uma amostra maior e mais rigorosamente planejada e ainda com a verificação confirmatória dos valores observados.

Procedimentos semelhantes foram realizados com os itens de cada uma das demais dimensões de nossa escala (necessidade, autoconfiança, impacto e dificuldade). Em cada caso foram excluídos itens até serem alcançadas boas condições de avanços nas dimensões sob análise. Os resultados finais estão expostos na tabela 7.6. O número inicial de 40 itens foi então diminuído em 14, restando ao final 26 itens que seguiram para o passo 6 (os itens restantes podem ser observados nos apêndices do capítulo seguinte), e com as dimensões possuindo entre 4 e 6 itens[7].

Tabela 7.6 – Resumo das medidas exploratórias da escala de atitudes

Construto	Nº final de itens	Correlação mínima	Escore fatorial (min)	Variância extraída	Alpha de Cronbach
Habilidades	6	0,419	0,719	63,92%	0,889
Necessidade	5	0,368	0,688	66,72%	0,872
Autoconfiança	6	0,290	0,805	72,09%	0,865
Impacto	5	0,567	0,678	71,03%	0,897
Dificuldade	4	0,215	0,692	50,58%	0,674

Chamou a atenção dos pesquisadores envolvidos nesta escala o caso especial do construto "dificuldade percebida nos métodos quantitativos", que ficou ao final da primeira limpeza com somente 4 itens. A análise dos itens excluídos apontou a possibilidade de alteração do enunciado de um dos itens (que estava com enunciado reverso), como forma de acrescentar mais um item para as análises posteriores. Nestes termos, ficou decidido que seria acrescentado na escala de dificuldade um quinto item para averiguação de potencial adequação nas avaliações seguintes.

- Experiência de clientes em serviços de alto nível de coprodução

Com a consolidação dos primeiros dados coletados, foram procedidas às análises iniciais de dados perdidos (missing values) e valores extremos (outliers), não tendo sido observada qualquer demanda de procedimento de exclusão de item ou de entrada de dados. Em seguida, as variáveis das dimensões foram submetidas a um conjunto de três verificações (análise fatorial

---

[7] Conforme informado, o questionário também contemplava itens de interesse dos alunos pelos métodos quantitativos, para servir de base para validade de critério. Os mesmos procedimentos foram realizados, tendo-se verificado a necessidade de exclusão de dois dos oito itens deste construto, o que gerou um escore fatorial mínimo de 0,778, com variância extraída de 69,3%. A correlação mínima foi de 0,453, e o alpha, de 0,887, o que indicou boa confiabilidade.

exploratória, análise de correlação bivariada e confiabilidade). Para cada uma das verificações foi analisada a consistência das medidas, bem como verificada a possibilidade de exclusão de itens.

Também aqui, dado o número grande de procedimentos e manipulações, apresentarei maiores detalhes somente para o construto ambiente. Este construto vinha sendo avaliado com 13 itens, oriundos das fases anteriores. Os itens estão descritos no quadro 7.3.

Quadro 7.3 – Variáveis da dimensão de ambiente

Código	Variável
A1	O ambiente em que recebo o serviço é limpo (sala de aula, cantinas...)
A2	Eu gosto do ambiente da sala de aula e da faculdade
A3	A organização tem uma boa estrutura física
A4	Sinto-me confortável na faculdade
A5	As cores do ambiente me deixam confortável
A6	A climatização do ambiente é adequada
A7	A iluminação é satisfatória
A8	A estrutura física se adequa bem ao serviço que recebo
A9	O som (ruído, barulhos externos...) do ambiente é apropriado
A10	Os espaços são amplos e diversificados
A11	O ambiente geral é bem organizado
A12	Sinto-me bem na organização em que recebo o serviço
A13	O ambiente da organização tem um aroma (cheiro) adequado

A tabela 7.7 apresenta a estrutura de correlação de Pearson do conjunto de itens, a partir da qual se observou que, na grande maioria das aferições os valores foram estatisticamente não nulos (a $p<0,05$); a exceção foi na correlação da variável A10 (os espaços são amplos e diversificados) com a variável A6 (a climatização do ambiente é adequada) e com A7 (a iluminação é satisfatória), que tiveram correlações estatisticamente nulas. Há aqui já a indicação de que estes itens não comporão um mesmo construto, podendo haver a exclusão de alguns destes, ou sua separação em fatores distintos.

Para a análise fatorial, o teste de esfericidade de Bartlett indicou, como era esperado pelo resultado da correlação, uma boa adequação da amostra para os procedimentos de análise fatorial (x^2 =799,474, df=78, p<0,001). As decisões tomadas para os procedimentos iniciais foram então as seguintes: o método de extração foi o dos componentes principais; deixamos o número de fatores ser igual ao número de fatores com autovalores maiores que 1; sobre a rotação, optamos pela rotação ortogonal pelo método varimax.

Tabela 7.7 – Correlações das variáveis de estrutura

	A1	A2	A3	A4	A5	A6	A7	A8	A9	A10	A11	A12	A13
A1	1,000												
A2	,592	1,000											
A3	,293	,408	1,000										
A4	,396	,601	,518	1,000									
A5	,358	,426	,321	,415	1,000								
A6	,284	,325	,282	,432	,317	1,000							
A7	,416	,383	,275	,442	,251	,609	1,000						
A8	,355	,439	,658	,543	,455	,405	,436	1,000					
A9	,342	,277	,335	,262	,435	,389	,295	,370	1,000				
A10	,185	,215	,505	,463	,301	,122*	,125*	,581	,266	1,000			
A11	,372	,374	,420	,494	,305	,307	,205	,486	,479	,481	1,000		
A12	,328	,391	,377	,395	,354	,159	,236	,431	,273	,368	,466	1,000	
A13	,410	,355	,406	,395	,495	,310	,358	,423	,380	,410	,357	,489	1,000

* Correlações não significativas (p>0,05)

A tabela 7.8 mostra os resultados alcançados na primeira rodada quanto aos autovalores e da variância extraída. Pelo que podemos observar, temos dois fatores que possuem autovalores maiores que 1, o primeiro comportando 43,090% da variância total e o segundo 10,508%. Nossa expectativa inicial era de que fosse gerado somente um fator neste conjunto de variáveis, mas, como comentamos anteriormente, com 13 itens é normal que surjam dois ou mais fatores.

Tabela 7.8 – Variância extraída das variáveis de ambiente

Componentes	Autovalores iniciais		
	Total	% da variância	Cumulativo
1	5,602	43,090	43,090
2	1,366	10,508	53,598
3	,981	7,549	61,148
4	,934	7,188	68,336
5	,756	5,817	74,153
6	,681	5,237	79,390
7	,578	4,443	83,833
8	,516	3,970	87,803
9	,430	3,310	91,113
10	,359	2,759	93,872
11	,300	2,310	96,182
12	,279	2,146	98,329
13	,217	1,671	100,000

Temos aqui duas possibilidades: ou somente temos um fator relevante associado à dimensão de ambiente de nossa escala e os itens que formam o segundo fator deverão ser excluídos, ou temos de fato dois fatores subjacentes, que não foram previstos nas avaliações anteriores, mas que emergiram das respostas dos respondentes. Somente teremos maiores condições de atestar uma situação ou outra após as verificações posteriores.

Na tabela 7.9 temos os resultados dos escores fatoriais juntamente com as comunalidades de cada variável. A primeira observação que chama atenção é o número significativo de variáveis de cada fator (os fatores e seus maiores escores estão destacados em cinza); observe que no primeiro fator temos 8 variáveis com escores acima de 0,4, e no segundo fator temos 7 variáveis nesta condição. Isto nos dá uma forte sinalização de que temos de fato dois fatores subjacentes, negando a suposição inicial do desenvolvimento da escala de que o conjunto de itens geraria somente um fator, uma vez que se referiam, a priori, a somente uma dimensão da escala. Nestes termos, nosso próximo passo é avaliar o sentido dos itens que formaram fatores distintos e tentar elucidar quais as características subjacentes estão configurando estes dois fatores.

Tabela 7.9 – Escores e comunalidades da dimensão ambiente

Cód	Itens*	Escores F1	Escores F2	Comunali.
A8	A estrutura física se adequa bem ao serviço que recebo	,830	-,061	,646
A4	Sinto-me confortável na faculdade	,715	,227	,575
A3	A organização tem uma boa estrutura física	,712	,372	,562
A2	Eu gosto do ambiente da sala de aula e da faculdade	,686	,239	,520
A13	O ambiente da organização tem um aroma	,647	,194	,465
A11	O ambiente geral é bem organizado	,568	,502	,527
A5	As cores do ambiente me deixam confortável	,558	,392	,407
A1	O ambiente em que recebo o serviço é limpo (sala de aula...)	,468	,434	,478
A12	Sinto-me bem na organização em que recebo o serviço	,070	,818	,456
A10	Os espaços são amplos e diversificados	,088	,778	,692
A9	O som (ruído, barulhos externos...) do ambiente é apropriado	,283	,631	,352
A6	A climatização do ambiente é adequada	,382	,612	,612
A7	A iluminação é satisfatória	,399	,439	,674

*Os itens foram reordenados para colocar os escores fatoriais em ordem decrescente.

Na análise dos enunciados, fica claro que o fator F1 agrega itens que remetem mais para a 'estrutura física' geral do ambiente prestador do serviço (aqui a faculdade), ao passo que o fator F2 agrega itens que remetem mais fortemente ao que podemos chamar de 'atmosfera' do ambiente. Observamos ainda que há itens mesclados, com itens de atmosfera presentes no fator que agrega melhor a estrutura (como o item 'as cores do ambiente me deixam confortável') e itens de estrutura mais fortemente associados ao fator atmosfera (como o item 'os espaços são amplos e diversificados').

A decisão foi por analisar os dados em dois fatores distintos, um em cada modelo fatorial independente. A seleção dos itens de cada novo fator levou em consideração, primeiramente, os resultados da análise fatorial, e em seguida a discussão entre os pesquisadores sobre o sentido de cada item. Para facilitar a seleção de itens, primeiramente foram reunidos aqueles claramente vinculados à atmosfera (limpeza – A1, cores – A5, climatização – A6, iluminação – A7, som – A9, e cheiro – A13); os demais itens (A2, A3, A4, A8, A10, A11 e A12) ficaram vinculados à estrutura.

Antes de proceder à nova rodada de análise fatorial retornamos para a análise de correlação, e extraímos a matriz, com as variáveis agrupadas por dimensão. Obviamente, os resultados são os mesmos verificados na tabela 7.7 , e neste caso não foram verificadas correlações nulas (em nenhum dos dois grupos de variáveis).

Seguimos então para a análise fatorial de cada nova dimensão. Em ambos os casos a amostra se mostrou adequada para a análise fatorial, e as decisões de extração e número de fatores foram as mesmas do procedimento inicial. Apresento a seguir o resultado restrito da dimensão de estrutura.

Na primeira extração, foi verificado somente um autovalor maior que 1, o que indicou que os itens se agregaram em somente um fator. A variância extraída foi de 53,78%, o que indicava bons resultados (ficou acima de 50%). Na tabela 7.10 apresento os resultados da primeira extração de escores dos itens e as respectivas comunalidades, a partir da qual observamos que todos os escores mostraram-se muito acima do limite mínimo (0,4), o mesmo ocorrendo com as comunalidades.

Tabela 7.10 – Escores e comunalidades da dimensão de estrutura 1ª rodada

Cód	Itens	Escore	Comu.
A8	A estrutura física se adequa bem ao serviço que recebo	,819	,671
A3	A organização tem uma boa estrutura física	,773	,598
A4	Sinto-me confortável na faculdade	773	,598
A11	O ambiente geral é bem organizado	,717	,514
A10	Os espaços são amplos e diversificados	,696	,484
A2	Gosto do ambiente da sala de aula e da faculdade	,676	,456
A12	Sinto-me bem na organização onde recebo o serviço	,666	,443

Em uma primeira análise, não precisaríamos excluir qualquer item. No entanto, dado que temos ainda um total de sete itens e queremos reduzir o número para tornar a escala mais fácil de operacionalização nas análises posteriores, analisamos a possibilidade de exclusão de um ou dois destes, naturalmente aqueles de menor escore fatorial. Quando observamos nos dois itens de menor escore o seu sentido, percebemos que, de fato, há um distanciamento do sentido dos demais (o item A2 refere-se a quanto os respondentes gostam da faculdade e não a como avaliam a estrutura; já o item A12 refere-se mais à satisfação e bem-estar com o serviço recebido). Observamos, adicionalmente, que estes itens são os que possuem as menores correlações com os demais. Nestes termos, entendemos estes dois itens como 'candidatos' a serem excluídos.

Tabela 7.11 – Escores e comunalidades da dimensão de estrutura – 2ª rodada

Cód	Itens	Escore	Comu.
A8	A estrutura física se adequa bem ao serviço que recebo	,845	,713
A3	A organização tem uma boa estrutura física	,803	,644
A10	Os espaços são amplos e diversificados	,767	,588
A4	Sinto-me confortável na faculdade	,754	,568
A11	O ambiente geral é bem organizado	,719	,517

Procedemos então a uma rodada de análise fatorial, agora sem os dois itens, e verificamos os resultados. Como esperado, temos a geração de apenas um fator, com variância extraída de 60,61%. A tabela 7.11 apresenta os resultados dos escores e das comunalidades desta nova extração, a partir dos quais se observa uma estrutura bastante adequada, o que sugere que temos já uma indicação de que são estes os itens que seguirão para a próxima etapa de desenvolvimento da escala.

Resta apenas verificar a confiabilidade da escala, restrita a este conjunto de variáveis. O valor calculado do alpha de Cronbach para os cinco itens foi de 0,836, o que indica que os itens têm, nesta amostra, uma boa consistência interna. A análise de possibilidades de aprimoramento da confiabilidade com a exclusão de itens foi também verificada, e os resultados, que estão expostos na tabela 7.12, indicaram que qualquer exclusão somente reduziria o valor do alpha.

Tabela 7.12 – Confiabilidades da dimensão de estrutura

Item	Média se item deletado	Variância se item deletado	Correlação item-total	Alpha se item deletado
A3	18,87	28,991	,663	,796
A8	18,78	28,679	,724	,779
A10	18,84	29,708	,621	,807
A11	18,79	30,675	,572	,821
A4	18,30	29,547	,610	,811

Pelo exposto, temos evidências preliminares de que os cinco itens mantidos na escala de estrutura são adequados para medir esta dimensão. Nossa decisão foi, portanto, manter estes itens e prepará-los para as amostragens adicionais. O mesmo procedimento foi realizado com as demais dimensões de nossa escala (atmosfera, atendimento, interação e qualidade). A tabela 7.13 apresenta uma síntese dos resultados finais.

Tabela 7.13 – Resumo das medidas da escala de experiência em serviços

Construto	Nº final de itens	Correlação mínima	Escore fatorial (min)	Variância extraída	Alpha de Cronbach
Estrutura	5	0,420	0,719	60,60%	0,836
Atmosfera	6	0,266	0,671	49,09%	0,792
Atendimento	6	0,590	0,820	70,67%	0,917
Interação	6	0,394	0,694	64,31%	0,885
Qualidade	6	0,506	0,803	68,53%	0,907

Com estas análises, foram descartados 14 itens, restando 29 para a etapa seguinte. Das dimensões da escala, as de interação, qualidade e atendimento tiveram 4 itens deletados, ficando com 6 variáveis cada uma; já na dimensão de ambiente, que foi dividida em duas, foram aproveitados 11 dos 13 itens iniciais.

CAPÍTULO 8

Construção de escalas – passos 7 a 10

Neste capítulo concluímos a discussão dos passos de construção de uma escala, com a descrição, os comentários e a exemplificação do passos 7 (trabalhos de campo adicionais), 8 (procedimentos de limpeza adicionais), 9 (análise de validade e de confiabilidade da escala final) e 10 (desenvolvimento de normas e recomendações de uso e interpretação). A figura 8.1 ilustra, na parte clara, nosso foco para este capítulo.

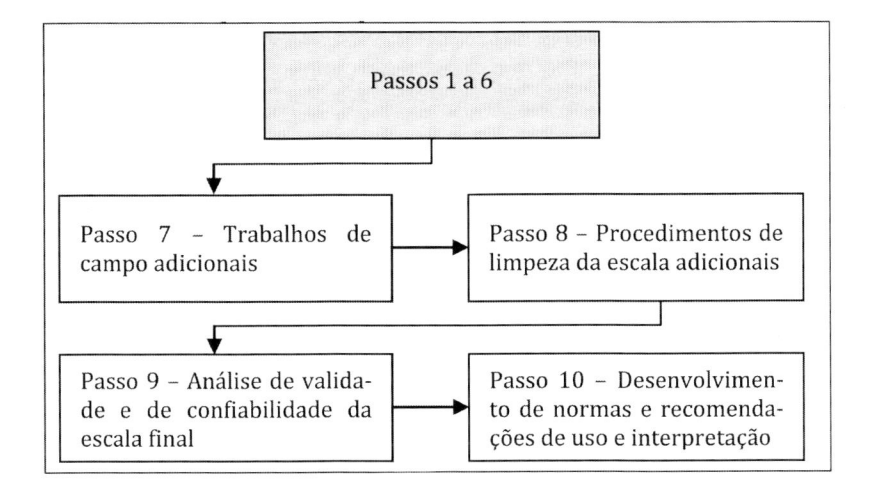

Figura 8.1 – Etapas 7 a 10 de desenvolvimento

```
            ┌─────────────────┐
            │   Passos 1 a 6  │
            └────────┬────────┘
                     │
         ┌───────────┴───────────┐
         ▼                       ▼
┌──────────────────┐   ┌──────────────────────┐
│ Passo 7 – Traba- │──▶│ Passo 8 – Procedi-   │
│ lhos de campo    │   │ mentos de limpeza da │
│ adicionais       │   │ escala adicionais    │
└──────────────────┘   └──────────┬───────────┘
         ┌────────────────────────┘
         ▼                       ▼
┌──────────────────┐   ┌──────────────────────┐
│ Passo 9 – Análi- │──▶│ Passo 10 – Desen-    │
│ se de validade e │   │ volvimento de normas │
│ de confiabilida- │   │ e recomendações de   │
│ de da escala     │   │ uso e interpretação  │
│ final            │   │                      │
└──────────────────┘   └──────────────────────┘
```

8.1. Passo 7 – Trabalhos de campo adicionais

Depois de devidamente consolidados os resultados dos passos 1 a 6, teremos então um conjunto de itens de mensuração menor do que o que foi aplicado na amostragem inicial e supostamente mais consistente e adequado para mensuração do construto ou dimensão. No entanto, nosso entendimento é de que esta primeira limpeza não é suficiente para que se possa compreender os itens finais como válidos para medir o construto, especialmente em razão da flexibilidade, da tolerância e do relaxamento de exigências de amostragem e dos procedimentos de limpeza.

Figura 8.2 – Atividades do passo 7

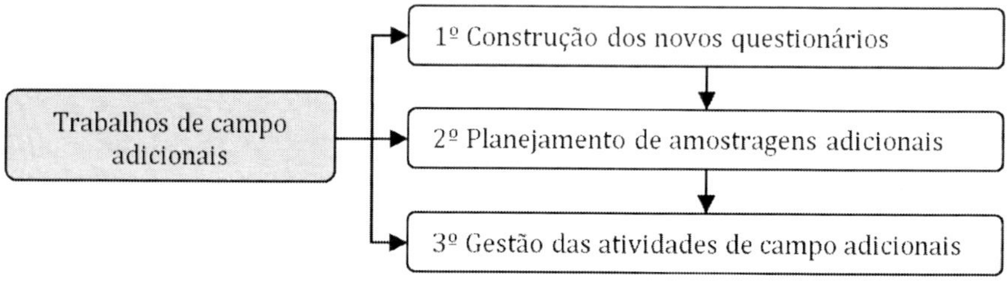

```
                          ┌─────────────────────────────────────────┐
                       ┌─▶│ 1º Construção dos novos questionários   │
                       │  └─────────────────────────────────────────┘
┌──────────────────┐   │  ┌─────────────────────────────────────────┐
│ Trabalhos de campo├──┼─▶│ 2º Planejamento de amostragens adicionais│
│    adicionais    │   │  └─────────────────────────────────────────┘
└──────────────────┘   │  ┌─────────────────────────────────────────┐
                       └─▶│ 3º Gestão das atividades de campo adicionais│
                          └─────────────────────────────────────────┘
```

Nestes termos, devem ser encaminhadas novas atividades de campo para levantar novos dados com vistas ao aprimoramento da escala. Neste novo esforço de coleta de dados temos três procedimentos básicos: construção de novos questionários, planejamento de amostragens adicionais, e gestão das atividades de campo. A figura 8.2 ilustra estas atividades.

Há algo que precisa ficar bem claro neste ponto e que norteará todo o capítulo: quando falamos em trabalhos de campo adicionais estamos supondo que seja ao menos mais um esforço de construção do questionário e amostragem. Em verdade, estas podem ser tantas quantas forem possíveis, e a recomendação é de que sejam realizadas diversas verificações para que a escala mostre sua consistência. No entanto, é mais comum que seja realizada somente mais uma rodada de trabalho de campo.

8.1.1. Construção de questionários

Esta atividade consiste em retomar o passo 4 (construção do instrumento de pesquisa), mas com manuseio dos itens que vieram do passo 6 (primeiros procedimentos de limpeza da escala). Em termos de recomendação e estrutura básica, o que fazemos neste momento segue tudo o quanto foi seguido no primeiro questionário. A diferença fundamental aqui reside nos potenciais elementos que se agregam ao questionário e em possíveis alterações da escala de verificação.

Sobre as informações que deverão estar nos novos instrumentos, sabemos, a priori, que o número de itens deve ter sido substancialmente reduzido, o que implica a disposição de um espaço adicional no questionário. Este espaço poder ser usado de inúmeras maneiras, como, por exemplo, em uma melhor apresentação do texto, com uma fonte de letra maior, com um maior espaçamento entre linhas, com a redução de categorias dispostas em duas colunas... Podemos ainda ocupar este espaço adicional com a inserção de novos itens e outras questões de identificação (socioeconômicas e demográficas), desde que necessárias, e que o espaço restante não provoque problemas de extensão.

É bastante comum nesta fase serem inseridos itens de escalas já validadas, que poderão ser usados para testes de modelos estruturais, ou para procedimentos de validação da escala (como validação convergente, por exemplo, com a inserção de uma escala medindo o mesmo construto), ou mesmo para outras finalidades de pesquisa. Obviamente, é fortemente recomendado que o instrumento mantenha alinhamento com as recomendações anteriores, agora com o cuidado adicional de coerência temática do que se pergunta (por exemplo, não há muito sentido em aproveitar um mesmo questionário que contém uma escala de intenções de investimento e perguntar sobre percepções e avaliação do sistema de transporte urbano; ainda que possível, é uma economia de tempo e esforço despropositada que pesa sobre o respondente, que vai demorar mais tempo e ter um esforço maior).

Já as remodelações possíveis na escala de verificação consistem basicamente na atenção para a mudança no padrão de resposta, que deve necessariamente estar de acordo com as decisões do passo 3 (decisões sobre as respostas). O que é comum aqui é que, dada a mudança de foco de respondente entre a primeira amostragem e as demais, alterar o número de pontos de uma escala pode ser algo necessário para uma melhor adequação ao público.

Como sabemos, na primeira amostragem comumente são usados estudantes universitários, reconhecidamente com melhor capacidade de resposta e facilidade de acesso; para estes, é possível usar uma escala de 7 ou 10 pontos sem problemas. No entanto, quando passamos para amostras com características distintas, muitos pontos podem dificultar a resposta, podendo ser mais conveniente reduzir o número de pontos, o que provoca uma alteração na apresentação do questionário.

8.1.2. Planejamento de amostragens adicionais

Nas amostragens posteriores ao passo 6, o planejamento segue próximo do que foi feito anteriormente. Sobre o número de amostras coletadas, estas devem ser tantas quantas forem possíveis, mas limitados pela racionalidade de uso de recursos. Devido aos maiores custos envolvidos, normalmente é feita somente mais uma amostragem além da primeira realizada, o que já é, na grande maioria das vezes, suficiente para gerar evidências de validade e confiabilidade consistentes.

Para cada procedimento de amostragem, devemos nos preocupar em definir os seguintes aspectos: tamanho da amostra, composição, e demandas de recursos. Vejamos as especificidades de cada um destes:

- Tamanho da amostra: também aqui seguimos a recomendação de termos idealmente em torno de 10 elementos da amostra para cada item da escala que será operacionalizado em conjunto com os demais; o limite mínimo é de 5 elementos por item. Deve-se observar que nas atividades de análise fatorial confirmatória é possível que tenhamos todos os itens operacionalizados em conjunto (veremos por que adiante). Assim, se tivermos uma escala total de 20 itens, deveremos ter idealmente de 200 elementos na amostra, mas o mínimo de 100 é requerido.
- Dou como recomendação que se busque pelo menos 200 entradas, o que assegura boas condições para todos os procedimentos de validação;
- Composição: novamente aqui é tolerada a amostragem não probabilística realizada por acessibilidade e conveniência, mas, diferente do caso anterior, é indispensável que os respondentes sejam os sujeitos que expressem de fato o que está sendo mensurado, ou seja, não é de forma alguma recomendada uma amostra de estudantes se o que está sendo medido não estiver associado a estudantes. Por exemplo, em uma escala para medir status percebido no uso de telefones celulares, devem ser captados dados de todos os grupos de usuários de celulares e não somente de estudantes que usam celulares (com exceção da possibilidade de a pesquisa estar medindo somente a percepção de estudantes).
- Reforço esta orientação: aqui é indispensável que a amostra seja coletada junto aos sujeitos de interesse da escala, ou seja, se forem donas de casa, que se pesquisem donas de casa onde quer que estejam; se forem torcedores de futebol, que se busquem os torcedores onde quer que estejam... A qualidade da escala é fortemente dependente do cuidado nesta fase de desenvolvimento, e todo cuidado é válido;
- Demandas de recursos: estes cuidados impõem nas amostragens adicionais um cuidado muito maior por parte do agente de desenvolvi-

mento, o que implica uma maior demanda de tempo e de recursos financeiros para mobilização de pesquisadores. É por esta razão que normalmente é feita somente uma amostragem adicional. As especificações de demanda de recursos, no entanto, dependem de cada situação específica, e a recomendação é, outra vez, de busca de equilíbrio entre gasto e qualidade dos dados.

8.1.3. Gestão das atividades de campo adicionais

Novamente, na gestão do trabalho de campo nas amostragens adicionais são necessários os mesmos cuidados da primeira amostragem, ou seja, é indispensável que o interessado no desenvolvimento da escala acompanhe todo o processo, e que seja utilizado aqui o melhor procedimento possível em termos de acesso aos dados (coleta direta, por computador...).

Pelo maior rigor necessário nestas amostragens adicionais, o acompanhamento requer maior concentração e constante verificação da adequação da estrutura da amostra, de modo a evitar vieses possíveis (por exemplo, é necessário sempre acompanhar a distribuição da amostra por gênero, faixas de idades..., para assegurar uma aproximação com a realidade do universo da pesquisa). Por esta razão, é ainda recomendável, se os recursos disponíveis permitem, que a coleta seja feita por uma firma especializada em pesquisa, que normalmente já possuem know-how e equipe treinada para acesso facilitado ao campo.

Quanto à verificação e consolidação dos dados, a recomendação é a de que sejam utilizados novamente planilhas eletrônicas específicas (SPSS ou minitab), e que os dados sejam inseridos logo depois da coleta, passando por uma triagem preliminar, com a constante verificação da adequação da amostra e de possíveis necessidades de reorientações no projeto de coleta.

8.1.4. Exemplificação do passo 7

Vejamos agora os resultados de aplicação do passo 7 nas duas escalas que estamos tomando de exemplo.

- Atitudes de estudantes de administração quanto aos métodos quantitativos

Nesta escala, tão logo definimos os itens provenientes da primeira amostragem, decidimos por evitar acrescentar novas questões no instrumento e tentar aproveitar o espaço somente para reduzir o tamanho do questionário e diminuir o tempo de aplicação. Mantivemos a ordem de agrupamento das questões no questionário, e somente acrescentamos uma questão sobre o estado civil dos respondentes e sobre sua renda familiar, além disso, deslocamos a questão sobre a condição de trabalho do estudante do final para a primeira página. Não houve modificação na escala de verificação, ou seja, continuamos usando a escala de Likert de 7 pontos. O instrumento, adaptado em formatação, encontra-se no apêndice A8.1.

Dada a pouca disponibilidade de recursos, decidiu-se por encaminhar somente uma segunda amostragem, ainda que fossem recomendadas outras coletas. Assim, após consolidado o questionário, foi realizada a segunda entrada em campo, com o levantamento de 249 questionários, aplicados seguindo o mesmo procedimento da primeira entrada em campo, ou seja, foram abordados estudantes de cursos de graduação em administração, novamente em quatro diferentes instituições e em duas cidades, tomando como requisito para participação que os estudantes já houvessem cursado as disciplinas de métodos quantitativos.

A aplicação dos questionários foi realizada nos meses de agosto e setembro do ano de 2008, e foi administrada durante as aulas. Novamente aqui o trabalho de coleta foi desenvolvido pelos pesquisadores envolvidos no projeto, de modo que não houve maiores necessidades de treinamento e acompanhamento do trabalho de campo, e os custos não foram computados ao final.

A nova amostra foi formada por uma maioria de mulheres (57,5%), sendo 50,6% do total de estudantes provenientes de instituições públicas. A faixa etária de 30 anos abrangeu 89,9% dos respondentes. Quanto à renda familiar mensal, a faixa de até R$ 3.000,00 abrangeu 61,1% dos pesquisados. Já em relação ao ano de curso, 31,3% se encontram no segundo ano, 30,1% estão no terceiro ano, 29,9% se encontram no quarto ano; somente o quinto ano do curso apresentou frequência destoante das demais, 8,7% (o que se justifica pelo fato de poucas instituições terem quinto ano). Pelo exposto, foi possível acreditar que os resultados das características da amostra se aproximavam da realidade (exploratoriamente) verificada no universo de estudantes. Em geral, não houve grandes discrepâncias em relação à primeira amostra (salvo para a variável de origem institucional).

- Experiência de clientes em serviços de alto nível de coprodução

Aqui foi seguido um procedimento distinto do verificado na escala anterior. A natureza desta escala viabilizava sua utilização logo em seguida de sua consolidação para teste de hipóteses teóricas que a literatura especializada havia sinalizado. Nestes termos, foi acrescentado aos 29 itens das dimensões da escala provenientes do passo 6 um total de 16 novos itens para medir os construtos de satisfação, lealdade e confiança[1]. Assim, no ordenamento do novo questionário, foram inseridas as questões de identificação na primeira parte, e em seguida um conjunto de 17 itens da escala em um bloco; logo depois, foi acrescentada uma questão dicotômica, para serem então acrescentados mais dois blocos de questões, o primeiro com os outros 12 itens da escala em desenvolvimento, e o último, encerrando o questionário, com 16 itens dos construtos adicionais.

Para esta escala, decidiu-se que deveriam ser realizadas duas novas amostragens, uma com estudantes de instituições de ensino superior e outra com clientes de salões de beleza (ambos serviços de alto nível de coprodução). Nestes termos, todos os itens da escala foram adaptados para cada contexto (serviços educacionais ou salão de beleza), e a escala de verificação, antes uma Likert de 7 pontos, passou a ter 5 pontos, como forma de facilitar as respostas, especialmente considerando que os clientes de salão são bastante variados em termos de idade e de grau de instrução. O questionário aplicado em salões de beleza, com sua formatação adaptada para este texto, encontra-se no apêndice A8.2.

Após a consolidação do novo instrumento, foi realizada a segunda amostragem, com estudantes, com a aplicação de 270 questionários, concentrados em sete instituições, sendo quatro na cidade de Fortaleza, uma na cidade de Quixadá, uma em Juazeiro do Norte, (as três cidades no Estado do Ceará), e uma em Macapá (Estado do Amapá). Foi seguido o mesmo procedimento da primeira amostragem na coleta dos dados.

---

1 Aqui, todas as escalas já eram previamente validadas, mas, como foram todas provenientes de textos em língua inglesa, foram traduzias e adaptadas. A escala de satisfação foi oriunda de: OLIVER, R. L. Satisfaction: a behavioral perspective on the consumer. New York: Irwin/McGraw-Hill, 1997; a de confiança de foi oriunda de: DIXON, J.; BRIDSON, K.; EVANS, J.; MORRISON, M. An alternative perspective on relationships, loyalty, and future store choice. The International Review of Retail, Distribution, and Consumer Research, v. 15, n. 4, p. 351-374, 2005; por fim, a de lealdade de: ZEITHAML, V. A.; BERRY, L. L.; PARASURAMAN, A. The behavioral consequences of service quality. Journal of Marketing, v. 60, n. 2, p. 31-46, 1996.

A amostra gerada foi formada, mais uma vez, por uma maioria de mulheres (60,6%), sendo os homens 39,4% do total. A faixa de idade até 25 anos envolveu 66,3% dos respondentes. Quanto à renda familiar mensal, a faixa até R$ 3.000,00 abrangeu 71,7% dos pesquisados. Já em relação ao período de curso, 31,2% se encontravam no primeiro ano e 21,6% no segundo, 20,0% no terceiro, 19,1% no quarto, e 8,1% no quinto ano. Os resultados das características da amostras se aproximaram da realidade (exploratoriamente) verificada no universo de estudantes. Nestes termos, entende-se que a amostra estava distribuída de modo a captar parte da variação real existente no universo das instituições particulares de nível superior.

O trabalho de campo foi feito pelos envolvidos, e com o apoio de outros professores, que mobilizaram sua rede de relações para aplicação de instrumento nas diferentes cidades. O procedimento se consistiu em pedir o apoio e dar as instruções aos colaboradores. Dado que a aplicação foi feita pelos autores ou voluntariamente, não foram computados custos, além daqueles de reprodução dos questionários e de correio.

Já para a terceira amostragem, o instrumento de pesquisa foi adaptado de modo que as questões remetessem somente às características de salões de beleza. No total, foram coletados 261 questionários, em doze salões de beleza, todos na cidade de Fortaleza. Na coleta, os primeiros 100 questionários foram aplicados por uma estudante de um curso de graduação, como parte de uma pesquisa de final de curso, e não foram computados os custos. Os demais 161 questionários foram coletados por uma empresa de pesquisa de marketing, por um custo total de R$ 500,00. Os questionários foram aplicados entre os meses de março e junho de 2009.

Ao final, a amostra ficou composta por uma maioria de mulheres (94,2%), sendo os homens 5,8%, com a faixa de idade até 25 anos envolvendo 30,8% dos respondentes. Quanto à renda familiar mensal, a faixa entre R$ 2.000,00 e R$ 3.000,00 abrangeu 37,9% dos pesquisados. Ficou evidente na amostra uma concentração muito forte no gênero feminino, o que configura, a priori, um problema na amostra. Esta forte concentração se deve ao fato de as mulheres irem mais e passarem mais tempo nos salões, e, portanto, serem mais facilmente abordadas. Considerando, por outro lado, que as mulheres são de fato mais aptas para avaliar os serviços de salão, optou-se por manter a amostra e não proceder a qualquer entrada adicional de campo.

8.2. Passo 8 – Procedimentos de limpeza da escala adicionais

Os procedimentos de limpeza adicionais aplicam-se sobre os dados das novas amostras e são divididos em dois blocos fundamentais: procedimentos exploratórios semelhantes aos realizados no passo 6; procedimentos de análise fatorial confirmatória. Estas atividades são aplicadas tantas vezes quantas forem as amostras coletadas. A figura 8.3 ilustra a organização do passo 8 em suas atividades

Figura 8.3 – Atividades do passo 8

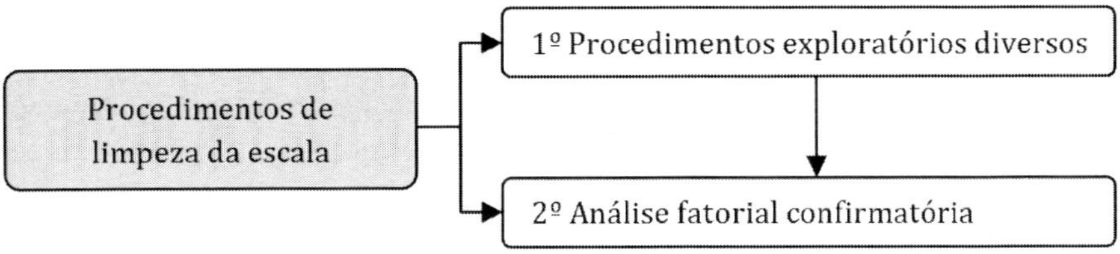

```
                              ┌─────────────────────────────────────────┐
                           ┌─▶│ 1º Procedimentos exploratórios diversos │
┌──────────────────────┐   │  └─────────────────────────────────────────┘
│ Procedimentos de     │───┤
│ limpeza da escala    │   │  ┌─────────────────────────────────────────┐
└──────────────────────┘   └─▶│ 2º Análise fatorial confirmatória       │
                              └─────────────────────────────────────────┘
```

8.2.1. Procedimentos exploratórios diversos

Esta atividade consiste basicamente na repetição de todos os procedimentos do passo 6 nas novas amostras, ou seja, deve-se:
- Efetuar a avaliação exploratória preliminar dos problemas diversos da planilha, das medidas estatísticas exploratórias, e em especial de dados perdidos (missing values), dados extremos (outliers);
- Extrair e verificar a matriz de correlação das variáveis do construto, sendo recomendado em especial que a análise seja feita por construto ou dimensão (o que diminui o tamanho da matriz e facilita a comparação de resultados);
- Proceder à análise fatorial exploratória, seguindo os mesmos procedimentos em termos de decisão e de análise de medidas extraídas na primeira amostragem;
- Análise preliminar de confiabilidade, esta recomendada somente em um nível preliminar, dado que uma análise mais consistente será realizada nos passos seguintes.

É esperado que as novas amostras mantenham a estrutura verificada na primeira amostra coletada, de modo que todas estas verificações não passam, a priori, de uma reafirmação das condições provenientes da primeira limpeza. Ainda que seja possível haver necessidade de exclusão de variáveis a partir destes procedimentos, a experiência mostra que isto comumente não ocorre.

De todos estes, o único procedimento que não pode deixar de ocorrer é o conjunto de ações de avaliação da planilha e de limpeza de missing values e outliers. Afora este, que em verdade providencia as condições para aplicação das técnicas posteriores, é também tolerável que se passe diretamente para a análise fatorial confirmatória.

8.2.2. Análise fatorial confirmatória

A análise fatorial confirmatória (AFC) consiste em um procedimento de redução de variáveis, a partir da agregação de um conjunto de itens. Conceitualmente, tanto a análise fatorial exploratória quanto à confirmatória consistem em procedimentos com finalidades semelhantes. Há, por outro lado, uma diferença central: no primeiro caso não temos definido, a priori, qualquer estrutura fatorial, e deixamos livre a reunião dos conjuntos de variáveis, ao passo que, no segundo caso, predefinimos a estrutura fatorial e testamos a hipótese de aderência do conjunto de itens ao(s) fator(es).

Este teste pressupõe, portanto, a ideia de que temos uma hipótese estatística a ser testada e que temos um procedimento padronizado de verificação, como é o caso da teoria dos testes de hipóteses desenvolvidos no âmbito da Estatística. O desenvolvimento quantitativo da metodologia e os detalhes dos procedimentos do teste de hipóteses da AFC são bastante complexos e estão além do escopo proposto para este texto[2]. Por outro lado, como forma de viabilizar os procedimentos pelos interessados em desenvolver escalas, comento neste item os procedimentos centrais e a operacionalização nos softwares AMOS e SPSS, e no apêndice A8.3 desenvolvo mais extensamente o conteúdo (ainda sem os detalhes estatísticos mais avançados), com direcionamento

---

2 Para uma revisão da teoria estatística do teste de hipóteses recomendo a seguinte referência: BUSSAB, W. O.; MORETTIN, P. A.. Estatística básica. 5. ed. São Paulo: Saraiva, 2006. Para uma visão mais profunda, porém ainda parcial, sobre o teste de hipóteses da análise fatorial confirmatória, recomendo as seguintes referências: ARANHA, F.; ZAMBALDI, F. Análise fatorial em administração. São Paulo: Cengage, Learning, 2008; HAIR J. F.; ANDERSON, R. E.; TATHAM, R. L.; BLACK, W. C. Análise multivariada de dados. 5. ed. Porto Alegre: Bookman, 2005.

para a teoria da modelagem e equações estruturais, técnica que é feita em conjunto com a AFC e que poderá ser usada inclusive nos procedimento de validação nomológica.

Como pudemos observar no apêndice A7, quando calculamos os escores (ou cargas) fatoriais de um conjunto de variáveis, encontramos ali as medidas de correlação entre as variáveis observadas e os fatores. Obviamente, somente temos aí estimativas, dado que não conhecemos as medidas de cada fator.

Também sabemos que, para quaisquer dois itens, o produto de suas cargas fatoriais é igual à estimada correlação entre as variáveis. Mas a correlação entre as variáveis é facilmente calculada, dado que são variáveis observáveis. Uma questão imediata que se coloca concerne à quão próxima está a estimativa da correlação (calculada pelo procedimento fatorial) da correlação real observada entre as variáveis.

Nestes termos, o teste de hipóteses da análise fatorial confirmatória tem por finalidade avaliar o quanto as correlações observadas são distantes das correlações estimadas. Em outras palavras, a AFC testa se a matriz de correlação estimada é estatisticamente distinta da matriz de correlação observada. A hipótese nula deste teste é de que as duas matrizes não são distintas, e a hipótese alternativa é de que há diferenças significativas.

O procedimento do teste consiste então em proceder às estimativas e em seguida calcular a estatística do teste (no caso, a estatística de qui-quadrado), junto com o número de graus de liberdade e a significância estatística. O procedimento 'de verificação' é simples: verificamos a significância, e, caso alcancemos uma significância a $p<0,05$, refutamos a hipótese nula, ou seja, entendemos que não há similaridade entre as das matrizes de correlação, o que implica dizer que os itens são inadequados para medir o construto. Do contrário, ou seja, caso alcancemos uma significância a $p>0,05$, não poderemos refutar a hipótese nula, e compreenderemos que os itens mensuram adequadamente o construto (ou dimensão)[3].

Como comentei anteriormente, não há como proceder a estas verificações pelo método de extração dos componentes principais, que é default em parte dos softwares estatísticos. Precisamos definir outros métodos de estimação, sendo o mais recorrente o método da máxima verossimilhança (maximum likelihood). Nossas decisões centrais neste procedimento são as seguintes:

---

3 Veja aqui a diferença entre os procedimentos convencionais de teste de hipótese: queremos confirmar a hipótese nula, de modo que os p-values menores que 0,05 (recorte convencional) não nos interessam, na maioria das vezes.

seleção do software; análise de ajustamento, decisões de ajuste e registro de resultados. Vejamos cada uma com detalhes:

- Seleção do software

Os pacotes estatísticos mais usados em AFC são os mesmos usados em procedimentos de modelagem de equações estruturais (MEE) (ver apêndice A8.3), pois permitem diversas verificações. Alternativamente, é possível utilizar o software SPSS, ajustando o método de extração de fatores para algum procedimento que desenvolva o teste de hipóteses.

Esta funcionalidade do SPSS viabiliza o teste de todos os construtos ou escores, desde que o procedimento seja em separado. No entanto, para a verificação simultânea das relações e de conjuntos de fatores, especialmente para extração de correlação ou para teste de relações, somente os softwares de MEE são aplicáveis.

No caso do SPSS, o caminho é o seguinte: *Analyze* → *Data reduction* → *Factor* → (seleciona as variáveis) → *Extraction* → *Method* → *Maximum likelihood* → Continue → Ok. Nas saídas, são apresentadas, além das tabelas convencionais, uma estatística de ajuste (*goodness-of-fit*) que contém o teste de hipóteses.

No caso do software AMOS, nossos procedimentos são os seguintes:

Desenhamos o diagrama de caminhos do construto, de acordo com a expectativa de relações, com as codificações ajustadas na planilha do SPSS, e em seguida selecionamos a planilha, no seguinte caminho: *File* → *Data file* → *File name* (selecionamos a planilha no SPSS) → *Ok;*

- Definimos os detalhes da saída do procedimento, no seguinte caminho: *View* → *Estimation* → *Output* (na janela de output marcamos Standardized estimates, Squaresd multiple correlations e Modification indices) → Fecha a janela;
- Em seguida, calculamos as estimativas em: *Analyze* → Calculate estimates. O software 'rodará os dados' e abrirá outra tela, na qual verificamos os valores estimados, juntamente com as medidas de ajustamento. A nova tela pode ser acessada assim: *View* → *Text output*.

- Análise de ajustamento, decisões de ajuste e registro

A análise do ajustamento é feita pela verificação das medidas geradas. No caso da extração pelo SPSS, verificamos todas as medidas geradas (comunalidades, escores, variância extraída...), e anotamos especialmente as medidas da tabela de *goodness-of-fit Test*, que são o qui-quadrado (*qui-square*), o número de graus de liberdade (*df*) e a significância (*sig.*).

Caso verifiquemos uma significância a p>0,05, entenderemos como satisfatória a extração, e somente registraremos no relatório da escala as medidas acima como indicações. Por outro lado, se a significância da estatística negar a hipótese nula, então devemos proceder a intervenções na escala, como forma de alcançar um ajuste melhor, o que ocorre comumente com a exclusão de variáveis (normalmente, aquela de menor escore fatorial).

O maior problema da extração pelo SPSS é que este software fornece somente a estatística do qui-quadrado, que, como comento no apêndice A8.3, tem uma tendência a ser não significativo quando a amostra for de tamanho grande. Por esta razão, o procedimento com o SPSS somente é recomendado se não houver acesso a um software de MEE.

Já no caso das saídas do software AMOS, temos aí um grande volume de medidas geradas. Como recomendação, temos as seguintes verificações relevantes para a tela de saídas (*output*):

- Na aba de *Estimates*, devemos observar se os valores de escores fatoriais estimados itens estão adequados na mensuração do construto ou dimensão. Naturalmente, os valores de escores nulos devem ser automaticamente excluídos da escala, e valores baixos devem ser avaliados com maior cuidado, considerando os procedimentos posteriores. A ideia de análise destas medidas é a mesma apresentada na primeira limpeza (com a AFE), mas devemos observar que estas medidas são mais definitivas, visto que são estimativas estatisticamente testadas. Também devemos analisar mais cuidadosamente:
    - Primeiramente, os valores de *critical ratio* – CR juntamente com as respectivas significâncias na tabela de *Regression weights*. Estes valores indicam se os escores dos itens da escala são estatisticamente diferentes de zero, e, quando temos os valores elevados e significativos a p<0,05, entendemos que as cargas fatoriais não são nulas. De um modo geral, não é necessário apresentar todos os valores de CR no relatório de desenvolvimento da escala, sendo suficiente a indicação do menor valor e de sua significância, no pressuposto de que, se o menor CR for significativo, então todos os demais também serão, pois são maiores.
    - Os valores dos escores fatoriais na tabela de *Standardized regression weights*. Estes valores são indicativos da intensidade

de relação do item com o fator (que representa o construto ou dimensão), e são utilizados primeiro na apresentação do relatório da escala, e depois na computação das medidas de confiabilidade (ver passo 9 e apêndice A8.3);
- Na aba de *Model fit*, temos as medidas de ajustamento do modelo sob análise, ou seja, temos aqui as principais medidas de adequação do conjunto de itens em sua proposição de medição do construto ou dimensão. Temos nesta parte um conjunto muito grande de medidas, de modo que devemos selecionar uma parte destas e proceder às verificações. De maior importância para nossos propósitos são as seguintes medidas:
  - Na tabela de *Discrepancy* (CMIN), devemos observar o valor de qui-quadrado (x^2 - CMIN), o número de graus de liberdade (DF), a significância (p), e a razão entre o qui-quadrado e o número de graus de liberdade (CMIN/DF) do modelo padrão (*Default model*). A medida central é a significância, que, se p>0,05, então teremos uma indicação de adequação do modelo. Também verificamos a razão e CMIN/DF, e se for menor que 5, temos a indicação de bom ajustamento (este teste corresponde ao *Goodness-of-fit Test* do SPSS);
  - Na tabela RMSEA observamos, para o modelo padrão, o valor da 'raiz do erro quadrático médio aproximado' e analisamos seu tamanho, tomando por base que valores menores que 0,08 são indicativos de bom ajustamento;
  - Na tabela RMR, GFI observamos o índice de adequação do ajustamento (GFI) do modelo padrão e analisamos seu tamanho, tomando por base que valores acima de 0,9 são indicativos de bom ajustamento;
  - Na tabela *Baseline comparisions* observamos o índice de ajuste comparativo (CFI) do modelo padrão e analisamos seu tamanho, tomando por base que valores acima de 0,9 são indicativos de bom ajustamento e unidimensionalidade (para o caso de mensuração de construtos ou dimensões);

Na aba dos *Modification índices*, observamos as indicações de melhorias que o modelo pode alcançar se estabelecemos as covariâncias entre os erros de mensuração das variáveis. Para tanto, observamos especialmente a tabela Covariances, e analisamos a decisão de seguir o procedimento, ou de excluir alguma das variáveis. A recomendação é a de que, se uma variável apresentar melhorias e for estabelecida a linha de covariância com mais de uma variável, então esta deve ser excluída do modelo.

Em todos os casos citados verificados, se não houver o alcance das condições de ajuste, provavelmente necessitaremos de uma intervenção de aprimoramento no modelo, o que normalmente se faz pela exclusão de algum dos itens, potencialmente aquele que estiver apresentando menor escore fatorial, como observado anteriormente. Se houver necessidade de ajuste, devemos então proceder a todo o processo novamente, e realizar todas as verificações. Depois que o modelo for então consolidado, todas as medidas finais (com exceção dos índices de modificação) devem ser anotadas no relatório da escala.

8.2.3. Exemplificação do passo 8

Temos agora condições de apresentar os resultados de aplicação do passo 8 nas duas escalas de nosso exemplo.

- Atitudes de estudantes de administração quanto aos métodos quantitativos

Nesta escala, as análises preliminares de medidas dos itens não indicaram necessidade de intervenções na planilha, o mesmo ocorrendo nas análises de *missing values e de outliers*. As análises de correlação, a AFE, e a verificação de confiabilidade, não mostraram maiores diferenças em relação às verificações da primeira amostra, não tendo sido necessário qualquer procedimento de ajuste da planilha.

Com relação aos procedimentos da AFC, optamos por utilizar principalmente o software AMOS (versão 7). Os procedimentos foram feitos por dimensão, e para cada uma destas, eram extraídos e verificados os escores fatoriais e os índices de ajustamento prescritos no texto deste capítulo. Em cada verificação eram analisadas a consistência das medidas e as alternativas de ajustamento, se fosse necessário.

Para facilitar a apresentação, os escores fatoriais foram transportados para uma planilha do Excel, a partir da qual foram procedidos os cálculos de confiabilidade, variância extraída, a média dos escores. Os dois primeiros servem para análise do passo 9, apresentado no item 8.3. Os valores *critical ratio* (CR) foram também analisados, porém optamos por registrar somente o menor valor observado, por dimensão analisada.

Vejamos então com maiores detalhes os resultados da dimensão habilidades, seguindo o procedimento realizado no capítulo 7. Como vimos, a primeira limpeza de dados desta dimensão eliminou duas variáveis das oito iniciais, restando as seis apresentadas mostradas no quadro 8.1 (mantenho a codificação proveniente do primeiro procedimento).

Quadro 8.1 – Itens da escala de habilidades

Cód.	Variáveis
H1	Cometo poucos erros em cálculos em disciplinas de métodos quantitativos
H2	Consigo aplicar os conhecimentos da área de métodos quantitativos em situações práticas
H4	Compreendo bem as equações usadas em métodos quantitativos
H5	Consigo analisar e aplicar resultados de problemas de métodos quantitativos
H7	Eu consigo compreender as soluções de problemas de matemática e estatística
H8	Eu consigo resolver problemas de matemática e estatística

O primeiro teste foi feito com o SPSS, com extração pelo método de máxima verossimilhança, e obtivemos um só fator, com variância extraída de 60,76% (na primeira amostragem tivemos neste fator o percentual de 63,92%). Os escores fatoriais e as comunalidades estão expostos na tabela 8.2, e o teste de ajustamento apresentou os seguintes resultados: qui-quadrado (chi-square)=39,05; graus de liberdade (df)=9, significância=0,000.

Tabela 8.1 - Escores e comunalidades da dimensão de habilidades

Cód	Itens*	Escore	
H1	Cometo poucos erros em cálculos em disciplinas de métodos quantitativos	,587	,344
H2	Consigo aplicar os conhecimentos da área de métodos quantitativos em situações práticas	,506	,256

H4	Compreendo bem as equações usadas em métodos quantitativos	,803	,644
H5	Consigo analisar e aplicar resultados de problemas de métodos quantitativos	,807	,651
H7	Consigo compreender as soluções de problemas de matemática e estatística	,851	,723
H8	Consigo resolver problemas de matemática e estatística	,783	,613

Pelo exposto, temos a forte evidência de que o construto, embora tenha uma elevada variância extraída, tem problemas de ajustamento, uma vez que temos a negação da hipótese de igualdade da matriz de correlação estimada com a observada, ou seja, o conjunto de itens não consegue medir bem a dimensão sob análise. Quando verificamos os resultados dos escores e comunalidades (ver tabela 8.1) é fácil perceber a origem desta dificuldade, que são os itens H1 e H2, que apresentaram escore fatorial bem abaixo dos demais. Nestes termos, um primeiro esforço de ajustamento consistiria em excluir estas duas variáveis. Este procedimento foi realizado, e, embora apontando uma grande melhoria, ainda assim não alcançamos resultados adequados no teste de ajustamento.

Um problema potencial na tentativa de ajustar novamente o conjunto de itens geraria maiores dificuldades, dada a limitação do SPSS em fornecer mais indicações de consistência. Por esta razão, optamos por seguir diretamente para uma operacionalização do software AMOS, utilizando inicialmente o conjunto de seis variáveis. Os dados da primeira extração estão apresentados na segunda e terceira colunas da tabela 8.2 (obviamente, estes resultados são similares aos da extração no SPSS, uma vez que o método de extração e os dados são idênticos). Já na segunda coluna da tabela 8.3, apresentamos os resultados das medidas de ajustamento, mais as medidas de sumário dos escores estimados, com sua média e o menor CR (em verdade, esta tabela pode substituir a primeira [8.2] no relatório final da escala).

Como observamos na tabela 8.2, as variáveis H1 e H2 estão com escore baixo, e poderão ser excluídas do modelo. Quanto às medidas de ajustamento, observamos para o teste de qui-quadrado novamente a negação de nossa expectativa (como era esperado), e os demais índices não foram de todo bons, com exceção do GFI e do CFI, que ficaram acima de 0,9.

Nestes termos, não havia mais dúvidas da necessidade de intervenções no modelo da escala para buscarmos um ajustamento mais consistente. Optamos assim por retirar primeiramente a variável de menor escore, no caso H2 e verificar novamente os resultados. Depois de processados os cálculos, anotamos os resultados nas quarta e quinta colunas da tabela 8.2, e temos as medidas de ajustamento na terceira coluna da tabela 8.3. Por estes resultados, observamos um leve aumento no tamanho médio dos escores fatoriais e uma sensível melhoria nos índices de ajustamento; no entanto, ainda não alcançamos medidas boas o suficiente, uma vez que, pela hipótese associada ao qui-quadrado, ainda temos a negação da hipótese nula, e no índice RMSEA ainda encontramos um valor acima do máximo recomendado de 0,08.

Nestes termos, decidimos excluir mais uma variável, no caso a variável H1, que apresentou o menor escore fatorial. Como resultados dos escores, temos as indicações das sexta e sétima colunas da tabela 8,2, a partir da qual fica evidente uma substancial melhoria geral no conjunto dos escores. Por outro lado, as medidas de ajustamento (mostradas na quarta coluna da tabela 8.3) apresentaram uma depreciação, com um aumento da razão entre o qui-quadrado e o número de graus de liberdade, e com uma depreciação do RMSEA.

Tínhamos como proceder a novos ajustamentos, porém, pela análise dos resultados em seu conjunto, observamos que somente por duas indicações teríamos que seguir para novos aprimoramentos (razão χ^2/df e o respectivo p-value, e o RMSEA). Logo, optamos por não tentar mais melhorias e aceitar a escala final como adequada na mensuração do construto. Observe que poderíamos ter aceitado também o resultado final com 5 itens da segunda extração, porém neste caso teríamos um item com escore baixo, no caso H1, de modo que optamos por fixar para a escala final somente os itens com escore fatorial mínimo de 0,783 e escore médio de 0,811.

Tabela 8.2 – Medidas dos escores de habilidade

Item	1ª extração		2ª extração		3ª extração	
	Escore	CR*	Escore	CR*	Escore	CR*
H1	,587	9,255	,583	9,288	***	***
H2	,506	7,865	***	***	***	***
H4	,803	13,282	,795	13,446	,783	13,178
H5	,807	13,371	,790	13,328	,792	13,356
H7	,851	14,185	,859	14,700	,864	14,690
H8	,783	**	,800	**	,805	**

* Todos significativos a p<0,001; ** Item com escore fixado em 1; *** Valor não calculado em razão da exclusão do item.

Tabela 8.3 – Medidas de ajustamento de habilidades

Medidas	1ª extração	2ª extração	3ª extração
Qui-quadrado (χ^2)	39,609	14,977	9,421
Graus de liberdade (gl)	9	5	2
χ^2/gl	4,401	2,995	4,710
p value	0,000	0,010	0,009
GFI	0,948	0,976	0,980
CFI	0,957	0,984	0,986
RMSEA	0,117	0,090	0,112
Média dos escores	0,722	0,765	0,811
Menor critical value*	7,765	9,288	13,178

* Significativo a p<0,001

Estes procedimentos foram realizados para os demais construtos, e também para o construto de interesse. Os principais resultados foram os seguintes: para a dimensão de 'autoconfiança', um ajuste adequado somente foi possível com a exclusão de duas variáveis, restando quatro ao final em cada, e para 'impacto' e 'dificuldade' foi necessária a exclusão de uma variável de cada, restando quatro ao final em cada; a dimensão de 'percepção de necessidade' apresentou um bom ajuste com as cinco variáveis; já na análise de interesse foi necessária a exclusão de uma das cinco variáveis.

Tivemos, neste passo, a indicação preliminar de que nossa escala estava de fato validada, porém as medidas definitivas somente são indicadas depois dos procedimentos adicionais de análise de validade, que são realizados no passo 9 de modelo de desenvolvimento adotado.

- Experiência de clientes em serviços de alto nível de coprodução

Concernente à verificação exploratória da segunda amostra coletada para esta escala (com estudantes), as medidas descritivas diversas não indicaram problemas na planilha; já a verificação de *missing values* indicou problemas em 12 entradas de dados, que foram excluídas, e a verificação de outliers indicou a necessidade de exclusão de mais 6 entradas. Ao final restaram 252 entradas adequadas, das 270 coletadas para operacionalização . Já com relação aos dados da segunda amostra não houve necessidade de ajustes preliminares.

As análises exploratórias adicionais (correlação, AFE, e confiabilidade) não indicaram grandes discrepâncias em relação ao resultado da primeira amostra, o que deu condições para seguirmos para a atividade seguinte. Já para a AFC, utilizamos nesta escala somente o software AMOS (versão 7). Assim, de posse dos resultados provenientes da primeira limpeza da escala da amostra com estudantes, seguimos os procedimentos de extração de medidas e de análise das possibilidades de aprimoramento da escala. Os principais resultados foram estes (na amostra de estudantes): para as dimensões 'estrutura', 'qualidade' e 'interação', foi alcançado um bom ajustamento com a exclusão de apenas uma variável por dimensão; nas dimensões 'atmosfera' e 'atendimento' foram retirados dois itens em cada, restando quatro variáveis em cada. Ao final, cada dimensão em separado mostrou-se bem mensurada. O mesmo procedimento de extração de medidas foi aplicado ao conjunto de variáveis de satisfação. Nesta análise, foi necessária a exclusão de uma das seis variáveis iniciais.

Para a segunda amostra, optamos por testar somente os resultados alcançados nesta segunda amostra, mantendo o foco nos testes sobre as variáveis que se mantiveram em cada dimensão. Por estas análises, todos os resultados confirmaram novamente adequação, gerando mais evidências de que a escala segue para sua consolidação.

Considerando o espaço necessário para a apresentação de detalhes e a semelhança com os procedimentos do exemplo da escala de atitudes, mostrados anteriormente, aqui não apresento os detalhes das medidas extraídas. Na exemplificação do passo 9 apresento os resultados finais das medidas de validação desta escala.

8.3. Passo 9 – Análise de validade e de confiabilidade da escala final

O passo 9 pode ser considerado como o mais relevante de todo o processo de construção da escala, na medida em que é aqui que é dada a confirmação de que todo o esforço de construção anterior gerou uma escala com as características de validade e de confiabilidade, que são, como comentado anteriormente, as principais características de qualquer escala. Este passo está dividido em duas atividades centrais, ilustradas na figura 8.4.

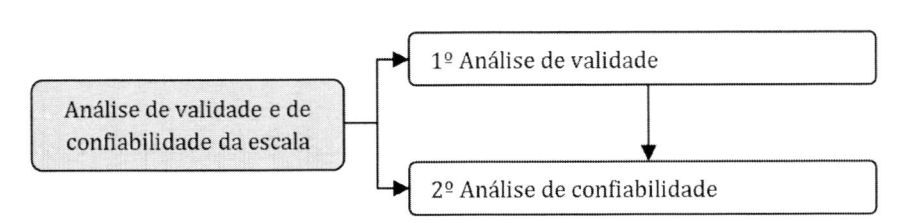

Figura 8.4 – Atividades do passo 9

```
                              ┌─────────────────────────┐
                           ┌─▶│  1º Análise de validade │
┌──────────────────────┐   │  └─────────────────────────┘
│ Análise de validade  │───┤              │
│ e de confiabilidade  │   │              ▼
│      da escala       │   │  ┌─────────────────────────────┐
└──────────────────────┘   └─▶│ 2º Análise de confiabilidade│
                              └─────────────────────────────┘
```

8.3.1. Análise de validade

A verificação do capítulo 4 permite compreender as possibilidades de validade aplicáveis em cada escala em desenvolvimento, e, como apontado lá, devemos proceder ao maior número possível de verificações. Uma vez que já foram debatidos os conceitos e as possibilidades de verificação, neste item será apresentada uma perspectiva estritamente operacional da verificação.

Pelo conjunto de passos que temos seguido, são consideradas como verificações mais relevantes as seguintes: validade de translação, nas formas de validade de face e conteúdo; validade de critério, em especial na forma de critério simultâneo; validade de construto, nas formas convergente, discriminante e grupo conhecido; outras possibilidades de validade. Vejamos cada uma destas.

8.3.1.1. Validade de translação

A validade de translação já foi inicialmente verificada no passo 2 de desenvolvimento da escala. No entanto, esta verificação é feita a priori, ou seja, antes de terem sido procedidas as limpezas da escala. Obviamente, se o primeiro procedimento (no passo 2) tiver sido realizado de forma rigorosa e consistente, é improvável que tenhamos problemas com a exclusão de itens nos passos seguintes, mas isto não é necessariamente verdadeiro.

De fato, é possível que nas decisões de exclusão tenham saído da escala itens que cobriam facetas relevantes do construto, o que provocaria sua desfiguração. Por esta razão, é recomendado que, nesta etapa, sejam verificados novamente todos os itens que restaram, à luz das determinações de escopo do passo 1. Se não houver problemas, fortalecemos assim a evidência de validade de translação. Caso contrário, deveremos repensar o processo, e inclusive alterar o nome do construto, se for o caso, ou mesmo reiniciar todo o procedimento de construção da escala.

8.3.1.2. Validade de construto

A validade de construto é a fase que deve vir após a análise de validade de translação, e é enormemente facilitada pelas operacionalizações e pelos resultados da análise fatorial confirmatória. Vejamos então como procedemos nas validações mais específicas.

- Validade convergente
Como observado no capítulo 4, a validade convergente verifica: (1) se os indicadores designados para medir um mesmo construto são relacionados e convergentes; ou (2) se a escala de medição de um construto se associa como esperado com outras medidas do mesmo construto (elevada correlação); ou (3) se há convergência entre diferentes métodos usados para medir um mesmo construto. Cada verificação requer uma análise específica em termos de procedimentos, e quando escolhemos um destes, normalmente não realizamos os outros. Temos então o seguinte:
- Para o primeiro passo, atestaremos se os itens da escala são relacionados, o que pode ser feito pela verificação dos escores fatoriais, que indicam o quanto os itens estão vinculados com o construto, e, portanto, entre si. Obviamente, quanto mais elevado o escore, maior a vinculação e maior a evidência de validade convergente. No SPSS, verificamos somente se estes escores são pelo menos maiores que 0,4, e no AMOS, verificamos nas saídas se os CRs correspondentes são significativos a $p<0,05$ (o que indica que são não nulos). A experiência mostra que quase sempre esta confirmação é alcançada;
- Para o segundo caso devemos ter, além da escala em desenvolvimento, uma escala adicional para medir o mesmo construto. Ao final, compomos as variáveis e verificamos a correlação. Se houver convergência, é esperado que a correlação seja pelo menos de 0,7;
- Para o terceiro caso, precisaríamos usar a escala em mais de um método de verificação, o que é possível, mas é pouco realizado em Administração, apesar de ser mais recorrente em Psicologia;

É mais comum a primeira verificação realizada, e é este o procedimento indicado no modelo de desenvolvimento adotado aqui. Embora as duas outras verificações sejam possíveis e até recomendadas, normalmente estas são mais custosas e desnecessárias (pelo menos na grande maioria das pesquisas em Administração).

- Validade discriminante
Já a validade discriminante indica o quanto uma escala é diferente de outras que devem de fato diferir. Dizemos que há validade discriminante a partir da análise de correlação entre as medidas de diferentes construtos, e, se a correlação for baixa ou dentro do esperado, atestamos esta condição.

O maior problema é definir quais as medidas que o construto deverá diferir. Como não temos determinações a *priori*, tomamos por base somente as dimensões dos construtos, se for o caso. Se o construto for unidimensional, não temos qualquer verificação a fazer quanto a esta validade. Veja bem: procedemos a verificação de validade discriminante restrita às dimensões do construto, ou seja, não temos mais evidências desta validade além da própria escala que estamos desenvolvendo. Isto é obviamente um fator de dificuldade nesta validação.

Se nós decidimos proceder a esta verificação, temos outro problema: não temos normalmente uma medida definida de correlação a qual podemos tomar por ponto de referência, até porque é possível que duas escalas possuam elevada correlação e mesmo assim meçam construtos distintos (basta que os construtos sejam de fato bem relacionados). Ressalto novamente: se não sabemos a correlação real entre os construtos ou dimensões, não temos muita segurança para atestar validade discriminante.

O método mais comum é verificar se a variância compartilhada (que se mede pelo quadrado da correlação de Pearson) é pequena, o que indicaria uma pequena proporção de explicação de um construto pelo outro. Mas ainda assim teremos problemas de referência. Uma dica inicial da literatura especializada é que a variância compartilhada seja baixa, de preferência menos que 0,5, e que seja menor que a variância extraída do construto (no SPSS, a variância extraída é dada como o percentual da variância explicada, em conjunto com os autovalores; já no AMOS, precisamos proceder ao cálculo, com a aplicação da fórmula específica, mostrada no apêndice A8.3). Para realizar esta verificação, devemos primeiro calcular a correlação entre as medidas dos construtos, que pode ser feita de duas formas:

- No SPSS, primeiro 'rodamos' a análise fatorial de cada construto (com o número final de itens) e solicitamos que sejam calculados os escores de cada fator. Fazemos isto assim: *Analyze* → *Data reduction* → *Factor* → (seleciona as variáveis) → *Score* → *Save as variable* (marcamos *Regression*, que é normalmente *default*) → *Continue* → Ok.
- Depois deste procedimento serão geradas as medidas dos respondentes, para cada fator uma variável associada, e, de posse destas variáveis, extraímos sua matriz de correlação em: *Analyze* → *Correlate* → *Bivariate* → (seleciona as variáveis geradas a partir dos itens dos fatores) → Ok.

Os dados da matriz de correlação são então elevados ao quadrado, de modo a gerar a variância compartilhada. Construímos assim uma matriz quadrada, na qual a diagonal principal apresenta a variância extraída do construto, e as demais células trazem a variância compartilhada.

No AMOS, desenhamos todos os construtos em uma mesma tela, como na primeira verificação, e em seguida ligamos as elipses dos construtos ou dimensões dois a dois com a seta dupla. Quando processamos, a aba dos Estimates das saídas apresentará uma tabela com as correlações (*Correlations*), que deverão ser elevadas ao quadrado (para gerar a variância compartilhada). Construímos então uma matriz quadrada, com a variância extraída e compartilhada, como no procedimento com o SPSS.

Nos dois casos, verificamos especificamente as diferenças entre as medidas, de modo que, se tivermos em algum caso uma variância compartilhada maior que a variância extraída, provavelmente precisaremos retornar à AFC e proceder a ajustes com a reunião de construtos ou exclusão de mais itens, ou mesmo a exclusão total de algum dos construtos.

Mas não devemos seguir aqui um procedimento mecânico, afinal, é possível que haja de fato uma correlação elevada entre os construtos ou dimensões. Se tivermos em qualquer caso uma variância compartilhada de até 0,8, é possível aceitar o resultado, considerando a correlação potencial (e justificada) existente. Já se a variância compartilhada for maior que 0,8, é sempre recomendável retornar à AFC e proceder a alterações para melhorar a escala.

- Validade de grupo conhecido
Esta etapa de validação consiste em verificar se a escala se comporta como

esperado em grupos nos quais deve haver uma variação reconhecida. O procedimento é mais fácil, bastando calcular as medidas dos fatores e testar as diferenças entre os grupos, o que pode ser efetuado por meio da aplicação da técnica análise de variância – Anova (o mais recomendado), ou de procedimentos não paramétricos.

Para este teste, recomendo o uso do SPSS, pois este viabiliza uma operacionalização mais fácil dos fatores gerados. O caminho da Anova é o seguinte: *Analyze* ⟶ *Compare means* ⟶ *One-way anova* ⟶ (seleciona as variáveis em *Dependent list*, e a variável dos grupos em *Factor*) ⟶ *Options* (marcamos *Descriptive*) ⟶ Ok. Como resultado, temos duas tabelas, uma contendo as medidas por grupo e outra contendo o teste de hipótese de diferença entre os grupos (teste F, mais a significância). Como regra de análise, verificamos se $p<0,05$ (valor de significância) na tabela que contém a estatística F, e se for, teremos evidências de diferenças entre os grupos. Se for atestada diferença, verificamos em qual sentido na tabela que contém as medidas descritivas e confirmamos ou refutamos a expectativa de diferença. Destes procedimentos teremos ou não evidências de grupo conhecido.

Como apontado, este tipo de validade não é normalmente realizado em Administração, em razão da dificuldade de termos a informação a priori das variações entre grupos, e mesmo que tenhamos (por exemplo, sabemos que os evangélicos são mais tradicionalistas em relação ao sexo que os católicos), não sabemos o tamanho da diferença desejável. De toda sorte, considero um desafio do processo de validação a incorporação deste procedimento.

8.3.1.3. Validade de critério

Nesta etapa, queremos verificar se a escala se comporta como esperado em termos de (co)variação, normalmente na verificação de predição (futura ou simultânea) do comportamento de outros construtos. Como informado no capítulo 4, é mais comum a verificação da validade de critério simultâneo. Para tanto, precisamos somente ter um construto (ou variável) na pesquisa que supostamente varia conjuntamente com o construto (ou dimensão). Assim, depois de calculadas a medida do construto, é verificada a covariação por meio do coeficiente de correlação e atestamos se esta é ou não uma correlação estatisticamente não nula: se for, temos evidência de validade; senão, temos evidência em contrário.

Neste caso, teremos somente uma verificação dois a dois em relação ao critério, mas, se queremos ter uma verificação da influência conjunta de um construto multidimensional sobre um dado critério, podemos proceder à regressão múltipla e testar as relações. O caminho é: *Analyze* → *Regression* → *Linear* → (selecionamos o critério para *Dependent*, e as variáveis do construto para *Independent*) → Ok.

Neste caso, se o coeficiente de determinação (R^2) estiver em uma medida aceitável (o que pode ser atestado pela significância no teste F que vem nas saídas do processo a p<0,05), teremos evidência de influência do conjunto (na realidade, teste F é dirigido a testar se algum dos coeficientes da regressão é não nulo, porém é possível tomar sua significância como uma indicação de adequação da medida de determinação). Em seguida, verificamos os coeficientes padronizados e a significância do teste de nulidade, e caso as medidas sejam significantes a p<0,05, teremos evidência de influência da dimensão sobre o critério.

8.3.1.4. Outras opções de validade

Além dos procedimentos apontados neste item, há ainda outras possibilidades de validação, como verificamos no capítulo 4, como por exemplo a validade regional, que consiste em testar a escala em diferentes contextos geográficos e verificar sua consistência, ou a validade de base linguística, com a tradução cuidadosa e o teste da consistência em diferentes línguas, ou ainda a chamada validade de impacto, que é uma medida a *posteriori* e qualitativa do impacto prático do uso da escala (ver item 4.6 no capítulo 4).

Cada uma destas opções representa uma possibilidade adicional de reavaliação, e é, obviamente, muito bem vinda, em razão da possibilidade de indicação da consistência ou das exceções da escala. No entanto, na maioria das escalas desenvolvidas para uso em pesquisas em Administração, estes procedimentos são deixados de lado. A exceção fica por conta da validade de impacto, que costuma ser a razão de desenvolvimento de novas escalas a partir do aprimoramento de escalas que não mostraram maior utilidade ou que mostraram muitas exceções em seu uso.

8.3.2. Análise de confiabilidade

A análise de confiabilidade da escala consiste em analisar a ausência de erro aleatório presente na mesma, e, como analisado no capítulo 3, temos diversas alternativas de verificação, sendo a mais comum, para o caso das escalas de múltiplos itens, o cálculo e a verificação do coeficiente *alpha* de Cronbach, que é uma medida de consistência interna do conjunto de itens.

Em verdade, as evidências de confiabilidade do conjunto de itens da escala já vinham sendo verificadas desde a primeira limpeza, realizada no passo 6. Precisamos, no entanto, finalizar a verificação de confiabilidade sobre o conjunto final de itens, para que possamos ter a segurança 'final' de que a escala é confiável, ao menos em termos de consistência interna. Para tanto, basta calcular o coeficiente alpha do conjunto final de dados e verificar sua medida e comparar com os critérios de base anteriormente apresentados, sendo esperado que o *alpha* final seja de pelo menos 0,7

Podem ser ainda verificadas duas medidas adicionais de confiabilidade, que são a variância extraída, que indica o percentual da variância total da escala explicada pelo fator, e pela confiabilidade composta, que testa se um mesmo fator está consistentemente subjacente ao conjunto de itens, e é uma medida complementar ao *alpha*.

No SPSS temos a variância extraída calculada diretamente, na indicação do percentual da variância explicada, na tabela que contém os autovalores (*eigenvalues*), mas não temos o cálculo da confiabilidade composta. Já no software AMOS não há o cálculo de qualquer das duas medidas. No apêndice A8.3 apresento as fórmulas das duas medidas, que são facilmente calculadas a partir da construção da fórmula na planilha Excel e tomando por base os escores fatoriais gerados no software.

Para as duas medidas adicionais, a literatura especializada tem indicado que a confiabilidade composta deve ser maior que 0,7, e que a variância extraída deve ser maior que 0,5. Nestes termos, nosso trabalho consiste em extrair estas medidas e verificar a adequação a estes padrões. Valores acima dão as indicações de confiabilidade da escala.

8.3.3. Exemplificação do passo 9

Vejamos agora como foram realizados os procedimentos de análise de validade e confiabilidade nas duas escalas de nossa exemplificação.

- Atitudes de estudantes de administração quanto aos métodos quantitativos

De posse dos resultados provenientes da AFC desenvolvida no passo 8, os itens de todos os construtos foram verificados novamente em sua associação com as definições adotadas, reafirmando a **validade de conteúdo e face** dos mesmos para medir o construtos e suas dimensões.

As medidas verificadas nos escores fatoriais de cada dimensão e das respectivas medidas de CR já indicaram evidência de **validade convergente** (no nosso primeiro conceito). Em seguida, todos os construtos foram desenhados no software AMOS para extração das correlações entre os pares como parte dos procedimentos de análise da validade discriminante.

Especificamente nas correlações, observou-se que os construtos 'percepção de necessidade' e 'percepção de impacto' apresentaram uma correlação de 0,93 o que é indicativo de colinearidade (ou seja, um construto explica quase que totalmente o outro). Isto apontou a necessidade de avaliação da possibilidade de reunião das variáveis em um só construto, antes mesmo de compararmos com as variâncias extraídas de cada um.

Avaliou-se assim o sentido e os enunciados de cada um dos itens, tendo-se verificado que estes guardavam entre si uma forte similaridade. Assim, as cinco variáveis de 'necessidade' foram avaliadas juntamente com as quatro variáveis finais de 'impacto', e os procedimentos de ajuste conduziram a um novo construto, com quatro variáveis de 'necessidade', e duas de 'impacto' (das nove foram excluídas três variáveis). O sentido dos enunciados deste novo construto possibilitou que o identificássemos por 'importância percebida na área de métodos quantitativos'.

Tabela 8.4 – Medidas finais da escala de atitudes

Medida	Dimensão sob análise				
	Habi.	Autocon.	Dificul.	Import.	Inter.
Qui-quadrado (χ^2)	9,421	2,895	1,580	16,693	2,995
Graus de liberdade (gl)	2	2	1	9	1
χ^2/gl	4,710	1,447	1,580	1,855	2,995
p value	0,009	0,235	0,209	0,054	0,010
GFI	0,980	0,994	0,997	0,979	0,994
CFI	0,986	0,999	0,999	0,992	0,997
RMSEA	0,112	0,042	0,048	0,059	0,08
Média dos escores	0,811	0,877	0,781	0,793	0,837
Menor critical ratio*	13,178	16,171	10,221	12,427	13,684

Notas: * Todos valores significantes a p<0,001

Todas as medidas da AFC foram então extraídas para este novo construto, tendo-se alcançado resultados adequados e a confirmação de sua validade de translação e convergente. As medidas finais das quatro dimensões, mais as medidas do construto interesse, estão apresentadas na Tabela 8.4.

Para termos a constatação da validade discriminante, extraímos então as correlações entre as quatro dimensões, novamente com o software AMOS. As medidas, que estão expostas na tabela 8.6 indicaram que as dimensões de autoconfiança e domínio de habilidades apresentaram uma variância compartilhada maior que as respectivas variâncias extraídas, o que é indicativo de potenciais dificuldades. Por outro lado, a análise de sentido dos itens mostrou que estes dois construtos têm razões para possuírem uma correlação elevada. Ademais, a medida de variância compartilhada verificada foi menor que 0,8, o que possibilita a aceitação da medida. Assim, entendemos que alcançamos evidências de validade discriminante entre as 4 dimensões da escala.

Para a validade de critério, tomamos a medida de interesse que vinha sendo operacionalizada em paralelo com a escala, e extraímos as correlações com as medidas das quatro dimensões. Os resultados indicaram valores entre intermediários e elevados (com habilidade – 0,825; com autoconfiança – 0,825; com dificuldade – 0,399; com importância – 0,696), o que deu evidência de validade de critério simultâneo.

Tabela 8.5 – Variâncias extraídas e compartilhadas

	Habilidade	Autoconfiança	Dificuldade	Importância
Habilidade	0,595			
Autoconfiança	0,796	0,772		
Dificuldade	0,242	0,266	0,516	
Importância	0,408	0,339	0,030	0,601

Dado que não tínhamos qualquer evidência de associação a grupos para as medidas das dimensões do construto sob análise, não verificamos a validade de grupo conhecido. Também porque não tínhamos qualquer previsão de associação com outros construtos em rede, optamos por não verificar a validade nomológica da escala. Outras validações seriam possíveis com outras amostragens, e, dado que nos limitamos a somente duas amostragens, ficamos restritos às verificações aqui apresentadas, ou seja, não verificamos outras validações.

Depois de verificadas as diferentes alternativas de validade, seguimos para a análise da confiabilidade da escala. Primeiramente extraímos o coeficiente alpha de Cronbach de cada conjunto de dados, e depois utilizamos a planilha do Excel para calcular a confiabilidade composta e a variância extraída com os dados gerados no AMOS. Os resultados, que estão expostos na tabela 8.6, foram tais que, em todas as dimensões da escala (e ainda de interesse), as medidas ficaram dentro de valores adequados, o que evidencia que o conjunto de itens de cada construto possui consistência interna na mensuração.

Tabela 8.6 – Medidas de confiabilidade da escala de atitudes

Medida	Dimensão sob análise				
	Habi.	Autocon.	Dificul.	Import.	Inter.
Alpha final	0,884	0,930	0,815	0,891	0,904
Confiabilidade composta	0,885	0,931	0,807	0,912	0,898
Variância extraída	0,657	0,772	0,516	0,634	0,690

Por todas estas verificações e constatações, temos então condições de anunciar o fim do processo de limpeza e lapidação da escala. No quadro 8.2 temos a escala consolidada, com um total de 18 itens, sendo que as dimensões de habilidade, autoconfiança e dificuldade ficaram cada um com 4 itens, e a dimensão de importância ficou com 6 itens. Mas, antes que estes itens possam ser aplicados em pesquisas diversas, precisamos finalizar as recomendações e normas de uso, que fazemos no passo 10.

Quadro 8.2 – Escala final de atitudes

Habilidades – 4 itens
Compreendo bem as equações usadas em métodos quantitativos
Consigo analisar e aplicar resultados de problemas de métodos quantitativos
Consigo compreender as soluções de problemas de matemática e estatística
Consigo resolver problemas de matemática e estatística
Autoconfiança – 4 itens
Sinto-me seguro quando faço avaliações de métodos quantitativos em sala

As disciplinas de métodos quantitativos NÃO me amedrontam
Eu sou muito talentoso em métodos quantitativos
As disciplinas de métodos quantitativos são fáceis para mim
Importância – 6 itens
Eu considero necessário que todos os alunos do curso façam as disciplinas desta área
O conhecimento da área é necessário para as demais disciplinas do curso
O conhecimento da área é necessário para uma boa formação profissional
As empresas necessitam de profissionais com conhecimento nesta área
O que aprendo nas disciplinas desta área é importante para minha formação profissional
O conteúdo aprendido nas disciplinas de métodos quantitativos será útil no meu dia a dia
Dificuldade – 4 itens
As disciplinas de métodos quantitativos são muito complicadas
As disciplinas desta área são mais difíceis que as demais disciplinas do curso
Considero as disciplinas de métodos quantitativos difíceis
O conteúdo das disciplinas desta área é muito complexo

- Experiência de clientes em serviços de alto nível de coprodução

Depois de consolidados os resultados da AFC da segunda amostra (estudantes), os itens dos construtos foram então verificados em sua associação e aderência com as definições adotadas no passo 1, e, como esperado, houve uma reafirmação da validade de translação dos itens para medir e suas dimensões.

Para verificar a validade convergente (no nosso primeiro conceito), foram avaliados (ainda na segunda amostra) os escores fatoriais dos itens de cada dimensão e das respectivas medidas de CR, tendo-se verificado que os valores de CR foram todos significativos a $p<0,05$ (ou seja, todos os escores eram estatisticamente diferentes de zero).

Na amostra de clientes de salão de beleza houve, por outro lado, algumas variações em relação à segunda amostra. Decidimos então seguir testando somente a segunda amostra para, depois de finalizado, avaliarmos as potenciais melhorias oriundas da análise da terceira amostra.

Assim, de posse dos resultados das primeiras validações, o software AMOS foi usado para extrair as correlações entre os pares de dimensões, como forma de verificar possíveis colinearidades entre as dimensões, e gerar informações para a validade discriminante. Logo na operacionalização de dados da amostra de estudantes verificou-se que as dimensões 'qualidade' e 'atendimento' apresentaram uma correlação acima de 0,9 (uma variância compartilhada maior que 0,8), o que indicava a necessidade de avaliação da possibilidade de reunião das variáveis em um só construto.

A avaliação do sentido dos enunciados de cada um dos itens das duas dimensões apontou uma similaridade entre os mesmos, de modo que as cinco variáveis de 'qualidade' foram avaliadas juntamente com as quatro variáveis finais de 'atendimento'. Procedemos então a AFC com os dados de estudantes, e as indicações foram de que seria necessária a exclusão de três variáveis, restando assim uma nova dimensão com seis indicadores, sendo quatro oriundos de 'qualidade', e dois de 'atendimento'. O sentido dos enunciados desta nova dimensão indicou uma convergência de sentido (reafirmando a validade de translação) e este foi denominado somente 'qualidade'.

Decidimos então tomar este padrão de dimensionamento do construto da amostra de estudantes e seguir para uma verificação posterior na amostra de clientes de salões de beleza. Assim, os resultados finais da AFC da segunda amostra para as quatro dimensões finais, juntamente com os resultados de satisfação, estão apontados na tabela 8.7. Na terceira amostra, os resultados também foram consistentes.

Tabela 8.7 - Medidas finais da escala de experiência (estudantes)

MEDIDA	DIMENSÃO SOB ANÁLISE				
	Estrutura	Atmosfera	Interação	Qualidade	Satisfação
Qui-quadrado (χ^2)	3,328	3,076	7,203	10,335	8,350
Graus de liberdade (gl)	2	2	5	9	5
χ^2/gl	1,664	1,538	1,441	1,148	1,67
p value	0,189	0,215	0,206	0,324	0,138
GFI	0,994	0,994	0,989	0,987	0,987
CFI	0,996	0,994	0,995	0,999	0,996
RMSEA	0,051	0,046	0,042	0,024	0,052
Média dos escores	0,738	0,631	0,719	0,820	0,806
Menor critical ratio*	9,604	6,413	9,791	13,160	12,327

Notas: *Todos valores significantes a p<0,001

Já para a verificação preliminar da validade discriminante, novamente usamos o AMOS para extrair as correlações dos pares, e em seguida calculamos a variância compartilhada elevando a correlação ao quadrado, e construímos a matriz em conjunto com a variância extraída de cada construto, conforme é possível verificar na tabela 8.8. Os valores de variância compartilhada são menores que os valores de variância extraída em quase todas as dimensões, havendo apenas uma exceção na variância compartilhada de atmosfera e estrutura, que ficou acima das variâncias extraídas de cada dimensão. Estas duas dimensões são oriundas do que tínhamos separado da dimensão de 'ambiente' inicialmente delineada; apesar de a variância compartilhada ser elevada (o que é esperado), esta não foi maior que 0,8, o que indicaria colinearidade entre as variáveis. Isto permite compreender que estas duas dimensões são distintas, embora fortemente correlacionadas. Neste sentido, pode-se concluir que há evidências de validade discriminante entre as dimensões.

Na verificação preliminar da validade de critério, primeiro havíamos identificado na literatura especializada que o construto satisfação estava associado com as dimensões de análise da escala, de modo que este construto foi usado como critério para validação. Optamos por efetuar a avaliação por meio apenas do coeficiente de correlação, que verifica as relações de forma isolada por dimensão. Os resultados indicaram valores entre intermediários e elevados de correlação (com estrutura – 0,683; com atmosfera – 0,592; com interação – 0,466; com qualidade – 0,792), o que gerou evidência de validade de critério simultâneo.

Tabela 8.8 – Variâncias extraídas e compartilhadas

	Estrutura	Atmosfera	Interação	Qualidade
Estrutura	0,550			
Atmosfera	0,615	0,400		
Interação	0,188	0,392	0,522	
Qualidade	0,479	0,355	0,161	0,675

Também aqui optamos por não proceder à verificações de alternativas de validade (nomológica, grupo conhecido...), considerando que já tínhamos, para a primeira escala amostra, indícios suficientes para entender a escala desenvolvida como válida.

Por fim, para a verificação da confiabilidade novamente extraímos, em cada amostra, as três medidas indicativas (alpha de Cronbach, confiabilidade composta e variância extraída) para as quatro dimensões finais e para satisfação. Os resultados da segunda amostragem, que estão expostos na tabela 8.9, mostraram que tivemos somente uma dificuldade na mensuração do construto atmosfera, que apresentou uma variância extraída menor que o valor de 0,5. No entanto, nas duas medidas adicionais verificamos adequação, de modo que entendemos haver uma dificuldade neste critério, mas o que não indica falta de confiabilidade. Nestes termos, entendemos que o conjunto de itens de cada construto possui consistência interna na mensuração.

Tabela 8.9– Medidas de confiabilidade da escala de experiência

Medida	Dimensão sob análise				
	Estrutura	Atmosfera	Interação	Qualidade	Satisfação
Alpha final	0,825	0,722	0,843	0,924	0,903
Confiabilidade composta	0,825	0,726	0,844	0,925	0,903
Variância extraída	0,550	0,400	0,522	0,675	0,652

Na aplicação dos procedimentos sobre a terceira amostra, partimos da dimensões provenientes da análise de confiabilidade da segunda amostra. Os resultados mostraram convergência em praticamente todas as verificações, com exceção da análise de validade discriminante, na qual verificou-se uma correlação elevada entre as variáveis estrutura e atmosfera. A verificação da variância compartilhada mostrou que esta ficava em torno de 0,8, o que poderia indicar necessidade de ajustes. No entanto, dado que houve convergência nas demais medidas, optou-se por manter a escala.

Ainda na terceira amostra, verificou-se uma pequena dificuldade em um dos itens da escala da dimensão de interação, tendo sido verificada a necessidade de exclusão e um dos itens (para que a escala alcançasse nos índices de ajustamento. Nestes termos, o item foi excluído também na segunda amostra, e os novos testes indicaram pequenas variações na estrutura psicométrica da escala. Deste modo, o item foi definitivamente excluído da escala, ficando a referida dimensão com um total de 4 itens.

Consolidados os procedimentos de verificação das características psicométricas da escala, finalizamos um total de 18 itens, de tal modo que as dimensões de estrutura, atmosfera e interação ficaram com 4 itens cada, e a dimensão de qualidade ficou com 6 itens (ver quadro 8.3). Resta somente a verificação das normas e recomendações de uso, que são apresentadas no passo 10.

Quadro 8.3 – Escala final de experiência

Estrutura – 4 itens
A organização tem uma boa estrutura física
A estrutura física se adequa bem ao serviço que recebo
Os espaços são amplos e diversificados
O ambiente geral é bem organizado
Atmosfera – 4 itens
O ambiente da organização tem um cheiro agradável
A iluminação é satisfatória
O ambiente é adequadamente limpo (salas, biblioteca, corredores...)
O som (ruído, barulhos externos...) do ambiente é apropriado
Interação - 5 itens
Os (professores) preocupam-se e são atenciosos comigo
Tenho uma boa relação com os (professores)
Os (professores) dialogam apropriadamente comigo
Os (professores) mantêm uma interação amigável comigo
Qualidade – 6 itens
Recebo a atenção que realmente preciso
O prestador do serviço cuida bem dos clientes
O serviço está no padrão de qualidade que eu gostaria de receber
Os serviços têm um bom padrão de qualidade
A organização tem um bom nível de atendimento
Os atendentes são educados e gentis

8.4. Passo 10 – Desenvolvimento de normas e recomendações

O último passo da construção da escala consiste em apresentar as instruções de uso para os potenciais usuários do instrumento. Este conjunto de regras varia de escala para escala, e as especificidades de uso já são em boa parte definidas a priori (quando se planeja a escala) e vão se consolidando ao longo dos testes realizados, com as novas indicações de possíveis adaptações que se fazem necessárias. Vejamos então as recomendações centrais e a exemplificação.

8.4.1 Recomendações

Aqui apresento as principais indicações que podem servir de base para a construção de escalas para uso em pesquisas em Administração.
- Devem-se apresentar sempre as peculiaridades de uso em termos de contexto de aplicação e expansão da escala além de seu contexto de desenvolvimento, e devem ser apresentadas as adaptações necessárias em termos de ajuste de itens e enunciados;
- Para a aplicação da escala, a recomendação é que o conjunto de itens seja disposto no questionário de forma totalmente aleatória, de preferência separados em blocos com não mais que 10 itens. Isto facilita as respostas e evita que o respondente façam associações entre as variáveis e venham com isto a enviesar as respostas;
- É recomendado que sejam inseridos os itens complementares, seja para reafirmação da validade de critério, seja para possíveis atividades de validação nomológica. No entanto, não é recomendado que os itens da escala sejam pesquisados em conjunto com outros tópicos muito pouco associados, o que pode gerar indisposição do respondente. A regra aqui é aplicar o bom-senso e evitar prejudicar a qualidade das informações;
- Deve-se também verificar as possibilidades de variação do número de pontos, especialmente se estamos usando escalas do tipo Likert ou de diferencial semântico. A recomendação é sempre que sejam usados muitos pontos (entre 7 e 10), mas a escala deve prever a necessidade de adaptação para o uso eventual de menos pontos;
- É sempre recomendável para as escalas de múltiplos itens a indicação da forma de agregação destes, de modo a gerar uma medida geral para

o construto. Conforme debatido no capítulo 5, não temos regra definida para agregação; nos casos de escalas de múltiplos pontos, como as que foram aqui usadas (Likert), a recomendação é que sejam somados os escores de cada respondente, ou que seja extraída a média. Este último procedimento gerará sempre medidas no intervalo da escala (de 1 a 5, ou 1 a 7...), mas tem a desvantagem de reduzir a variabilidade comparativamente a cada variável separadamente. Acredita-se, por outro lado, que a manutenção da escala original ajuda na interpretação dos resultados;

- Um ponto central das recomendações se associa à interpretação a ser dada aos escores da escala. A recomendação é que nas escalas do tipo razão ou intervalo sejam sempre fixados, a partir da escala, os parâmetros de tamanho. Em alguns casos estas indicações são bem claras devido ao uso, como é o caso da altura média das pessoas, que sabemos que acima de 2 metros será sempre indicação de um indivíduo alto. Especificamente para escalas de pontos, uma recomendação de interpretação pode ser o que está apresentado no quadro 8.4.

Quadro 8.4 – Recomendações de análise

Medida	Nível	Número de pontos	
		5 pontos	7 pontos
Critério para média	Baixo	Até 3	Até 4
	Intermediário	Acima de 3 a 4	Acima de 4 a 5,5
	Elevado	Acima de 4	Acima de 5,5
Critério para o desvio padrão	Baixo	Até 0,8	Até 1,2
	Intermediário	Acima de 0,8 a 1	Acima de 1,2 até 1,8
	Elevado	Acima de 1	Acima de 1,8

8.4.2. Exemplificação do passo 10

Nas duas escalas de nosso exemplo, as recomendações foram as mesmas em termos de disposição aleatória dos itens na escala, uso de itens complementares (especialmente aqueles mais associados ao construto), número de pontos (7 na escala de atitudes e 5 ou 7 na escala de experiência), método de agregação (pela média dos escores por dimensão), critérios e interpretação (segundo a tabela indicada).

Outras recomendações específicas foram apontadas especialmente quanto ao contexto de uso. No caso da escala de atitudes, a recomendação era de extensão do uso da mesma para cursos semelhantes em propósito, como é o caso dos cursos de Contabilidade e de Turismo (que possuem também disciplinas de métodos quantitativos). Para outros casos, haveria a necessidade de desenvolvimento de novos testes e novas adaptações não previstas na escala.

Já em relação à escala sobre experiência em serviços, a recomendação principal, além das apresentadas anteriormente, foi no sentido de adaptar adequadamente os enunciados para os diferentes tipos de serviços. De modo especial nos itens de atmosfera, pois quando se fala do ambiente é necessário dar indicações específicas sobre o ambiente em análise (de faculdades, de salões, de clínicas...). Também no caso da dimensão de interação, todos os enunciados remetem ao profissional executor do serviço, que precisa ser deixado evidente (no caso da faculdade, o professor; no caso do salão, o cabeleireiro...).

PARTE 3
TÓPICOS COMPLEMENTARES

CAPÍTULO 9
Construtos formativos

Neste capítulo apresento a teoria da mensuração no contexto específico dos construtos formativos. Primeiramente, faço uma caracterização destes construtos, com base em um exemplo prático; em seguida, exponho a representação e depois as quatro alternativas de estimação dos coeficientes dos indicadores; depois, desenvolvo a teorização sobre os passos de construção de uma escala para estes construtos, comparando sempre com as alternativas de construtos refletivos; nas duas últimas partes apresento uma análise mais detida nas fragilidades da operacionalização de construtos como formativos, além problemas de má especificação das escalas.

9.1. Uma caracterização mais detalhada

Conforme observamos no capítulo 2, os construtos formativos são aqueles construtos latentes cuja variação é decorrente da variação de seus indicadores, passo que nos construtos refletivos a variação no construto é que provoca a variação nos indicadores.

Um exemplo clássico deste tipo de construto são os índices de inflação. Estes índices refletem a variação no custo de vida da população a partir da evolução dos preços dos bens essenciais no tempo. Falemos um pouco desta medida, que ilustra bem os construtos formativos.

No Brasil, temos vários índices indicadores de inflação, sendo os mais comuns o Índice Geral de Preços (IGP), da Fundação Getúlio Vargas, e o Índice Nacional de Preços ao Consumidor(INPC), do Instituto Brasileiro de Geografia e Estatística – IBGE (este último é índice oficial de inflação no Brasil).

O INPC é calculado por faixa de renda, e pondera a variação de preços em um conjunto de itens de consumo, com dados coletados junto a famílias da faixa salarial de 1 a 6 salários mínimos, em 11 áreas Geográficas (regiões metropolitanas: Porto Alegre, Belo Horizonte, Recife, São Paulo, Belém, Fortaleza, Rio de Janeiro, Salvador, Curitiba, além de Brasília e o município de Goiânia), entre os dias 1 e 30 de cada mês (aproximadamente, a depender do número de dias do mês)[1]. Depois da coleta de preços, realizada por pesqui-

---

1 *Um detalhamento pode ser encontrado na referência (que pode ser encontrada no site do*

sadores do próprio IBGE, os dados são então computados e ponderados, de modo a gerar o índice de variação percentual, que é utilizado para finalidades as mais diversas (como reajustes de alguns contratos, correções salariais...).

Vejamos então a caracterização deste índice no que concerne ao nosso interesse de definição. Vemos na composição do INPC que, dentre os itens que são verificados, estão os gastos com alimentação e telefonia. Na composição do índice, as variações de preço destes dois itens são então calculadas, de modo que, se houver aumento de preços, haverá por consequência uma pressão para elevação do índice e potencialmente um aumento da inflação (não é certo que haverá aumento de inflação, pois não sabemos o comportamento dos outros componentes do índice).

Veja bem: se os preços destes dois itens aumentam, isto provocará um efeito no nosso construto (inflação), e não o inverso, como no caso dos construtos reflexivos, nos quais seria a inflação que, caso aumentasse, provocaria um aumento nos preços destes itens. É possível inclusive que as variações sejam inversas, ou seja, pode haver em um dado período um aumento nos preços de alimentação e telefonia, e o índice de preços apresentar uma redução provocada pela variação em outros itens.

Esta é a diferença central dos construtos formativos em relação aos construtos do tipo reflexivos, comentados nos capítulos anteriores, uma vez que nos construtos reflexivos será sua variação que implicará em uma variação nos indicadores, e não o contrário (em termos de visualização teremos a variação no sentido da seta, que, nos construtos do tipo formativo, são dirigidas das variáveis observáveis até o construto, e não o inverso, como é o caso dos construtos).

Ainda considerando a lógica da formação da inflação, observemos mais uma característica relevante. Quando temos variações de preços de alimentação e telefonia, é possível que em uma determinada série de tempo tenhamos o aumento dos preços de uma destas duas categorias, enquanto a outra se mantém constante. Ainda assim, ambas as variações (uma positiva e a outra nula) estarão contribuindo para a formação do índice de inflação.

Neste caso, observamos que a inflação pode ser medida por dois indicado-

---

IBGE na internet): INSTITUTO BRASILEIRO DE GEOGRAFIA E ESTATÍSTICA – IBGE. Sistema Nacional de Índices de Preços ao Consumidor: Métodos de cálculos. Série Relatórios Metodológicos - Volume 14. Rio de Janeiro: IBGE, 2007. Em verdade, existem dezenas de índices de inflação no Brasil, que podem ser facilmente encontrados com suporte de sites de busca na internet.

res que não apresentam variação conjunta, ou seja, que apresentem correlação nula. Este não é o caso dos construtos refletivos, em que seus indicadores, por variarem em consequência da variação do construto latente, terão sempre uma correlação entre si (na maioria das vezes uma correlação entre moderada e elevada).

Ou seja, nos construtos formativos, as variáveis 'podem' apresentar independência entre si, ou ter uma correlação baixa, ao passo que nos construtos refletivos é suposto que há uma variação conjunta, com influência elevada ou moderada do construto latente sobre os itens. Esta é a segunda característica diferenciadora dos construtos formativos.

Ainda na mesma referência de análise, observamos que, dado que as variações de preços de alimentação e de telefonia não são definidas pela variação da inflação, não temos por que imaginar que em sua mensuração estará embutido um erro de avaliação. Como vimos, entendemos que nossas medidas observáveis dos construtos refletivos estão condicionadas por dois fatores, que são a influência oriunda do construto e o fator de erro. Já nos construtos formativos esta realidade não é verdadeira, pois nas verificações que fazemos, por exemplo, das mudanças de preços de telefonia para efeito de cálculo de inflação, não há suposição de fatores condicionantes, ou seja, a medida que verificamos é a medida real de variação dos preços de telefonia.

Nestes termos, e considerando a existência de erros de verificação, para o caso dos construtos formativos, o entendimento é de que o erro está associado ao construto sob mensuração, e não aos seus indicadores. Esta é a terceira característica diferenciadora dos construtos formativos.

É importante entender que esta característica é um pouco mais delicada de compreender que as duas anteriores, mas é possível visualizar mais facilmente seu significado simbolicamente. Como vimos no caso dos construtos refletivos, o fator de erros está fundamentado na teoria clássica da medida, que pressupõe que uma medida verificada (0) pode ser decomposta em duas partes: o valor verdadeiro (T) e o erro associado (E). Simbolicamente, temos a indicação na fórmula 9.1, que permite compreender que os valores que se observam são decorrentes do valor real da variável mais uma porção associada a um erro que pode ser oriundo de diversas fontes.

$$0 = T+E \qquad (9.1)$$

Já para o caso dos construtos formativos, como observamos anteriormente, há uma inversão da ordem, de modo que o valor verdadeiro poderá ser visto como a soma do valor observado mais um erro. Em termos simbólicos, temos a representação na fórmula 9.2, e a interpretação é de que o valor do construto tem duas porções: uma oriunda dos valores observados, e outra decorrente de fatores diversos daqueles que não podem ser observados[2].

$$T = 0+E \qquad (9.2)$$

Admite-se, como hipótese do modelo de construtos formativos, que a covariância entre os valores observados e os erros é nula, ou seja, Cov(O,E)=0 (veja que, no caso dos construtos refletivos, a hipótese era de que a covariância do valor verdadeiro com o erro é que era nula, ou seja, Cov(T,E)=0).

Considerando as indicações do modelo da amostra de domínio, nos construtos do tipo refletivo os itens podem ser trocados entre si, de modo que qualquer amostra do total existente de itens que representam um construto deverá apresentar, por hipótese, uma boa representação do construto. Já no caso dos construtos formativos esta situação não necessariamente é verdadeira, ou seja, cada item tem sua própria representação, não podendo ser trocados por outros sem perder a essência do construto.

Por exemplo, se tivermos no índice de inflação as variações de alimentação, telefonia e transporte, qualquer uso que for feito de pares destes três itens estará indicando um índice diferente, ou seja, não podemos usar qualquer dos indicadores sem mudar a essência do que estamos mensurando (por esta razão os institutos que calculam índices de inflação pesquisam variação de dezenas de produtos, como forma de incorporar o que há de mais relevante nas variações de preços). Esta é a quarta característica diferenciadora dos construtos formativos.

O quadro 9.1 sintetiza as quatro principais características dos construtos formativos, comparativamente aos construtos refletivos. Por esta caracterização, é possível observar, a priori, que diversos índices conhecidos são em verdade, construtos latentes formativos, sendo mais lembrados os índices econômicos e sociais, tais como os índices de classificação econômica de pessoas

---

2 Para maiores detalhes da discussão associada à interpretação do erro de mensuração em cosntrutos formativos, ver a referência DIAMANTOPOULOS, A. The error term in formative measurement models: interpretation and modeling implications. Journal of Modelling in Management, v. 1, n. 1, p. 7-17, 2006

e famílias, os índices de pobreza ou prosperidade de regiões, os índices de qualidade de vida. Em uma perspectiva mais próxima da realidade da pesquisa em administração ou marketing, há menos construtos assim anunciados, mas são citados a medida geral da escala SERVQUAL e algumas escalas de medição de reputação de empresas, dentre outros.

Quadro 9.1 – Síntese das características apresentadas

Item	Formativos	Refletivos
Direção da influência	Das variáveis observáveis para o construto latente	Do construto latente para as variáveis observáveis
Correlação entre os indicadores	Poder ser nula ou muito baixa	Deve ser de nível entre moderado e elevado
Entendimento do erro	Porção da variação do construto latente não explicada pelas variáveis observáveis. O erro é associado ao construto completo, e não às variáveis	Porção da variação das variáveis observáveis não explicada pela variação do construto latente. O erro é associado à cada variável observável.
Seleção de itens	Cada conjunto de itens constitui um construto distinto, não podendo haver trocas sem perda da essência do construto.	Por hipótese, os itens são intercambiáveis sem perda da essência do construto em si.

9.2. Representação e possibilidades de dimensionalidade

Considerando as observações do item 9.1, é possível agora desenhar a representação dos construtos formativos, a partir das convenções apresentadas no capítulo 2. Assim, consideremos um construto qualquer η, que é formado a partir das variáveis $x_1, x_2 ... x_\eta$ mais um erro ζ. Teremos então as variáveis observáveis representadas por retângulos, ao passo que o construto e o erro serão representados por elipses (pois são ambos não observáveis). Como o construto é formado pelas variáveis e pelo erro, estes terão as setas dirigidas ao construto. Compreendendo que as variáveis podem possuir alguma correlação entre si, traçamos as setas duplas ligando os pares de variáveis observáveis, admitindo a existência desta correlação. A figura 9.1 mostra a ilustração gráfica do construto η .

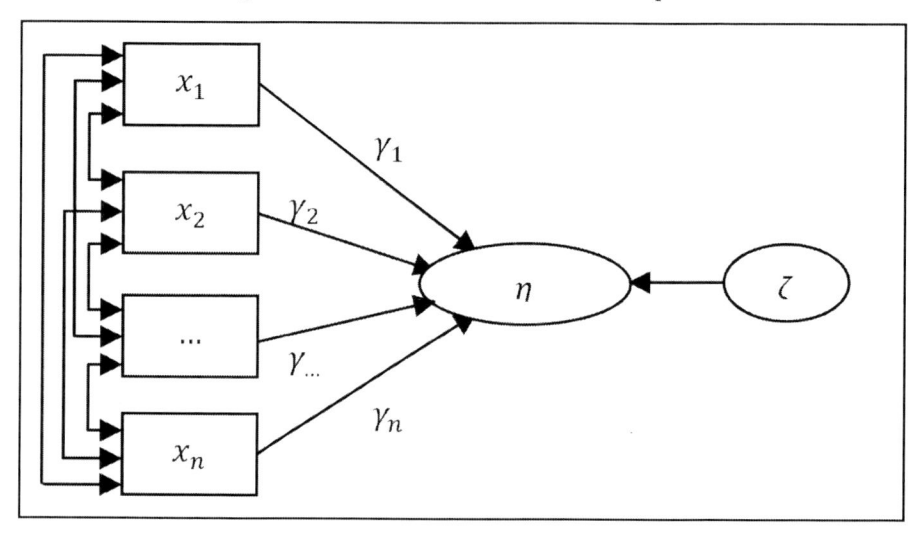

Figura 9.1 – Construto formativo múltiplo item

Simbolicamente, o construto do tipo formativo pode ser visualizado a partir das variáveis x_1 , ponderadas pelos escores fatoriais y_1 , em relação aditiva com o erro associado ζ . Temos esta representação na equação 9.3 (para facilitar a visualização, apresento também a representação dos construtos do tipo reflexivo na equação 9.4).

$$\eta = \left(\sum_{i=1}^{n} \gamma_i . x_i \right) + \zeta \qquad (9.3)$$

$$x_i = \left(\sum_{j=1}^{n} \lambda_{i.j} . \eta \right) + \zeta_i \qquad (9.4)$$

Figura 9.2 – Rede nomológica de dois construtos

Tipo 1 – Formativo em primeira ordem e formativo em segundo ordem

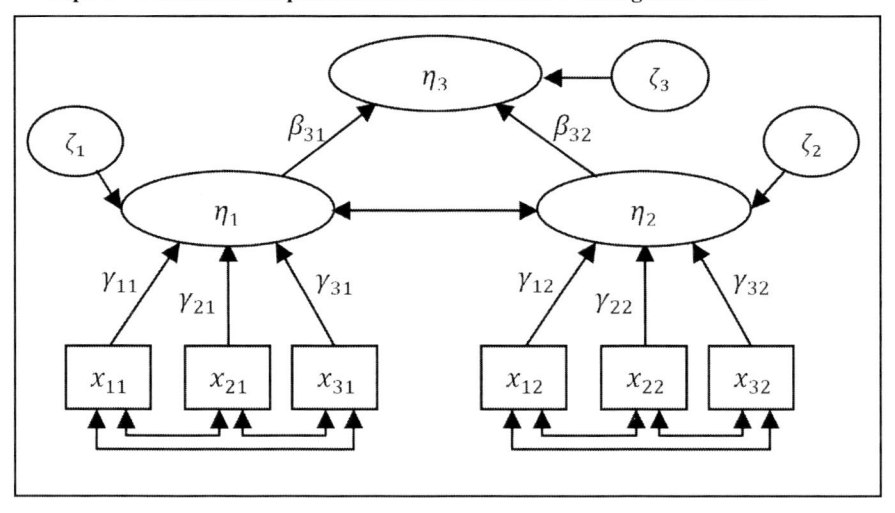

Tipo 2 – Refletivo em primeira ordem e formativo em segunda ordem

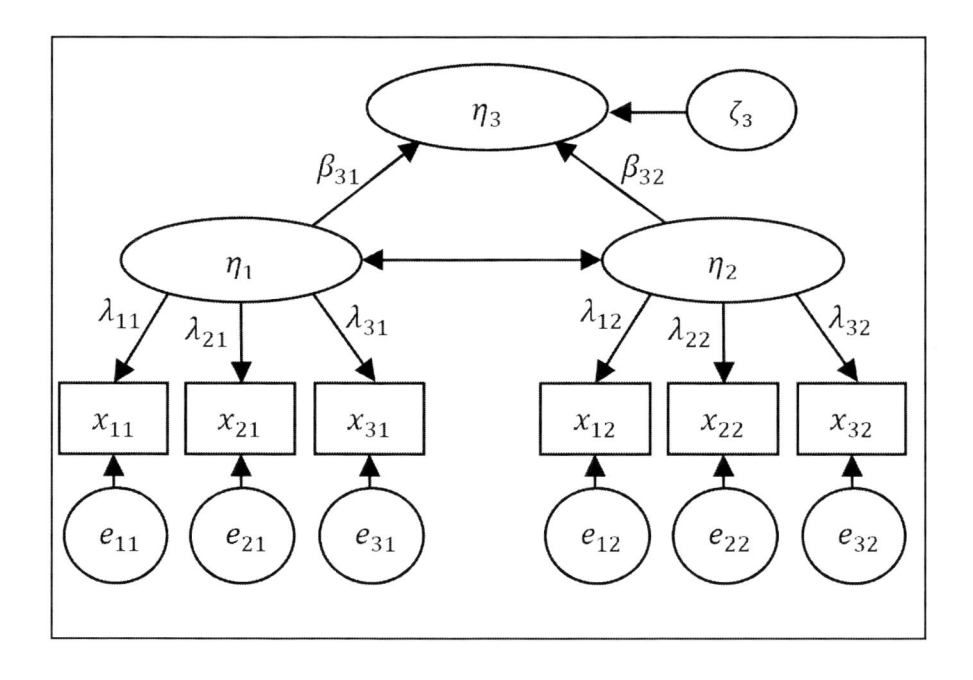

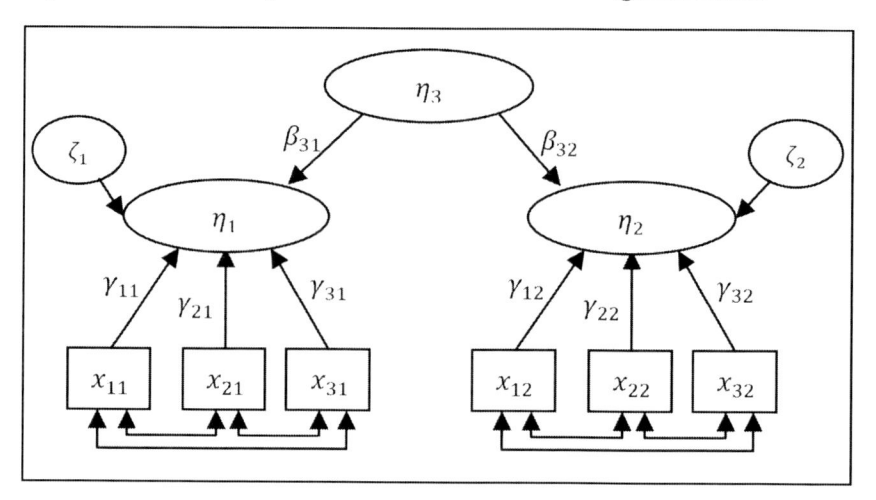

Tipo 3 – Formativo em primeira ordem e refletivo em segunda ordem

No tocante às alternativas de dimensionalidade, teremos várias possibilidades, considerando as diferentes ordens de relacionamento entre cada construto e suas dimensões. Assim, os construtos podem ser formativos ou refletivos em relação à suas dimensões, e estas podem ser formativas ou refletivas em relação aos seus indicadores. Cruzando as possibilidades, temos então quatro alternativas: (1) formativo em primeira ordem e formativo em segundo ordem; (2) refletivo em primeira ordem e formativo em segunda ordem; (3) formativo em primeira ordem e refletivo em segunda ordem; (4) refletivo em primeira ordem e refletivo em segunda ordem (modelo clássico).

Na figura 9.2 apresento os três modelos que envolvem os construtos formativos. A estimação do construto e dos coeficientes consiste em resolver os sistemas associados. Por exemplo, para o primeiro caso, teremos o sistema mostrado em 9.5 (a generalização para mais variáveis e mais construtos é imediata):

$$\begin{cases} \eta_1 = \gamma_{11}.x_{11} + \gamma_{21}.x_{21} + \gamma_{31}.x_{31} + \zeta_1 = \sum_{i=1}^{3} \gamma_{i1}.x_{i1} + \zeta_1 \\ \eta_2 = \gamma_{12}.x_{12} + \gamma_{22}.x_{22} + \gamma_{32}.x_{32} + \zeta_2 = \sum_{i=1}^{3} \gamma_{i2}.x_{i2} + \zeta_2 \\ \eta_3 = \beta_{31}.\eta_1 + \beta_{32}.\eta_2 + \zeta_3 = \sum_{i=1}^{2} \beta_{31}.\eta_1 + \zeta_3 \end{cases} \quad (9.5)$$

9.3. Estimação dos modelos

Como vimos nos capítulos anteriores, as suposições do modelo dos construtos refletivos são as mesmas dos modelos de análise fatorial, de modo que é sempre possível estimar as medidas dos construtos do tipo refletivo utilizando quaisquer dos métodos de estimação de fatores, como o método dos componentes principais ou de máxima verossimilhança.

Considerando agora os construtos formativos, observe inicialmente que o modelo da fórmula 9.3 é semelhante ao modelo de componentes principais até a primeira parcela do segundo membro, porém no caso dos construtos formativos temos um termo adicional que representa o erro e que inviabiliza a utilização deste método (veja o modelo de componentes principais na equação 9.6). Ademais, a estimação dos escores de ponderação do modelo de componentes principais pressupõe a existência de correlação entre os itens, o que também não é caso dos construtos formativos.

$$\eta = \gamma_1.x_1 + \gamma_2.x_2 + ... + \gamma_\eta.x_\eta = \sum_{i=1}^{n} \gamma_1.x_i \quad (9.6)$$

Nestes termos, há a sinalização de que os modelos de componentes principais são inadequados para estimação de construtos formativos. Dentre as possibilidades disponíveis, temos ainda os modelos de regressão, que têm representação na equação 9.7, e que parece ser uma alternativa que se aproxima muito bem da ideia dos modelos formativos, inclusive com o erro associado (observe a semelhança de 9.6 com as equações de η_1 e η_2 de 9.5).

$$y = \beta_1.x_1 + \beta_2.x_2 + ... + \beta_n.x_n + \varepsilon = \sum_{i=1}^{n} \beta_1.x_1 + \varepsilon \quad (9.7)$$

Por esta razão, os modelos de regressão são adotados como as referências centrais para estimação de modelos de construtos formativos. Temos então solucionado o problema da estimação (como no caso dos construtos refletivos, que são estimados em modelos fatoriais), mas temos uma dificuldade, pois na estimação dos modelos de regressão precisamos sempre de uma medida 'verificada' da variável dependente. Nosso problema passa então a ser como definir esta variável verificada.

Temos aí um dos maiores problemas para utilização de construtos formativos, e que é ainda a base de controvérsias a seu respeito, uma vez que, para a variável do construto, não temos uma alternativa única nem isenta de questionamentos. Dentre as alternativas de verificação, temos, segundo entendem Diamantopoulos e Winklehofer, quatro opções principais que podem solucionar consistentemente este problema[3]. Exponho a seguir estas opções.

- **Alternativa de estimação 1 – variável geral**

Primeiro, é possível estimar o modelo seguindo o método regressivo convencional, o que carece do lançamento de uma medida geral do construto que servirá de variável dependente (ilustrado pelo y no modelo da equação 9.7). O modelo seria estimado como na figura 9.3.

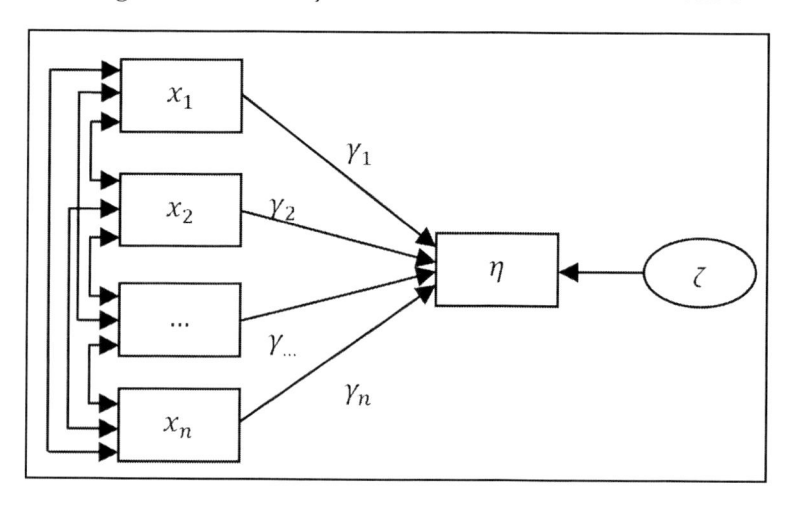

Figura 9.3 – Estimação do construto formativo – método 1

Procedimento: estimar os γ_1 no modelo de regressão: +, $\eta = \sum_{i=1}^{n} \gamma_1 \cdot x_1 + \zeta$ com η observável

- **Alternativa de estimação 2 – variáveis refletivas**

Em uma segunda opção, seria possível lançar mão de indicadores refletivos para um mesmo construto (pelo menos dois), o que viabilizaria uma estimação em dois momentos: primeiramente, os indicadores refletivos permitem a estimação do construto (de preferência por um método estatístico, como o

---

3 DIAMANTOPOULOS, A.; WINKLHOFER, H. M. Index construction with formative indicators: an alternative to scale development. Journal of Marketing Research, v. 38 p. 269–277, may, 2001.

de máxima verossimilhança), e em seguida a medida (estimada) do construto viabiliza a estimação dos coeficientes dos indicadores formativos.

A figura 9.4 ilustra este modelo para o construto η, formado a partir dos itens x_1 a x_n, e que é reflexivo em relação às duas variáveis (y_1 e y_2; não há limite de variáveis aqui, e o uso de duas foi por facilidade de apresentação). Os procedimentos de estimação em duas etapas estão simbolizados logo abaixo da figura.

Figura 9.4 – Estimação do construto formativo – método 2

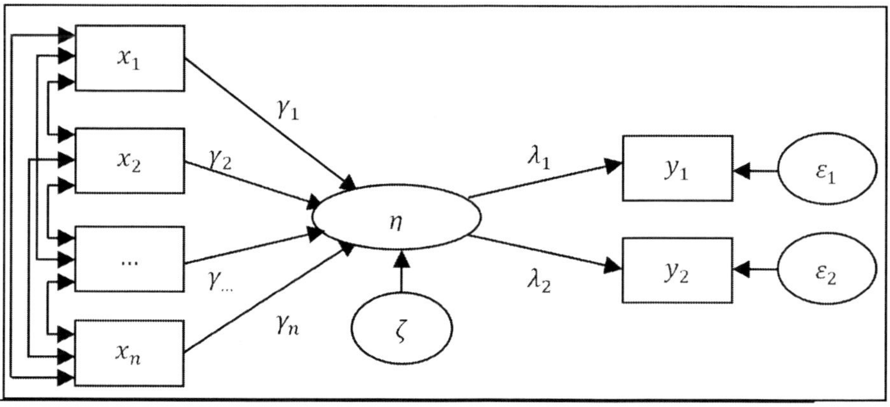

Etapa 1: Estimar η resolvendo (por um método fatorial) o sistema oriundo de $y_i = \lambda_i.\eta + \varepsilon_i$, i=1,2

Etapa 2: Estimar γ_1 no modelo de regressão $\eta = \left(\sum_{i=1}^{n} \gamma_1.x_i \right) + \zeta$

- Alternativa de estimação 3 – rede nomológica com construtos reflexivos

Uma terceira opção consiste em operacionalizar o construto formativo em uma rede de relações com pelo menos um construto que seja do tipo reflexivo (e, portanto, estimável por métodos fatoriais). O processo consiste, então, em ter o construto formativo como preditor (com uma relação teoricamente justificada) de um construto que seja reflexivo. A partir da estimação deste construto (o reflexivo), é possível então estimar, primeiro, a medida do construto, e, em seguida, os coeficientes das variáveis deste.

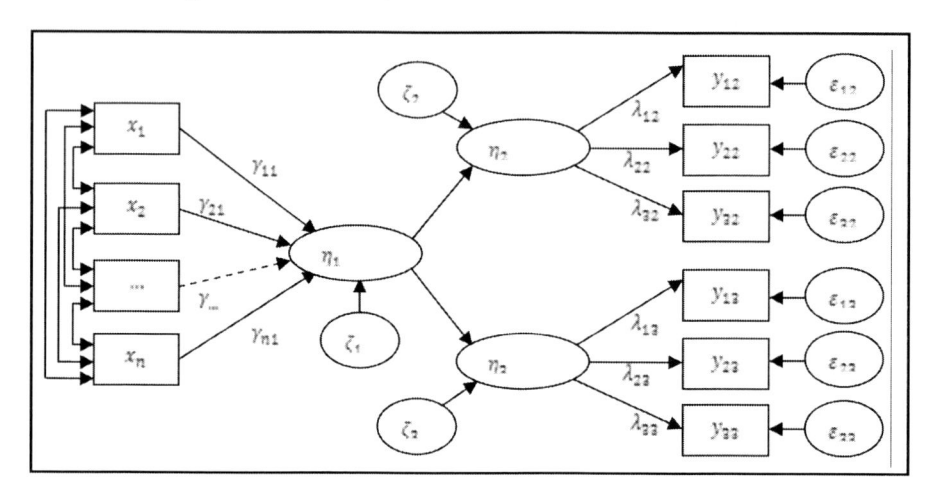

Figura 9.5 – Estimação do construto formativo – método 3

[Figura: diagrama de caminho mostrando $x_1, x_2, ..., x_n$ com coeficientes $\gamma_{11}, \gamma_{21}, ..., \gamma_{n1}$ apontando para η_1; η_1 conecta-se a η_2 e η_3 (com ζ_1, ζ_2); η_2 indica y_{12}, y_{22}, y_{32} via $\lambda_{12}, \lambda_{22}, \lambda_{32}$ (com erros $\varepsilon_{12}, \varepsilon_{22}, \varepsilon_{32}$); η_3 indica y_{13}, y_{23}, y_{33} via $\lambda_{13}, \lambda_{23}, \lambda_{33}$ (com erros $\varepsilon_{13}, \varepsilon_{23}, \varepsilon_{33}$).]

Etapa 1: Estimar η_2 e η_3, resolvendo (por um método fatorial) o sistema oriundo de $\gamma_{ij} = \lambda_{ij}.\eta_j + \varepsilon_{ij}$, i=1, 2, 3; j=2, 3 (por exemplo, $\gamma_{12} = \lambda_{12}.\eta_2 + \varepsilon_{12}$).
Etapa 2: Estimar η_1 a partir de η_2 e de η_3 por um procedimeto fatorial.
Etapa 3: Estimar γ_1 no modelo de regressão $\eta_1 = \left(\sum_{i=1}^{n} \gamma_{i1}.x_1\right) + \zeta_1$

Na figura 9.5 temos a ilustração de uma alternativa de estimação do construto η_1, formato a partir dos itens x_1 a x_n, a partir de dois construtos reflectivos e η_2, cada um com três variáveis em y. Os procedimentos de estimação em três etapas estão simbolizados logo abaixo da figura.

- Alternativa de estimação 4 – construtos refletivos e variáveis refletivas

Por fim, uma quarta alternativa consiste em um misto das últimas duas, e está baseada no uso de um construto refletivo como previsto pelo construto formativo, em conjunto com uma variável refletiva em relação a este construto (o formativo). O modelo estimado por esta quarta alternativa é desenvolvido em três etapas, semelhante à verificação da alternativa 3.

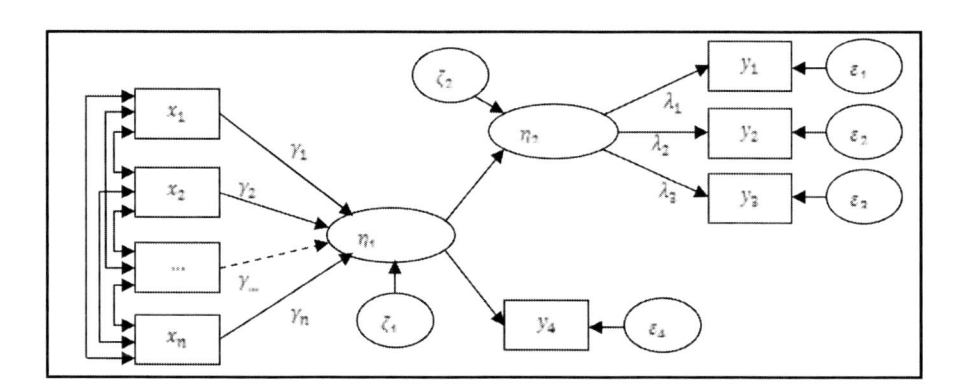

Figura 9.6 – Estimação do construto formativo – método 4

Etapa 1: Estimar η_2 resolvendo (por um método fatorial) o sistema oriundo de $y_i = \lambda_i.\eta_2 + \varepsilon_i$, i=1, 2, 3.
Etapa 2: Estimar η_1 a partir de η_2 e de y_4 por um procedimento fatorial.
Etapa 3: Estimar γ_1 no modelo de regressão $\eta_1 = \left(\sum_{i=1}^{n} \gamma_1.x_1 \right) + \zeta_1$

Na figura 9.6 temos a ilustração de uma alternativa de estimação do construto η_1, formato a partir dos itens x_1 a x_n, a partir de um construto reflexivo η_2, com três variáveis em y, e de uma variável reflexiva em relação a η_1. Os procedimentos de estimação em três etapas estão simbolizados logo abaixo do gráfico.

9.4. Desenvolvimento de escalas com construtos formativos

Uma questão natural que se coloca em relação aos construtos formativos, especialmente depois do conteúdo desenvolvido nos capítulos anteriores e neste, concerne a como devem ser desenvolvidas escalas para este tipo especial de construto. Tendo em vista que a teorização que viabilizou todos os procedimentos aplicados aos cosntrutos reflexivos está baseada na 'teoria clássica da medida' e no 'modelo da amostra de domínio', que direcionam uma operacionalização baseada fundamentalmente nos procedimentos de análise fatorial e de extração de medidas de consistência interna, é fácil perceber que os procedimentos clássicos não contemplam adequadamente as características de construtos mensurados segundo um modelo formativo.

De fato, é fácil perceber nos capítulos 6 a 8 que procedimentos que indicam adequação de itens para medir construtos são definidos a partir de testes que pressupõem a correlação entre os itens. Por exemplo, a consistência interna mensurada a partir do coeficiente *alpha* de Cronbach é condicionada principalmente pela correlação entre os pares, de modo que correlações elevadas implicarão sempre em *alpha*s elevados. Mas vimos no item 9.1 que a correlação não é um fator necessariamente presente na aferição de construtos formativos, ou seja, é possível haver itens com correlação nula ou muito baixa. Nestes termos, é muito fácil encontrarmos itens de construtos formativos que apresentem um valor de *alpha* baixo, o que não pode ser indicativo de falta de confiabilidade.

Vimos também que alguns indicadores de validade de construto (convergente e discriminante), assim como o ajustamento de itens, são verificados por modelos de análise fatorial (exploratória ou confirmatória), técnica que também pressupõe correlação entre os indicadores. Nestes termos, é possível que estes procedimentos, se aplicados a um conjunto de itens para medir construtos formativos, apontem falta de validade na escala.

Este problema conduziu alguns pesquisadores a proporem um caminho específico para os construtos formativos, sendo mais comuns a proposta de Diamantopoulos e Winklehofer (citados anteriormente) e a proposta do modelo C-OAR-SE. Limito-me aqui à proposta dos primeiros autores, que apontam quatro passos fundamentais, descritos a seguir[4]:

- **Passo 1 – Especificação do conteúdo**

O primeiro passo da escala consiste em especificar o construto, a partir de sua definição e do delineamento de seu escopo. Não há maiores diferenças em termos de esforço de conceituação comparativamente aos construtos refletivos, sendo necessário que se busque uma conceituação teoricamente justificada, que se verifique a necessidade da escala, e que se estipule a *priori* uma dimensionalidade (se possível).

---

4 *Em verdade, Diamantopoulos e Winklehofer não propõem estes tópicos como passos, mas sim como tópicos considerados relevantes no desenvolvimento de uma escala para construtos formativos. A semelhança com os procedimentos de um passo a passo é que me fizeram apresentar estes tópicos aqui desta maneira. Também por esta razão, faço na exposição um resgate dos procedimentos de nossa proposta de construção de uma escala (mostrados nos capítulos 6 a 8 deste texto)*

- Passo 2 – Especificação dos indicadores

Este procedimento é semelhante ao procedimento do passo 2 de nosso modelo, e consiste em gerar um conjunto de indicadores para ser testado posteriormente na mensuração do construto. Assim como no caso anterior, esta etapa segue a mesma lógica de prospecção de itens para construtos reflexivos, ou seja, devem-se analisar as diversas facetas do construto, sua dimensionalidade, a ordem de relacionamento, e as validades de conteúdo e face. O pressuposto é de que o construto é formativo, e isto implica um cuidado especial em gerar indicadores que sejam, efetivamente, formadores do construto, e não reflexivos em relação a este.

Diamantopoulos e Winklehofer não detalham os procedimentos, mas estes equivalem aos passos 3 (decisões sobre respostas), 4 (construção do instrumento de pesquisa) e 5 (primeira amostragem) de nosso escala. Na exposição dos autores, fica pressuposto que este processo deve ocorrer, para que os itens sejam testados empiricamente em sua qualidade como indicadores do construto.

- Passo 3 – Análise de multicolinearidade

Considerando que a estimação de construtos formativos ocorrerá por meio de um modelo de regressão, Diamantopoulos e Winklehofer recomendam um cuidado especial em relação à multicolinearidade dos indicadores do construto (ou seja, na verificação de o quanto as variáveis independentes do modelo podem ser escritas com combinações lineares das demais).

Em verdade, a multicolinearidade perfeita é algo muito raro em modelos de pesquisa empírica. No entanto, em casos nos quais as correlações são muito elevadas, a colinearidade é atestada por aproximação, ou seja, quando no conjunto, algum dos itens puder ser escrito aproximadamente como uma combinação linear dos demais, então entendemos haver multicolinearidade.

O problema da multicolinearidade é que, em modelos de regressão, os coeficientes das variáveis independentes (em nosso caso, os pesos γ_1 associados às variáveis) depreciam-se e perdem a significância estatística, tornando-se estatisticamente nulos, e, portanto, sem capacidade de explicação (em nosso caso, formação) da variável explicada (em nosso caso, o construto latenteformativo)[5].

---

5 O problema da (multi)colinearidade é bem conhecido da teoria estatística da regressão e da econometria. Aos interessados em uma análise mais ampla sobre o assunto, recomendo ver: GUJARATI, D. Econometria básica. 4. ed. Rio de Janeiro: Elsevier, 2006.

Em caso de ocorrência desta situação, ou seja, em que for atestada colinearidade entre os indicadores do construto, haverá em decorrência, a depreciação estatística dos coeficientes γ_1, o que implica a possibilidade de exclusão das variáveis associadas. Este é, portanto, um procedimento sinalizador da possibilidade de exclusão de itens da escala, e por consequência, corresponde aos passos 6 a 8 de nosso modelo (mas lembrem-se de que nossos procedimentos para construtos refletivos são baseados principalmente em procedimentos baseados em correlação, como análise fatorial e verificação do *alpha* de Cronbach).

- **Passo 4 – Análise de validade**

Este passo corresponde ao passo 9 de nossa proposta de construção de uma escala. Mas, se para os construtos refletivos temos diversos métodos quantitativos disponíveis, para os construtos formativos a maioria destes modelos não se aplica (novamente, porque parte dos métodos de modelos refletivos está baseada em correlação, o que não é o caso de construtos formativos).

Há inclusive propostas, como a do modelo C-OAR-SE, de que métodos de análise de validade de construtos formativos devem ser somente qualitativos, no caso, a validade de translação. Ainda assim, são propostas algumas alternativas além da validade de translação que mantêm um enfoque quantitativo. Diamantopoulos, Riefler e Roth propõem uma análise de validade estatística em dois níveis: o nível de indicador e o nível de construto[6].

No *nível de indicador*, a proposição é de que um item γ_1 qualquer é válido, inicialmente, se este não for estatisticamente nulo quando for estimado. Naturalmente, esta avaliação ocorrerá depois da estimação do modelo, e, nos casos em que os indicadores não se mostrarem válidos, serão excluídos da escala.

Alternativamente, é possível considerar uma medida externa (de outro construto que, por hipótese, tem relação com os indicadores do modelo mensurado), e em seguida testar a correlação de cada indicador com esta medida. Nos casos em que não houver qualquer correlação, entende-se como indício de que o indicador não tem validade (observe que esta alternativa é, na realidade, a validade de critério simultâneo, em nível de indicador).

No *nível de construto*, há algumas opções que são paralelas com as opções de construtos refletivos. Vejamos:

---

[6] *Para maiores informações e referências sobre estes aspectos, recomendo a leitura da seguinte referência: DIAMANTOPOULOS, A.; RIEFLER, P.; ROTH, K. P. Advancing formative measurement models. Journal of Business Research, v. 61, p. 1203-1218, 2008.*

- Validade nomológica: trata-se de verificar hipóteses de relacionamento entre o construto mensurado e outros construtos com os quais o primeiro deve (por uma justificativa teórica) ter relacionamento em redes nomológicas (CRONBACH; MEEHL, 1955). Estas redes são modelos que demandam a técnica de modelagem de equações estruturais para o teste das hipóteses desenvolvidas. Assim como no caso dos construtos refletivos, a validade nomológica é bastante problemática e pouco verificada;
- Validade de construto: as alternativas de validade convergente e discriminante são mais delicadas, mas são possíveis para construtos formativos. Assim, desde que haja mais de uma dimensão, é perfeitamente possível extrair as correlações entre estas e verificar se são ou não conforme esperado, e avaliar a validade discriminante. Já para a validade convergente, esta é perfeitamente possível pela correlação entre o construto mensurado e outra medida qualquer deste (naturalmente, não é verificada a validade convergente no modelo da segunda definição que mostramos, de validade como a convergência dos indicadores do construto);
- Validade de critério: esta alternativa é perfeitamente verificável, sendo necessário apenas que seja inserida na etapa de coleta de dados uma medida de um construto que deve ter relação de previsão com o construto sob análise.

Um último aspecto do desenvolvimento de escalas para construtos formativos concerne à questão da confiabilidade. Como vimos, procedimentos segundo métodos de verificação de consistência interna são totalmente descartados. No entanto, há opções de verificação que são válidas, em especial os procedimentos do tipo teste-reteste (ver capítulo 3, sobre detalhes de cada opção de confiabilidade).

Por fim, embora os passos citados anteriormente não deixem claro, mas no processo de finalização da escala de um construto formativo é fundamental que sejam desenvolvidas as especificações e normas de uso e interpretação de resultados, inclusive as ponderações para composição de medidas gerais do construto, conforme prescreve o passo 10 de nosso modelo. Na figura 9.7 apresento os passos apresentados.

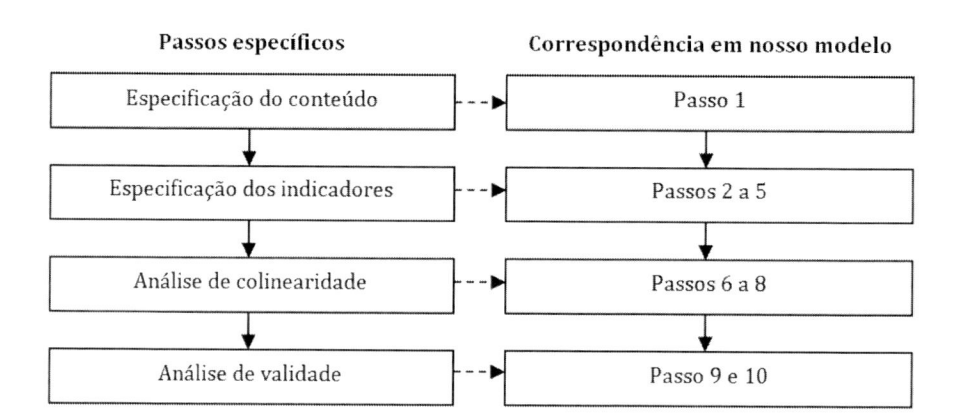

Figura 9.7 – Passos para desenvolver escalas de construtos formativos

Passos específicos	Correspondência em nosso modelo
Especificação do conteúdo	Passo 1
Especificação dos indicadores	Passos 2 a 5
Análise de colinearidade	Passos 6 a 8
Análise de validade	Passo 9 e 10

9.5. Críticas à proposta de operacionalização

O conteúdo exposto nos itens anteriores é uma síntese do que já foi definido pelos pesquisadores na área de mensuração sobre esta modalidade específica de construto, mas é necessário advertir que os modelos para consolidação de escalas para estes construtos não estão suficientemente bem definidos.

É fácil observar que há ainda indefinições diversas, em especial nas alternativas de estimação dos modelos formativos. De fato, todas as verificações possíveis são sempre frágeis, e facilmente contestáveis, como veremos neste item. A questão central que se coloca diz respeito à essencialidade destes construtos nos procedimentos de mensuração em pesquisas e aplicações gerenciais, e por consequência da necessidade de substituir os modelos convencionais e construtos reflexivos por estes modelos.

Pelos avanços das proposições e testes desenvolvidos na década de 2000, tivemos nas análises de James Wilcox, Roy Hoell e Einar Breivik uma avaliação bastante consistente das limitações existentes[7]. Apresento aqui estas limi-

---

7 Cf. WILCOX, J. B.; HOWELL, R. D.; BREIVIK, E. Questions about formative measurement. Journal of Business Research, v. 61, p. 1219-1228, 2008. Ver também: HOWELL, R. D.; BREIVIK, E.; WILCOX, J. B. Reconsidering formative measurement. Psychological Methods, v. 12, n. 2, p. 205–218, 2007; BAGOZZI, R. P. On the meaning of formative measurement and how it differs from reflective measurement: comment on Howell, Breivik, and Wilcox (2007). Psychological Methods, v. 12, n. 2, p. 229–237, 2007.

tações, e as alternativas que temos, e no item seguinte, fortaleço o debate com uma exposição sobre os riscos de modelos mal especificados.

Os autores levantam uma série de questões interessantes sobre estes construtos, a primeira delas sobre a sua natureza, questionando se um construto é, ou não, inerentemente formativo ou reflexivo. Pelas discussões que se desenvolvem, é possível crer que um mesmo construto pode ser operacionalizado como formativo ou como reflexivo, e a decisão fica a critério do envolvido.

Por exemplo, os índices de classe econômica são mensurados, normalmente, como formativos, ou seja, os indicadores (renda mensal, grau de instrução...) formam a classificação econômica, e não o contrário. No entanto, é perfeitamente cabível levantar um conjunto de itens que sejam claramente decorrentes da classificação econômica, como por exemplo, pedir para o sujeito marcar em uma escala de pontos o quanto ele se posiciona na escala econômica; adicionalmente, é possível perguntar ao sujeito o quanto ele frequenta restaurantes de classes A e B. Veja bem: o sujeito vai marcar com indicações de o quanto ele é ou não membro de uma dada classe, o que é *consequência* de sua posição. Em vista deste fato, devemos operacionalizar estas últimas variáveis como reflexivas em relação ao construto.

Não é difícil compreender a implicação desta conclusão: se temos uma teorização consistente para a modalidade reflexiva, é óbvio que esta será *a opção preferencial no momento da escolha da forma de mensuração e desenvolvimento da escala,* ou seja, os pesquisadores preferirão sempre a alternativa de mensuração de construtos como reflexivos.

Uma segunda questão proposta pelos autores concerne à identificação da relação entre o indicador e o construto a partir somente de seu enunciado. De fato, embora possa parecer fácil, esta não é uma questão tão imediata assim quando estamos desenvolvendo a escala. Por exemplo, queremos medir o 'poder de negociação' de um fornecedor de produtos. Assim, quando analisamos quão baixos são os preços praticados por este fornecedor (digamos em uma escala de 'muito baixos' a 'muito altos'), e identificamos um preço abaixo da média de mercado, isto é a razão de um grande poder, ou é consequência de um grande poder do fornecedor? É possível justificar o preço baixo pelas duas razões, ou seja, o item pode ser de uma verificação reflexiva (a resposta é consequência do grande poder), ou formativa (a resposta é o que faz o grande poder).

Os autores também questionam o entendimento sobre a correlação, mostrando que um construto pode, eventualmente, ser formativo e apresentar correlações elevadas, sendo estas correlações oriundas de fatores diversos. Por exemplo, é possível que todos os indicadores dos índices de preços variem conjuntamente durante um determinado período, o que pode fazer com que as correlações entre os itens sejam elevadas, e até multicolineares (por um dado período). Sendo assim, a decisão de formar uma escala e excluir um item por apresentar multicolinaridade pode ser errada, dado o aspecto temporal da verificação. Por consequência, isto pode confundir a expectativa de que as correlações entre indicadores de construtos formativos devem ser baixas.

Provavelmente, o principal questionamento a respeito dos construtos formativos diz respeito aos métodos de estimação definidos. Conforme pôde ser observado no item 9.3, existem quatro formas de operacionalização. Agora vejamos por uma nova perspectiva: se estamos medindo o construto pela primeira opção, e definimos uma medida geral do construto, então qual a razão de usar uma medição por múltiplos itens se estes forem preditores consistentes da medida geral? Caso a medida geral seja bem explicada, então não há necessidade de outras medidas adicionais!

O mesmo ocorre com as alternativas 2 e 4, em que são associadas medidas refletivas. Ora, se um construto for medido também por indicadores refletivos, para os quais já existe uma ampla gama de métodos consistentemente desenvolvidos e testados, então não há motivos para usar indicadores formativos (que, ao final, não possuem uma teorização bem consolidada).

Especificamente na terceira alternativa, temos um problema mais sério. Lá, como observado, teremos os pesos das variáveis estimados a partir da estimação geral da rede nomológica envolvendo o construto formativo e outros construtos do tipo refletivo. Mas é esperado que, para cada conjunto de construtos refletivos, as relações com o construto formativo sejam variadas, o que implica, portanto, que um mesmo construto pode ter pesos das variáveis diferentes, a depender da rede que está sendo testada. Isto enfraquece o sentido da estimação, que passa a depender de quais construtos refletivos sejam inseridos na rede de relações.

No pensamento de Wilcox, Hoell e Breivik, não haveria, portanto, qualquer razão para o uso de medidas formativas em pesquisas, salvo, é claro, se os pesquisadores quiserem, por suas decisões e riscos, se envolver em uma modalidade de mensuração mais incerta. Pelo menos até o desenvolvimento deste texto, a teorização não havia avançado muito para contestar os argumentos destes autores.

Mas é bom que fique bem claro que estas observações são apropriadas para tentativas de utilização de modelos formativos para os construtos de ciências sociais e comportamentais, que, historicamente, desenvolveram uma teorização mais adequada para construtos refletivos, que foram sempre coerentes com a teoria clássica da medida, com o modelo da amostra de domínio, e com a verificação da consistência interna dos itens como medida de confiabilidade. Para outras áreas com procedimentos de verificação próprios e bem fundamentados, como é o caso da Economia, que trabalha com frequência no desenvolvimento de índices econômicos no modelo formativo, as críticas aqui observadas não se aplicam.

Vale a pena reforçar uma conclusão: construtos podem ser medidos com indicadores formativos. O que fica mais evidente na crítica é que este não é, necessariamente, um substituto definitivo para os modelos reflexivos, e, provavelmente, que as alternativas de verificação não são tão boas como parecem.

No entanto, se aceitarmos entendimento de Jonh Rossiter de que os construtos formativos devem ser desenvolvidos e validados com base em procedimentos qualitativos (em especial de validade de conteúdo e face), então não temos por que deixar de usar estes construtos em pesquisas gerenciais ou acadêmicas. Provavelmente, o que precisaremos é desenvolver um procedimento de verificação desta validade (de translação) consistente e universal, mas isto ainda não foi um dos desafios abordados na literatura (pelo menos até o desenvolvimento deste texto).

9.6. Problemas decorrentes da má especificação

Pelo exposto neste livro, desde o primeiro capítulos até aqui, não surpreende saber que há uma larga preferência pelo uso de uma operacionalização de escalas por procedimentos de construtos reflexivos. Até aqui não há qualquer problema, afinal, como mostrado no item anterior, se é possível operacionalizar um construto por um método que encontra maiores justificativas e fundamentos de métodos, então por que arriscar em outras possibilidades?

O problema é que isto não é necessariamente correto quando identificamos que pode estar havendo alguns equívocos de especificação. De fato, é isto que diversos estudos têm identificado, inclusive em algumas das principais publicações internacionais de diversas áreas. A forma mais comum consiste na especificação de construtos formativos como se fossem reflexivos, e em seguida são desenvolvidas todas as operacionalizações convencionais (análise fatorial, extração do *alpha*...).

Uma pesquisa que avaliou este problema foi desenvolvida por Jarvis, Mackenzie e Podsakoff[8], que analisaram pesquisas de quatro dos principais periódicos internacionais da área de marketing, e verificaram que aproximadamente um terço dos estudos que envolviam a operacionalização de construtos de múltiplos itens apresentaram problemas de especificação. Para qualquer avaliação possível, este será sempre um número muito alto.

Em uma replicação deste mesmo estudo na área de liderança, dois dos autores (mais outros dois)[9] identificaram um problema maior, verificando problemas de especificação em praticamente 50% dos estudos publicados; e um dos mesmos autores, em um trabalho com mais dois pesquisadores[10], identificou que na área de estratégia empresarial o problema é mais sério ainda: cerca de dois terços dos estudos envolvendo construtos estão mal especificados. Veja bem: se em marketing o problema parecia ser bastante grande, quando observamos outras áreas a situação é mais complicada ainda.

O maior risco envolvido em uma conclusão destas é de que grande parte da pesquisa publicada (é bom lembrar, somente artigos que operacionalizam seus construtos com múltiplos itens foram analisados, e não todos os artigos publicados na revistas) tenha suas conclusões equivocadas. As consequências são as esperadas: os estudos, e grande parte daqueles que os tomaram por base, podem estar desenvolvendo teorias e tirando conclusões que não são, em verdade, consistentes, dada a operacionalização incorreta!

A questão que se coloca é a seguinte: isto é realmente um problema? Ou seja, operacionalizar um construto como reflexivo quando este deveria ter sito operacionalizado como formativo (ou o contrário) é de fato um fator que pode, por exemplo, conduzir a uma conclusão errada? Esta questão conduziu a uma série de outros estudos de testes de alterações na operacionalização.

Um exemplo interessante foi o desenvolvido na pesquisa de Joel Collier

---

8 JARVIS, C. B.; MACKENZIE S. B.; PODSAKOFF, P. M. *A critical review of construct indicators and measurement model misspecification in marketing and consumer research.* Journal of Consumer Research, v. 30, n. 2, p. 199–218, 2003;
9 PODSAKOFF, P. M.; MACKENZIE, S. B.; PODSAKOFF, N. P.; LEE, J. Y. *The mismeasure of man(agement) and its implications for leadership research.* The Leadership Quarterly, v. 14, p. 615–656, 2003.
10 PODSAKOFF, N. P.; SHEN, W.; PODSAKOFF, P.M. *The role of formative measurement models in strategic management research: review, critique, and implications for future research.* In KETCHEN, D. J.; BERGH, D. D. (eds.). Research methodology in strategy and management (v. 3,). Oxford, UK: Elsevier, 2006, p. 197-252.

e Carol Bienstock[11], no qual foram analisadas algumas relações envolvendo dimensões do construto qualidade de serviços no contexto de internet, em três momentos centrais: qualidade do processo, saída e recuperação de serviços. Os autores selecionaram indicadores que acreditaram ser de relação formativa com suas dimensões (construtos), e testaram uma vez como formativos e outra vez como reflexivos. Como resultados, encontraram intensas variações de importância das dimensões.

Por exemplo, para qualidade do processo, as dimensões de design e usabilidade do site mostraram-se como os mais relevantes em sua operacionalização como formativos ao passo que, na operacionalização dos mesmos indicadores refletivamente, as dimensões mais relevantes passaram a ser a funcionalidade e a informação (as dimensões anteriores foram as menos relevantes).

A sinalização é bem clara: a alternativa de operacionalização adotada pode efetivamente comprometer os resultados, de modo que as conclusões são dependentes da opção usada. Isto indica algo mais: qualquer medição baseada em construtos que deveriam ser operacionalizados como formativos, se medidos por procedimentos reflexivos tais como análise fatorial e pelo *alpha* de Cronbach, provavelmente gerarão resultados equivocados.

O estudo de Diamantopoulos, Riefler e Roth[12] também abordou esta questão, mostrando diversos exemplos de trabalhos publicados com operacionalização de construtos das duas formas, observando que sempre há variações de resultados, como situações em que uma relação entre dois construtos é significativa em sua operacionalização como construto reflexivo, mas perde a significância quando a operacionalização é feita como construto formativo. Em geral, os autores identificaram evidências de que mudanças de operacionalização não têm um efeito certo, de modo que em alguns momentos há superestimação de efeitos, e em outros momentos há subestimação.

Nestes termos, não resta opção aos pesquisadores senão fortalecer os cuidados nos primeiros momentos da construção da escala, em especial quando são prospectados os indicadores. Alguns cuidados que podem servir de suporte são os seguintes:
- Primeiro, devemos verificar se há referências na literatura especializa-

---

11 COLLIER, J. E.; BIENSTOCK, C. C. Model misspecification: contrasting formative and reflective indicators for a model of e-service quality. *Journal of Marketing Theory and Practice*, v. 17, n. 3, p. 283-293, sum. 2009.
12 DIAMANTOPOULOS, A.; RIEFLER, P.; ROTH, K. P. Advancing formative measurement models. *Journal of Business Research*, v. 61, p. 1203-1218, 2008.

da de outras escalas do construto. Caso haja, é necessário compreender como foi feita a operacionalização e verificar, inclusive, se não houve algum equívoco em potencial;
- Segundo, é fortemente recomendado que outras pessoas emitam suas opiniões sobre a natureza do construto e dos itens. Como vimos anteriormente, em algumas situações não há muita segurança em determinar se um item tem relação formativa ou refletiva com o construto;
- Terceiro, deve-se tentar ao máximo liquidar todas as dúvidas na etapa qualitativa da construção da escala, ou seja, ainda na fase de validade de tradução. Não é recomendado que sigam indefinições para as etapas de amostragem e limpeza de dados, uma vez que esta etapa é mais cara e pode resultar na perda de todo o esforço anterior (em caso de não se alcançar validade dos itens e do construto);
- Quarto, quando houver dados empíricos coletados, deve-se seguir os passos recomendados, para usar um passo a passo de verificação já consolidado e testado.

Quando finalizo este capítulo, as proposições ainda estavam em pleno processo de debate em nível internacional. Nestes termos, muitas considerações aqui apresentadas provavelmente serão revistas e aperfeiçoadas no futuro. A recomendação principal para os interessados é, portanto, manterem-se atualizados sobre estes desenvolvimentos sempre que forem publicados novos estudos, em especial dos autores aqui citados, que vêm liderando este debate.

CAPÍTULO 10
Tópicos adicionais

Finalizo o livro com este capítulo, que traz alguns temas relevantes que não puderam ser apresentados ao longo dos nove primeiros capítulos, mas que poderão ser relevantes para potenciais interessados em expandir e aprofundar os conhecimentos sobre teoria da mensuração. As possibilidades de exposição seriam muitas, e, dado o propósito de ser sintético, e para não desviar do fio condutor que guiou os capítulos precedentes, selecionei três pontos que considero mais conveniente comentar, ainda que rapidamente. Assim, primeiramente comento alguns tópicos elementares a respeito da Teoria da resposta ao item, e em seguida apresento algumas considerações sobre a mensuração com o uso de cenários, e depois sobre ética da mensuração e do desenvolvimento de escalas.

10.1. Teoria da resposta ao item

Embora a chamada Teoria da resposta ao item (TRI) (do inglês Item *Response theory* - IRT) seja de uso limitado no processo de construção de escalas para Administração, pelo menos até quando escrevo este texto, considerei necessário apontar aqui alguns comentários sobre o assunto. Em verdade, a TRI vem sendo apontada como a teorização mais consistente e de maior potencial de bons resultados em termos de mensuração, porém seu uso mais extensivo tem sido na mensuração em educação, no contexto disciplinar da avaliação.

Assim, tenho por propósito aqui comentar de forma superficial alguns aspectos característicos da TRI, em razão, inicialmente, da pouca utilização da teoria no desenvolvimento de escalas para Administração, e também do fato de a teoria estatística da TRI estar muito além dos propósitos e do escopo definido para este livro. Decidi por comentar a teoria considerando ordenadamente a contextualização do uso; os fundamentos quantitativos; e aspectos sobre sua aplicação.

10.1.1. Contextualização do uso

Na mensuração em educação, a TRI tem sido aplicada quase sempre como uma evolução que melhor consolida a tentativa de medição de desempenho em provas, em especial aquelas de larga aplicação (como o Exame Nacional do Ensino Médio (ENEM), por exemplo), de modo mais enfático na comparação com os princípios e procedimentos associados à teoria clássica da mensuração.

Conforme observamos ao longo deste livro, a teoria clássica é ainda a base de desenvolvimento de escalas para uso em pesquisas e aplicações no campo da ciências sociais, e, como observado, algumas características lhe são peculiares, como, por exemplo, o uso de múltiplos itens na aferição de um construto, e a verificação da confiabilidade deste conjunto por meio de avaliação da consistência interna. Mesmo que os resultados de tais procedimentos sejam bastante consistentes, grande parte dos avanços que tem sido feitos na teoria da mensuração são para superar as limitações que surgem destes pressupostos, e de modo especial do instrumental convencionalmente usado, como o *Alpha* de Cronbrach, ou os procedimentos de análise fatorial (enfatizei esta realidade em vários momentos do livro, e ilustrei um avanço mais consistente no capítulo 9, na teoria dos construtos formativos).

Observemos bem a variação de princípio: se na teoria clássica usamos o argumento de que um conjunto de itens é a forma mais adequada de mensuração de um construto (pelo argumento de que são itens extraídos de uma amostra de domínio de todos os itens possíveis, e pelo entendimento de que o valor verdadeiro pode ser inferido a partir de uma composição do conjunto de itens, pelo cálculo do valor esperado), quando fazemos isto deixamos de verificar, ou pelo menos perdemos o referencial específico, do conteúdo de cada item em si. Se isto não for algo de fato relevante na mensuração de construtos de administração, como percepção de valor em um determinado serviço, por exemplo, quando estamos trabalhando com a medição do desempenho cognitivo de um sujeito em uma prova de estatística, por exemplo, a resposta a cada uma das questões do exame tem um significado em si, que é, ou pode ser, independente dos demais itens.

Por exemplo, quando os professores elaboram uma prova de 10 questões, em que as cinco primeiras são entendidas como fáceis e as cinco últimas são difíceis, como podemos comparar o desempenho de um estudante que acertou somente as cinco fáceis, e a de outro que acertou somente as difíceis?

Em uma avaliação convencional, é provável que os professores atribuíssem a mesma nota (pois ambos acertaram 50% da prova), porém é possível que os professores ponderem de forma distinta as questões, dando mais pontos para as questões mais difíceis.

Este último procedimento é normalmente usado, mas como é possível ponderar de forma consistente e justa? Em princípio, é esperado que seja feita uma avaliação bastante consistente do item em si, e de algumas características que este possui, como sua dificuldade e ainda a possibilidade de haver um acerto aleatório.

No entanto, procedimentos de atribuição de peso costumam ser realizados de forma qualitativa e arbitrária, a partir de uma ponderação que parte do entendimento de um agente de construção do teste. De fato, não é comum observar o peso de uma questão de um teste ponderado fora dos limites convencionais de 1 ponto, 1,5 ponto, 2 pontos, ou seja, números bem ajustados e de fácil manipulação. Mesmo que acreditemos no valor destes procedimentos, é possível haver melhorias.

Ainda que seja possível uma aferição consistente, é óbvio que tal procedimento pode ser melhorado se não fizermos uma atribuição a *priori* e arbitrária. Este preocupação é o que conduziu a uma teorização sobre 'análise de itens'[1]. Em boa medida, é isto que fazemos nos procedimentos de validação, pela análise e exclusão de alguns itens de um conjunto reunido nos passos de construção de uma escala. A Teoria da resposta ao item traz, por outro lado, um instrumental diferente e mais consiste do ponto de vista conceitual e metodológico. A meta é superar limitações presentes nos procedimentos de verificação clássicos, que costumam levar em conta o escore bruto ou ponderado como a proxy da 'competência' ou da habilidade do respondente. A seguir, comento alguns aspectos acerca dos procedimentos técnicos da TRI.

10.1.2. Conteúdo estatístico

Segundo apontaram os pesquisadores Dalton Andrade, Heliton Tavares e Raquel Valle[2], três pesquisadores brasileiros que desenvolveram uma consis-

---

[1] *Para um referencial da esfera da testagem psicológica, recomendo ver URBINA, S. Essentials of psychological testing. New Jersey: John Wiley & Sons, Inc., 2004.*
[2] *ANDRADE, D. F.; TAVARES, H. R.; VALLE, R. C. Teoria da resposta ao item: conceitos e aplicações. 14º Simpósio Nacional de Probabilidade e Estatística – SINAPE. São Paulo: Associação Brasileira de Estatística, 2000.*

tente exposição sobre a TRI, temos nas teorizações desenvolvidas três fatores sempre presentes, que são: a natureza do item (se são dicotômicos ou não), o número de populações envolvidas (se é uma ou mais de uma), e quantidade de traços latentes envolvidos (se um ou mais de um). A partir destes delimitadores, foram desenvolvidos os vários modelos matemáticos existentes. Por exemplo, são desenvolvidos modelos matemáticos de análise para uma só população, na qual os itens são medidos de forma dicotômica, e para medir um traço latente. Os modelos matemáticos irão considerar então três possibilidades de parâmetros a serem inseridos, que são:

- O grau de dificuldade do item: esta é a característica mais fundamental da avaliação de um item, e em geral refere-se a quanto se exige de competência ou habilidade do respondente para dar uma resposta coerente para o item. A dificuldade do item pode ser estimada de várias formas, sendo uma das mais imediatas o percentual de acerto em um grupo de respondentes (quanto menos pessoas acertam um item, mais este item é considerado difícil);

Obviamente, e se estamos mais centrados em avaliação educacional, a dificuldade do item em si já é um aspecto próprio da caracterização da avaliação, pois a dificuldade do conjunto de itens é indicativa do grau de dificuldade do exame (e por consequência, da escala que está sendo aplicada).

O grau de dificuldade também pode ser observado em testagem psicológica, quando o teste envolve a verificação de determinadas habilidade (como o equilíbrio diante de uma situação estressante no trânsito, por exemplo). Para as escalas convencionalmente usadas em Administração este tópico não tem sido objeto de avaliação, salvo em algumas escalas da área de recursos humanos (como a verificação de habilidades em processos seletivos).

- A discriminação do item: é o segundo parâmetro mais utilizado, e se refere ao quanto o item diferencia os respondentes em termos de intensidade do traço (construto) sob análise. A estimação da discriminação pode ser feita por diferentes procedimentos, um dos quais a avaliação da diferença entre grupos que tiveram sucesso e insucesso na prova completa. Por exemplo, se o grupo dos melhores em um teste acertou 80% de um dos itens, e o grupo de menor desempenho acertou 40% deste mesmo item, então podemos definir neste item uma discriminação de 40% (ou 0,4);

A discriminação trata-se de uma tentativa de determinação de condições de classificação de respondentes a partir das competências demonstradas na resposta ao item. Obviamente, é um critério da maior relevância em escalas que visam diferenciar grupos ou respondentes de acordo com suas proficiências e habilidades. Fica claro, portanto, que se trata de um parâmetro relevante para a mensuração em educação e em alguns testes psicológicos.

- Probabilidade de acerto decorrente da marcação aleatória: consiste na indicação do grau em que um respondente pode 'acertar' um item quando faz a escolha da resposta de forma aleatória. É fácil observar este evento quanto temos um conjunto de questões de duas escolhas, nas quais temos 50% de chance de acerto 'chutando' uma resposta. É esperado que o nível do fator aleatório não seja tão grande, pois isto pode indicar uma fraqueza no teste, que não conseguirá aferir consistentemente o traço latente. Naturalmente, a análise de um item isolado mostra um nível de probabilidade de acerto aleatório elevado, mas quando tomamos um conjunto maior de itens, a probabilidade de sucesso por escolha aleatória decresce, para o teste completo (por exemplo, em 10 questões de um teste de questões dicotômicas, a probabilidade de acerto das 10 questões é de 1/210 ou 1/1024, que é menor que 0,01%).

Estes parâmetros são estimados para um determinado item a partir de procedimentos de amostragem em diferentes grupos (por exemplo, o Instituto Nacional de Estudos e Pesquisas Educacionais Anísio Teixeira (INEP), que realiza as grandes avaliações nacionais de educação, testa os itens de suas avaliações nacionais em amostras menores, antes de sua aplicação de fato). São aplicados então métodos matemáticos de funções não lineares logísticas, e que geram uma caracterização do item a partir do gráfico de sua função (reconhecida por 'curva característica do item'). A título de ilustração, vejamos então o modelo unidimensional de três parâmetros, que está ilustrado na fórmula abaixo:

$$P(U_{ij} = 1 | \theta) = c_1 + (1-c_1) \cdot \frac{1}{1+e^{-D.a_i.(\theta_j - b_i)}}, \text{ com i = 1,2,...}I, \text{ e 1,2,...}n, \text{ e onde}$$

U_{ij} – é uma variável dicotômica que assume valores 1 para o acerto de um indivíduo j que acerta corretamente o item i, e 0 caso em caso de erro;

θ_j – é o traço latente, que pode ser a habilidade, a proficiência ou, mais genericamente, a competência do sujeito ao responder ao item;

$P(U_{ij} = 1 | \theta_j)$ – representa probabilidade de o sujeito j acertar o item i, dada

sua competência θ_j (probabilidade condicional), sendo chamada de Função de resposta ao item;
a_1 – representa o parâmetro de discriminação do item i;
b_1 – representa o parâmetro de dificuldade do item i;
c_1 – representa a probabilidade de acerto aleatório pelo indivíduo, para o item i ;
D – é um fator constate do modelo, igual a 1,7;
e – é número de Neper, e tem valor aproximado de 2,78.

A suposição que fica clara pela análise exploratória da fórmula é de que a probabilidade de acerto ao item é não linear, e que depende do conjunto de parâmetros que entram na fórmula. Obviamente, os indivíduos que possuem maior competência terão maior probabilidade de acertar o item.

Na manipulação dos elementos da fórmula é possível então compreender as variações possíveis na utilização dos parâmetros e nos resultados da avaliação. Por exemplo, observe que se em um teste não for permitido o 'chute', o parâmetro c_1 se anula, e ficamos somente com a expressão da razão do segundo fator do segundo membro, gerando assim o modelo com dois parâmetros (dificuldade e discriminação). Embora não seja fácil impedir o chute, este pode ser desestimulado, como ocorre, por exemplo, nas provas de concurso realizado pelo Centro de Seleção e de Promoção de Eventos, da Universidade de Brasília – CESPE/UNB, que elimina uma questão correta para cada questão errada. Isto faz com que o candidato evite marcar as questões nas quais não tenha certeza. Deixo aos leitores o exercício de analisar o que ocorre com a variação nos demais parâmetros (a_1 e b_1).

A partir de uma função gerada, reconhecida como 'função de informação de um item', estima-se a contribuição que este item tem na estimação do traço latente que está sob mensuração. Quando são avaliados todos os itens do teste, temos então 'função de informação do teste', que se espera que seja consistente na mensuração do construto, no sentido de estar isento de erros de avaliação (e que corresponde ao conceito de confiabilidade estudado à luz da teoria clássica da mensuração)

10.1.3. Considerações sobre a aplicação

A Teoria da resposta ao item tem, por seu foco no item em si, a possibilidade de comparação de diferentes populações com testes diferentes (sendo necessário somente que alguns itens sejam semelhantes), e até de indivíduos que fazem testes diferentes, pois temos a aferição do desempenho a partir das características prévias do item, o que é impossível quando pensamos no procedimento de verificação com a avaliação do escore bruto, pois normalmente é tomada somente a soma ponderada de acertos, sem considerar especificidades do item como aquelas indicadas nos parâmetros antes descritos.

Isto constitui claramente uma grande vantagem, o que faz da TRI uma ferramenta bastante potente para avaliações de grande escala. Mais que isto, esta possibilidade tem o poder de fazer da TRI um substituto muito mais aprimorado dos procedimentos de mensuração que existem atualmente. É por esta razão que os novos desenvolvimentos vêm sendo tão fortemente difundidos, e basta ver qualquer periódico com especialidade em mensuração ou com foco em métodos quantitativos, que rapidamente se percebe o quanto se tem publicado sobre esta teoria a partir dos anos de 1990. Segundo informam Dalton Andrade e seus colegas (ver nota acima), a TRI foi aplicada com sucesso no Brasil já em 1995, na análise dos dados do Sistema Nacional de Ensino Básico (SAEB), e o interesse na metodologia vem crescendo ao longo dos anos também aqui no Brasil.

No entanto, há fatores que são realmente dificultadores por seu uso fora do contexto das grandes avaliações (como é o caso citado do SAEB). Primeiro, os procedimentos da TRI requerem quase sempre amostras grandes (o que justifica seu uso em avaliações de larga aplicação), o que não é sempre o caso das escalas usadas em pesquisas em Administração. Pelo contrário, muitas escalas utilizadas em Administração foram desenvolvidas com amostras de menos de 500 respondentes, que podem ser consideradas pequenas quando comparadas a aplicações de um teste a milhões de pessoas (como é o caso do ENEM, por exemplo).

Adicionalmente, os procedimentos de aplicação da TRI são baseados em uma teoria matemática sofisticada, e há ainda limitações em termos de disponibilidade de softwares e de pessoas iniciadas no assunto. De fato, tanto a operacionalização das análises dos itens quando já conhecemos os parâmetros quanto os procedimentos estimação destes parâmetros envolvem teoria estatística avançada, que não costuma estar ao alcance sequer de iniciados em métodos quantitativos. Isto, obviamente, faz com que os envolvidos com o desenvolvimento de escalas sigam para os procedimentos convencionais, que são mais conhecidos, mais fáceis, e para os quais há uma maior disponibilidade de ferramentas computacionais.

Um dos grandes desafios dos pesquisadores da área de mensuração é justamente dar evidência da ferramenta e viabilizar seu uso por meio de exemplificações, do desenvolvimento de softwares de uso mais fácil, da oferta de um tutorial de fácil aplicação, e do treinamento de interessados e potenciais usuários.

Isto é esperado para o futuro, e espera-se que ocorra como no caso dos procedimentos de análise fatorial confirmatória e de modelagem de equações estruturais, que só foram incorporados nas atividades de mensuração com a difusão dos softwares especializados e com o treinamento de usuários. Se para estes tópicos temos hoje manuais simplificados, softwares interativos e acessíveis, além de cursos e disciplinas universitárias para estes procedimentos, temos razões para crer que o mesmo ocorrerá com a TRI nos próximos anos.

Por fim, um último aspecto que considero ser um limitador do interesse de pesquisadores da área de Administração pela TRI é sua vinculação aos propósitos de medição educacional. Obviamente, o desenvolvimento da técnica poderá viabilizar uma aplicação mais consistente em administração, mas este não é ainda o caso, embora já haja aplicações realizadas[3].

As tentativas de adaptação atuais são ainda problemáticas, como bem ilustra o esforço demonstrado por Jagdip Singh[4], que desenvolveu uma pesquisa com a utilização da teoria clássica e da TRI, na qual o autor mostrou as vantagens da TRI, mas reconheceu que os resultados não são tão superiores assim (a começar pela simplificação grosseira que faz de uma escala de Likert para uma escala dicotômica, para viabilizar a operacionalização da técnica).

10.2. Escalas envolvendo cenários

Ainda na esfera dos tópicos adicionais selecionados para exposição neste capítulo, considerei pertinente apresentar algumas considerações sobre as escalas que envolvem cenários. A seguir, exponho o conteúdo considerando

---

3 Exemplos de aplicações em Administração podem ser encontradas em: SAMARTINI, A. L. S. Modelos com Variáveis latentes aplicados à mensuração de importância de atributos. 154f. Tese (Doutorado em Administração de empresas). Escola de Administração de Empresas de São Paulo – Fundação Getúlio Vargas. São Paulo: 2006; BERNARDI Jr., P. Medindo a predisposição para a tecnologia. 126f. Tese (Doutorado em Administração de empresas). Escola de Administração de Empresas de São Paulo – Fundação Getúlio Vargas. São Paulo: 2008.
4 Cf. SINGH, J. Tackling measurement problems with Item Response Theory: principles, characteristics, and assessment, with an illustrative example. Jornal of Business Research, v. 57, p. 184-208, 2004.

primeiramente o conceito, depois os problemas associados, e por fim algumas recomendações de uso.

10.2.1. Conceito e exemplificação

Em estudos que têm como objeto de análise os construtos associados a situações-problemas de atividades ou decisões gerenciais, como aqueles associados à ética ou à gestão de vendas, de recursos humanos etc., tem-se observado na prática uma tendência de utilização de um padrão de mensuração variado, em relação aos procedimentos utilizados nos demais construtos. Trata-se da utilização de pequenos cenários que introduzem o respondente a um contexto preliminar de análise, a partir do qual são apresentados os itens da escala.

Cenários para efeito de escalas de mensuração são definidos na literatura como 'descrições de situações concretas, elaboradas de forma sistemática, e com a finalidade de gerarem maior validade e confiabilidade na mensuração de opiniões[5]'. Há outras nomenclaturas recorrentes, tais como vinhetas, casos, situações hipotéticas... mas utilizo aqui palavra cenário, embora não seja a tradução mais literal da palavra usada na língua inglesa (*vignette*), considerando que na língua portuguesa há alternativo da palavra vinheta, que é mais conhecida pelo seu uso no contexto da comunicação social como uma mensagem publicitária de curta duração. Um exemplo permite uma compreensão mais consistente.

- Exemplo 1: tomemos então o cenário utilizado em uma pesquisa sobre ética, que foi realizada por este autor e outros colaboradores, na qual tínhamos como finalidade avaliar 'intensidade moral' analisada por estudantes de cursos de Administração em algumas situações de decisão gerencial[6], e optamos por

---

5 *Cf. ALEXANDER, C. S.; BECKER, H. J. The use of vignettes in survey research. The Public Opinion Quarterly, v. 42, n. 1, p. 93-104, spring, 1978. É necessário ressaltar que pesquisas envolvendo cenários são usadas também em estudos de orientação qualitativa e são mui frequentemente usadas como referencial para análises de preferências, em estudos de aplicação da técnica de análise conjunta, que é apropriada para avaliar ponderações relativas de construtos e preferências de respondentes (cf. WILKS, T. The use of vignettes in qualitative research into social work values. Qualitative Social Work, v. 3, n. 1, p. 78–87, 2004). Aqui mantive foco no uso de cenários em escalas com orientação semelhante a que usei ao longo do livro.*

6 *Cf. COSTA, F. J.; LEMOS, A.; LOBO, R. J. S. Percepções éticas de estudantes de administração. Revista Nacional da Angrad, v. 10, n. 4, p. 35-53, 2009. Por intensidade moral entende-se o nível de problema ético associado a uma determinada situação de decisão, na qual é evidente um dilema moral. Segundo o desenvolvimento teórico da área, o construto possui seis dimen-*

utilizar uma escala baseada em cenários, a partir dos quais os estudantes eram solicitados a apontar o grau concordância com as afirmações que remetiam a quatro dimensões (das seis) do construto de base do estudo (intensidade moral), além de uma pergunta específica para avaliação das 'intenções éticas' do estudante.

No total utilizamos quatro cenários, e todos remetiam ao mesmo conjunto de itens (a finalidade era avaliar um conjunto de relações entre os construtos, relações estas que não reproduzirei novamente aqui para manter foco em nosso propósito). Um destes cenários foi intitulado 'falta de garantia', e está reproduzido a seguir[7]:

Cenário – Falta de garantia
Uma pessoa comprou um carro novo através de uma concessionária local. Oito meses após o carro ter sido adquirido, este apresentou problemas com a suspensão. O cliente levou o carro de volta à concessionária, e alguns pequenos ajustes foram feitos. Durante os meses seguintes, ele teve novamente problemas semelhantes e em cada uma dessas vezes o mecânico fez apenas pequenos ajustes no carro. Ao final de 13 meses, o carro apresentou problemas novamente, mas desta vez a suspensão estava completamente danificada.
Ação adotada: Uma vez que a garantia era de apenas um ano (12 meses a contar da data da compra), a concessionária cobrou o preço total pelas peças e mão de obra.

Evidentemente, temos neste cenário um problema de natureza ética, pois a concessionária não solucionou o problema do cliente durante o período de garantia, e, logo depois do prazo final, quando o problema foi definitivo, a concessionária cobrou o serviço pelo preço integral, sem considerar que ela própria era, potencialmente, culpada pelo prejuízo gerado.

O propósito da escala era medir a intensidade moral em quatro das seis dimensões possíveis do construto, e os itens utilizados em cada dimensão selecionada foram enunciados como ilustrado no quadro 10.1. Os quatro primei-

---

sões, que são: *magnitude de ocorrência (quão bem ou mal é a decisão e a ação sob análise; consenso social (o grau de acordo social (coletivo) sobre a natureza da ação); probabilidade de ocorrência (grau de probabilidade de que a ação ou decisão venha a provocar seus resultados); imediatismo temporal (previsão de realização de efeito no tempo); proximidade (sentimento de proximidade do agente sobre as vítimas ou beneficiários); concentração de efeito (corresponde à amplitude do impacto sobre as pessoas).*

7 *Em verdade, este e os outros três cenários foram traduzidos e adaptados a partir de SINGHAPAKDI, A. MARTA, J. K. M. Comparing marketing students with practitioners on some key variables of ethical decisions. Marketing Education Review, v. 15, n. 3, 2005.*

ros itens indicam, ordenadamente, as seguintes dimensões do construto: magnitude da consequência; probabilidade de ocorrência; imediatismo temporal; concentração de efeito. O último item media o construto 'intenções éticas', e não era componente do construto intensidade moral.

Quadro 10.1 – Itens das dimensões da escala

Item	Grau de concordância						
Os prejuízos totais (se houver) resultantes da ação da concessionária serão muito pequenos	1	2	3	4	5	6	7
É muito pequena a probabilidade de que a ação da concessionária venha efetivamente causar qualquer dano.	1	2	3	4	5	6	7
A ação da concessionária não causará qualquer dano em curto prazo.	1	2	3	4	5	6	7
A ação da concessionária irá prejudicar pouquíssimas pessoas (se houver).	1	2	3	4	5	6	7
Em seu lugar, eu faria o mesmo que a concessionária do cenário relatado fez	1	2	3	4	5	6	7

10.2.2. Problemas potenciais

Em uma análise parcial dos esforços de mensuração envolvendo cenários, é fácil observar alguns pontos de diferenciação e de potenciais dificuldades em relação ao que comentamos nos capítulos anteriores, pontos que analiso em seguida.

Primeiro, observamos que as respostas dadas a cada um dos itens da escala são condicionadas de forma imediata pelo conteúdo do cenário, inclusive na mensuração das intenções éticas. Isto significa que as verificações baseadas em cenários são limitadas em propósito, pois são pontuais em termos de contexto de análise, e, portanto, a resposta ao item fica restrita a uma situação que é hipotética. Isto é, sem dúvidas, uma limitação, pois envolve o risco de gerarmos uma resposta artificial para uma situação artificial. No entanto, mesmo assim não temos verificado um grande problema de mensuração, pois qualquer escala, quando aplicada, remeterá a um objeto ou contexto bem especificado. Por exemplo, em nossa escala de mensuração das atitudes dos estudantes de administração quanto aos métodos quantitativos, delimitamos de forma bem específica que eram avaliados estudantes, de um curso específico (administração) e de uma área temática específica (métodos quantitativos).

Além deste aspecto (limitação do contexto da escala), temos que considerar um componente específico desta escala, que é o conteúdo do cenário. Nos modelos anteriores de escala está pressuposto um contexto de análise, que, em boa medida, remete a um cenário que o pesquisado irá considerar nas respostas à escala. Naturalmente, temos uma diferença central entre uma situação ou experiência que o respondente vive e, portanto, tem maior facilidade de se posicionar, e uma situação hipotética, presente em um cenário criado e exposto à análise. Esta condição implica, portanto, a necessidade de que os desenvolvedores de escalas deste tipo tomem um cuidado especial na construção do cenário, para em seguida se preocupar com os itens específicos da escala propriamente dita.

Devemos ainda considerar o impacto que este modelo de mensuração tem na construção do instrumento de pesquisa, notadamente em termos de espaço ocupado. Nos capítulos anteriores, informei da necessidade de buscarmos questionários de extensão limitada, inclusive como uma medida de respeito ao respondente que, na grande maioria das vezes, está fazendo o favor de responder ao questionário. Obviamente, se colocamos cenários para análise, nós impomos ao respondente a necessidade de maior atenção deste, o que demanda mais tempo de reflexão. A experiência tem mostrado que cenários extensos são cansativos ao respondente, mas cenários curtos deixam de fora alguns aspectos relevantes a serem considerados.

Uma forma de 'liberar' espaço nos questionários e reduzir o esforço e o tempo de resposta consiste em simplificar a escala, utilizando-se menos itens de verificação. No exemplo mostrado anteriormente está ilustrada esta decisão, na qual foi utilizado somente um item para cada uma das quatro dimensões selecionadas para análise, e também somente um item de verificação de intenções éticas. Debati ao longo dos capítulos anteriores as limitações deste procedimento, e, apesar de ser perfeitamente possível a mensuração de um construto por um único item, tal procedimento guarda em si um maior potencial de apresentar erros.

10.2.3. Recomendações de uso

Considerando estes problemas em potencial, e também a extensão do uso de cenários em escalas de mensuração, notadamente nas pesquisas de ética, foi desenvolvido na literatura um conjunto de dicas referentes à construção de bons cenários, e exponho aqui as principais indicações, baseado principalmente no texto de Kelly Wason, Michael Polonsky e Michael Hyman[8]:

- Inclusão de variáveis relevantes: primeiro, o cenário deve ser escrito de tal modo que todas as variáveis relevantes de análise estejam presentes, e de modo que as respostas aos itens da escala reflitam de forma clara e imparcial o que pode ser depreendido do enunciado. O conteúdo presente no cenário já é parte integrante da análise de conteúdo da escala, e, portanto, deve ser cuidadosamente desenvolvido;
- Evidência das variáveis-chave: um bom cenário atende a um propósito de mensuração de um construto ou conjunto de construtos. Nestes termos, tal cenário não poderá deixar de chamar a atenção para o que é mais relevante em termos de mensuração. Por exemplo, se estamos mensurando a intensidade moral em quatro dimensões, o cenário deverá conter em evidência as informações que remetam a estas dimensões, de modo a facilitar a resposta por parte do respondente;
- Presença de realidade: desenhamos cenários em escalas para dar ao respondentes um referencial de análise. Embora seja uma situação hipotética, os cenários não podem deixar de ser verossímeis, ou seja, um bom cenário deve trazer em si um conteúdo de realidade, e deve expor situações que tenham presença no dia a dia de quem avalia e responde aos itens da escala;
- Número razoável de cenários na escala: como vimos antes, um mesmo cenário pode remeter a mais de um construto ou dimensão (no caso citado anteriormente, tivemos 5 construtos), mas também é possível que uma mesma escala possua mais de um cenário para diferentes dimensões de um construto sob análise. Temos aqui duas possibilidades: primeiro, podemos ter um cenário para cada dimensão de um construto multidimensional, e neste caso, teremos tantos cenários quantas sejam as dimensões do construto sob análise; segundo, podemos

---

8 *Cf.* WASON, K. D.; POLONSKY, M. J.; HYMAN, M. R. Designing vignette studies in marketing. *Australasian Marketing Journal,* v. 10, n. 3, p. 41-58, 2002. Estes autores propõem 13 recomendações, das quais selecionei as principais.

ter vários cenários remetendo aos diferentes construtos e dimensões, com a tentativa de desenvolver tantas verificações quantas consideradas relevantes (no estudo do qual extraímos o exemplo 1 utilizamos quatro cenários, todos remetendo ao mesmo conjunto de construtos, e o propósito foi mensurar os construtos mais de uma vez, considerando diferentes situações hipotéticas presentes nos diferentes cenários). É relevante considerar também a extensão que o número de cenários irá ocupar na escala e nos instrumentos que servirão de base de coleta de dados. Embora não haja regras quanto a isto, deve prevalecer o bom--senso e a consideração do respeito ao respondente;

- Tamanho razoável do cenário: se não devemos usar muitos cenários para evitar problemas de espaço, também não devemos usar cenários muito longos, pois é possível que se crie uma indisposição dos respondentes, ao mesmo tempo em que é dificultada sua análise do conteúdo exposto. Não há um critério prede-finido de tamanho, mas a experiência e a análise de estudos diversos mostram que cenários com algo em torno de 100 palavras conseguem ser adequadas para conter as variáveis e informações mais relevantes de uma escala, viabilizar a construção de uma situação realista, e não gerar cansaço e indisposição dos respondentes;
- Controle do viés: como informado, é comum usarmos os cenários para ilustrar situações problemáticas. Nestes termos, temos o risco de enviesar o enunciado para um nível fora dos propósitos da escala, a ponto de prejudicar a coleta dos dados. No exemplo anterior, tivemos um caso de desvio ético, porém há no contexto do cenário, ainda que em menor intensidade, a possibilidade de respostas oscilantes em termos de uma condenação imediata da ação. O cenários deve ser feito para captar variações existentes na população de interesse, e deve-se tomar o cuidado para não construir um texto que já traga em si as respostas a serem dadas, perdendo o referencial da variação existente (obviamente, um cenário que gere resposta única não interessa a nenhuma pesquisa);
- Uso de especialistas na análise: usamos especialistas nas atividades de validação de conteúdo e face de escalas convencionais, e o mesmo deve ocorrer com relação aos cenários, ou seja, quando estas forem elaboradas é necessário que sejam submetidas a especialistas para que estes opinem, com sua autoridade e experiência acerca da adequação do conteúdo aos propósitos da escala;

- Ajuste aos respondentes: esta é uma recomendação que, a rigor, não precisaria ser dada, mas a coloco como rememoração que, em qualquer escala, a responsabilidade de gerar adequação ao respondente é do agente de desenvolvimento da escala. Se for usado um cenário, este deve ser adequado ao respondente e à suas variações de nível educacional, de renda, de escolaridade...;

Enfim, todas estas recomendações realçam principalmente a necessidade de uso do bom-senso e da coerência em termos de adequação de uso e de acesso do construto. Afora estas recomendações, a literatura ainda aponta outras possibilidades, e deixo aos interessados o desafio de explorá-las mais profundamente.

A título de ilustração, apresento um segundo exemplo, que teve por finalidade analisar junto a estudantes de negócios os construtos 'percepção do problema ético', 'intenções éticas', e 'expectativa de punição'. Diferente do exemplo anterior, nossa escala de verificação foi do tipo phrase completion, construída segundo as recomendações indicadas no capítulo sobre escalas de verificação. Como exercício, recomendo aos leitores que tentem verificar a presença das características citadas anteriormente apresentadas:

- Exemplo 2 – pesquisa sobre comportamento ético de estudantes de Administração:

Cenário 2 – dilema de Pedro
Pedro é o líder de uma equipe que deve realizar o trabalho de uma disciplina. Por razões diversas, a equipe não consegue produzir o trabalho, e os outros colegas decidem que vão comprar um trabalho ou pegar de um site qualquer de internet. Se não comprar, Pedro é aprovado sem problemas, mas os colegas não seriam aprovados na disciplina. Pedro decide pela compra do trabalho e recebe a nota, sendo todos aprovados.

- Questão 1 (medindo percepção do problema ético) – Para mim, a decisão de Pedro

Não é antiética			Moderadamente antiética					Muito antiética		
0	1	2	3	4	5	6	7	8	9	10

- **Questão 2 (medindo intenções éticas)** – No lugar de Pedro eu

Jamais compraria   Provavelmente compraria   Seguramente compraria

0	1	2	3	4	5	6	7	8	9	10

- **Questão 3 (medindo expectativa de punição)** – Na minha instituição, se Pedro for flagrado, sua a punição é

Muito branda   Moderada   Muito severa

0	1	2	3	4	5	6	7	8	9	10

Como dito, na grande maioria dos usos de cenários ainda está restrita a pesquisas de ética. A despeito da importância crescente do interesse nestas pesquisas, como bem atestam as publicações na área, a mensuração a partir do uso de cenários ainda é marginal no contexto geral da mensuração em Administração, e por esta razão optei por tecer estas considerações somente aqui neste capítulo de tópicos complementares.

Nas análises realizadas na literatura recente, não foi detectada qualquer tendência de maior utilização deste procedimento na mensuração de construtos em Administração, mas é provável que um uso mais extensivo venha a ocorrer no futuro. Nestes termos, as considerações aqui apresentadas devem ser vistas apenas referenciais iniciais para quem tiver interesse ou necessidade de avançar nesta alternativa de mensuração.

10.3. Questão ética da mensuração e da construção de escalas

Como no item anterior comentei sobre escalas para pesquisa em ética, aproveito para encerrar o capítulo refletido um pouco sobre a ética no contexto da mensuração. Assim, decidi trazer à tona, na conclusão deste nosso trabalho, alguns aspectos que são, sem dúvidas, relevantes no que concerne ao que foi construído ao longo deste livro. Considero oportuno fazer isto, uma vez que a avaliação dos materiais disponíveis revelou que a reflexão ética especificamente associada ao ato de mensurar e às decisões de construção de uma escala é um aspecto muito pouco relatado, pelo menos naqueles materiais de foco convergente ao deste livro.

Antes de comentar algo sobre o assunto, é necessário informar o que entendemos por ética, e então analisar em que medida isto é relevante para nossos propósitos. Em uma conceituação geral, entenderemos ética como a área do conhecimento que se ocupa com o conteúdo moral de ações e decisões de indivíduos ou grupos, com uma preocupação com a natureza do certo e do errado, do bom e do mau, do justo e do injusto. A ética tem sido uma preocupação recorrente nas discussões sobre Administração e pesquisa, e o interesse parece vir crescendo nos últimos anos, como mostram alguns textos relevantes[9].

Para não deixar de ter um referencial melhor direcionado, tomei por base o argumento de autores da área de avaliação educacional, em especial de Juan Manuel Álvarez Méndez, que defende que a avaliação deve ser considerada não somente em seu aspecto técnico, mas também ético[10]. Considerando a perspectiva de avaliação como parte do conteúdo geral do processo de medição, vemos que, de fato, quando pensamos sobre medir pensamos inicialmente no conteúdo técnico e instrumental, mas não deixamos de considerar outros aspectos igualmente relevantes, como, por exemplo, a natureza do conteúdo presente no instrumento de medida e o uso potencial que é feito da escala e da informação que é levantada.

Por este entendimento, é fácil observar que nossa discussão manteve um foco praticamente restrito ao conteúdo técnico da mensuração e da construção da escala. Conteúdos menos técnicos foram reduzidos a momentos específicos, como por exemplo quando falamos da preocupação com a análise de conteúdo, e com a necessidade de respeito ao respondente para a construção do instrumento.

Mas é necessário reconhecer que outras questões são de grande relevância, como aquela que remete ao conteúdo potencialmente ocult(ad)o em algumas escalas. Por exemplo, informamos que, do ponto de vista estritamente técnico, é necessário que os itens de uma escala sejam dispersos de forma aleatória no

---

9 *Para uma referência específica de marketing, mas que pode ser facilmente transportada para o contexto geral da mensuração, recomendo analisar os seguintes livros: MALHOTRA, N. K. Marketing research: an applied orientation. 3. ed. Upper Saddle River, New Jersey: Prentice Hall, 1999; MCDANIEL, C.; GATES, R. Pesquisa de marketing. São Paulo: Pioneira-Thomsom Learning, 2003.*
10 *MÉNDEZ, J. M. A. Avaliar para conhecer, examinar para excluir. Porto Alegre: Artmed, 2002. É necessário ressaltar que o autor entende a avaliação em um contexto ampliado, no qual são considerados aspectos como examinar, testar, medir, conhecer, corrigir, certificar, quantificar... Todos estes tópicos constituem o que o autor chamou de 'campo semântico' da avaliação.*

instrumento de coleta de informações, de modo a evitar vieses de resposta. Mas, quando fazemos isto e não informamos ao respondente, estamos em verdade deixando de revelar a este, de uma forma aberta e transparente, os reais procedimentos e decisões que estão incluídos naquele instrumento. Seria isto de fato desejável? Não estamos 'enganando' o respondente quando ocultamos deste sujeito as informações acerca do questionário que este está respondendo? Se sabemos que, de fato, ao informar toda as estrutura do instrumento, nós perderemos, potencialmente, com prováveis vieses de resposta, ou seja, se temos uma perda do ponto de vista técnico, é legítimo então não informar ao respondent[11] ?

A grande maioria dos pesquisadores envolvidos com a construção de escalas irá considerar a potencial perda de informação, porém qualquer decisão deste tipo deve ser, a priori, bem refletida, pois se neste caso a intensidade moral (para usar a terminologia do exemplo dado anteriormente) é pequena, é possível encontrar outras situações nas quais esta situação não é tão simples.

Para prover um referencial mais bem estruturado de reflexão sobre a ética da mensuração, proponho que a preocupação seja dividida em três níveis: nível de conteúdo, nível de aplicação da escala, e nível de utilização do resultado. Na figura 10.1 está ilustrada esta estruturação.

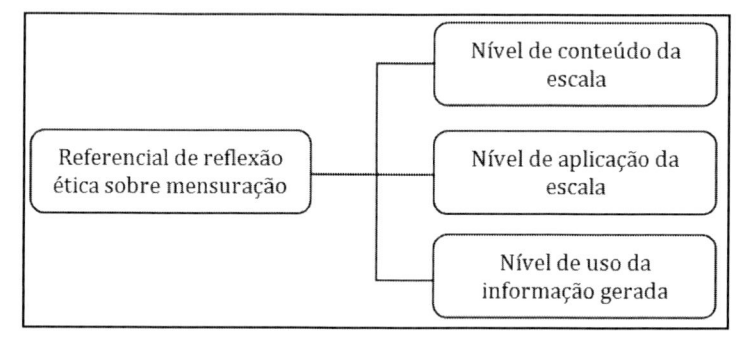

Figura 10.1 – Níveis de reflexão ética

---

11 *É possível tomar como um referencial comparativo de mensuração a ação dos médicos que, quando realizam diagnósticos, também estão medindo e nem sempre devem revelar aos pacientes todas as informações sobre o processo (e eventualmente, os pacientes também não compreenderiam). Mas já é possível observar que alguns médicos fazem questão de explicar aos pacientes tudo durante o diagnóstico, pelo menos em termos de objetivos, e inclusive são estimulados a informar ao paciente toda a verdade sobre os diagnósticos (por exemplo, atualmente os médicos tendem a informar sempre o resultado, independente de ser um caso de câncer terminal).*

No **nível de conteúdo**, é relevante considerar, antes de tudo, se os conteúdos dos itens de uma escala são de fato isentos de agressividade, de qualquer tipo que seja. Assim, não é admissível que o conteúdo de um item remeta a aspectos de gênero, raça, opção sexual, religiosidade, classe social etc., de forma desrespeitosa com relação a um grupo ou outro. Itens enunciados de modo a expressar preconceito racial, sexual, religioso... devem ser excluídos de qualquer escala, independente de quão bem validada esta tenha sido. Por exemplo, se estamos utilizando uma escala que envolva avaliações por classe social, jamais devemos usar na escala expressões que agridam a estima das pessoas de classe mais baixa (o cuidado fica por conta do agente de desenvolvimento da escala e deve ser pensado desde a etapa de validação de conteúdo).

Ainda no nível de conteúdo, é necessário que a escala utilizada em um processo de mensuração seja, de fato, válida e confiável, e isto é um requisito técnico de qualquer escala que não deve deixar de ser considerado de um ponto de vista ético. Os resultados de uma escala precisam ser seguros, e problemas de ordem técnica podem gerar resultados inválidos em termos de informação tanto para conclusões de pesquisas acadêmicas quanto para ações de intervenção gerencial decorrentes do uso do conhecimento gerado. Resultados de escalas inválidas podem gerar conhecimento e decisões errados e consequências adversas.

Estas últimas considerações remetem já a um segundo nível de preocupação ética em escalas, que concerne à sua **aplicação**. O tópico anterior, em que relatamos a respeito da construção dos instrumentos de coleta de dados, explicita bem um problema em potencial decorrente da aplicação da escala. De fato, devem ser considerados aspectos como o respeito ao respondente em termos de tempo e de esforço demandados para as respostas (nunca é demais lembrar: o respondente está, quase sempre, fazendo o favor de dar as informações requeridas). Instrumentos longos demais, e aplicados em condições impróprias, ou que requerem que o respondente faça esforços impróprios (como passar uma hora em um telefone, por exemplo), são obviamente agressivos e sem sombra de dúvidas injustos e antiéticos.

Por fim, um aspecto da maior relevância para quem tem algum envolvimento com escalas, seja em seu desenvolvimento, seja em sua aplicação, concerne ao uso que se faz da escala. Aqui é que a questão ética deve ser mais refletida, até porque os aspectos antes relatados são, em boa medida, preocupações já presentes ao longo da construção da escala. Pensando em uma avaliação da escala quanto aos resultados que esta pode gerar, inserimos uma perspectiva de análise que não esteve anteriormente contemplada, mas que pode colocar pontos indispensáveis para reflexão.

Considerando os usos potenciais da escala, dentre os quais destacamos a verificação diagnóstica de uma situação, a utilização em testes de hipóteses em pesquisas acadêmicas, e a avaliação de atividades na esfera de ação organizacional ou individual para fins de mudança, observamos que os resultados de aplicação da escala constituem informações que podem gerar resultados e efeitos os mais diversos. Por exemplo, para o caso das avaliações de atividades, como as aquelas de qualidade de atendimento, estamos envolvendo normalmente pessoas, as quais podem sentir o desconforto comum de serem avaliados, além de termos na informação gerada pela escala um recurso de poder.

Resultados de avaliação costumam ser ferramentas de punição e de premiação, resultados que são obviamente bem recebidos pelos bem avaliados, e mal recebidos pelos que devem receber punições. Em termos hipotéticos, imaginemos o resultado da divulgação destas informações, que tem o potencial de ressaltar competências de algumas pessoas ou situações, mas que tem também o potencial de desmoralizar pes-soas, situações ou organizações (não sem razão, alguns agentes de pesquisa de avaliação optam por divulgar somente os resultados dos mais bem avaliados, como forma de resguardar os não tão bem avaliados). Cito, para finalizar, um exemplo:

Exemplo 3: relato o caso do centro acadêmico (CA) do curso de Administração de uma universidade brasileira, que decidiu, no uso de seu direito enquanto instituição legítima de representação dos estudantes, desenvolver uma avaliação do curso a partir da perspectiva dos estudantes. Na proposta, constava a intenção de divulgação dos resultados nos corredores do prédio do curso. De forma quase imediata, alguns professores contestaram o projeto, não em sua legitimidade, mas no conteúdo da escala (que podia ser direcionada a desmoralizar alguns professores e entidades do curso), e, naturalmente, na intenção de divulgar as informações por todo o espaço do curso. Observou-se que, no conteúdo da escala de avaliação, não constavam, por exemplo, itens direcionados a avaliar a atuação do próprio centro acadêmico, o que evidenciava um viés no conteúdo que foi detectado e usado como argumento de contestação dos professores.

O desconforto gerado por uma situação tão trivial é até esperado, mas normalmente não está refletido nas preocupações de quem desenvolve a escala. A ilustração deixa claro que o impasse poderia ser solucionado se a escala desenvolvida tivesse trazido em si a preocupação de não viabilizar um uso impróprio da informação, ainda que isto fosse algo difícil de ser alcançado. Seja como for, este é o desafio adicional, de quem tem o interesse e o envolvimento com a teoria da mensuração e com o processo geral de construção de uma escala.

APÊNDICES

Apêndice A2.1 – Conceituação formal de construto latente

Na análise de Keneth Bollen, reconhecido pesquisador da área de Psicometria, temos nos esforços de definição de construto latente as chamadas definições não formais, como a que foi aqui apresentada (que entende o construto latente como o tipo de construto que não é mensurado de forma direta), além das definições ditas formais.

Obviamente, as definições formais são as mais adequadas para propósitos de avanço teórico, e são por isto desejáveis para textos mais avançados. Por outro lado, o apelo às definições formais tem a possibilidade de dificultar a compreensão, e eventualmente comprometer a fluidez da exposição. Por esta razão, optei por apresentar somente neste apêndice as indicações das tentativas de definição formal de construto latente.

- Definição de independência local

A primeira definição formal é a chamada 'definição de independência local'. Entende-se aqui por construto latente a variável que, quando mantida constante, provoca independência de um conjunto de itens de natureza observável. Simbolicamente, temos o seguinte:

$$P(X_1, X_2, X_3, ... X_K) = P(X_1/\eta)P(X_3/\eta)...P(X_K/\eta)$$

onde $X_1, X_2, X_3, ... X_K$ são variáveis aleatórias (itens) observáveis; η é o vetor de variáveis latentes; $P(X_1, X_2, X_3, ... X_K)$ é a probabilidade conjunta de X_1 a X_K; e $P(X_i/\eta)$ é a probabilidade condicional da variável observável X_i, dado η.

A igualdade informa que a probabilidade conjunta das variáveis observáveis é o produto das probabilidades condicionais destas variáveis observáveis, dado o vetor de variáveis latentes, o que indica que a dependência entre as variáveis observáveis decorre do construto latente. Ou seja, mantido constante o construto latente, as variáveis observáveis são independentes entre si (por isto a ideia da independência local, condicionada pelo construto latente).

Observe que esta definição não restringe nem a natureza da variável (entre ser contínua ou discreta), nem que a relação entre as mesmas seja linear ou não linear. Se adotamos a suposição de que a associação entre duas variáveis quaisquer é linear, esta mesma definição é simplificada pelo conceito de correlação parcial. Formalmente, temos,

$PX_i.X_{ji}\eta = 0$ sempre que $i \neq j$

onde $PX_1.X_2\eta$ é a correlação parcial de X_i e X_K, controlada pela variável η (vetor do construto latente).

A indicação desta última igualdade é de que a correlação entre duas variáveis observáveis quaisquer é nula se for isolado o efeito do construto latente, ou seja, qualquer correlação (variação conjunta) entre as variáveis é devida ao efeito do construto latente. Segundo Bollen, este entendimento tem algumas implicações e suposições:

Supõe-se que os erros de mensuração (ver capítulo sobre validade de escalas) são também independentes e, portanto, não correlacionados;

As variáveis não têm qualquer efeito entre si (por isto são independentes);

Devemos ter pelo menos duas variáveis observáveis para definir o construto latente;

O construto latente tem, necessariamente, influência sobre o conjunto de variáveis;

A relação entre as variáveis e o construto é de refletividade, ou seja, as variações nos indicadores são reflexos das variações do construto latente.

Não é difícil compreender que estas suposições e consequências são restritivas para algumas estratégias de mensuração, principalmente quando dificulta sua aplicação para os construtos do tipo formativo (observe que a definição não contempla estes construtos). Afora estas limitações, o conceito é plenamente aplicável a vários modelos de mensuração.

- Definição pelo valor esperado

Esta definição parte do conceito de valor esperado, e admite o construto latente como sendo o valor esperado de um conjunto suficientemente grande de observações de uma dada variável observável, para um determinado indivíduo. Simbolicamente, teremos, $T_i = E(Y_i)$ onde T_i é o construto latente, normalmente chamado de valor verdadeiro; $E(Y_1)$ é o valor esperado da variável Y_1 (ver Apêndice A2.2); e Y_1 é a variável aleatória observável Y do indivíduo i.

A suposição desta igualdade é a de que, se tomarmos um conjunto suficientemente grande de observações de uma dada variável, para um determinado sujeito, o valor esperado (ou seja, a média das observações), será igual ao valor verdadeiro da variável. Assim como no caso anterior, temos aqui algumas suposições e características, quais sejam:

1. A escala é definida pelo valor esperado da variável;
2. Os erros de mensuração têm valor esperado (média) igual a zero e não têm correlação com o valor verdadeiro;
3. Os erros de mensuração não são correlacionados entre si, quando temos duas ou mais variáveis;
4. O construto latente (valor verdadeiro) é que determina (junto com os erros) a variável observável, e esta não influencia o construto latente;
5. Se tivermos duas variáveis observáveis, estas não possuem influência entre si.

Aqui temos também restrições semelhantes às que observamos anteriormente, especialmente em termos de construtos formativos. Ainda assim, estas suposições são fortemente presentes nas teorizações sobre mensuração e desenvolvimento de escalas, como observamos em alguns capítulos deste livro, quando vimos que este conceito está na base da definição de confiabilidade e constitui um pressuposto da chamada Teoria clássica da medição.

Há um sentido empírico nesta observação que a faz tão recorrente, inclusive fora do contexto mais acadêmico. Por exemplo, quando queremos medir algo (altura, por exemplo), é comum fazermos várias observações (medirmos várias vezes e anotarmos os valores observados), e em seguida extrairmos a média (tiramos a média das alturas observadas). Acreditamos que esta média seja a mais próxima da medida real do que qualquer das medidas anotadas, pois já estão descontados os erros diversos de verificação.

- Definição como função não determinística

A definição do construto latente como função não determinística o entende como sendo uma função (não determinística) de variáveis observáveis em modelos de equações estruturais lineares. Em outras palavras, um construto é latente se não for determinado de forma exata por variáveis observáveis, sendo definido um erro de mensuração. Este modelo de definição é, como se observa, mais simples, e não tem muitas restrições de aplicação, a não ser o fato de pressupor uma relação linear para os itens observáveis.

- Definição por amostra

Para esta definição, que é proposta do próprio Kenneth Bollen, os construtos latentes são variáveis aleatórias para as quais não haja possíveis amostras de dados que as aponte de forma direta, quando operacionalizadas em análises de modelos teóricos (como as análises de relação entre prazer pelo trabalho e motivação, por exemplo). Em outros termos, em uma dada análise, se temos um construto que esteja presente na análise, mas que não haja neste estudo qualquer medição que o aponte de forma direta, então este construto será operacionalizado como latente.

Observe a relatividade do construto, que pode em um estudo ser observável, e em outro ser latente. Por exemplo, o peso de um sujeito é normalmente tido como observável, bastando para sua medição a utilização de uma balança. No entanto, na ausência de uma balança, podemos tentar levantar indicadores de peso, como estimação da altura, percepção visual de proporções, e até mesmo a tentativa de levantar a pessoa. Todas as observações aproximarão do peso, porém nenhuma delas será uma medida do peso. Neste caso, o peso é uma variável latente, pois não há amostra de uma medição direta.

Observe também que esta definição é na verdade uma visão relativizada da conceituação que apresentamos aqui, sendo o elemento de novidade da definição somente a relatividade da condição de latente ou observável. A vantagem é que não dificulta o entendimento do conceito, ao mesmo tempo em que viabiliza a operacionalização de qualquer tipo de construto, e engloba as definições mais formais antes apresentadas. Nestes termos, técnicas específicas (como a teoria clássica da medida, ou a teoria da resposta ao item, o método de componentes principais, ou a modelagem de equações estruturais, por exemplo) partirão desta definição e imprimirão suas restrições para operacionalização das variáveis.

Apêndice A2.2 – Fundamento estatístico

Definição: A esperança matemática de uma variável aleatória discreta X, denotada por E(X), é o somatório do produto dos valores da variável por sua probabilidade de manifestação.

Sendo $X = \{x_1, x_2, x_3, ..., x_i, ..., x_N\}$, e $p(X = x_i) = p(x_1)$, com, a $i = 1, 2, 3...N$, probabilidade de manifestação de x_1, teremos:

$$E(X) = \sum_{i=1}^{N} x_i . p(x_i) \qquad (A2.1)$$

A esperança matemática é a média da variável X, e, na notação convencional, pode ser calculada por[1],

$$E(X) = \mu = \frac{1}{N} \sum_{i=1}^{N} x_i \qquad (A2.2)$$

Algumas propriedades relevantes da esperança são as seguintes (optamos por não demonstrar estas propriedades, mas as provas podem ser encontradas em livros introdutórios de Teoria das probabilidades)

$E(k) = k$, para k constante (A2.3)
$E(kX) = kE(X)$, para k constante (A2.4)
$E(X \pm Y) = E(X) \pm E(Y)$, para duas variáveis X e Y (A2.5)

Definição: Para uma variável aleatória X, chama-se **variância** de X a esperança do desvio quadrático em relação à esperança da variável (média), ou seja,

$$Var(X) = E[(X - E(X))^2] \qquad (A2.6)$$

A variância também é normalmente anotada por σ_X^2 e calcula a **dispersão** dos valores da variável em relação à média. Na notação convencional, pode ser calculada por,

$$Var(X) = \sigma_X^2 = \frac{1}{N} \sum_{i=1}^{N} (x_i - +\mu_x)^2 \qquad (A2.7)$$

---

[1] *Trabalharemos especialmente com variáveis do tipo discreto. Para o caso das variáveis contínuas, a esperança será definida a partir do conceito de integral definida, aplicada à função de densidade de probabilidades. Neste caso, dada uma função f(x) teremos, $E(X) = \int_{-\infty}^{+\infty} x.f(x).dx$.*

Temos as seguintes propriedades relevantes da variância (as demonstrações estão disponíveis em diversos manuais de Teoria das probabilidades):
- $Var(k) = 0$, para k constante (A2.8)
- $Var(kX) = k^2.Var(X)$, para k constante (A2.9)

Definição: Para duas variáveis aleatórias X_1 e X_2, a seguinte medida é chamada covariância.

$$Cov(X_1;X_2) = E([X_1 - E(X_1)].[X_2 - E(X_2)]) \qquad (A2.10)$$

Veja-se que a covariância de X_1 e X_2, também anotada como $\sigma_{X_1 X_2}$ é a medida do grau em que elas variam conjuntamente, em relação às respectivas médias. Na notação convencional, esta pode ser calculada assim:

$$Cov(X_1;X_2) = \sigma_{X_1 X_2} = \frac{1}{N} \sum_{i=1}^{N} (x_i - \mu_{X1}).(x_i - \mu_{X2}) \qquad (A2.11)$$

Quando , $Cov(X_1;X_2) = 0$ dizemos que as duas variáveis são independentes. É possível provar a seguinte propriedade da variância de duas variáveis somadas:
- $Var(X \pm Y) = Var(X) + Var(Y) \pm Cov(X;Y)$ (A2.12)

Se as duas variáveis aleatórias são independentes, é imediato que
- $Var(X \pm Y) = Var(X) + Var(Y)$ (A2.13)

Veja-se que: $Var(X) = E[(X - E(X))^2] = E[(X - E(X))(X - E(X))] = Cov(X;X)$

Ou ainda que: $\sigma_X^2 = \frac{1}{N} \sum_{i=1}^{N} (x_1 - \mu)^2 = \frac{1}{N} \sum_{i=1}^{N} (x_1 - \mu).(x_1 - \mu) = \sigma_{XX}$

Por estes procedimentos, fica evidente que a covariância de uma variável com ela própria é sua variância. Este entendimento será relevante nas análises posteriores, envolvendo a correlação.

Definição: Desvio padrão é a raiz quadrada da variância.

$$r_{XY} = \frac{Cov(X;Y)}{\sigma_X \sigma_Y} = \frac{\sigma_{XY}}{\sigma_X \sigma_Y} \qquad (A2.14)$$

Definição: Chama-se coeficiente de correlação de duas variáveis aleatórias X e Y a razão entre a covariância entre estas duas variáveis e o produto de seus respectivos desvios padrão.

Anotando por r_{XY} o coeficiente de correlação entre duas variáveis X e Y, teremos então que,

$$r_{XY} = \frac{Cov(X;Y)}{\sigma_X \sigma_Y} = \frac{\sigma_{XY}}{\sigma_X \sigma_Y} \qquad (A2.15)$$

Por esta definição, o coeficiente de correlação é a covariância de duas variáveis padronizada pelo produto dos respectivos desvios padrão. A correlação é muitas vezes uma medida melhor que a covariância, pois esta pode assumir quaisquer valores, ao passo que a correlação estará sempre entre –1 e +1. Quanto mais próximo o coeficiente estiver destes extremos maior será a relação entre as variáveis. Dada a relevância desta medida, optamos por justificar este resultado, demonstrando a seguinte propriedade:

Propriedade: Seja r_{XY} a medida de correlação entre duas variáveis aleatórias X e Y. Então:
I. Vale a seguinte desigualdade $|r_{XY}| \leq 1$.
II. Quando $r_{XY} = \pm 1$, as variáveis X e Y guardam uma relação linear entre si.

Prova:
I – Para demonstrar que r_{XY} varia entre –1 e +1, precisamos recorrer a uma expressão especial. Seja então a expressão $A = w(X - E(X)) + (Y - E(Y))$, tal que w é um número real qualquer. Sabendo que A^2 é sempre não negativo, tomemos então $E(A^2)$ Logo,

$$E(A^2) = E\left\{\left[w(X - E(X)) + (Y - E(Y))\right]^2\right\} \Rightarrow$$

$$E(A^2) = E\left\{w^2(X - E(X))^2 + 2w.(X - E(X))(Y - E(Y)) + (Y - E(Y))^2\right\} =$$

$$= w^2 E\left[(X - E(X))^2\right] + 2w.E\left[(X - E(X))(Y - E(Y)) + E\left[(Y - E(Y))^2\right]\right] =$$

$$= w^2 Var(X) + 2w Cov(X;Y) + Var(Y) \Rightarrow$$

$$\Rightarrow E(A^2) = w^2 \sigma_X^2 + 2w.Cov(X;Y) + \sigma_Y^2$$

Esta última expressão é sempre não negativa, pois é a esperança matemática de uma variável não negativa.
Observamos ainda que temos um trinômio em w (do tipo

$aw^2 + b.w + c$, onde $a = \sigma_X^2, b = 2Cov(X;Y)$, e $c = \sigma_Y^2$), dado que este é sempre não negativo, as raízes do trinômio ou não iguais ou não existem. Sendo assim, o valor do discriminante é menor ou igual a zero. Simbolicamente, teremos (lembrando que, na fórmula de Báskara para resolução de equações do segundo grau, $\Delta = b^2 - 4ac$):

$$\Delta = (2.Cov(X;Y))^2 - 4.\sigma_X^2.\sigma_Y^2 \leq 0 \Rightarrow \Delta = 4.Cov^2(X;Y) - 4\sigma_X^2.\sigma_Y^2 \leq 0$$

Observamos que o termo $4\sigma_X^2\sigma_Y^2$ simplifica a inequação, de modo que dividiremos toda a expressão por esta medida. Logo,

$$\frac{4.Cov^2(X;Y)}{4\sigma_X^2\sigma_Y^2} - \frac{4\sigma_X^2\sigma_Y^2}{4\sigma_X^2\sigma_Y^2} \leq \frac{0}{4\sigma_X^2\sigma_Y^2} \Rightarrow \frac{4.Cov^2(X;Y)}{\sigma_X^2\sigma_Y^2} - 1 \leq 0 \Rightarrow$$

$$\Rightarrow \frac{Cov^2(X;Y)}{\sigma_X^2\sigma_Y^2} \leq 1 \Rightarrow \text{ ou ainda } \left(\frac{Cov(X;Y)}{\sigma_X^2\sigma_Y^2}\right)^2 \leq 1$$

Veja que a expressão ao quadrado é justamente a definição de correlação, de modo que $r_{XY^2} \leq 1$, e, portanto, $|r_{XY}| \leq 1$. Isto demonstra a primeira parte da nossa propriedade.

II – Veja-se que, quando $r_{XY} = +1$, devemos ter $Cov(X;Y)/\sigma_X\sigma_Y = 1$, e, portanto, $Cov(X;Y) = \sigma_X\sigma_Y$. Retomando o valor de delta acima apontado, isto implicará que $\Delta = 0$, e, portanto, o trinômio terá apenas uma solução. Tomando a fórmula de Báskara para solução de equações do segundo grau (lembrando a fórmula: $w = \frac{-b \pm \sqrt{\Delta}}{2a}$), teremos a solução,

$$w = \frac{-2Cov(X;Y) \pm \sqrt{0}}{2\sigma_X^2} = \frac{-Cov(X;Y)}{\sigma_X^2}$$

Mas, por hipótese, $Cov(X;Y) = \sigma_X\sigma_Y$ teremos então: $w = \frac{-\sigma_X\sigma_Y}{\sigma_X^2} = \frac{\sigma_Y}{\sigma_X}$

Assim, retomando a expressão que gerou o discriminante e igualando a zero, chegaremos a primeira expressão que gerou o trinômio, e observamos

que,
$$E\left[-\frac{\sigma_Y}{\sigma_X}(X-E(X))+(Y-E(Y))\right]^2 = 0$$

Mas a esperança de uma variável sem valores negativos será nula se, e somente se, a expressão for também nula (imagine que houvesse algum valor positivo; não teríamos como anular este valor sem um número negativo. Daí a constatação de que não podemos ter valores positivos na expressão). Nestes termos, teremos,

$$-\frac{\sigma_Y}{\sigma_X}(X-E(X))+(Y-E(Y))=0 \Rightarrow (Y-E(Y))=\frac{\sigma_Y}{\sigma_X}(X-E(X))$$

Ou ainda,

$$Y = \frac{\sigma_Y}{\sigma_X}(X-E(X))+E(Y) \Rightarrow Y = \frac{\sigma_Y}{\sigma_X}.X + \left(-\frac{\sigma_Y}{\sigma_X}.E(X)-E(Y)\right)$$

Fazendo $\sigma_Y / \sigma_X = A$, e ainda $\left[-\sigma_Y / \sigma_X . E(X) - E(Y)\right] = B$ teremos então a fórmula rearranjada como, Y=A.X+B, que é a expressão de uma reta que associa Y a X. Para provar para $r_{XY} = -1$, basta seguir o mesmo procedimento.

Veja que o coeficiente angular (σ_Y / σ_X) é positivo, o que indica que a relação será positiva. Quando partimos $r_{XY} = -1$ para alcançaremos um coeficiente angular negativo.

Este resultado tem uma consequência relevante para nossas análises. Como r_{XY} varia de –1 a +1, constatamos que quanto mais se aproxima de 1 mais forte será a relação entre as duas variáveis, até o limite de 1 para uma relação positiva, e até –1 para uma relação negativa. Os valores próximos do meio termo destes extremos (ou seja, zero), indicarão um nível de associação reduzido entre as variáveis.

Definição: Seja uma variável $X = \{x_1, x_2, x_3, ..., x_i, ..., x_N\}$ com média μ_X e desvio padrão σ_X, A **padronização em Z** de um elemento qualquer $X_i \varepsilon X$ é definida por:

$$Z_i = (x_i - \mu_X) / \sigma_X \qquad (A2.16)$$

Ou seja, padronizamos um elemento em Z quando dividimos o desvio do elemento em relação à média pelo desvio padrão da variável. Quando aplicamos a padronização a todos os elementos de uma **variável X**, efetuamos a padronização em Z da variável X. Nestes termos, teremos uma nova variável ZX, dita variável padronizada de X em Z. Surge desta transformação uma propriedade notável, expressa a seguir:

Propriedade: Seja uma variável aleatória X, cujos elementos são padronizados em Z de modo a gerar uma variável padronizada ZX.. Então,
I. A média de ZX é zero
II. O desvio padrão de ZX é 1.

Prova:
I – Provaremos esta primeira parte inicialmente usando a notação convencional.
Da definição de padronização em Z teremos $Z_i = (x_i - \bar{x})/\sigma_X$ que . Seja $\bar{z}$ a média de ZX. Para N entradas de dados, teremos,

$$\mu_z = \frac{1}{N}\sum_{i=1}^{N} z_i = \frac{1}{N}\sum_{i=1}^{N} \frac{(x_1 - \mu_x)}{\sigma_X} = \frac{1}{N.\sigma_X}\sum_{i=1}^{N}(x_i - \mu_X)$$

Veja que somente valores de x_1 estão indexados no somatório, e por isto isolamos o denominador. Distribuindo o somatório e isolando o desvio padrão, teremos então,

$$\mu_z = \frac{1}{N.\sigma_X}\left[\sum_{i=1}^{N} x_i - \sum_{i=1}^{N}\mu_X\right]$$

Mas, por definição, $\mu_z = \left(\sum_{i=1}^{N} x_i\right)/N \Rightarrow \sum_{i=1}^{N} x_i = N.\mu_X$, e, como a média é uma constante, teremos que $\sum_{i=1}^{N}\mu_X = N.\mu_X$. Assim, substituindo estas duas expressões na última expressão da média de Z, teremos

$$\mu_z = \frac{1}{N.\sigma_X}(N.\mu_X - N.\mu_X) = \frac{1}{N.\sigma_X}.0 = 0$$

Se quisermos usar o conceito de valor esperado, veremos que:

$$E(Z) = E\left[\frac{(x_1 - \mu_X)}{\sigma_X}\right] = \frac{1}{\sigma_X}.E[x_1 - \mu_X]$$

Mas sabemos que $E(x_i) = \mu_x$, e ainda que, sendo μ_X uma constante, $E(\mu_X) = \mu_x$. Logo,

$$E(Z) = E\left[\frac{(x_1 - \mu_X)}{\sigma_X}\right] = \frac{1}{\sigma_X} \cdot [E(x_1) - E(\mu_x)] = \frac{1}{\sigma_X}(\mu_X - \mu_X) = 0$$

II – Também aqui faremos primeiro a demonstração sem o conceito de valor esperado. Seja σ_Z^2 a variância de ZX. Para N entradas de dados, teremos,

$$\sigma_Z^2 = \frac{1}{N}\sum_{i=1}^{N}(Z_i - \mu_z)^2$$

Mas, como $\mu_z = 0$, teremos que $\sigma_Z^2 = \frac{1}{N}\sum_{i=1}^{N} Z_i^2$. Da definição de transformação em Z teremos então que,

$$\sigma_Z^2 = \frac{1}{N}\sum_{i=1}^{N}\left(\frac{x_i - \mu_X}{\sigma_X}\right) \Rightarrow \sigma_Z^2 = \frac{1}{N}\sum_{i=1}^{N}\frac{(x_i - \mu_X)^2}{\sigma_X^2}$$

Nesta expressão, somente X_i está indexada no somatório, de modo que podemos isolar o denominador da expressão. Logo, teremos,

$$\sigma_z^2 = \frac{1}{N\sigma_X^2}\sum_{i=1}^{N}(x_i - \mu_X)^2 = \frac{1}{N}\frac{1}{\sigma_X^2}\sum_{i=1}^{N}(x_i - \mu_X)^2 \Rightarrow \sigma_z^2 = \frac{1}{\sigma_X^2}\left(\frac{1}{N}\sum_{i=1}^{N}(x_i - \mu_X)^2\right)$$

Mas veja que a expressão entre parênteses é justamente a variância de X. Logo, teremos o seguinte resultado.

$\sigma_z^2 = \frac{1}{\sigma_X^2} \cdot \sigma_X^2 = 1 \Rightarrow \sigma_z = \sqrt{\sigma_Z^2} = \sqrt{1} = 1$, como queríamos demonstrar.

Se usássemos o conceito de valor esperado, teríamos o seguinte procedimento:

$$Var(z) = Var\left(\frac{x_i - \mu_X}{\sigma_X}\right) \Rightarrow Var(z) = \frac{1}{\sigma_X^2}.Var(x_i - \mu_x) \Rightarrow$$

$$\Rightarrow Var(z) = \frac{1}{\sigma_X^2}.[Var(x_i) - Var(\mu_i)]$$

Como μ_X é um termo constante, teremos $Var(\mu_X) = 0$. Temos ainda que

$$Var(X) = \sigma_X^2. \quad \text{Logo} \quad Var(Z) = \frac{1}{\sigma_X^2}.\left[\sigma_X^2 - 0\right] = \frac{1}{\sigma_X^2}.\sigma_X^2 = 1, \quad \text{ou seja}$$

$$\sigma_X = \sqrt{Var(Z)} = 1$$

Considerando o resultado desta propriedade, vejamos o que ocorre com a expressão da expressão (A2.15). Lá tínhamos que a correlação de duas variáveis X e Y equivale à divisão da covariância destas variáveis pelo produto de seus desvios padrão.

$$r_{XY} = \frac{\sigma_{XY}}{\sigma_X \sigma_Y} = \frac{\sigma_{XY}}{1.1} = \sigma_{XY} \quad \text{ou seja} \quad r_{XY} = \sigma_{XY} \qquad \text{(A2.17)}$$

Assim, se considerarmos as variáveis padronizadas, obteremos a covariância a partir da correlação, como mostra o procedimento anterior.

Apêndice A3.1 – Bibliografia recomendada sobre confiabilidade

BOYLE, G. J. Does item homogeneity indicate internal consistency or item redundancy in psychometric scales? Personality and Individual Differences, v. 12, n. 3, p. 291-294, mar. 1991.

CORTINA, J. M. What is coefficient alpha? An examination of theory and applications. Journal of Applied Psychology, v. 78, n. 1, p. 98-104, 1993.

CRONBACH, L. J. Coefficient alpha and the internal structure of tests. Psychometrika, v. 16, n. 3, p. 197-334, sep., 1951.

CHURCHILL, JR. G. A.; PETER, J. P. Research design effects on the reliability of rating scales: a meta-analysis. Journal of Marketing Research, v. 21, p. 360-375, nov., 1984.

DUHACHEK, A.; COUGHLAN, A. T.; IACOBUCCI, D. Results on the standard error of the coefficient alpha index of reliability. Marketing Science, v. 24, n. 2, p. 294–301, spring, 2005.

HUYSAMEN, G. K. Coefficient alpha: unnecessarily ambiguous; unduly ubiquitous. Journal of Industrial Psychology, v. 32, n. 4, p. 34-40, 2006.

IACOBUCCI, D.; DUHACHEK, A. Advancing Alpha: measuring reliability with confidence. Journal of Consumer Psychology, v. 13, n. 4, p. 478–487, 2003.

KUDER, G. F.; RICHARDSON, M. W. The theory of the estimation of test reliability. Psychometrika, v. 2, n. 3, p. 151-160, sep., 1937.

NOVICK, M. R.; LEWIS, C. Coefficient alpha and the reliability of composite measurements. Psychometrika, v. 32, n. 1, p. 1-13, dec., 1967.

PARAMESWARAN, R.; GREENBERG, B. A.; BELLENGER, D. N.; ROBERTSON, D. H. Measuring reliability: a comparison of alternative techniques. Journal of Marketing Research, v 16, p. 18-25, feb., 1979.

PETER, J. P. Reliability: a review of psychometric basics and recent marketing practices. Journal of Marketing Research, v. 16, p. 6-17, feb., 1979.

PETERSON, R. A. A meta-analysis of Cronbach's coefficient alpha. The Journal of Consumer Researc, v. 21, n. 2, p. 381-391, sep. 1994.

RAJU, N. S. A generalization of coefficient alpha. Psychometrika, v. 42, n. 4, p. 549-565, dec., 1977.

SCHMITT, N. Uses and abuses of coefficient alpha. Psychological Assessment, v. 8, n. 4, p. 350-353, 1996.

SHEVLINA. M.; MILESB, J. N. V.; DAVIESC, M. N. O.; WALKERC, S.

Coefficient alpha: a useful indicator of reliability? Personality and Individual Differences, v. 28, p. 229-237, 2000.

STREINER, D. L. Starting at the beginning: an introduction to coefficient alpha and internal consistency. Journal of Personality Assessment, v. 80, n. 1, p. 99–103, 2003.

TRIPPI, R. R.; SETTLE, R. B. A nonparametric coefficient of internal consistency. Multivariate Behavioral Research, v. 11, n. 4, p. 419-424, 1976.

VAN ZYL, J. M.; NEUDECKER, H.; NEL, D. G. On the distribution of the maximum likelihood estimator of Cronbach's alpha. Psychometrika, v. 65, n. 3, p. 271-280, sep., 2000.

VOSS, K. E.; STEM, JR., D. E.; FOTOPOULOS, S. A comment on the relationship between coefficient alpha and scale characteristics. Marketing Letters. v. 11, n. 2, p. 177-191, 2000.

ZINBARG, R. E.; REVELLE, W.; YOVEL, I.; LI, W. Cronbach's α, Revelle's β, and Mcdonald's ωH : their relations with each other and two alternative conceptualizations of reliability. Psychometrika, v. 70, n. 1, p. 123-133, mar., 2005.

Apêndice A3.2 – Dedução do coeficiente alpha

Sejam as variáveis X1, X2, X3, ..., Xk, e seja a variável Y, cujo valor do i-ésimo respondente é definido pela soma dos escores correspondentes nas variáveis em X. Assim, teremos yi=x1i+x2i+x3i,..., xki (a soma dos escores do mesmo respondente para cada uma das variáveis). Deduziremos a fórmula do alpha a partir deste entendimento, mas antes precisamos compreender uma propriedade fundamental da matriz de covariância.

A3.2.1. Matriz de covariância

Definição: A matriz de covariância do conjunto de variáveis X1, X2, X3, ..., Xk é a matriz quadrada que, ordenadamente, contém os pares de covariância entre as variáveis.

Simbolicamente, temos a matriz representada em (A3.1). Veja-se que: (1) a diagonal principal desta matriz é formada pelas variâncias das variáveis sob análise; (2) os elementos simétricos (que se espelham) em relação à diagonal principal são iguais em valor, ou seja, temos uma matriz simétrica em relação à diagonal principal.

$$c = \begin{pmatrix} \sigma_1^2 & \sigma_{12} & \sigma_{13}...\sigma_{1k} \\ \sigma_{21} & \sigma_2^2 & \sigma_{23}...\sigma_{2k} \\ \sigma_{31} & \sigma_{32} & \sigma_3^2...\sigma_{3k} \\ .... \\ \sigma_{k1} & \sigma_{k2} & \sigma_{k3}...\sigma_k^2 \end{pmatrix} \quad (A3.1)$$

Propriedade da matriz de covariância: sejam as vaiáveis X1, X2, X3, ..., Xk e Y, tais que yi=x1i+x2i+x3i,..., xki é a i-ésima observação da variável Y. Então, a variância de Y é igual à soma das variâncias das variáveis em X com as covariâncias dos pares de variáveis dois a dois. Em outras palavras, e considerando que $\sigma_{ij} = \sigma_{ij}$, temos:

$$\sigma_y^2 = \sum_{i=1}^{k} \sigma_i^2 + 2.\sum_{\substack{i,j=1 \\ i \leq j}} \sigma_{ij} \qquad (A3.2)$$

Prova: A demonstração desta propriedade é relativamente simples, e pode ser encontrada em alguns livros de teoria das probabilidades. Apresento a seguir uma versão possível de demonstração, considerando inicialmente o caso para duas variáveis, depois para três variáveis, e indico como pode ser feita a generalização.

Veja-se inicialmente que, pela definição de variância,

$$Var(X_1 + X_2) = E\left[\left((X_1+X_2)-E(X_1+X_2)\right)^2\right] =$$
$$= E\left[\left(X_1 + X_2 - E(X_1) - E(X_1)\right)^2\right] =$$
$$= E\left[\left(X_1 - E(X_1) + X_2 - E(X_2)\right)^2\right] =$$
$$= E\left[\left([X_1 - E(X_1)] + [X_2 - E(X_2)]\right)^2\right] =$$
$$= E\left\{[X_1 - E(X_1)]^2 + 2.[X_1 - E(X_1)].[X_2 - E(X_2)] + [X_2 - E(X_2)]^2\right\} =$$
$$= E\left\{[X_1 - E(X_1)]^2 + [X_2 - E(X_2)]^2 + 2.[X_1 - E(X_1)].[X_2 - E(X_2)]\right\} =$$
$$= E\left\{[X_1 - E(X_1)]^2\right\} + E\left\{[X_2 - E(X_2)]^2\right\} + 2.E\left\{[X_1 - E(X_1)].[X_2 - E(X_2)]\right\}$$
$$= Var(X_1) + Var(X_2) + 2Cov(X_1;X_1)$$

Ou seja,

$$Var(X_1 + X_2) = Var(X_1) + Var(X_2) + 2Cov(X_1;X_2)$$

Isto demonstra o resultado para duas variáveis. Por este resultado podemos então desenvolver, considerando o caso de três variáveis, o seguinte:

$$Var(X_1 + X_2 + X_3) = Var[(X_1 + X_2) + X_3]$$
$$= Var(X_1 + X_2) + Var(X_3) + 2Cov(X_1 + X_2; X_3)$$
$$= Var(X_1) + Var(X_2) + 2Cov(X_1; X_1) + Var(X_3) + 2Cov(X_1 + X_2; X_3)$$
$$= Var(X_1) + Var(X_2) + Var(X_3) + 2Cov(X_1; X_2) + 2Cov(X_1 + X_2; X_3)$$
$$= Var(X_1) + Var(X_2) + Var(X_3) + 2[Cov(X_1; X_2) + Cov(X_1 + X_2; X_3)]$$
(A)

Desenvolvamos então a expressão $Cov(X_1 + X_2; X_3)$, lembrando que $Cov(X_1; X_2) = E([X_1 - E(X_1)].[X_2 - E(X_2)])$. Temos então que:

$$Cov(X_1 + X_2; X_3) = E\{[X_1 + X_2 - E(X_1 + X_2)].[X_3 - E(X_3)]\}$$
$$= E\{[X_1 - E(X_1) + X_2 - E(X_2)].[X_3 - E(X_3)]\}$$
$$= E\{[(X_1 - E(X_1)) + (X_2 - E(X_2))].[X_3 - E(X_3)]\}$$
$$= E\{(X_1 - E(X_1)).(X_3 - E(X_3)) + (X_2 - E(X_2)).(X_3 - E(X_3))\}$$
$$= E[(X_1 - E(X_1)).(X_3 - E(X_3))] + E[(X_2 - E(X_2)).(X_3 - E(X_3))]$$
$$= Cov(X_1; X_3) + Cov(X_2; X_3) \quad \text{(B)}$$

Retomando (A) e considerando (B), temos que

$$Var(X_1 + X_2 + X_3) = Var(X_1) + Var(X_2) + Var(X_3) + 2[Cov(X_1; X_1) + Cov(X_2; X_2) + Cov(X_3; X_3)]$$

Provamos assim a propriedade para três variáveis. Porém, dada a semelhança e a regularidade do procedimento, é possível aplicar o Princípio da Indução Finita, e generalizar o resultado para qualquer número de variáveis. Teremos então que

$$Var(X_1 + X_2 + X_3 + \ldots + X_n) = \sum_{i=1}^{k} Var(X_i) + 2.\sum_{\substack{i=1 \\ i \leq j}}^{k} Cov(X_i; X_j)$$

A3.2.2. Fórmulas do alpha pela matriz de covariância

A expressão $\left(\sum_{i=1}^{k}\sigma_i^2\right)/\sigma_y^2$ indica a razão da variação total não comum aos diferentes itens da escala (uma vez que representa o percentual do total da variação de cada variável individualmente (na forma do somatório das variâncias)) em relação à variação total da escala somada. O coeficiente alpha busca isolar o efeito das variações individuais dos itens da escala, para acessar o percentual da variação total que é proveniente das variações conjuntas (covariâncias) entre todos os pares de variáveis.

Por este entendimento, e considerando que estamos falando de percentual de variação, basta subtrairmos de 1 (100%) a expressão referida ($\left(\sum_{i=1}^{k}\sigma_i^2\right)/\sigma_y^2$), e encontraremos o percentual da variação total oriunda da variação conjunta dos pares de variável (que é o somatório das covariâncias). O alpha pode então ser inicialmente expresso por,

$$\alpha = 1 - \left(\frac{\sum_{i=1}^{k}\sigma_y^2}{\sigma_y^2}\right) \quad \text{(A3.3)}$$

Considerando o resultado da fórmula A3.2, temos ainda que,

$$\alpha = 1 - \left(\frac{\sum_{i=1}^{k}\sigma_y^2}{\sum_{i=1}^{k}\sigma_y^2 + 2.\sum_{\substack{i,j=1 \\ i \leq j}}^{k}\sigma_{ij}}\right) \quad \text{(A3.4)}$$

Ou seja,

$$\alpha = 1 - \left(\frac{\text{soma das variâncias dos itens}}{\text{soma das variâncias e covariâncias}}\right)$$

Dado que $\left(\sum_{i=1}^{k}\sigma_y^2/\sigma_y^2\right) \geq 0$, pois temos na expressão somente variâncias e estas são sempre positivas, teremos que $\alpha \leq 1$. Por outro lado, quanto menor for o valor da razão $\left(\sum_{i=1}^{k}\sigma_i^2\right)/\sigma_y^2$, maior será o percentual da variação total explicada pela variação conjunta dos pares de variáveis. Nestes termos, quanto mais próximo de 1 estiver o α, maior será a confiabilidade do construto.

Veja que, como $\alpha \leq 1$, o alpha provavelmente jamais seria 1, mesmo nos casos de correlação perfeita entre os itens. Observe que teríamos no total $k.k = k^2$ fatores para soma total das variações, mas como subtraímos a diagonal principal, retiramos o equivalente a k elementos. Por isto, corrigimos multiplicando nas fórmulas A3.3 e A3.4 o numerador por k e o denominador por (k-1). Nestes termos, definimos um fator de correção associado ao número de itens, definido a partir de k/(k-1). Logo, a fórmula corrigida é dada por:

$$\alpha = \frac{k}{k-1}\left(1 - \frac{\sum_{i=1}^{k} \sigma_i^2}{\sigma_y^2}\right) \quad \text{(A3.5)}$$

Ou ainda,

$$\alpha = \frac{k}{k-1}\left[1 - \left(\frac{\sum_{i=1}^{k} \sigma_i^2}{\sum_{i=1}^{k} \sigma_i^2 + 2.\sum_{\substack{i,j=1 \\ i \leq j}}^{k} \sigma_{ij}}\right)\right] \quad \text{(A3.6)}$$

A3.2.3. Fórmulas alternativas

Como mostrado no capítulo 3, há duas fórmulas adicionais para computação do alpha. O desenvolvimento destas está exposto a seguir.

- Fórmula de Spearman-Brown, baseada na matriz e correlação

A fórmula a ser deduzida é,

$$\alpha = \frac{k\bar{r}}{1+(k-1).\bar{r}} \quad \text{(A3.7)}$$

Seja R a matriz de correlação entre os k itens de uma escala Y qualquer.

$$R = \begin{pmatrix} r_1 & r_{12} & r_{13} \ldots r_{1k} \\ r_{21} & r_2 & r_{23} \ldots r_{2k} \\ r_{31} & r_{32} & r_3 \ldots r_{3k} \\ \ldots\ldots\ldots\ldots\ldots \\ r_{k1} & r_{k2} & r_{k3} \ldots r_k \end{pmatrix} \quad \text{(A3.8)}$$

Para o total de elementos da matriz de covariância, teremos k entradas da diagonal principal, e o restante das entradas ficará em um número total de k (k-1), uma vez que é extraído o equivalente a uma fila da matriz quando consideramos a diagonal principal em separado. Portanto, a média $\bar{r}$ das correlações interitem (entre os pares) será dada por,

$$\bar{r} = \frac{2\sum_{\substack{i,j=1 \\ i \leq j}}^{k} r_{ij}}{k(k-1)} \qquad (A3.9)$$

Em nossa avaliação, teremos k variáveis, cada uma com variância σ_i^2. Seja $\bar{v}$ a média destes valores de variância. Teremos então

$$v = \frac{\sum_{i=1}^{k} \sigma_i^2}{k} \Rightarrow \sum_{i=1}^{k} \sigma_i^2 = k.\bar{v} \qquad (A3.10)$$

Seja a média das covariâncias das entradas, fora a matriz principal. Teremos então que

$$c = \frac{2.\sum_{\substack{i,j=1 \\ i \neq j}}^{k} \sigma_{ij}^2}{k(k-1)} \Rightarrow 2\sum_{\substack{i=1 \\ i \leq j}}^{k} \sigma_{ij}^2 = k.(k-1).\bar{c} \qquad (A3.11)$$

Tomando por base a fórmula (A3.6), e considerando os resultados alcançados em (A3.10) e (A3.11), podemos escrever

$$\alpha = \frac{k}{k-1}\left[1 - \left(\frac{\sum_{i=1}^{k}\sigma_i^2}{\sum_{i=1}^{k}\sigma_i^2 + 2.\sum_{\substack{i,j=1 \\ i \leq j}}^{k}\sigma_{ij}^2}\right)\right] = \frac{k}{k-1}\left[1 - \left(\frac{k.v}{k.v + k(k-1).c}\right)\right]$$

Podemos desenvolver mais esta fórmula, distribuindo o denominador da expressão entre parênteses para excluir o valor 1 que está acima. Teremos

$$\alpha = \frac{k}{k-1}\left[1 - \left(\frac{k.v}{k.v + k(k-1).c}\right)\right] \Rightarrow \alpha = \frac{k}{k-1}\left(\frac{k.v + k(k-1).c - k.v}{k.v + k(k-1).c}\right)$$

É possível reorganizar esta expressão assim

$$\alpha = \frac{k}{k-1}\left(\frac{k.(k-1).c + k.v - k.v}{k.[v+(k-1).c]}\right)$$

Nesta última expressão, os valores de $k.\bar{v}$ anulam-se no numerador da expressão entre parênteses, restando o valor $k.(k-1)\bar{c}$. Por esta última expressão, o valor de (k-1) pode ser cancelado com a mesma expressão que está no denominador do que fora dos parênteses; também o valor k no numerador da expressão fora dos parênteses pode ser cancelado com o que está em evidência na expressão do denominador do que está entre os parênteses. Teremos então

$$\alpha = \frac{k}{k-1}\left(\frac{k(k-1).\bar{c} + k.\bar{v} - k.\bar{v}}{k.[\bar{v}+(k-1).\bar{c}]}\right) = \frac{k.\bar{c}}{\bar{v}+(k-1).\bar{c}}$$

Se consideramos as variáveis da escala todas padronizadas em Z, teremos que as variâncias de cada variável será sempre 1, e, portanto, $\bar{v}=1$. Já as covariâncias serão as iguais às medidas de correlação, de modo que a média das covariâncias será igual à média das correlações (ver apêndice A2.2). Com as devidas substituições chegamos à fórmula (A3.9) anterior.

- Fórmula de Kunder-Richardson – KR-20, para variáveis binárias

A adaptação do coeficiente alpha para variáveis dicotômicas é feita mantendo a mesma lógica utilizada nas escalas convencionais de razão ou intervalo, ou seja, operamos com a escala somada para avaliar o quanto a variação interitem explica a variação total.

A única diferença da escala dicotômica em relação à escala de intervalo ou de razão diz respeito à computação da variação própria de cada variável, ou seja, de sua variância. Tomamos convencionalmente os seguintes procedimentos: adotamos o evento favorável anotado como 1 e o evento desfavorável como 0; em seguida, calculamos a média e a variância. Definamos cada variável como X_i , de tal modo que:

$$X = \begin{cases} 0 \; fracasso \\ 1 \; sucesso \end{cases} \text{e seja ainda } P(X=1)=p, eP(X=0)=q$$

Temos então condições para calcular a esperança e a variância de X. Vemos inicialmente que:

$$E(X) = \sum_{i=1}^{N} x_i p(x_i) \Rightarrow E(X) = 1.p + 0.q \Rightarrow E(X) = p$$

$$Var(X) = E(X - E(X))^2 = E\left[\left(X^2 - 2.X.E(X) + E(X)\right)^2\right]$$

$$Var(X) = E\left[X^2\right] - 2p^2 + p^2 = E\left[X^2\right] - p^2$$

Sabemos que $E\left[X^2\right] = \sum_{i=1}^{N} x_i^2 p(x_i^2)$, e ainda que $0^2 = 0$ e $1^2 = 1$, ou seja, para qualquer x_i teremos $x_i^2 = x_i$. Logo, $p(x_i^2) = p(x_i)$. Nestes termos, $E(X^2) = 1^2.p + 0^2.q \Rightarrow E(X^2) = p$

. Logo $Var(X) = p - p^2 = p(1-p)$

Como $1 - p = q$, teremos e então, $Var(X) = pq$. Aplicando este resultado na fórmula (A3.5), e encontramos a fórmula Kunder-Richardson KR-20.

$$\alpha = \frac{k}{k-1}\left(1 - \frac{\sum_{i=1}^{k} p_i.q_1}{\sigma_y^2}\right) \quad \text{(A3.12)}$$

- Fórmula para o caso de escalas com dois itens

Para o caso de dois itens, a aplicação do alpha de Cronbach pode parecer desnecessária, especialmente por existir na medida da correlação uma opção mais objetiva e direta. As discussões teóricas mostram, por outro lado, que uma opção mais consistente é utilizar a fórmula 3.5 $\left(c = 2.r_{S1S2} / [1 + r_{S1S2}]\right)$.

Em verdade, esta fórmula é oriunda do desenvolvimento da fórmula do alpha, porém na forma desenvolvida a partir da fórmula A3.7. Vejamos o desenvolvimento:

Consideremos duas variáveis x_i e x_j, e seja r_{ij} a correlação entre as duas. Neste caso, a correlação média das variáveis será a própria correlação entre as duas variáveis.

De fato, $\bar{r} = \dfrac{r_{ij} + r_{ij}}{2}$. Mas, obviamente, $r_{ij} = r_{ij}$.

Logo, $\alpha = \dfrac{kr}{1+(k-1).r} \Rightarrow \alpha = \dfrac{kr_{ij}}{1+(k-1).r}$. Da fórmula A3.7, teremos então

$\alpha = \dfrac{kr}{1+(k-1).r} \Rightarrow \alpha = \dfrac{kr_{ij}}{1+(k-1).r}$

Considerando que temos somente dois itens, teremos então $k=2$. Substituindo na fórmula, teremos:

$$\alpha = \dfrac{2k_{ij}}{1+(2-1).r_{ij}} \Rightarrow \alpha = \dfrac{2r_{ij}}{1+r_{ij}}$$

que é justamente a fórmula 3.5 apresentada.

Apêndice A4 – Bibliografia recomendada sobre validade

ADCOCK, R.; COLLIER, D. Measurement validity: a shared standard for qualitative and quantitative research. *The American Political Review*, v. 95, n. 3, p. 529-546, sep., 2001.

BAGOZZI, R. P.; YI, Y. Multitrait-multimethd in consumer research: critique and new developments. *Journal of Consumer Psychology*, v. 2, n. 2, p. 143-170, 1993.

_____. Multitrait-multimethd matrices in consumer research. *Journal of Consumer Psychology*, v. 17, p. 426-439, mar., 1991.

BEARDEN, W. O.; NETEMEYER, R. G.; MOBLEY, M. F. *Handbook of Marketing scales*. London: Sage publications, 1994.

BORSBOOM, D.; MELLENBERGH, G. J.; VAN HEERDEN, J. The concept of validity. *Psychological Review*, v. 111, n. 4, p. 1061-1071, 2004.

_____.; VAN HEERDEN, J.; MELLENBERGH, G. J. *Validity and truth*. Internal Report. Department of Psychology, University of Amsterdam. 2003 (disponível na internet, em < http://users.fmg.uva.nl/dborsboom/BorsboomTruth2003.pdf>.

CAMPBELL, D. T.; FISKE, D. W. Convergent and discriminant validation by the multitrait-multimethod matrix. *Psychological Bulletin*, v. 56, n. 2, p. 81-105, mar., 1959.

CLARK, L. A.; WATSON, D. Constructing validity: basic issues in objective scale development. *Psychological Assessment*, v. 7, n. 3, p. 309-339, 1995.

COSTA, F. J.; MONTESFUSCO, D. Uma análise dos fatores de envolvimento e do valor percebido por torcedores de futebol. In. Seminários de Administração da USP, 11, São Paulo, 2008. Anais... São Paulo: USP, 2008.

CRONBACH, L. J.; MEEHL, P. E. Construct validity in psychological tests. *Psychological Bulletin*, v. 52, n. 4, p. 281-302, 1955.

FITZPATRICK, A. R. The meaning of content validity. *Applied Psychological Measurement*, v. 7, n. 1 p. 3-13, winter, 1987.

FORNELL, C.; LARCKER, D. Evaluating structural equation models with unobservable variables and measurement error. *Journal of Marketing Research*, v. 18, n. 1, 1981, p. 39–50.

FOSTER, S. L.; CONE, J. D. Validity issues in clinical assessment. *Psychological Assessment*, v. 17, n. 3, p. 248-260, 1995.

GUION, R. M. Content validity – the source of my discontent. Applied

Psychological Measurement, v. 1, n. 1 p. 1-10, winter, 1977.

_____. On trinitarian doctrines of validity. *Professional Psychology*, v. 11, p. 381-398, jun., 1980.

HAYNES, S. N.; RICHARD, D. C. S.; KUBANY, E. S. Content validity in psychological assessment: a functional approach to concepts and methods. *Psychological Assessment*, v. 17, n. 3, p. 238-247, 1995.

KANE, M. T. Current concerns in validity theory. *Journal of Educational Measurement*, v. 38, p. 319–342, 2001.

LISSITZ, R. W.; SAMUELSEN, K. A Suggested change in terminology and emphasis regarding validity and education. *Educational Researcher*, v. 36, p. 437-448, 2007.

NETEMEYER, R. G.; BEARDEN, W. O.; SHARMA, S. *Scaling procedures*: issues and applications. *Thousand Oaks*: Sage, 2003.

PASQUALI, L. Validade dos testes psicológicos: será possível reencontrar o caminho? Psicologia: Teoria e Pesquisa, v. 23, Número especial, p. 99-107, 2007.

PEDHAZUR, E.; SCHMELKIN, L. P. Measurement, design and analysis: an integrated approach. Hillsdale: *Lawrence Erlbaum Associates Inc. Publishers*, 1991.

PETER, J. P. Construct Validity. A review of basic issues and marketing practices. *Journal of Marketing Research*, v. XVIII, p. 133-145, may, 1981.

PONS, F.; MOURALI, M.; NYECK, R. Consumer orientation toward sporting events: scale development and validation. *Journal of Service Research – JSR*, v. 8, n. 3, p. 276-287, feb., 2006.

SCHRIESHEIM, C. A.; POWERS, K. J.; SCANDURA, T A.; GARDINER, C. C.; LANKAU, M. J. Improving construct measurement in management research: comments and a quantitative approach for assessing the theoretical content adequacy of paper-and-pencil survey-type instruments. *Journal of Management*, v. 19, p. 385-417, 1993.

SIMITH, G. T. On construct validity: issues of method and measurement. *Psychological Assessment,* v. 7, n. 4, p. 296-408, 1995.

SIRECI, S. G. On validity theory and test validation – comments on Lissitz and Samuelsen. *Educational Researcher*, v. 36, n. 8, p. 477–481, 2007.

URBINA, S. *Essentials of psychological testing.* New Jersey: John Wiley & Sons, Inc., 2004.

Apêndice A6.1 – Primeiro questionário aplicado na escala de atitudes

1. Qual o seu semestre (aproximado)?

2. Sua instituição é:
[   ] Pública   b) [   ] Privada

3. Você trabalha ou trabalhou em atividades envolvendo Matemática ou Estatística?
[   ] Sim   b) [   ] Não (passe para a questão 5)

4. Informe em que.
[   ] Projetos diversos na faculdade
[   ] Atividades de seu trabalho

5. A seguir, temos uma série de afirmações relacionadas a seu interesse e suas habilidades em métodos quantitativos. Pedimos que seja apontado o quanto você CONCORDA ou DISCORDA de cada uma delas. Na escala, os números indicam: 1 – Discordo totalmente; 2 – Discordo fortemente; 3 – Discordo moderadamente; 4 – Indiferente; 5 – Concordo moderadamente; 6 – Concordo fortemente; 7 – Concordo totalmente.

As disciplinas de métodos quantitativos têm grande importância para mim	1	2	3	4	5	6	7
Cometo poucos erros em cálculos em disciplinas de métodos quantitativos	1	2	3	4	5	6	7
As disciplinas de métodos quantitativos são para mim muito interessantes	1	2	3	4	5	6	7
Consigo aplicar os conhecimentos da área de métodos quantitativos em situações práticas	1	2	3	4	5	6	7
NÃO me disponho a gastar tempo extra estudando os conteúdos desta área [R]	1	2	3	4	5	6	7
Consigo aplicar os conhecimentos da área de métodos quantitativos em outras disciplinas	1	2	3	4	5	6	7
Eu faria as disciplinas desta área, mesmo que não fossem obrigatórias	1	2	3	4	5	6	7

Compreendo bem as equações usadas em métodos quantitativos	1	2	3	4	5	6	7
Eu realmente gosto de cursar as disciplinas de métodos quantitativos	1	2	3	4	5	6	7
Consigo analisar e aplicar resultados de problemas de métodos quantitativos	1	2	3	4	5	6	7
Eu estudo métodos quantitativos para minha satisfação pessoal	1	2	3	4	5	6	7
NÃO tenho um bom domínio dos conteúdos de métodos quantitativos [R]	1	2	3	4	5	6	7
Ao escolher uma disciplina, primeiro olho para as de métodos quantitativos	1	2	3	4	5	6	7
Eu consigo compreender as soluções de problemas de matemática e estatística	1	2	3	4	5	6	7
As disciplinas de métodos quantitativos são para mim chatas e monótonas	1	2	3	4	5	6	7
Eu consigo resolver problemas de matemática e estatística	1	2	3	4	5	6	7

6. Agora uma série de afirmações relacionadas à sua percepção de necessidade e autoconfiança em relação às disciplinas de métodos quantitativos. Na escala, os números seguem a mesma regra da questão anterior.

Sinto-me seguro quando tenho que resolver problemas de métodos quantitativos	1	2	3	4	5	6	7
Eu considero necessário que todos os alunos do curso devem fazer as disciplinas desta área	1	2	3	4	5	6	7
Sinto-me seguro quando faço avaliações de métodos quantitativos em sala	1	2	3	4	5	6	7
O conteúdo das disciplinas da área deveria ser trabalhado também em outras disciplinas do curso	1	2	3	4	5	6	7
As disciplinas de métodos quantitativos NÃO me amedrontam	1	2	3	4	5	6	7
O conteúdo da área complementa bem as demais disciplinas do curso	1	2	3	4	5	6	7

As disciplinas desta área são mais fáceis para mim que para muitos de meus colegas	1	2	3	4	5	6	7
As disciplinas de Métodos quantitativos devem ser obrigatórias no curso	1	2	3	4	5	6	7
Eu sou muito talentoso em métodos quantitativos	1	2	3	4	5	6	7
O conhecimento da área é necessário para as demais disciplinas do curso	1	2	3	4	5	6	7
Se não entendo um assunto em métodos quantitativos, provavelmente nunca aprenderei [R]	1	2	3	4	5	6	7
O conhecimento da área é necessário para uma boa formação profissional	1	2	3	4	5	6	7
As disciplinas de métodos quantitativos são parte de meus pontos fortes	1	2	3	4	5	6	7
As empresas necessitam de profissionais com conhecimento nesta área	1	2	3	4	5	6	7
As disciplinas de métodos quantitativos são fáceis para mim	1	2	3	4	5	6	7
Uma especialização nessa área ajudaria na solução dos problemas da minha empresa	1	2	3	4	5	6	7

7. Por fim, temos uma série de afirmações relacionadas à sua percepção de impacto e sobre a dificuldade das disciplinas de métodos quantitativos. Na escala, os números seguem a mesma regra das duas questões anteriores.

O que aprendo nas disciplinas desta área é importante para minha formação profissional	1	2	3	4	5	6	7
Disciplinas de métodos quantitativos são muito complicadas	1	2	3	4	5	6	7
O conteúdo aprendido nas disciplinas de métodos quantitativos será útil no meu dia a dia	1	2	3	4	5	6	7
Disciplinas de métodos quantitativos NÃO podem ser aprendidas rapidamente	1	2	3	4	5	6	7
As disciplinas da área conduzem os estudantes a aliar teoria e prática	1	2	3	4	5	6	7
Disciplinas de métodos quantitativos NÃO são difíceis [R]	1	2	3	4	5	6	7

A aprendizagem das habilidades da área ajuda os estudantes a solucionar problemas práticos	1	2	3	4	5	6	7
As disciplinas desta área são mais difíceis que as demais disciplinas do curso	1	2	3	4	5	6	7
O pensamento quantitativo NÃO é aplicável no meu trabalho [R]	1	2	3	4	5	6	7
O aprendizado das disciplinas de métodos quantitativos exige muita dedicação	1	2	3	4	5	6	7
As conclusões tiradas em métodos quantitativos raramente se aplicam no dia a dia [R]	1	2	3	4	5	6	7
As disciplinas da área são bastante desafiadoras	1	2	3	4	5	6	7
As disciplinas de métodos quantitativos são bastante relevantes na minha vida	1	2	3	4	5	6	7
As fórmulas de métodos quantitativos são fáceis de compreender [R]	1	2	3	4	5	6	7
Boas habilidades em métodos quantitativos ajudam na minha empregabilidade	1	2	3	4	5	6	7
O conteúdo das disciplinas desta área é muito complexo	1	2	3	4	5	6	7

8. Qual seu sexo?
[   ] Masculino
[   ] Feminino

9. Qual sua idade?
[   ] Até 21 anos
[   ] Acima de 21 até 24 anos
[   ] Acima de 24 até 27 anos
[   ] Acima de 27 até 30 anos
[   ] Acima de 30 anos

10. Atualmente você:
[   ] Não está trabalhando (por desemprego, afastamento...)
[   ] Está trabalhando em meio turno
[   ] Está trabalhando integralmente

Muito obrigado por sua colaboração!

Apêndice A6.2 – Primeiro questionário aplicado na escala de serviços

1. Qual o seu semestre (aproximado)?

2. Quanto a sua avaliação sobre loja, temos a seguir um conjunto de afirmações. Pedimos que seja apontado o quanto você concorda ou discorda de cada uma delas. Na escala, 1 indica DISCORDÂNCIA TOTAL, 7 indica CONCORDÂNCIA TOTAL, e os demais indicam concordância entre estes extremos.

Os profissionais se interessam por mim	1	2	3	4	5	6	7
O ambiente onde recebo o serviço é limpo (salão, faculdade)	1	2	3	4	5	6	7
Eu gosto do ambiente (do salão/da faculdade)	1	2	3	4	5	6	7
Os profissionais interagem comigo quando me atendem diretamente	1	2	3	4	5	6	7
A organização tem uma boa estrutura física	1	2	3	4	5	6	7
Percebo uma falta de interação quando sou atendido (r)	1	2	3	4	5	6	7
Sinto-me confortável na organização	1	2	3	4	5	6	7
Tenho uma boa relação com os profissionais que me atendem	1	2	3	4	5	6	7
As cores do ambiente me deixam confortável	1	2	3	4	5	6	7
Identifico-me bem com os profissionais que me atendem	1	2	3	4	5	6	7
A climatização do ambiente é adequada	1	2	3	4	5	6	7
A iluminação é satisfatória	1	2	3	4	5	6	7
Os profissionais dialogam apropriadamente comigo	1	2	3	4	5	6	7
A estrutura física se adequa bem ao serviço que recebo	1	2	3	4	5	6	7
Os profissionais mantêm uma interação amigável comigo	1	2	3	4	5	6	7

3. Atualmente você:
[   ] Não está trabalhando (por desemprego, afastamento...)
[   ] Está trabalhando em meio turno
[   ] Está trabalhando integralmente

4. Qual seu sexo?
[   ] Masculino   b) [   ] Feminino

5. Qual sua idade?
[   ] Até 21 anos
[   ] Acima de 21 até 24 anos
[   ] Acima de 24 até 27 anos
[   ] Acima de 27 até 30 anos
[   ] Acima de 30 anos

6. Quanto a sua avaliação sobre loja, temos a seguir um conjunto de afirmações. Pedimos que seja apontado o quanto você concorda ou discorda de cada uma delas. Na escala, 1 indica DISCORDÂNCIA TOTAL, 7 indica CONCORDÂNCIA TOTAL, e os demais indicam concordância entre estes extremos.

O som (ruído, barulhos externos...) ambiente é apropriado	1	2	3	4	5	6	7
Nesta organização os funcionários mostram real interesse quando conversam comigo	1	2	3	4	5	6	7
Os espaços são amplos e diversificados	1	2	3	4	5	6	7
Evito profissionais que não interagem comigo	1	2	3	4	5	6	7
O ambiente geral é bem organizado	1	2	3	4	5	6	7
Os profissionais não interagem comigo (r)							
Sinto-me bem na organização onde recebo o serviço	1	2	3	4	5	6	7
O ambiente da organização tem um aroma (cheiro) adequado	1	2	3	4	5	6	7
Os produtos/equipamentos estão em bom estado	1	2	3	4	5	6	7

Considero adequado o tempo de espera no atendimento	1	2	3	4	5	6	7
Os serviços são de boa qualidade	1	2	3	4	5	6	7
Sou bem atendido(a) por todos na organização	1	2	3	4	5	6	7
Confio no serviço fornecido pelos profissionais	1	2	3	4	5	6	7
Há agilidade na resolução dos problemas	1	2	3	4	5	6	7
Recebo a atenção que realmente preciso	1	2	3	4	5	6	7
Percebo falhas no atendimento	1	2	3	4	5	6	7

7. Qual o seu estado civil?
[   ] Solteiro(a)   b) [   ] Casado(a)   c) [   ] Outro

8. Qual a sua renda familiar mensal?
[   ] Até R$ 1000,00
[   ] Acima de R$ 1000,00 até R$ 2000,00
[   ] Acima de R$ 2000,00 até R$ 3000,00
[   ] Acima de R$ 3000,00 até R$ 4000,00
[   ] Acima de R$ 4000,00

9. Quanto a sua avaliação sobre loja, temos a seguir um conjunto de afirmações. Pedimos que seja apontado o quanto você concorda ou discorda de cada uma delas. Na escala, 1 indica DISCORDÂNCIA TOTAL, 7 indica CONCORDÂNCIA TOTAL, e os demais indicam concordância entre estes extremos.

O prestador do serviço cuida bem dos clientes	1	2	3	4	5	6	7
A atenção que recebo atende a minhas necessidades	1	2	3	4	5	6	7
O serviço recebido diretamente (em sala/pelo profissional de beleza) é de boa qualidade	1	2	3	4	5	6	7
A organização tem um bom nível de atendimento	1	2	3	4	5	6	7
O serviço está no padrão de qualidade que eu gostaria de receber	1	2	3	4	5	6	7
Considero que recebo um atendimento justo e honesto	1	2	3	4	5	6	7

Os produtos/equipamentos são adequados ao serviço	1	2	3	4	5	6	7
O pessoal de atendimento é bastante prestativo	1	2	3	4	5	6	7
Os atendentes dominam bem as técnicas e processos do serviço prestado	1	2	3	4	5	6	7
Os atendentes estão sempre dispostos a ajudar	1	2	3	4	5	6	7
Os serviços têm um bom padrão de qualidade	1	2	3	4	5	6	7
Os atendentes são educados e gentis	1	2	3	4	5	6	7

Agradedemos por sua colaboração!

Apêndice A7 – Análise fatorial

Os procedimentos de análise fatorial foram desenvolvidos ao longo do século XX, com um desdobramento mais intenso na esfera da Psicometria. O largo desenvolvimento e a pesquisa sobre o assunto geraram uma ampla gama de modelos, métodos e procedimentos de análise e decisão. Veremos neste apêndice algumas considerações parciais sobre o modelo matemático da AFE.

A7.1. Considerações iniciais e pressupostos

Sejam então $X_1, X_2, ... X_n$ variáveis aleatórias, que formam de um vetor aleatório $X = (X_1, X_2, ... X_n)^T$, vetor este que tem associado a si vetor das médias $\mu = (\mu_1, \mu_2, ... \mu_n)^T$, e vetor dos desvios-padrão $\sigma = (\sigma_1, \sigma_2, ... \sigma_n)^T$.

Para análise fatorial operamos com a padronização em Z das variáveis aleatórias do vetor aleatório X, de modo que, para a variável X_i teremos $Z_{Xi} = \left[(X_i - \mu_i)/\sigma_i \right]$. Logo, as variáveis Z_i do vetor aleatório terão todas as médias iguais a zero e desvios padrão iguais a 1 (ver apêndice A2.2). Seja ainda P_{nxn} a matriz de covariância do vetor aleatório Z.

Se supormos que as correlações entre as variáveis de Z sejam definidas por um conjunto de n fatores subjacentes, os construtos latentes, então, podemos admitir que há uma relação linear entre as variáveis padronizadas e os n fatores F_i, ponderadas pelos escores c. Por outro lado, não temos por que acreditar que tal relação explique completamente as variáveis, podendo existir um erro ε_i associado. As equações do modelo estão a seguir ilustradas:

$$Z_1 = c_{11}F_1 + c_{12}F_2 + c_{13}F_3 + ... + c_{1n}F_n + \varepsilon_1$$
$$Z_2 = c_{21}F_1 + c_{22}F_2 + c_{23}F_3 + ... + c_{2n}F_n + \varepsilon_2$$
$$Z_3 = c_{31}F_3 + c_{32}F_3 + c_{33}F_3 + ... + c_{1n}F_n + \varepsilon_3$$
$$..$$
$$Z_n = c_{n1}F_1 + c_{n2}F_2 + c_{n3}F_{13} + ... + c_{nn}F_n + \varepsilon_n$$

Com um pouco de esforço de abstração, é possível reescrever estas equações na forma matricial, assim: $Z = C.F = \varepsilon$, onde Z é o vetor das variáveis aleatórias padronizadas, C é a matriz $n \times n$ dos escores C_{ij}, F é vetor de fatores, e ε é o vetor dos erros de mensuração de cada variável. Temos então:

$$\begin{pmatrix} Z_1 \\ Z_2 \\ Z_3 \\ \dots \\ Z_n \end{pmatrix} = \begin{pmatrix} c_{11} & c_{12} & c_{13}\dots c_{1n} \\ c_{21} & c_{22} & c_{23}\dots c_{2n} \\ c_{31} & c_{32} & c_{33}\dots c_{3n} \\ \dots \\ c_{n1} & c_{n2} & c_{n3}\dots c_{nn} \end{pmatrix} \begin{pmatrix} F_1 \\ F_2 \\ F_3 \\ \dots \\ F_n \end{pmatrix} \begin{pmatrix} \varepsilon_1 \\ \varepsilon_2 \\ \varepsilon_3 \\ \dots \\ \varepsilon_n \end{pmatrix}$$

Por hipótese, podem existir n fatores que geram as n variáveis. No entanto, os procedimentos da análise fatorial são orientados para redução do número de variáveis, de modo que teremos por intenção encontrar um número m menor de fatores (ou seja, $1 \leq m \leq n$, mas preferencialmente $m \leq n$), em que estes fatores expliquem o máximo a variação existente nas variáveis do vetor Z.

O problema que se gera em decorrência desta demanda é o da construção de um procedimento de estimação para o vetor F. Para tanto, são fixados alguns pressupostos, e aponto a seguir aqueles que são mais comumente usados em procedimentos de construção de escalas, e por serem parte convencional das análise realizadas nos softwares disponíveis.

- Pressuposto 1 – A média de qualquer dos fatores é zero. Simbolicamente, em termos de esperança matemática, temos $E(F_j) = 0, j = 1, 2, \dots n$, . Na linguagem vetorial, teremos $E(F = [F_1, F_2, \dots F_n]'^T) = (0, 0 \dots 0)'^T$;
- Pressuposto 2 – Todos os fatores têm variância igual a 1 e são não correlacionados entre si. Simbolicamente, $Var(F_j) = 1, j = 1, 2, \dots n$, e , $Cor(F_i; F_j) = 0, i \neq j$ (veja que, por este pressuposto, os fatores possuem a mesma variância, todas iguais a 1)
- Pressuposto 3 – Os erros têm média zero, ou seja, $E(\varepsilon_j) = 0, j = 1, 2 \dots n$,ou ainda, $E(\varepsilon = [\varepsilon_1, \varepsilon_2, \dots \varepsilon_n]'^T) = (0, 0, \dots 0)'^T$;
- Pressuposto 4 – Todos os erros são não correlacionados entre si, porém não são, necessariamente, de mesma variância. Simbolicamente, , $Cov(\varepsilon_i; \varepsilon_j) = 0, i \neq j$, mas $Var(\varepsilon_j) = \psi_j$, com $\psi_j \in R$, e $j = 1, 2, \dots n$;
- Pressuposto 5 – Não há correlação entre os fatores e os erros, ou seja, $Cov(F_i; \varepsilon_j) = 0$, para quaisquer i e j, com $i, j=1,2,\dots n$.

Estes pressupostos determinam que os fatores são não correlacionados, ou seja, que os vetores associados são ortogonais (pois seu produto interno é nulo). Por esta razão, este conjunto de pressupostos viabiliza a estimação do 'modelo fatorial ortogonal', que é mais amplamente usado nos procedimentos iniciais de construção de escalas.

A7.2. Consequências e propriedades

Considerando o conceito e os pressupostos mencionados anteriormente, podemos verificar alguns resultados relevantes, que apresentarei aqui. Mas antes, é necessário que fixemos quatro resultados preliminares. Temos:

a) O valor esperado do produto ordenado dos termos de dois erros de mensuração é igual a zero, ou seja, $E(\varepsilon_i.\varepsilon_j) = 0, \neq j$, com $i, j=1,2,...n$
Prova:
Lembremos que: $Cov(X_i; X_j) = E([X_i - \mu_{Xi}][X_j - \mu_{Xj}])$

Seja agora $Cov(\varepsilon_i; \varepsilon_j) = E([\varepsilon_i - \mu_{\varepsilon i}][\varepsilon_j - \mu_{\varepsilon j}])$. Mas, pelo pressuposto 4, $\mu_{\varepsilon i} = \mu_{\varepsilon j} = 0$. Logo, $Cov(\varepsilon_i; \varepsilon_j) = E([\varepsilon_i - 0][\varepsilon_j - 0]) = E(\varepsilon_i.\varepsilon_j)$.

Pelo mesmo pressuposto 4, sabemos que $Cov(\varepsilon_i; \varepsilon_j) = 0$. Logo, $E(\varepsilon_i.\varepsilon_j) = 0$, como queríamos demonstrar.

Seguindo o mesmo procedimento, é fácil ver que Este resultado será útil adiante.

b) A covariância entre uma variável qualquer e um fator é igual ao valor esperado do produto ordenado das variáveis, ou seja, $Cov(Z_i; F_j) = E(Z_i.F_j)$, com $i, j = 1, 2,...n$
Prova:
Aplicando o conceito de covariância apresentado a variáveis e fatores, e observando os pressupostos anteriores, teremos que:

$$Cov(Z_i; F_j) = E([Z_i - \mu_{z_i}][F_j - \mu_{F_j}])$$

Mas sabemos que, em qualquer dos casos, a média será 0 (ou seja, $\mu_{z_i} = \mu_{F_j} = 0$). Logo, $Cov(Z_i; F_j) = E([Z_i - 0][F_j - 0])$, ou seja, $Cov(Z_i; F_j) = E(Z_i.F_j)$, como queríamos mostrar.

c) A covariância entre dois fatores quaisquer é igual ao valor esperado do produto ordenado dos fatores, ou seja, $Cov(F_i; F_j) = E(F_i.F_j), i \neq j$, com $i, j = 1, 2,...n$

Prova:
Seja inicialmente $Cov(F_i; F_J) = E\left(\left[F_i - \mu_{F_i}\right]\left[F_J - \mu_{F_i}\right]\right)$. Como as médias dos fatores são iguais a 0, vem que:

$$Cov(F_i; F_J) = E\left(\left[F_i - 0\right]\left[F_J - 0\right]\right) \Rightarrow Cov(F_i; F_J) = E(F_i.F_J).$$

Como $Cov(F_i; F_J) = 0$, teremos que $E(F_i; F_J) = 0$.

d) A covariância entre duas variáveis quaisquer é igual ao valor esperado do produto ordenado dos valores, ou seja, $Cov(Z_i; Z_J) = E(Z_i.Z_J)$.
Prova: Seguindo os procedimentos anteriores, a prova é imediata.
Resultado 1
Considerando agora estes resultados preliminares, podemos desenvolver resultados mais relevantes do ponto de vista da teoria da análise fatorial. Retomemos então o caso da covariância entre uma variável e um fator. Veremos então que: Logo,

$$Cov(Z_i; F_1) = E(Z_i.F_1) = E\left(\left[c_{i1}F_1 + c_{i2}F_2 + \ldots + c_{in}F_n + \varepsilon_n\right].F_1\right) Logo,$$

$$Cov(Z_i; F_1) = E(c_{i1}F_1.F_1 + c_{i2}F_2.F_1 \ldots + c_{in}F_n.F_1 + \varepsilon_n.F) \Rightarrow$$

$$Cov(Z_i; F_1) = E\left((c_{i1}F_1.F_1) + E(c_{i2}F_2.F_1) + \ldots + E(c_{in}F_n.F_1) + E(\varepsilon_n.F_1)\right) \Rightarrow$$

$$Cov(Z_i; F_1) = c_{i1}E(F_1.F_1) + c_{i2}E(F_2.F_1) + \ldots + c_{in}E(F_n.F_1) + E(\varepsilon_n.F_1) \Rightarrow$$

$$Cov(Z_i; F_1) = c_{i1}Cov(F_1.F_1) + c_{i2}Cov(F_2.F_1) + \ldots + c_{in}Cov(F_n.F_1) + Cov(\varepsilon_n.F_1)$$

Mas, pelos pressuposto 2 e 5 e pelos resultados preliminares, vemos que em todas as parcelas depois $c_{i1}Cov(F_1; F_1)$ de há um fator que se anula, e lembrando que $Cov(F_1; F_1) = Var(F_1) = 1$, teremos,

$$Cov(Z_i; F_1) = c_{i1}1 + c_{i2}.0 + \ldots + c_{in}0 + 0 \Rightarrow Cov(F_1; Z_i) = c_{i1}$$

Como estamos operando com variáveis padronizadas, em que as variâncias (e por consequência os desvios padrão) são sempre iguais a 1, então é fácil ver que $Cov(Z_i; F_1) = Cor(Z_i; F_1) = c_{i1}$. Obviamente, se tomarmos qualquer outro fator F_J, encontraremos um resultado equivalente, ou seja, $Cor(Z_i; F_1) = c_{i1}$.

Este importante resultado mostra que o fator de ponderação entre a variável e um fator, que é o escore ou carga fatorial, é exatamente sua correlação. Naturalmente, quanto maior o valor do escore fatorial maior será a relação entre o fator e a variável, e mais o fator explica a variação da variável.

Resultado 2
Para facilitar o resultado seguinte, suponha que estejamos operando em um construto em que as variáveis são explicadas por apenas um fator, e sejam as duas variáveis $Z_i = c_i F + \varepsilon_i$ e $Z_j = c_j F + \varepsilon_j$, com $i, j = 1, 2, ... n$. Tomemos então a cova-riância entre as duas varáveis. Teremos:

$$Cov(Z_i; Z_j) = Cov(c_i F + \varepsilon_i; c_j F + \varepsilon_j) = E([c_i F + \varepsilon_i].[c_j F + \varepsilon_j]) \Rightarrow$$

$$Cov(Z_i; Z_j) = E([c_i F.c_j F + c_i F.\varepsilon_j + \varepsilon_i c_j F + \varepsilon_i.\varepsilon_j]) \Rightarrow$$

$$Cov(Z_i; Z_j) = E(c_i.c_j F.F) + E(c_i F.\varepsilon_j) + E(\varepsilon_i c_j F) + E(\varepsilon_i.\varepsilon_j) \Rightarrow$$

$$Cov(Z_i; Z_j) = c_i.c_j E(F.F) + c_i E(F.\varepsilon_j) + c_j E(\varepsilon_i F) + E(\varepsilon_i.\varepsilon_j) \Rightarrow$$

$$Cov(Z_i; Z_j) = c_i.c_j Cov(F.F) + c_i Cov(F.\varepsilon_j) + c_j Cov(\varepsilon_i F) + Cov(\varepsilon_i.\varepsilon_j)$$

Retomando as considerações presentes nos resultados preliminares e nos pressupostos 4 e 5, e ainda que, por estarmos operando com variáveis padronizadas nas quais a covariância é igual à correlação, teremos então que

$$Cov(Z_i; Z_j) = c_i.c_j 1 + c_i.0 + c_j.0 + 0 \Rightarrow Cov(Z_i; Z_j) = Cor(Z_i; Z_j) = c_i.c_j$$

O que está apontado anteriormente é indicativo de que a correlação entre duas variáveis é estimada pelo produto dos escores fatoriais associados ao fator subjacente. Se tivermos mais de um fator subjacente, é possível demonstrar que a correlação será o somatório dos produtos dos escores, para os diferentes fatores subjacentes às variáveis.

Já temos então uma primeira sugestão de verificação de consistência, que consiste em analisar o quanto a correlação verificada nas variáveis observáveis se aproximará da correlação estimada pelo produto das cargas fatoriais. Comentarei isto novamente adiante.

Resultado 2
Agora, veja que, se $Z_i = c_{i1}F_1 + c_{i2}F_2 + c_{i3}F_3 + ... + c_{in}F_n$, então
$Var(Z_i) = Var(c_{i1}F_1 + c_{i2}F_2 + c_{i3}F_3 + ... + c_{in}F_n + \varepsilon_i)$, ou seja,
$Var(Z_i) = Var(c_{i1}F_1) + Var(c_{i2}F_2) + Var(c_{i3}F_3) + ... + Var(c_{in}F_n) + Var(\varepsilon_{in})$

ou,

$$Var(Z_i) = c_{i1}^2 Var(F_1) + c_{i2}^2 Var(F_2) + c_{i3}^2 Var(F_3) + ... + c_{in}^2 Var(F_n) + Var(\varepsilon_{i1})$$

Assumimos no pressuposto 2 que a variância de qualquer fator é 1, o mesmo ocorrendo com a variância da variável em , que é padronizada. Nestes termos, teremos:

$$1 = c_{i1}^2 + c_{i2}^2 + c_{i3}^2 + ... + c_{in}^2 + Var(\varepsilon_1) \Rightarrow \sum_{j=1}^{n} c_{ij}^2 + Var(\varepsilon_1) = 1$$

A soma $\left(\sum_{j=1}^{n} c_{ij}^2\right)$ recebe o nome de 'comunalidade da variável Z_i' e representa a porção da variância da variável que é explicada pelos fatores. Veja bem: *esta é a soma dos quadrados dos escores de uma mesma variável, nos diferentes fatores.* No somatório, a variação é em *j*, que é indexador do número de fatores.

A segunda porção da variação de Z_i, oriunda de $Var(\varepsilon_1)$, é chamada de 'especificidade da variável', e indica a porção da variância de Z_i não explicada pelos fatores. Para os *m* fatores selecionados, quanto maior a comunalidade da variável melhor esta será explicada pelos fatores.

Um tópico igualmente relevante que, embora esteja associada aos escores fatoriais, tem em definição formal uma vinculação a conceitos mais avançados de álgebra matricial, é a medida de autovalor. De maneira informal, entenderemos o autovalor de um fator a partir de uma possibilidade de seu cálculo, que é feito pela soma dos quadrados dos escores daquele fator. Simbolicamete, teremos o autovalor λ_j para um fator F_J com n variáveis calculado assim:

$$\lambda_j = \sum_{i=1}^{n} c_{ij}^2 = c_{1j}^2 + c_{2j}^2 + c_{3j}^2 ... + c_{nj}^2$$

Entendemos que λ_j indica o total da variação que é absorvida pelo fator (veja que a variação aqui é em *i*, o indexador da variável e não do fator, diferente do cálculo da comunalidade). Se termos *n* variáveis cada uma com variância igual a 1, teremos portanto uma variância total igual a *n*. Logo, se dividirmos λ_j por *n* teremos a proporção da variância total explicada por aquele fator. Este é o conceito de variância extraída, comentado no texto do capítulo (ou seja, $VE = \sum_{i=1}^{n} c_{ij}^2 / n$).

Como usamos a análise fatorial para reduzir variáveis, mas pretendendo manter o máximo de informação (representada pela variância) considerando a perda que teremos ao reduzir as variáveis, então é fácil compreender que a variância extraída deve ser o maior possível, sendo desejado pelo menos que seja maior que 50% do total da variação dos itens da escala. Isto permite compreender por que sugeri no texto o ponto de corte de 50% como critério de avaliação e decisão sobre os fatores.

Em síntese, quando extraímos os fatores de um procedimento de análise fatorial, verificaremos que: (1) os escores fatoriais representam a correlação entre o fator e a variável; (2) o produto dos escores fatoriais de duas variáveis representa a correlação entre estas variáveis; (3) o somatório dos quadrados das cargas fatoriais ao longo dos fatores é chamado comunalidade; (4) o somatório dos quadrados das cargas fatoriais ao longo das variáveis é o autovalor, e a razão do autovalor pelo número de variáveis é a variância extraída.

A7.3. A estimação dos fatores

Neste item comento de forma parcial o processo de estimação dos fatores. Como vimos anteriormente, o conceito de análise fatorial pressupõe que a variação das variáveis é decorrente da variação no fator subjacente, que é, para nossas análises, a variação no construto (lembro novamente que este princípio concerne somente aos construtos reflexivos, não servindo para os construtos formativos). Dado que o fator está subjacente, não temos como verificá-lo, ou seja, não acessamos a sua medida. Devemos usar então as medidas das variáveis, que são observáveis, como forma de estimar os fatores.

Para tanto foram desenvolvidos diversos procedimentos, que ficaram reconhecidos como 'métodos de extração', sendo os mais conhecidos o método dos componentes principais e o método da máxima verossimilhança. Qualquer dos dois métodos pressupõe o conhecimento de conteúdos avançados da álgebra matricial e da teoria de inferência estatística e de teste de hipóteses (no método da máxima verossimilhança), de modo que sua exposição aqui fugiria ao extremo dos objetivos e dos fundamentos desenvolvidos para este livro. Vale considerar, por outro lado, algumas observações relevantes sobre estes métodos.

Sobre o método dos componentes principais, este é, na realidade, um método matemático que 'inverte' o procedimento de estimação de componentes para viabilizar a estimação dos fatores. A extração dos componentes é parte da técnica matemática conhecida como análise dos componentes principais (ACP), que tem, assim como a análise fatorial, a pretensão de redução de variáveis. No entanto, a ACP parte do entendimento de que os componentes são construídos a partir das variáveis (de certa forma, o contrário do que ocorre com a análise fatorial, que pressupõe que as variáveis é que são definidas pelo fator). A inversão referida desencadeia a operação com as matrizes do modelo de relações indicadas no item A7.1, e tais operações requerem conhecimentos avançados de álgebra linear.

O método dos componentes principais não testa hipóteses (e por isto é, eventualmente, entendido como um modelo de estimação não estatístico), mas não deixa de ser por esta razão um modelo consistente. Com efeito, o método é amplamente usado na base da chamada Análise Fatorial Exploratória (creio que agora o leitor pode compreender a razão do adjetivo exploratória), e tem mostrado resultados consistentes nas mais diversas pesquisas que têm sido publicadas em Administração, além de ser um método adequado para avaliação de conjuntos de dados que não possuem uma estrutura de dimensões predefinidas.

Já o método de estimação da máxima verossimilhança é um método estatístico, que testa hipóteses associadas aos fatores, e pressupõe uma população a partir da qual é extraída uma amostra verificada nos itens que possuem um conjunto de fatores subjacentes.

O método estima os escores fatoriais da suposta população a partir dos dados da amostra. Entre outros aspectos, este método testa a coerência entre as correlações observadas na amostra e a correlação estimada pelos procedimentos de multiplicação de escores fatoriais (ver item A7.2). Obviamente, quanto melhor o modelo mais as duas medidas de correlação se aproximam[2].

É interessante observar que o método da máxima verossimilhança, ao contrário do método dos componentes principais, é menos utilizado, mesmo sendo já disponível em softwares populares, como o SPSS. Na verdade, a preferência por um método estatístico decorre inicialmente de alguma suposição ou expectativa teórica da estrutura fatorial subjacente aos dados, ou seja, o método da máxima verossimilhança é mais usado para confirmar a estrutura, sendo associado aos procedimentos de Análise Fatorial Confirmatória.

---

2 Daí já temos uma indicação para construção de um teste de hipóteses, mas que prefiro não expor aqui. Aos interessados em mais detalhes sobre estes procedimentos, recomendo a verificação presente em: ARANHA, F.; ZAMBALDI, F. Análise fatorial em administração. São Paulo: Cengage Learning, 2008; BARTHOLOMEW, D. J.; STEELE, F.; MOUSTAKI, I.; GALBRAITH, J. I. The analysis and interpretation of multivariate data for social scientists. Florida: Chapman & Hall/CRC, 2002.

Apêndice A8.1 – Segundo questionário aplicado na escala de atitudes

1. Qual o seu semestre (aproximado)?

2. Sua instituição é?
[ ] Pública
[ ] Privada

3. Você trabalha ou trabalhou em atividades envolvendo Matemática ou Estatística?
[ ] Sim (passe para a questão 4)
[ ] Não (passe para a questão 5)

4. Informe em que.
[ ] Projetos diversos na faculdade
[ ] Atividades de seu trabalho

5. Atualmente você:
[ ] Não está trabalhando (por desemprego, afastamento ou dedicação exclusiva aos estudos)
[ ] Está trabalhando em meio turno
[ ] Está trabalhando integralmente

6. A seguir, temos uma série de afirmações relacionadas a seu interesse e suas habilidades em métodos quantitativos. Pedimos que seja apontado o quanto você CONCORDA ou DISCORDA de cada uma delas. Na escala, os números indicam: 1 – Discordo totalmente; 2 – Discordo fortemente; 3 – Discordo moderadamente; 4 – Indiferente; 5 – Concordo moderadamente; 6 – Concordo fortemente; 7 – Concordo totalmente.

Cometo poucos erros em cálculos em disciplinas de métodos quantitativos	1	2	3	4	5	6	7
As disciplinas de métodos quantitativos têm grande importância para mim	1	2	3	4	5	6	7
Consigo aplicar os conhecimentos da área de métodos quantitativos em situações práticas	1	2	3	4	5	6	7

As disciplinas de métodos quantitativos são para mim muito interessantes	1	2	3	4	5	6	7
Compreendo bem as equações usadas em métodos quantitativos	1	2	3	4	5	6	7
Eu faria as disciplinas desta área, mesmo que não fossem obrigatórias	1	2	3	4	5	6	7
Consigo analisar e aplicar resultados de problemas de métodos quantitativos	1	2	3	4	5	6	7
Eu realmente gosto de cursar as disciplinas de métodos quantitativos	1	2	3	4	5	6	7
Eu consigo compreender as soluções de problemas de matemática e estatística	1	2	3	4	5	6	7
Eu estudo métodos quantitativos para minha satisfação pessoal	1	2	3	4	5	6	7
Eu consigo resolver problemas de matemática e estatística	1	2	3	4	5	6	7

7. Agora uma série de afirmações relacionadas à sua percepção de necessidade e autoconfiança em relação às disciplinas de métodos quantitativos. Na escala, os números seguem a mesma regra da questão anterior.

Sinto-me seguro quando tenho que resolver problemas de métodos quantitativos

Eu considero necessário que todos os alunos do curso devem fazer as disciplinas desta área	1	2	3	4	5	6	7
Sinto-me seguro quando faço avaliações de métodos quantitativos em sala	1	2	3	4	5	6	7
O conhecimento da área é necessário para as demais disciplinas do curso	1	2	3	4	5	6	7
As disciplinas de métodos quantitativos NÃO me amedrontam	1	2	3	4	5	6	7
O conhecimento da área é necessário para uma boa formação profissional	1	2	3	4	5	6	7
As disciplinas desta área são mais fáceis para mim que para muitos de meus colegas	1	2	3	4	5	6	7
As empresas necessitam de profissionais com conhecimento nesta área	1	2	3	4	5	6	7

Eu sou muito talentoso em métodos quantitativos	1	2	3	4	5	6	7
Uma especialização nessa área ajudaria na solução dos problemas da minha organização.	1	2	3	4	5	6	7
As disciplinas de métodos quantitativos são fáceis para mim	1	2	3	4	5	6	7

8. Por fim, temos uma série de afirmações relacionadas à sua percepção de impacto e sobre a dificuldade das disciplinas de métodos quantitativos. Na escala, os números seguem a mesma regra das duas questões anteriores.

O que aprendo nas disciplinas desta área é importante para minha formação profissional	1	2	3	4	5	6	7
Disciplinas de métodos quantitativos são muito complicadas	1	2	3	4	5	6	7
O conteúdo aprendido nas disciplinas de métodos quantitativos será útil no meu dia a dia	1	2	3	4	5	6	7
As disciplinas desta área são mais difíceis que as demais disciplinas do curso	1	2	3	4	5	6	7
As disciplinas da área conduzem os estudantes a aliar teoria e prática	1	2	3	4	5	6	7
O aprendizado das disciplinas de métodos quantitativos exige muita dedicação	1	2	3	4	5	6	7
A aprendizagem das habilidades da área ajuda os estudantes a solucionar problemas práticos	1	2	3	4	5	6	7
As disciplinas da área são bastante desafiadoras*	1	2	3	4	5	6	7
Boas habilidades em métodos quantitativos ajudam na minha empregabilidade	1	2	3	4	5	6	7
O conteúdo das disciplinas desta área é muito complexo	1	2	3	4	5	6	7

9. Qual seu sexo?
[   ] Masculino
[   ] Feminino

10. Qual sua idade?
[   ] Até 21 anos
[   ] Acima de 21 até 24 anos
[   ] Acima de 24 até 27 anos
[   ] Acima de 27 até 30 anos
[   ] Acima de 30 anos

11. Qual o seu estado civil?
[   ] Solteiro(a)
[   ] Casado(a)
[   ] Outro

12. Qual a sua renda familiar mensal?
[   ] Até R$ 1000,00
[   ] Acima de R$ 1000,00 até R$ 2000,00
[   ] Acima de R$ 2000,00 até R$ 3000,00
[   ] Acima de R$ 3000,00 até R$ 4000,00
[   ] Acima de R$ 4000,00

Muito obrigado por sua colaboração!

Apêndice A8.2 – Segundo questionário aplicado na escala de serviços

1. Qual o seu estado civil?
[   ] Solteiro(a)
[   ] Casado(a)
[   ] Outro

2. Qual a sua renda média familiar mensal (a renda somada de todas as pessoas que moram na sua casa)?
[   ] até R$ 1.000,00
[   ] acima de R$ 1.000,00 até R$ 2.000,00
[   ] acima de R$ 2.000,00 até R$ 3.000,00
[   ] acima de R$ 3.000,00

3. Qual sua idade?
[ ] até 25 anos
[ ] de 26 até 30 anos
[ ] de 31 até 35 anos
[ ] acima de 36 anos

4. Qual seu sexo?
[ ] masculino   b) [ ] feminino

5. A seguir, temos uma série de afirmações relacionadas a sua avaliação dos serviços do seu salão. Pedimos que seja apontado o quanto você CONCORDA ou DISCORDA de cada uma delas. Na escala, os números indicam: 1 – Discordo totalmente; 2 – Discordo fortemente; 3 – Discordo moderadamente; 4 – Concordo fortemente; 5 – Concordo totalmente.

O salão tem uma boa estrutura física	1	2	3	4	5
A climatização do ambiente é adequada	1	2	3	4	5
Os cabeleireiros interagem comigo quando me atendem diretamente	1	2	3	4	5
O ambiente do salão tem um cheiro agradável	1	2	3	4	5
Sinto-me confortável no salão	1	2	3	4	5
Tenho uma boa relação com meu cabeleireiro	1	2	3	4	5
A estrutura física se adéqua bem ao serviço que recebo	1	2	3	4	5
A iluminação é satisfatória	1	2	3	4	5
Identifico-me bem com o cabeleireiro	1	2	3	4	5
Os espaços são amplos e diversificados	1	2	3	4	5
O ambiente geral é bem organizado	1	2	3	4	5
O cabeleireiro dialoga apropriadamente comigo	1	2	3	4	5
O ambiente é adequadamente limpo (salas, recepção, banheiros)	1	2	3	4	5
O cabeleireiro mantém uma interação amigável comigo	1	2	3	4	5
As cores do ambiente são adequadas	1	2	3	4	5
O cabeleireiro preocupa-se e é atencioso comigo	1	2	3	4	5
O som (ruído, barulhos externos...) do ambiente é apropriado	1	2	3	4	5

6. Atualmente você:
[　] Não está trabalhando
[　] Está trabalhando em meio turno
[　] Está trabalhando integralmente

7. Novamente aqui pedimos que aponte sua avaliação dos serviços do seu salão. Na escala, os números indicam: 1 – Discordo totalmente; 2 – Discordo fortemente; 3 – Discordo moderadamente; 4 – Concordo fortemente; 5 – Concordo totalmente.

Os serviços são de boa qualidade	1	2	3	4	5
Sou bem atendido(a) por todos no salão	1	2	3	4	5
Recebo a atenção que realmente preciso	1	2	3	4	5
A atenção que recebo atende a minhas necessidades	1	2	3	4	5
O salão cuida bem dos clientes	1	2	3	4	5
O salão tem um bom nível de atendimento	1	2	3	4	5
O serviço está no padrão de qualidade que eu gostaria de receber	1	2	3	4	5
Considero que recebo um atendimento justo e honesto	1	2	3	4	5
Os atendentes dominam bem as técnicas e processos de atendimento	1	2	3	4	5
Os atendentes estão sempre dispostos a ajudar	1	2	3	4	5
Os serviços têm um bom padrão de qualidade	1	2	3	4	5
Os atendentes são educados e gentis	1	2	3	4	5

8. A seguir, temos uma série de afirmações relacionadas a sua satisfação, confiança e confiança no salão. Pedimos que seja apontado o quanto você CONCORDA ou DISCORDA de cada uma delas. Na escala, os números têm o mesmo sentido da questão anterior:

Considerando minha experiência neste salão, sinto-me satisfeito	1	2	3	4	5
Percebo competência no serviço deste salão	1	2	3	4	5
Tenho a intenção de continuar neste salão	1	2	3	4	5

Ao receber o serviço deste salão, normalmente fico satisfeito	1	2	3	4	5
Este salão valoriza os interesses dos clientes	1	2	3	4	5
Considero este salão minha primeira escolha para serviços de beleza	1	2	3	4	5
De um modo geral, tenho uma grande satisfação com este salão	1	2	3	4	5
Posso acreditar no que o salão me promete	1	2	3	4	5
Recomendaria este salão a algum amigo ou parente	1	2	3	4	5
A escolha deste salão foi muito boa para mim	1	2	3	4	5
Este salão é de confiança	1	2	3	4	5
Continuo neste salão independente dos preços dos outros	1	2	3	4	5
Creio que fiz a escolha certa ao optar por este salão	1	2	3	4	5
Sinto-me seguro em ser cliente deste salão	1	2	3	4	5
Sou um cliente leal deste salão	1	2	3	4	5
Sinto-me satisfeito com o serviço que recebo neste salão	1	2	3	4	5
Tenho a intenção de experimentar outros serviços neste salão					

Muito obrigado por sua colaboração!

Apêndice A8.3 – Modelagem de equações estruturais e Análise fatorial confirmatória

A Modelagem de equações estruturais (MEE) é uma técnica de análise estatística que tem sido amplamente utilizada em diversas áreas das ciências sociais e comportamentais que envolvem pesquisas empíricas, e possui a vantagem de possibilitar a avaliação de uma série de relações simultâneas, nas quais uma determinada variável pode ser avaliada na condição de dependente e também de independente[3]. A MEE é caracterizada por Joseph Hair e seus colegas como uma técnica de análise multivariada, a qual combina elementos relacionados à regressão múltipla com a análise fatorial, visando estimar uma série de relações de dependência simultaneamente.

Neste item, veremos algumas informações elementares sobre a técnica e sua aplicação no desenvolvimento de escalas, especialmente em sua complementaridade com a análise fatorial confirmatória.

A8.3.1. Procedimentos convencionais da MEE

Hair e seus colegas informam a existência de três diferentes estratégias de modelagem: 1. a primeira é a estratégia de modelagem confirmatória, a partir da qual um só modelo é proposto, e são realizados os testes de adequação; 2) a segunda é a estratégia de modelos concorrentes (ou de modelos rivais), que consiste na análise de alternativas de avaliação de um dado modelo, mesmo que este tenha sido considerado ajustado; 3) e a última é a estratégia de desenvolvimento de modelos, que consiste em propor um modelo para ser melhorado por meio de sucessivas modificações nos modelos estrutural e de mensuração. A terceira estratégia é a mais comum em escalas, pois parte do pressuposto de que os modelos devem ser progressivamente melhorados, viabilizando análise de eventuais condicionamentos setoriais, ou vieses diversos.

A sequência de etapas da modelagem é a seguinte: 1) especificação do modelo de mensuração e estrutural; 2) construção do diagrama de caminhos para cada modelo; 3) conversão do diagrama de caminhos em um conjunto de modelos estrutural e de mensuração; 4) escolha do tipo de matriz de entrada e estimação do modelo proposto; 5) avaliação da identificação do modelo

---

3 Esta apresentação é um resumo extraído de minha tese de doutorado, e é fortemente baseada em: HAIR, J. F.; ANDERSON, R. E.; TATHAM, R. L. BLACK, W. C. Análise multivariada de dados. 5. ed. Porto Alegre: Bookman, 2005.

estrutural; 6) avaliação de critérios de qualidade de ajuste; 7) interpretação e modificação do modelo. As ações são procedidas com o suporte de softwares específicos, sendo os mais comuns os softwares Lisrel, EQS e AMOS (nossos procedimentos foram sempre baseados neste último).

As duas primeiras etapas são teóricas e definidas a partir de pesquisa anterior ao levantamento de dados. Com relação à terceira etapa, Hair e colegas indicam a necessidade de dois procedimentos: a especificação e análise do modelo de mensuração, e do modelo estrutural. A primeira envolve a especificação das variáveis que constituem um dado construto, a partir do apontamento de quais são as variáveis a partir do conjunto de dados coletados, e da avaliação da confiabilidade do construto.

Tal avaliação se dá justamente por meio da AFC de cada construto, das medidas de ajustamento, da unidimensionalidade, da confiabilidade e da validade. Esta é a aplicação que fazemos em nosso passo 8 de desenvolvimento de uma escala, e o teste do modelo pode ser usado indicativo da validade nomológica da escala.

A8.3.2. Análise fatorial confirmatória

- Conforme indicado no texto do capítulo, a AFC, consiste em verificar a hipótese de ajustamento entre as medidas estimadas no procedimento de extração de fatores e as medidas efetivamente verificadas na amostra. Temos os seguintes procedimentos básicos:
- Primeiramente é procedida a extração e a avaliação das medidas de ajustamento, a partir das quais se asseguravam condições para os procedimentos subsequentes (ver etapa 5). Para cada construto, as variáveis devem ser avaliadas a partir da definição inicial de vinculação com o construto ou dimensão, e, caso haja necessidade de reorientações, seguia-se com a averiguação de alternativas de melhoria, provavelmente com a exclusão de variáveis. Depois de alcançadas as condições adequadas nestas medidas, segue-se para as análises subsequentes;
- A unidimensionalidade avalia se o conjunto de indicadores possui um único conceito em comum subjacente. A avaliação da unidimensionalidade pode ser realizada de três diferentes formas: pela avaliação das cargas estimadas e sua significância estatística (a não significância no escore de para um fator indica falta de unidimensionalidade); pela avaliação da matriz de resíduos padronizados (gerada pelo software)

na qual se avalia a existência de valores acima de 2,50, o que indicaria a falta de unidimensionalidade; ou pela avaliação do índice de ajustamento comparativo CFI, a partir do qual valores superiores a 0,9 indicam unidimensionalidade (adiante comento mais sobre este índice). Dada a facilidade de avaliação, opta-se comumente pela terceira alternativa;

- A confiabilidade e variância extraída: a confiabilidade consiste em uma medida de consistência interna dos indicadores do construto, descrevendo o grau em que estes indicam o construto latente. A medida mais comum é de confiabilidade é o *alpha* de Cronbach, havendo também medida denominada confiabilidade composta. Já a variância extraída reflete quantidade geral de variância os indicadores que é explicada pelo construto latente. Os softwares normalmente não geram estas medidas, e, por esta razão, apresento aqui as fórmulas, que podem ser facilmente aplicadas desde que tenhamos calculadas as cargas fatoriais.

Em um fator de *k* variáveis, sendo γ_i a medida da carga fatorial de uma variável *i* e $\in_i$ o erro associado a esta variável, podemos calcular a confiabilidade composta e a variância extraída pelas fórmulas a seguir.

Confiabilidade composta	Variância extraída
$CC = \dfrac{\left(\sum_{i=1}^{k} \gamma_1\right)^2}{\left(\sum_{i=1}^{k} \gamma_1\right)^2 + \sum_{i=1}^{k} \varepsilon_i^2}$	$VE = \dfrac{\sum \gamma_1^2}{\sum \gamma_1^2 + \sum_{i=1}^{k} \varepsilon_i^2}$

A rigor, podemos proceder a estes cálculos conhecendo somente as cargas fatoriais, pois sabemos que a soma dos quadrados da carga fatorial e dos erros de mensuração é igual a 1. Logo, é imediato o cálculo dos erros dada, pois:

$$\gamma_i^2 + \in_i^2 = 1 \Rightarrow \in_i^2 = 1 - \gamma_i^2$$

Onde $\in_i^2 = \text{var}(\in_i)$ e $\gamma_i^2 = \text{var}(x_i)$. Segundo recomendações da literatura, o valor de confiabilidade deve ser maior que 0,7, e a variância extraída deve exceder 0,5.

- A análise de validade consiste em verificar quão bem os indicadores estão medindo aquilo a que se propõem a medir, conforme estudado no capítulo 4 deste livro. Para efeito de averiguação em AFC já é possível que sejam verificadas a validade convergente e a validade discriminante.
  - A validade convergente pode ser verificada em sua conceituação de vinculação do conjunto de itens para medir convergentemente o construto. Assim, esta pode ser acessada a partir da significância das cargas fatoriais dos indicadores, pela análise dos *t-values* (no software AMOS pela análise dos critical ratios – CR), que devem ser estatisticamente não nulas (a p<0,05);
  - Já a validade discriminante é calculada depois de verificada a correlação entre os diferentes construtos e dimensões, pela comparação entre a variância extraída em cada construto, e a variância compartilhada com os demais construtos (medida pelo quadrado do coeficiente de correlação de Pearson). Se esta última for maior que a primeira temos evidência de validade.

A8.3.3. Demais etapas da MEE

A etapa 4 de Hair e seus colegas consiste na escolha do tipo de matriz de entrada e estimação do modelo proposto, havendo dois tipos de matrizes de entrada de dados: correlação e covariância. A matriz de covariância é considerada a mais adequada para se proceder ao 'teste de teoria' que envolve relações causais.

Com relação ao método de estimação, usamos na MEE e na AFC um método estatístico, ou seja um método que testa uma hipótese, diferente da AFE, na qual a estimação das cargas fatoriais é realizada na maioria das vezes pelo métodos dos componentes principais que é um procedimento matemático e não estatístico (na medida em que não teste hipótese alguma). Há alguns métodos estatísticos de uso recorrente, sendo os mais usados o método dos mínimos quadrados parciais (*partial least square* – PLS), mínimos quadrados generalizados (generalized least square – GLS), máxima verossimilhança (*Maximum Likelihood* – ML), dentre outros. Destes, o mais comum é o último, o máxima verossimilhança, que é inclusive o método de estimação *default* na maioria dos programas de modelagem de equações estruturais.

A etapa 5 consiste na avaliação da estimação do modelo estrutural. Aqui se faz necessário apontar que, diferentemente das demais técnicas multivariadas, a análise do ajuste de um modelo estrutural não se dá a partir de um único parâmetro. A literatura é rica em alternativas de avaliação, sendo diversos os índices que se geram a partir da análise dos modelos. Hair e seus colegas distinguem três tipos de medida: 1) as medidas de ajuste absoluto, que "determinam o grau de em que o modelo geral (estrutural e de mensuração) prevê a matriz de covariância ou de correlação observada" (p. 521); 2) as medidas de ajuste incremental, que "comparam o modelo proposto com algum modelo de referência (o modelo nulo)" (p. 523); 3) medidas de ajuste parcimonioso, que "relacionam o índice de qualidade de ajuste do modelo com o número de coeficientes estimados exigidos para atingir esse nível de ajuste" (p. 524).

Cada uma destas medidas é realizada a partir de diferentes índices, e a avaliação da literatura apontou a utilização de variadas medidas. Considerando a recomendação técnica e as práticas em outros trabalhos já publicados, foram identificados como principais medidas as seguintesEstatística Qui-quadrado (x^2): considerada a medida de ajuste mais fundamental em MEE, este mede o quanto a matriz de covariância estimada se distancia do modelo real verificado. Temos a indicação de adequação do modelo estimado aos dados quando o qui-quadrado for significativo a p<0,05, pelo menos. Se isso ocorrer, temos a indicação de que as matrizes de entrada observada e estimada não são estatisticamente distintas. Por outro lado, o teste qui-quadrado é muito sensível ao tamanho da amostra, especialmente para aquelas com tamanho maior que 200 respondentes. Por esta razão, outras medidas complementares são necessárias. Normalmente, a análise do qui-quadrado se dá a partir de sua divisão pelo número de graus de liberdade – gl (x^2 / gl). A recomendação é que a razão seja pequena, de preferência menor que 5, e se possível menor que 2;

- Raiz do erro quadrático médio aproximado (RMSEA): trata-se de uma medida de correção da tendência da estatística qui-quadrado em rejeitar a hipótese nula (e apontar distinção entre matriz de covariância estimada e a real). A literatura não é homogênea quanto ao entendimento de valores adequados desta medida, porém a maioria aponta como adequados valores menores que 0,08;
- Índice de adequação do ajustamento (GFI): é um índice de ajuste absoluto, que é baseado na porcentagem das covariâncias observadas que são explicadas pelas covariâncias presentes no modelo. O índice varia de 0 a 1, sendo desejáveis valores próximos a 1, de preferência acima de 0,9;

- Índice de ajuste comparativo (CFI): é um índice de ajuste incremental, e representa uma comparação entre o modelo estimado e um modelo de independência. O CFI varia de 0 a 1, sendo desejáveis valores próximos a 1, de preferência acima de 0,9. Este índice é utilizado para indicação de unidimensionalidade.

A **etapa 6**, que consiste na avaliação de critérios de qualidade de ajuste, envolve a análise dos indicadores anteriormente apontados, tanto para o modelo de mensuração quanto para o modelo estrutural proposto. Por fim, a **etapa 7** envolve a interpretação dos resultados, à luz dos determinantes teóricos definidos, e das possíveis modificações do modelo. Nesta etapa devem ser levadas em consideração principalmente as recomendações geradas pelo software (em nosso caso o AMOS, que possui a função *Modification indices*, que apontam alternativas de alteração para mudanças nos valores de qui-quadrado).

Bibliografia

ADCOCK, R.; COLLIER, D. Measurement validity: a shared standard for qualitative and quantitative research. American Political Science Review, v. 95, n. 3, p. 529-546, sep., 2001.

AJZEN, I. Nature and operation of attitudes. Annual Review of Psychology, v. 52, p. 27-58, 2001.

ALEXANDER, C. S.; BECKER, H. J. The use of vignettes in survey research. The Public Opinion Quarterly, v. 42, n. 1, p. 93-104, spring, 1978.

ANASTASI, A.; URBINA, S. Testagem psicológica. 7. ed. Porto Alegre: Artmed, 2000.

ANDRADE, D. F.; TAVARES, H. R.; VALLE, R. C. Teoria da resposta ao item: conceitos e aplicações. 14º Simpósio Nacional de Probabilidade e Estatística – SINAPE. São Paulo: Associação Brasileira de Estatística, 2000.

ARANHA, F.; ZAMBALDI, F. Análise fatorial em administração. São Paulo: Cengage, Learning, 2008.

AUH, S. The effects of soft and hard service attributes on loyalty: the mediating role of trust. Journal of Services Marketing, v. 19, n. 2, p. 81-92, 2005.

BAGOZZI, R. P. On the meaning of formative measurement and how it differs from reflective measurement: comment on Howell, Breivik, and Wilcox (2007). Psychological Methods, v. 12, n. 2, p. 229–237, 2007.

_____. The self-regulation of attitudes, intentions, and behavior. Social Psychology Quarterly, v. 55, n. 2, p. 178-204, 1992.

_____.; EDWARDS, J. R. A general approach for representing constructs in organizational research. Organizational Research Methods, v. 1, n. 1, p. 45-87, 1998.

BARTHOLOMEW, D. J.; STEELE, F.; MOUSTAKI, I.; GALBRAITH, J. I. The analysis and interpretation of multivariate data for social scientists. Florida: Chapman & Hall/CRC, 2002.

BEARDEN, W. O.; NETEMEYER, R. G.; MOBLEY, M. F. Handbook of Marketing scales. London: Sage, 1994.

BERNARDI Jr., P. Medindo a predisposição para a tecnologia. 126f. Tese (Doutorado em Administração de Empresas). Fundação Getúlio Vargas – Escola de Administração de Empresas de São Paulo – EAESP/FGV. São Paulo: 2008.

BOLFARINI, H.; BUSSAB, W. O. Elementos da amostragem. São Paulo: Edgard Blüncher, 2005.

BOLLEN, K. A. Latent variables in Psychology and the Social sciences. Annual Review of Psychology, v. 53, p. 605-634, 2002.

BORSBOOM, D.; MELLENBERG, G.; VAN HEERDEN, J. The concept of validity. Pychological Review, v. 111, p. 1061-1071, 2004.

BOYLE, G. J. Does item homogeneity indicate internal consistency or item redundancy in psychometric scales? Personality and Individual Differences, v. 12, n. 3, p. 291-294, mar., 1991.

BRUNER II, Gordon C. Combating the scale proliferation. Journal of Targeting, Measurement and Analysis for Marketing, v. 11, n. 4, p. 362-372, jun., 2003.

BUSSAB, W. O.; MORETTIN, P. A.. Estatística básica. 5. ed. São Paulo: Saraiva, 2006.

CAMPBELL, D. T.; FISKE, D. W. Convergent and discriminant validation by the multitrait-multimethod matrix. Psychological Bulletin, v. 56, n. 2, p. 81-105, mar., 1959.

CHURCHILL, JR. G. A paradigm for developing better measures of marketing constructs. Journal of Marketing Research, v. 16, p. 64-73, feb., 1979.

_____.; PETER, J. P. Research design effects on the reliability of rating scales: a meta-analysis. Journal of Marketing Research, v. 21, p. 360-375, nov., 1984.

COELHO, P. S.; ESTEVES, S. P. The choice between a five-point and a ten-point scale in the framework of customer satisfaction measurement. International Journal of Market Research, v. 49, n. 3, p. 313-339, 2007.

COLLIER, J. E.; BIENSTOCK, C. C. Model misspecification: contrasting formative and reflective indicators for a model of e-service quality. Journal of Marketing Theory and Practice, v. 17, n. 3, p. 283-293, sum. 2009.

COSTA, F. J. A influência do valor percebido pelo cliente sobre os comportamentos de reclamação e boca a boca: uma investigação em cursos de pós-graduação lato sensu. 240f. Tese (Doutorado em Administração de Empresas). Fundação Getúlio Vargas – Escola de Administração de Empresas de São Paulo – EAESP/FGV. São Paulo, 2007.

_____.; LEMOS, A.; LOBO, R. J. S. Percepções éticas de estudantes de administração. Revista Nacional da Angrad, v. 10, n. 4, p. 35-53, 2009.

_____.; LOPES JÚNIOR, E. P.; LEMOS, A. Q.; LÔBO, R. J. S.

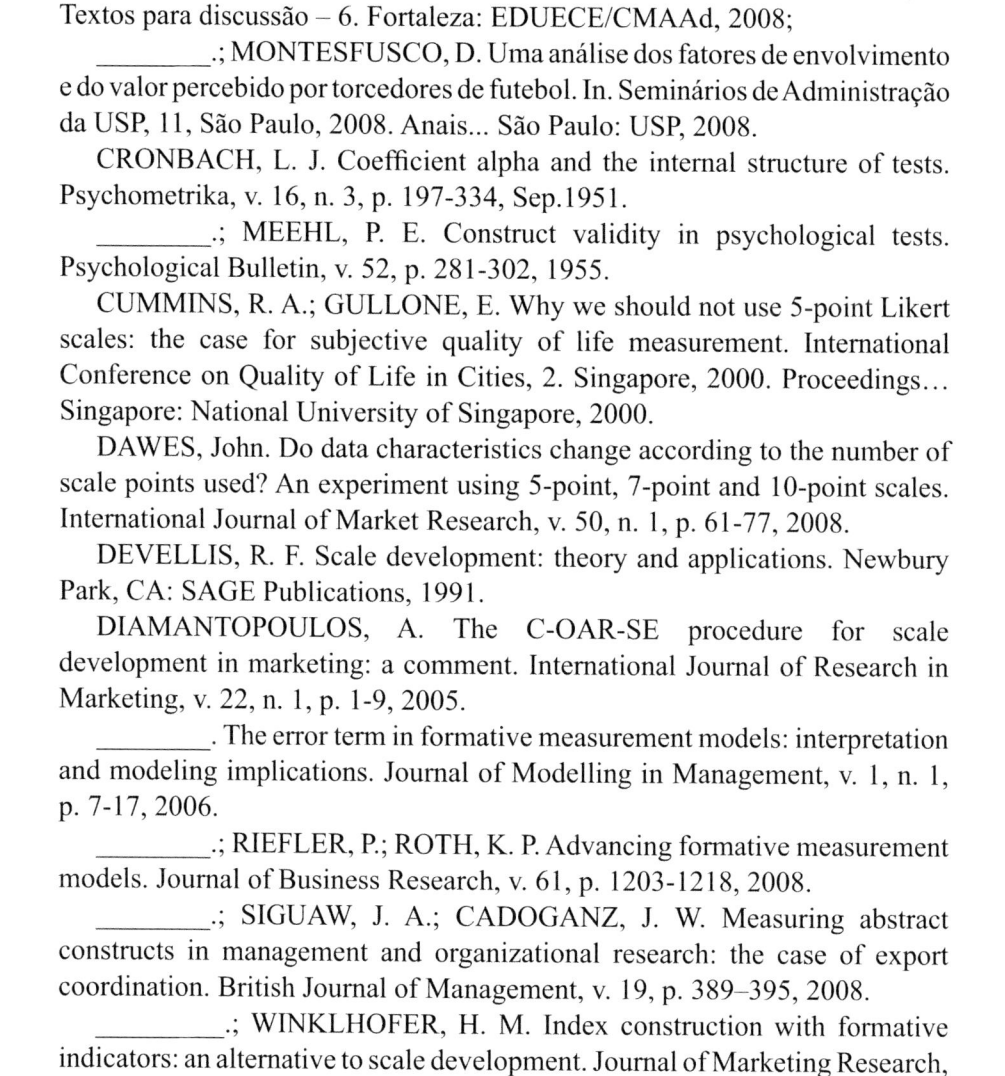

Atitudes dos Estudantes de Cursos de Administração quanto às Disciplinas de Métodos Quantitativos: Desenvolvimento de uma Escala de Mensuração. Textos para discussão – 6. Fortaleza: EDUECE/CMAAd, 2008;

_____.; MONTESFUSCO, D. Uma análise dos fatores de envolvimento e do valor percebido por torcedores de futebol. In. Seminários de Administração da USP, 11, São Paulo, 2008. Anais... São Paulo: USP, 2008.

CRONBACH, L. J. Coefficient alpha and the internal structure of tests. Psychometrika, v. 16, n. 3, p. 197-334, Sep.1951.

_____.; MEEHL, P. E. Construct validity in psychological tests. Psychological Bulletin, v. 52, p. 281-302, 1955.

CUMMINS, R. A.; GULLONE, E. Why we should not use 5-point Likert scales: the case for subjective quality of life measurement. International Conference on Quality of Life in Cities, 2. Singapore, 2000. Proceedings... Singapore: National University of Singapore, 2000.

DAWES, John. Do data characteristics change according to the number of scale points used? An experiment using 5-point, 7-point and 10-point scales. International Journal of Market Research, v. 50, n. 1, p. 61-77, 2008.

DEVELLIS, R. F. Scale development: theory and applications. Newbury Park, CA: SAGE Publications, 1991.

DIAMANTOPOULOS, A. The C-OAR-SE procedure for scale development in marketing: a comment. International Journal of Research in Marketing, v. 22, n. 1, p. 1-9, 2005.

_____. The error term in formative measurement models: interpretation and modeling implications. Journal of Modelling in Management, v. 1, n. 1, p. 7-17, 2006.

_____.; RIEFLER, P.; ROTH, K. P. Advancing formative measurement models. Journal of Business Research, v. 61, p. 1203-1218, 2008.

_____.; SIGUAW, J. A.; CADOGANZ, J. W. Measuring abstract constructs in management and organizational research: the case of export coordination. British Journal of Management, v. 19, p. 389–395, 2008.

_____.; WINKLHOFER, H. M. Index construction with formative indicators: an alternative to scale development. Journal of Marketing Research, v. 38 p. 269–277, may, 2001.

ESTRADA, A. A structural study of future teachers' attitudes towards statistics. IV Conference European Research in Mathematics Education Conference. Sant Feliu de Guisols, Gerona, Spain, 2005.

FADALI, M. S.; VELASQUEZ-BRYANT, N.; ROBINSON, M. Is attitude toward mathematics a major obstacle to engineering education? 34th ASEE/ IEEE Frontiers in Education Conference. Proceedings... Savannah, GA Oct., 2004.

FARIAS, E. Dicionário escolar latin-português. 6. ed. Rio de Janeiro: FAE, 1985.

FERRIS, T. L. J. A new definition of measurement. Measurement, v. 36, p. 101-109, 2004.

_____. A new definition of measurement. Measurement, v. 36, p. 101-109, 2004, p. 107.

FINN, A.; KAYANDE, U. How fine is C-OAR-SE? A generalizability theory perspective on Rossiter's procedure. International Journal of Research in Marketing, v. 22, n. 1, p. 11-21, 2005.

FLYNN, L. R.; PEARCY, D. Four subtle sin in scale development: some suggestions for strengthening the current paradigm. International Journal of Market Research, v. 43, n. 4, p. 409-423, 2001.

FORNELL, C.; LARCKER, D. Evaluating structural equation models with unobservable variables and measurement error. Journal of Marketing Research, v. 18, n. 1, p. 39–50, 1981.

GERBING; D. W.; ANDERSON, J. C. An updated paradigm for scale development incorporating unidimensionality and its assessment. Journal of Marketing Research, v. 25, p. 186-192, may, 1988.

GUION, R. M. On trinitarian doctrines of validity. Professional Psychology, v. 11, p. 381-398, jun., 1980.

GUJARATI, D. Econometria básica. 4. ed. Rio de Janeiro: Elsevier, 2006.

HAIR J. F.; ANDERSON, R. E.; TATHAM, R. L.; BLACK, W. C. Análise multivariada de dados. 5. ed. Porto Alegre: Bookman, 2005.

HARDESTY, D. M.; BEARDEN, W. O. The use of expert judges in scale development: implications for improving face validity of measures of unobservable constructs. Journal of Business Research, v. 57, p. 98-107, 2004.

HAYNES, S. N.; RICHARD, D. C. S.; KUBANY, E. S. Content validity in psychological assessment: a functional approach to concepts and methods. Psychological Assessment, v. 17, n. 3, p. 238-247, 1995.

HODGE, D. R.; GILLESPIE, D. F. Phrase completion scales: a better measurement approach than Likert scales? Journal of Social Service Research, v. 33, n. 4, p. 1-12, 2007.

_____. Phrase completions: an alternative to Likert scales. Social Work Research, v. 27, n. 1, p 45-55, 2003.

HOFFMAN, D. Automatic testing with intelligent sensor system: measuring or classification? In. Technological and Methodological Advances in Measurement Acta – IMEKO, 3, Amsterdam, 1982. Proceedings... Amsterdam: 1983.

HOWELL, R. D.; BREIVIK, E.; WILCOX, J. B. Reconsidering formative measurement. Psychological Methods, v. 12, n. 2, p. 205–218, 2007;

HUNT, S. D.; VITELL, S. J. The general theory of marketing ethics: a revision and three questions. Journal of macromarketing, v. 26, n. 2, p. 143-154, 2006.

INSTITUTO BRASILEIRO DE GEOGRAFIA E ESTATÍSTICA – IBGE. Sistema nacional de índices de preços ao consumidor: métodos de cálculos. Série Relatórios Metodológicos – v. 14. Rio de Janeiro: IBGE, 2007.

JARVIS, C. B.; MACKENZIE S. B.; PODSAKOFF, P. M. A critical review of construct indicators and measurement model misspecification in marketing and consumer research. Journal of Consumer Research, v. 30, n. 2, p. 199–218, 2003.

KIM, A. Development and validation of instruments for assessing sport spectator involvement and factor affecting sport spectator involvement. 168 f. Dissertation (Doctor of Philosophy in Health, Physical Education and Recreation). The University of New Mexico, Aug. 2003.

KISLENKO, K.; GREVHOLM, B.; LEPIK, M. "Mathematics is important but boring": students' beliefs and attitudes towards mathematics. Nordic Conference on Mathematics Education. Proceedings... Trondheim, Norway, p. 349-360, Sep. 2005.

KNOW, H.; TRAIL, G. The feasibility of single-item measures in sport loyalty research. Sport Management Review, v. 8, p. 69-69, 2005.

KUHN, T. S. A estrutura das revoluções científicas. São Paulo: Perspectiva, 1975.

LEE, N.; HOOLEY, G. The evolution of "classical mythology" within marketing measure development. European Journal of Marketing, v. 39, ns. 3-4, p. 365-385, 2005.

LIKERT, R. A technique for the measurement of attitudes. Archives in Psychology, v. 140, p. 1-55, 1932.

LISSITZ, R. W.; SAMUELSEN, K. A suggested change in terminology and emphasis regarding validity and education. Educational Researcher, v. 36, p. 437-448, 2007.

MACKENZIE, Scott B. The danger of poor construct conceptualization.

Journal of the Academy of Marketing Science, v. 31, n. 3, p. 323-326.

MALHOTRA, N. K. Marketing research: an applied orientation. 3. ed. Upper Saddle River, New Jersey: Prentice Hall, 1999.

MARI, L. Epistemology of measurement. Measurement, v. 34, p. 17-30, 2003.

_____. Foundations of measurement. Measurement, v. 38, p. 259-266, 2005.

MAZZA, Ingrid; RAMOS, Roberto R. A experiência de clientes em serviços de elevado nível de co-produção: proposta de uma escala de mensuração. Textos para discussão – 7. Fortaleza: Editora UECE/CMAAd, 2009.

MCDANIEL, C.; GATES, R. Pesquisa de marketing. São Paulo: Pioneira-Thomsom Learning, 2003.

MÉNDEZ, J. M. A. Avaliar para conhecer, examinar para excluir. Porto Alegre: Artmed, 2002.

NETEMEYER, R. G.; BEARDEN, W. O.; SHARMA, S. Scaling procedures: issues and applications. Thousand Oaks: Sage, 2003.

NUNNALY, J.; BERNSTEIN, I. Psychometric theory. New York: McGraw-Hill, 1994.

OHANIAN, R. Construction and validation of a scale do measure celebrity endorsers' perceived expertise, trustworthiness, and attractiveness. Journal of Advertising, v. 19, n. 3, p. 39-52, 1990.

OSGOOD, C. E. The nature and measurement of meaning. Psychological Bulletin, v. 49, p. 197-237, 1952

_____.; SUCI, G. J.; TENNENBAUN, P. H. The measurement of meaning. Urbana, Il: University of Illinois, 1957.

PAPANASTASIOU, C. A residual analysis of effective schools and effective teaching in mathematics. Studies in Educational Evaluation. v. 34, p. 24-30, 2008.

PARASURAMAN, A.; BERRY, L. L; ZEITHAML, V. A. Refinement and reassessment of the SERVQUAL scale. Journal of Retailing, v. 67, n. 4, p. 420-450, 1991.

_____.; ZEITHAML, V. A.; BERRY, L. L. SERVQUAL: a multiple-item scale for measuring consumer perceptions of quality. Journal of Retailing, v. 64, n. 1, p. 12-37, 1988.

PASQUALI, L. Validade dos testes psicológicos: será possível reencontrar o caminho? Psicologia: Teoria e Pesquisa, v. 23, Número especial, p. 99-107, 2007.

PEDHAZUR, E. J.; SCHMELKIN, L. P. Measurement, design, and

analysis: an integrated approach. Hillsdale: Lawrence Erlbaum Associates, 1991.

PEREIRA, B. B. Estatística: a tecnologia da ciência. Boletim da Associação Brasileira de Estatística, ano XIII, n. 37, 2º quadrimestre, p. 27-35, 1997.

PETERSON, R. A. A meta-analysis of Cronbach's coefficient alpha. The Journal of Consumer Research, v. 21, n. 2, p. 381-391, sep., 1994.

PETRICK, J. F. Development of a multi-dimensional scale for measuring the perceived value of a service. Journal of Leisure Research, v. 34, n. 2, p. 119-134, 2002.

PODSAKOFF, N. P.; SHEN, W.; PODSAKOFF, P.M. The role of formative measurement models in strategic management research: review, critique, and implications for future research. In KETCHEN, D. J.; BERGH, D. D. (eds.). Research methodology in strategy and management (v. 3,). Oxford, UK: Elsevier, 2006, p. 197-252.

PODSAKOFF, P. M.; MACKENZIE, S. B.; PODSAKOFF, N. P.; LEE, J. Y. The mismeasure of man(agement) and its implications for leadership research. The Leadership Quarterly, v. 14, p. 615–656, 2003.

PONS, F.; MOURALI, M.; NYECK, R. Consumer orientation toward sporting events: scale development and validation. Journal of Service Research – JSR, v. 8, n. 3, p. 276-287, feb., 2006.

POPPER, K. A lógica da pesquisa científica. São Paulo: Cultrix, 1974.

ROSSITER, J. R. Content validity of measures of abstract constructs in management and organizational research. British Journal of Management, v. 19, p. 380–388, 2008.

_____. The C-OAR-SE procedure for scale development in marketing. International Journal of Research in Marketing, v. 19, n. 4, p. 305–335, 2002.

SAMARTINI, A. L. S. Modelos com Variáveis latentes aplicados à mensuração de importância de atributos. 154f. Tese (Doutorado em Administração de Empresas). Fundação Getúlio Vargas – Escola de Administração de Empresas de São Paulo – EAESP/FGV. São Paulo: 2006.

SCHRIESHEIM, C. A.; POWERS, K. J.; SCANDURA, T.A.; GARDINER, C. C.; LANKAU, M. J. Improving construct measurement in management research: comments and a quantitative approach for assessing the theoretical content adequacy of paper-and-pencil survey-type instruments. Journal of Management, v. 19, p. 385-417, 1993.

SINGH, J. Tackling measurement problems with Item Response Theory: principles, characteristics, and assessment, with an illustrative example.

Journal of Business Research, v. 57, p. 184-208, 2004.

SINGHAPAKDI, A. MARTA, J. K. M. Comparing marketing students with practitioners on some key variables of ethical decisions. Marketing Education Review, v. 15, n. 3, 2005.

SIQUEIRA, M. M. M. (org). Medidas do comportamento organizacional: ferramentas de diagnóstico e de gestão. Porto Alegre: Bookman, 2008.

SIRECI, S. G. On validity theory and test validation (comments on Lissitz and Samuelsen). Educational Researcher, v. 36, n. 8, p. 477–481, 2007.

SMITH, A. M. Some problems when adopting Churchill's paradigm for the development of service quality measurement scales. Journal of Business Research, v. 46, p. 109-120, 1999.

STEVENS, S. S. On the theory of scales of measurement. Science, v. 103, n. 2684, p. 677–680, jun. 1946.

TAPIA, M.; MARSH, G. E. Attitudes towards mathematics instrument: an investigation with middle school students. Annual Meeting of the Mi-South Educational Research Association. Proceedings... Bowling Green, KY, p. 1-16, Nov., 2000.

THURSTONE, L. L. The reliability and validity of tests. Ann Arbor: Edwards, 1931.

URBINA, S. Essentials of psychological testing. New Jersey: John Wiley & Sons, Inc., 2004.

VIEIRA, M. M. F.; ZOUAIN, D. M. (org.). Pesquisa qualitativa em Administração: teoria e prática. Rio de Janeiro: Editora FGV, 2005.

VIEIRA, V. A.; SLONGO, L. A. An inventory of the characteristics of the marketing scales created and tested in Brazil. Revista de Administração Mackenzie – RAM, v. 8, n. 4, p. 11-34, 2007.

WASON, K. D.; POLONSKY, M. J.; HYMAN, M. R. Designing vignette studies in marketing. Australasian Marketing Journal, v. 10, n. 3, p. 41-58, 2002

WILCOX, J. B.; HOWELL, R. D.; BREIVIK, E. Questions about formative measurement. Journal of Business Research, v. 61, p. 1219-1228, 2008.

WILKS, T. The use of vignettes in qualitative research into social work values. Qualitative Social Work, v. 3, n. 1, p. 78–87, 2004.

YU, J.; ALBAUM, G.; SWENSON, M. Is a central tendency error inherent in the use of semantic differential scales in different cultures? International Journal of Market Research, v. 45, n. 2, 213-228, 2003.

ZAICHKOWSKY, J. L. Measuring the involvement construct. Journal of Consumer Research, v. 12, p. 341-352, dec., 1985.

Gerenciando Múltiplos Projetos com o Microsoft Project Server

Autor: Germano Fenner

560 páginas
1ª edição - 2010
Formato: 16 x 23
ISBN: 978-85-7393-985-9

Gerenciando Múltiplos Projetos com o Microsoft Project Server, através de exemplos passo a passo, mostra a instalação da solução, conexão com o servidor de projetos, utilização de recursos corporativos, gerenciamento de riscos e qualidade em projetos.

Também possui dicas sobre a utilização do Microsoft Project Web Access e ampla abordagem sobre o acompanhamento de projeto e report dos recursos sobre o andamento das tarefas.

À venda nas melhores livrarias.

EDITORA CIÊNCIA MODERNA

A Comunicação na Gestão de Projetos

Autor: Airton Molena
400 páginas
1ª edição - 2011
Formato: 16 x 23
ISBN: 9788539900503

Quer crescer na empresa e ser bem sucedido em seus projetos?

A comunicação foi identificada como a maior razão do sucesso ou fracasso de um projeto (GUIA PMBOK, 2008, p. 338). Este livro não é um manual de autoajuda ou uma série de conselhos para o bom relacionamento, táticas de guerra para viver em paz competindo nas empresas. A obra é um estudo que se utiliza da transversalidade, principalmente com a Comunicação Social, para ajudar a resolver o maior problema de diversos projetos.

O Estudo de Benchmarking do PMI (Project Management Institute) afirma que as habilidades consideradas pelas organizações como mais deficientes nos profissionais de Gerenciamento de Projetos são: 47% Comunicação e 41% Gerenciamento de Conflitos. "A Comunicação na Gestão de Projetos" tem o objetivo de auxiliar seus leitores a construir conhecimentos para apresentar um diferencial profissional.

Em www.amolena.com.br o leitor encontrará exercícios e lugar destinado à comunicação sobre o livro.

À venda nas melhores livrarias.

EDITORA CIÊNCIA MODERNA
WWW.LCM.COM.BR

Impressão e acabamento
Gráfica da Editora Ciência Moderna Ltda.
Tel: (21) 2201-6662